Wirtschaft und Gesellschaft

Herausgegeben von
A. Maurer, München
U. Schimank, Bremen

Wirtschaft und Gesellschaft ist ein wichtiges Themenfeld der Sozialwissenschaften. Daher diese Buchreihe: Sie will zentrale Institutionen des Wirtschaftslebens wie Märkte, Geld und Unternehmen sowie deren Entwicklungsdynamiken sozial- und gesellschaftstheoretisch in den Blick nehmen. Damit soll ein sichtbarer Raum für Arbeiten geschaffen werden, die die Wirtschaft in ihrer gesellschaftlichen Einbettung betrachten oder aber soziale Effekte des Wirtschaftsgeschehens und wirtschaftlichen Denkens analysieren.

Die Reihe steht für einen disziplinären wie theoretischen Pluralismus und pflegt ein offenes Themenspektrum.

Herausgegeben von
Andrea Maurer, München
Uwe Schimank, Bremen

Beirat:
Jens Beckert, Köln
Christoph Deutschmann, Tübingen
Susanne Lütz, Berlin
Richard Münch, Bamberg

Dietmar J. Wetzel

Soziologie des Wettbewerbs

Eine kultur- und wirtschaftssoziologische
Analyse der Marktgesellschaft

 Springer VS

Dr. Dietmar J. Wetzel
Universität Bern, Schweiz

ISBN 978-3-658-01061-4   ISBN 978-3-658-01062-1 (eBook)
DOI 10.1007/978-3-658-01062-1

Die Deutsche Nationalbibliothek verzeichnet diese Publikation in der Deutschen Nationalbibliografie;
detaillierte bibliografische Daten sind im Internet über http://dnb.d-nb.de abrufbar.

Springer VS

Springer VS ist eine Marke von Springer DE. Springer DE ist Teil der Fachverlagsgruppe Springer
Science+Business Media.
www.springer-vs.de

Inhalt

III.
Feldanalysen – Fallstudien

Feld 1: Bildung – Universitäten

Feld 2: Ökonomie – Finanzmärkte

IV.
Fazit: Kapitalismus, Wettbewerbskulturen
und Lebensführung

Verzeichnis der Tabellen und Abbildungen

Vorwort

Die vorliegende Arbeit ist das Ergebnis eines Reflexions- und Schreibprozesses, der im Jahr 2006 erste Konturen angenommen hat. An der Friedrich-Schiller-Universität in Jena hatte ich in diesem Jahr die Gelegenheit, erste Überlegungen dazu in einem Seminar mit dem Titel „Wettbewerb, Markt und soziale Integration" zu entwickeln. Seitdem hat mich das Thema des Wettbewerbs nicht mehr losgelassen. Umso schöner, dass einige Jahre später, genauer im April 2012 diese Arbeit als Habilitationsschrift an der Friedrich-Schiller-Universität angenommen wurde. Damit schließt sich in gewisser Weise der Kreis – und dafür bin ich sehr dankbar. Erfreulicherweise hat sich auch die Soziologie, insbesondere die Wirtschafts- und Kultursoziologie, in der Zwischenzeit wieder etwas näher an das ebenso faszinierende wie brisante Thema der „Wettbewerbsgesellschaft" herangewagt. Mit dieser Arbeit, bei der es sich um eine überarbeitete Fassung der Habilitationsschrift handelt, hoffe ich, einen bescheidenden Beitrag zur Wiedergewinnung einer soziologischen Auseinandersetzung mit Wettbewerb/Konkurrenz geleistet zu haben. Weitere Forschung wird von Nöten sein, um vor allem historische, kultur- und gesellschaftsvergleichende Aspekte stärker herausarbeiten zu können.

Ein Buch, zumal ein solches, entsteht nie ohne die Mitwirkung von Personen und Institutionen in verschiedenster Weise. Ohne diese Unterstützung – aus dem wissenschaftlichen, aber auch aus dem nicht-wissenschaftlichen Bereich – wäre diese Arbeit nicht entstanden und hätte wohl auch gar nicht abgeschlossen werden können.

An erster Stelle bin ich *Hartmut Rosa* zu großem Dank verpflichtet. Nicht nur wegen der Unterstützung und Ermutigung zur rechten Zeit, sondern auch für den anhaltenden Dialog über das Thema, kritische Lektüren (und mitunter recht eigenwillige Kommentare) und vieles mehr. Danken möchte ich auch *Klaus Dörre* und *Rainer Diaz-Bone*, die als Zweit- beziehungsweise Drittgutachter ihren konstruktiven Part beigetragen haben. Für kollegialen Rat und produktive Zusammenarbeit in den letzten Jahren möchte ich mich besonders bei *Andreas Langenohl, Stephan Lessenich, Michael Hofmann, Tobias Werron, Sighard Neckel, Urs Stäheli, Manuela Rossini* und *Thomas Claviez* bedanken.

Ein großes Dankeschön gebührt *Claudia Honegger* und *Charlotte Müller*, die es mir ermöglicht haben, meinen Weg in der Soziologie auf fruchtbare Weise am Institut für Soziologie an der Universität Bern weiterzuführen. Für kollegiale Unterstützung und Austausch danke ich dem Berner Institut für Soziologie, insbesondere den ehemaligen und aktuell Mitarbeitenden: *Markus Zürcher, Robert Schäfer, Lukas Neuhaus, Denis Hänzi, Adrian Beutler, Markus Flück, Markus Unternährer, Philipp Saner, Désirée Waibel, Nathalie Bardill, Stefan Bandara, Monika Amacher* und *Mahboob Hasan.*

Bedanken möchte ich mich auch bei *Andrea Maurer* und *Uwe Schimank* für die Möglichkeit, diese Arbeit in ihrer Reihe „Wirtschaft und Gesellschaft" veröffentlichen zu können. An dieser Stelle auch ein Dankeschön an den Springer VS, besonders an *Cori Antonia Mackrodt.*

Viele Freundinnen und Freunde haben ihren Anteil daran geleistet, dass ich in der Lage war, diese Arbeit zu schreiben und den Habilitationsprozess zu einem glücklichen Ende zu bringen. Freundschaften sind für mich Resonanzbeziehungen, die mir als Teil einer gelungenen Lebensführung unverzichtbar sind. Herzlichen Dank an: *Anja Elsner, Herbert Bareuther, Martin Sauereisen, Dave Zweifel, Nathalie Bühler, Niklaus Schefer, Matthias Riedel, Wolfram Lutterer, Andreas Seeger, Christine Löbbert, Heide Warkentin, Martin* und *Esther Park* und – wie immer natürlich – *Yeon-Jeong Jeong*. Widmen möchte ich diese Arbeit meiner Familie (Ingrid, Heinz und Bernhard Wetzel), auf deren Unterstützung ich immer zählen konnte/kann, auch wenn ihnen nicht immer klar war/ist, was der da eigentlich genau so macht.

Dietmar J. Wetzel, Bern Dezember 2012

I.
Einleitung, Methode und Übersicht

1. Einleitung: Dispositive des Wettbewerbs

> „Ceux qui vivent, sont ceux qui luttent."
>
> Victor Hugo (*Les Châtiments*, 1853)

> „Da die Versagensrate in der Branche des organisierten Gelingens, als die sich die Schulen des
> Managements ausgegeben haben, in den letzten Wochen auf rasante Weise angestiegen ist, er-
> wächst gegenwärtig vielleicht die Chance zu einer weitgehenden Überprüfung gesellschaftlicher
> Wettbewerbsannahmen [...] Die radikalisierte Marktökonomie hat nicht nur Verlierer hinterlas-
> sen, sondern auch Zweite und Dritte. Von ihnen zu lernen, ist die intellektuelle Herausforderung
> der Stunde."
>
> Harry Nutt (*Frankfurter Rundschau*, 28.10.2008)

1.1 Ausgangsszenario: Wettbewerb, Märkte und soziale Felder

Märkte und vor allem Wettbewerb sind in aller Munde. So gibt es mittlerweile kaum ein gesellschaftliches Problemfeld, für das nicht der Markt beziehungsweise der Wettbewerb als
Lösung bemüht werden. Eine der grundlegenden Intuitionen und dann auch Motivation für
diese Arbeit liegt jedoch in einer Art Unbehagen gegenüber der ‚Schlüsselstellung', die vor
allem dem Wettbewerb von verschiedener Seite zugewiesen wurde und wird. Vermutlich hat
der Journalist Harry Nutt Recht, wenn er gegen Ende des Jahres 2008 von einer gegenwärtigen „*Chance zu einer weitgehenden Überprüfung gesellschaftlicher Wettbewerbsannah-
men*" spricht. Mein Ziel ist es, hierzu einen Beitrag zu leisten, der sich dezidiert mit einer
Soziologie des Wettbewerbs in einer historischen, systematischen und feldspezifischen Art
und Weise befasst. Soziologische Klassiker älteren und neueren Datums, wie Georg Simmel
(1995, orig. 1903), Max Weber (1980, [1921]), Robert E. Park und Ernest W. Burgess (1969
[1921]), Karl Mannheim (1964) und Pierre Bourdieu (1998) bieten zahlreiche Anknüpfungs-
punkte für eine Neufassung der Wettbewerbssoziologie.[1] Deren Intuitionen und Ideen greife
ich (teilweise) aktualisierend auf, was umso dringlicher erscheint, als für lange Zeit das Thema des Wettbewerbs den Ökonomen respektive in jüngster Zeit der politisch-medialen Rhetorik („Mehr Wettbewerb!") überlassen wurde (Wetzel 2010; Rosa 2006; Nullmeier 2000b).
In Abgrenzung zu einer undifferenzierten Auseinandersetzung mit Wettbewerb besteht ein
wesentliches Ziel darin, eine sowohl *sozialtheoretisch fundierte* als auch *empirisch orientierte Feldanalyse* vorzulegen. In der hier verfochtenen Lesart bezieht sich Wettbewerb auf
institutionelle (Markt-)Ordnungen einerseits und auf eine als sozial-komparative Handlungsorientierung zu begreifende Konkurrenz andererseits. Im Hintergrund der Arbeit steht da-

---

[1] In Frankreich hat Pascal Duret 2009 eine einführende *Sociologie de la compétition* vorgelegt, die zwei
Felder genauer analysiert (Sport und Ökonomie), vgl. zur Bedeutung des Sports für die Verbreitung des
Wettbewerbsprinzips die Arbeit von Alain Ehrenberg (1991).

bei nicht zuletzt die Frage, wie es gelingen kann, ein für die Soziologie zentrales Thema zu-
rückzugewinnen (Fligstein 2011 [2001]).[2]

Dabei verfolge ich sowohl eine genealogisch-historische als auch eine gegenwartsbezo-
gene, kritische Perspektive. Anders gesagt: Eingebettet ist die Frage nach dem Wettbewerb in
der vorliegenden Arbeit in einen sozialtheoretischen Rahmen, der sich an einer – in Einzel-
studien vorliegenden – *diskurstheoretische Analyse der Wirtschaft* orientiert (vgl. dazu Stäheli 2007 und 2000), aber auch einen Beitrag zu einer *kritischen Sozialtheorie* leisten will.
Dass sich für die Wirtschaftssoziologie eine diskurstheoretische Perspektive als fruchtbar
erweisen könnte, wäre Urs Stäheli zufolge dadurch zu erbringen, „indem so eine Genealogie der Ökonomie und des Marktes entworfen werden kann. Gerade für eine Soziologie des
Ökonomischen lassen sich diskurstheoretische Überlegungen zur Herstellung von Realitäts-
effekten besonders fruchtbar anwenden" (2000, S. 71).[3] Ebenso wenig wie es ‚die' eine Ökonomie gibt, gibt es auch nicht den einen Wettbewerb im Sinne einer essentialistisch anmutenden Formel zur Erklärung der Welt. Vielmehr müssen Analyse und Praxis des Wettbewerbs
in ihrer Vielfältigkeit und Wettbewerb in seinen diskursiven Verwendungsweisen aufgezeigt
werden. In diesem Kontext stellt sich, wie Richard Münch jüngst bemerkt hat, auch die Frage
nach dem Leistungsvermögen von Märkten und Wettbewerb: „Überhaupt kann mit größerer
Vorsicht und Genauigkeit geprüft werden, ob die Umstellung von Hierarchien auf Märkte für
die in Frage stehende Leistung wichtig ist, welche Unvollkommenheiten und Verzerrungen
der Märkte unvermeidlich sind und deshalb überhaupt nicht mit den idealerweise postulier-
ten Leistungsverbesserungen zu rechnen ist." (Münch 2009)

---

2   Die neuere Wirtschaftssoziologie beschäftigt sich seit Mitte der 1980er Jahre mit einer expliziten Soziologie
     der Märkte (vgl. dazu Beckert 1996, 1997; Schluchter 2007; François 2008; Engels 2009).
3   Vgl. dazu auch Rainer Diaz-Bone und Gertraude Krell (2009), die in dem von ihnen herausgegebenen Band
     Diskurs und Ökonomie über „[d]iskursanalytische Perspektiven auf Märkte und Organisationen" Auskunft
     geben.

Gegenwartsdiagnosen[4] zum Wettbewerb

Bei einem Blick auf die Gegenwartsdiagnosen lassen sich ganz unterschiedliche Einschätzungen identifizieren. Ein kurzer Überblick veranschaulicht die Bandbreite. In einer im politisch-ökonomischen Diskurs häufig vertretenen Position wird „Wettbewerb als Entmachtungsinstrument" (Habermann 2003) und damit prinzipiell als *positiv* begriffen. Mit dem Wettbewerb werde der Beseitigung der „eigentlichen Sozialkrankheit unserer Zeit", nämlich der Konzentration von Macht in Wirtschaft, Staat und Gesellschaft, entgegengearbeitet (Röpke 1966, S. 55).[5] Gleichzeitig gibt es aber auch immer schon warnende Stimmen, wobei die Begriffe Wettbewerb, Wettbewerbsfähigkeit, Konkurrenz teilweise synonym oder zumindest nicht einheitlich verwendet werden.[6] Eine kritische Position nimmt Gerlach in seiner Arbeit (2001) ein, wenn er über die Auswirkungen des Wettbewerbsdenkens schreibt: „Aus der Negation jeglicher Gesellschaftlichkeit, der Absage an kooperative Lebenshaltung, dem Rekurs auf sozialdarwinistische Ideologie und der Verherrlichung des ‚Wettbewerbs' ergibt sich notwendig der positive Bezug auf konkurrenzbestimmte Beziehungsformen. Der Kampf ums Überleben gilt als Heldentum, die Instrumentalisierung anderer für die eigenen Interessen als normal und die gewaltsame Durchsetzung des Stärkeren als vorbildhaft." Stürner (2007, S. 1) begreift die neoliberale Marktideologie dahingehend als beschränkt, insofern sich bei dieser „die Artikulation des Willens zur Veränderung [...] im Bekenntnis zum

---

4   Zur Soziologie meiner eigenen Soziologie im Sinne Pierre Bourdieus (2002) lässt sich folgendes bemerken: Durch meine Beschäftigung mit Frankreich (Soziologie, Philosophie, Literatur, Wirtschaft und Gesellschaft) bin ich schon früh mit der über ‚concours' (Wettbewerbe) organisierten französischen Gesellschaft konfrontiert worden; vergleichbares findet in Japan bei der Rekrutierung von Studierenden an Universitäten statt. Fasziniert, aber auch mit einer gehörigen Portion an Misstrauen versehen, hat mich anhaltend interessiert, welche Funktionen dem Wettbewerbsgedanken in unseren kapitalistischen Gesellschaften zugeschrieben werden und welche ihm tatsächlich zukommen. Wo findet Wettbewerb statt, wo wird er umgangen? Um im Wettbewerb bestehen zu können, bedarf es Leistung, die nach außen als Erfolg ‚verkauft' werden muss. Dazu kommen Talent und soziale Erbschaften, die über den Erfolg oder den Misserfolg, auch das Scheitern mitentscheiden. Erfolge können zwar alleine gefeiert, aber nicht alleine als solche festgestellt werden, es braucht die Anerkennung, beziehungsweise die soziale Wertschätzung von anderen, um am Markt und im Wettbewerb reüssieren zu können. Diese Fragen der Anerkennung haben mich in mehreren Publikationen in den letzten Jahren immer wieder beschäftigt (Wetzel 2004b, 2004c, 2010c). Gesellschaftstheoretisch verweisen diese Fragestellungen auf die Möglichkeiten von Integration und/oder Desintegration. Wie ist soziale Ordnung möglich und welchen Beitrag leistet die Idee des Wettbewerbs dabei? Hatte ich mich in der Dissertation mit dem Vergleich, in gewisser Hinsicht auch dem Wettbewerb von politisch-ethischen Ideen innerhalb verschiedener sozialphilosophischer Diskurse beschäftigt, so erforsche ich nunmehr das Funktionsprinzip und die diskursive Verwendung des Wettbewerbs in der konkurrenzorientierten-kapitalistischen Gesellschaft in soziologischer Hinsicht. Im Übrigen stimme ich der Einsicht Bourdieus zu, wenn er schreibt: „Doch ich weiß sehr genau, und werde das auch nicht verheimlichen, dass mir, selbst bei meinen Forschungen, tatsächlich erst nach und nach die Grundsätze klargeworden sind, die meine Arbeit bestimmt haben." (Bourdieu 2002, S. 10)

5   Röpke sieht allerdings auch die Notwendigkeit, Wettbewerb zu begrenzen, vgl. dazu Thielemann (2010, S. 18, 439).

6   So spricht beispielsweise der amerikanische Ökonom Paul Krugman in seinem Essay „Competitiveness, A dangerous obsession" (1994) von einer ‚fatalen Attraktion' des Begriffs/Konzepts, was er wie folgt begründet: 1. Die Metapher der Wettbewerbsfähigkeit sei aufregend (vgl. „The Thrill of competition" (ebd., S. 39)). Zudem lasse sie sich gut mit einer Kampfes- und Kriegsrhetorik sowie einer Globalisierungsrhetorik verbinden, 2. Wettbewerbsfähigkeit fungiere als Quasi-Erklärung für ökonomische Probleme, 3. Die instrumentalisierte Rede von der Wettbewerbsfähigkeit diene auch zur Rechtfertigung wenig populärer Maßnahmen, 4. Verbindungen zu früheren ‚Wettbewerben' könnten gezogen werden (Kalter Krieg, Sputnik), 5. Die Beschwörung von Wettbewerbsfähigkeit führe zu Protektionismus und schlechter, weil einseitig ausgerichteter Politik.

Mehr an Markt und Wettbewerb" niederschlägt. Thielemann (2010) plädiert für eine „Wettbewerbsethik", um so die „Normativität" auszuweisen und der „damit spezifischen Interaktionslogik" (ebd., 21) auf den Grund zu gehen.

Aus einer stärker *soziologischen Perspektive* wird eine Intensivierung der „Ellenbogengesellschaft" (Thureau-Dangin 1998) diagnostiziert, in der jede/r gegen jede/n kämpfe (Hofert 2006). Für Boltanski/Chiapello (2001, S. 462) ist die Konkurrenz das „letzte Kennzeichen des Kapitalismus".[7] Mit anderen Worten: Auf vieles könne der Kapitalismus verzichten, nicht aber auf sein Grundprinzip des Wettbewerbs. Wettbewerb werde immer mehr zum Selbstzweck, respektive in den Dienst der Steigerung der „Wettbewerbsfähigkeit" gestellt, so Hartmut Rosa: „Was produziert wird, was erforscht wird, ist letztlich egal, solange es nur die Wettbewerbsfähigkeit steigert." (2006, S. 95) Für Mathias Binswanger (2010)[8] kommen die Ideale der Gesellschaft in „abstrakten Begriffen wie ‚Effizienz', ‚Exzellenz', ‚Leistung', ‚Markt', ‚Wettbewerbsfähigkeit', ‚Innovation' oder ‚Wachstum' zum Ausdruck und in unzähligen Wettbewerben versuchen wir uns gegenseitig mit diesen Idealen zu übertrumpfen. Immer noch effizienter, noch exzellenter, noch wettbewerbsfähiger und noch innovativer muss man werden, auch wenn man in Wirklichkeit gar nicht so genau weiß, warum und wozu." (ebd., S. 14) Gunter Dueck (2006) schreibt in seiner Arbeit mit dem Titel *Supramanie*: „Score-Man. Es geht darum Nummer Eins zu sein. The winner takes it all. Nur der Erste zählt. Der Schnellste am Markt. Der Erste mit einer Innovation. Nummer Eins über alles, über alle Vernunft." (2006: VII) *Ethnographisch* arbeitende Autoren wie beispielsweise Mitchel Abolafia (2001, S. 105) diagnostizieren eine radikale Steigerung wettbewerblichen Handelns (Hyperrationalität)[9] im Kontext einer sogenannten ‚Dog-eat-dog-world'. Und Ulrich Bröckling hält stellvertretend für die Position der *Governmentality Studies* fest: „Regieren heißt, den Wettbewerb, sich selbst regieren heißt, die eigene Wettbewerbsfähigkeit fördern. Dabei soll wiederum ein zirkulärer Konditionierungsmechanismus greifen: Je mehr Wettbewerb herrscht, desto mehr Gelegenheit haben die Akteure, ihr Handeln auf Wettbewerbsfähigkeit hin auszurichten. *Only competition makes competitive.*" (2007, S. 107, Herv. DJW)

Warum also Wettbewerb, genauer: eine Soziologie des Wettbewerbs?

Ganz im Sinne von Hans Peter Müller könnte man im Anschluss an Emile Durkheim sagen: „Man nehme ein anerkanntes Problem, präge es soziologisch um und werfe durch die

---

7   „Jede kapitalistische Einheit ist permanent bedroht durch die Handlungen anderer konkurrierender Einheiten. Diese Dynamik schafft eine permanente Unsicherheit und bietet den Kapitalisten ein sehr starkes Motiv der Selbst-Erhaltung, um ohne Unterlass den Prozess der Akkumulation fortzuführen." (Boltanski/Chiapello 2001, S. 462)

8   Binswanger vertritt dabei die These, dass es zu einer Verbreitung „sinnloser Wettbewerbe" (2010) in der Gegenwartsgesellschaft gekommen sei. So reizvoll diese Sichtweise anmutet, so einseitig fällt sie doch letztlich aus, denn sie nimmt nur die (abstrakte) Perspektive der Gesellschaft ein. Zu fragen wäre aber, für wen sind diese Wettbewerbe genau sinnlos? Umgekehrt formuliert: Machen nicht gerade für die Gewinner diese Wettbewerbe enormen Sinn, indem sie ihnen helfen, Machtpositionen und Status zu erlangen beziehungsweise zu legitimieren? Produktiv scheint mir dagegen zu sein, was Binswanger am Ende seiner Arbeit fordert: „Bei jedem einzelnen Wettbewerb gilt es die damit verbundenen perversen Anreize, Verdrängungseffekte sowie die neu entstehende Bürokratie systematisch aufzuzeigen und den behaupteten Vorteilen gegenüberzustellen." (ebd., S. 215) Eben dies versuche ich mit den vier Feldanalysen.

9   Jon Elster versteht Hyperrationalität als einen „irrational belief in the omnipotence of reason" (1990, S. 17).

eigene analytische Perspektive neues Licht auf alte Fragen." (Müller 1999, S. 156). Eben das soll mit einer Soziologie des Wettbewerbs versucht werden, ein – nicht nur, aber vor allem – in der Ökonomie anerkanntes und behandeltes Phänomen aufzugreifen und einer soziologischen-sozialtheoretischen Analyse zu unterziehen. Die oben versammelten Positionen zeigen vor allem, wie bereits angeführt, dass es den Wettbewerb im Sinne einer essentialistisch anmutenden ‚Formel zur Erklärung der Welt' nicht gibt, vielmehr bedarf es einer Differenzierung nach zentralen sozialen Feldern respektive der Identifizierung verschiedener „Wettbewerbskulturen" (Nullmeier 2002). Wofür interessiert sich ein solcher Ansatz nun spezifischer gefragt, auch in Absetzung von rein ökonomischen Ansätzen? Die unten angeführte Gegenüberstellung fällt bewusst schematisch aus, erfüllt aber ihren Zweck insofern, als klar werden dürfte, dass hier kein *ökonomischer Begriff des Wettbewerbs* vertreten wird. Gleichwohl kann ein an der Schnittstelle zwischen kultur- und wirtschaftssoziologischen Analysen der Marktgesellschaft situiertes Projekt nicht auf die ökonomische Dimension verzichten, alles andere wäre naiv. Diese Gegenüberstellung listet idealtypisch herkömmliche, d. h. ökonomische, (wirtschafts-)ethische einerseits und soziologische Wettbewerbsvorstellungen andererseits auf.

Tabelle 1:   Perspektiven auf Wettbewerb/Konkurrenz

ÖKONOMIE		*SOZIOLOGIE*
Idee der vollständigen Konkurrenz	⇨	‚Verunreinigungen' des Wettbewerbs
Essentialistische Bestimmungen	⇨	Diskursive Effekte des Wettbewerbs
Rationale, egoistische Akteure	⇨	Akteur-Feld-Perspektive
Ethik des Wettbewerbs	⇨	Dispositive des Wettbewerbs
Ökonomie des Wettbewerbs	⇨	Wettbewerbskulturen

Die ökonomische, vor allem von der Neoklassik vertretene Idee eines vollständigen Wettbewerbs[10] wird *erstens* durch ein Wettbewerbsverständnis ersetzt, das ‚Verunreinigungen', Kontaminierungen des Wettbewerbs in Rechnung stellt. Das bedeutet konkret, dass nicht-ökonomische Elemente, wie beispielsweise Affekte, Soziales, (staatliche) Politik etc. berücksichtigt und als wichtige Erklärungsmomente für das Wettbewerbsgeschehen angeführt werden. *Zweitens* geht es auch nicht um essentialistische Bestimmungen dessen, was Wettbewerb vermeintlich ist oder sein könnte, vielmehr werden diskursive Verwendungsweisen und Effekte untersucht und in ihrer Funktion innerhalb eines Dispositivs[11] beschrieben. *Drittens* werden in subjekttheoretischer Hinsicht nicht stets rational handelnde und egoistische Akteure vorausgesetzt, sondern Akteure werden innerhalb einer Akteur-Feld-Perspektive beleuchtet und in ihrer je verschiedenen Konstitutionsweise (über Subjektivierungsprogramme und Praktiken) zu fassen versucht. *Viertens* geht es mir im Unterschied zu einer häufig

---

10   Innerhalb der Ökonomie ist diese Idee selbst schon seit längerer Zeit in die Kritik geraten, vgl. dazu Kapitel 3.1.

11   Vgl. zum Begriff Dispositiv die Ausführungen in Kapitel 2.

normativ motivierten Ethik des Wettbewerbs (Homann und Ungethüm 2007), die die Irrungen und Wirrungen der Wettbewerbe aufzufangen versucht, um das Identifizieren von Dispositiven des Wettbewerbs. Schließlich wird eine rein ökonomische Betrachtung des Wettbewerbs durch eine differenzierte Analyse von Wettbewerbskulturen ersetzt.

Semantiken des Wettbewerbs: Abgrenzungen und erste Differenzierungen

Ein soziologischer Zugriff auf Wettbewerb geht von verschiedenen Formen (auch unterschiedlichen Kulturen des Wettbewerbs) aus, die sich nicht auf ökonomische Dimensionen des Marktwettbewerbs reduzieren lassen. Von Beginn an wird dementsprechend in der vorliegenden Arbeit mit den nachstehend aufgeführten Differenzierungen operiert (vgl. zu diesen Differenzierungen Hutterer (2008) und Binswanger (2010)).

1. Wettbewerb als *Wettkampf*: Diese Vorstellung eines Wettkampfs stammt vor allem ursprünglich aus Sport und Spiel.[12] Bis heute wird diese Wettbewerbsform als legitim erachtet.

2. *Wettbewerbsmärkte* (vor allem in der Wirtschaft): Es geht dabei um einen Marktwettbewerb verschiedener Anbieter um Märkte und Kunden, und zwar idealerweise unter dem Zustand vollständiger Konkurrenz.

3. Wettbewerb als *Rivalität*: Rivalität steht für einen emotional gefärbten Wettbewerb, der als konkurrierendes Verhalten beteiligter Individuen begriffen werden kann. Er erscheint dann als relevant, wenn beispielsweise Machtverteilung, Ansehen oder auch Zuneigung auf dem Spiel stehen. Auf Rivalität beruhende Praktiken treffen wir sowohl in Wirtschaft und Politik als auch im privaten Bereich an.

4. Wettbewerb als *Kampf um Vorherrschaft*:[13] Diese verschärfte Form des Wettbewerbs kann als auf (gegenseitiger) Abneigung basierende Beziehung gefasst werden beziehungsweise als kämpferische Auseinandersetzungen, die an die Stelle von Kooperation treten.

5. Wettbewerb im Sinn einer *Konkurrenzbeziehung in der Ökologie*: Verschiedene Lebewesen stehen in einem Kampf um knappe Ressourcen.

1.2 Drei Leitthesen

Als Ausgangspunkt für die vorliegende Untersuchung dienen die folgenden drei Hypothesen, die die Fokussierung innerhalb einer Soziologie des Wettbewerbs verdeutlichen.

1. Der Wettbewerb dient im flexiblen Kapitalismus als eine Chiffre, die sehr unterschiedlich gefüllt werden kann. Als nicht nur, aber auch diskursives Phänomen, erfährt Wettbewerb

---

12 Vgl. dazu die bahnbrechende Arbeit von Huizinga *Homo Ludens* (1997, [1938]), für den Wettkampf immer schon Spiel ist (ebd., S. 58ff.), vgl. dazu auch Nullmeier (2000, S. 165ff.), sowie Reisch (1995).

13 Vgl. dazu die Differenzierungen von Max Weber (1980 [1921], S. 20): „Der ‚friedliche' Kampf soll ‚Konkurrenz' heißen, wenn er als formal friedliche Bewerbung um eigene Verfügungsgewalt über Chancen geführt wird, die auch andere begehren. ‚Geregelte' Konkurrenz soll eine Konkurrenz insoweit heißen, als sie in Zielen und Mitteln sich an einer Ordnung orientiert. Der ohne sinnhafte Kampfabsicht gegen einander stattfindende (latente) Existenzkampf menschlicher Individuen oder Typen um Lebens- und Ueberlebenschancen soll ‚Auslese' heißen."

eine strategisch-uneinheitliche Verwendung. Die vielfältigen Verwendungsweisen müssen feldspezifisch analysiert werden. Bei gleichzeitiger Steigerung der Wettbewerbsrhetorik auf verschiedenen Feldern in der Gesellschaft, kommt es vermehrt – so die These – zu einer *Verwettbewerblichung*, die sich in unterschiedlichen Praktiken des Verschiebens, des Umgehens und des Inszenierens von (Pseudo-)Wettbewerben niederschlägt. Im Ergebnis ändert sich die Wettbewerbsordnung der Gesellschaft, genauer gesagt: Es entstehen verschiedene *Dispositive des Wettbewerbs*, die in der Logik der sozialen Felder Subjektivierungsimperative (über die Mechanismen der Subjektivation) etablieren.

2.   Die behauptete Umstellung von einer *positionalen* hin zu einer *performativen Wettbewerbskultur* bedarf einer differenzierten Lesart: Positionen, Anerkennung und Einkommen werden, so die These von Hartmut Rosa, „performativ' immer wieder neu ausgehandelt bzw. festgesetzt" (Rosa 2008, S. 20). Die Gegenthese lautet: *Reputation* (und Position als Resultat des Reputationserwerbs) im Sinne einer Anhäufung von Erfolgen und Anerkennung (Kapitalbildung à la Bourdieu) geht nicht verloren, wird aber ergänzt durch einen Anteil des Performativen. Es ist eine empirisch, d. h. im vorliegenden Zusammenhang feldspezifisch zu klärende Frage, wie sich das Verhältnis zwischen positional/performativ gestaltet. Die Feldanalysen versuchen eine differenzierte Antwort zu formulieren.

3.   Über die Teilnahme am Wettbewerb werden die Individuen in die Sozial- und Wirtschaftsordnung integriert beziehungsweise desintegriert. Die Legitimation von Wettbewerblichkeit wird im flexiblen Kapitalismus auf das Produktivitätsmotiv zentriert, was im Ergebnis zu einer Dynamisierung der Sozialordnung und zu einem ständigen Erzeugen von Neuem geführt hat. Diese potenzielle Reversibilität/Vorläufigkeit gerät, was Nullmeier (2001) bereits problematisiert hat, zur normativ fixen Idee des marktgesellschaftlichen Wettbewerbsdenkens. Dadurch wiederum entsteht eine inhärente Instabilität solcher Wettbewerbskulturen, da alle potentiell begrenzenden Elemente einer auch ihre Voraussetzungen verflüssigende Produktivität geopfert werden können.

1.3 Übersicht zu den Kapiteln und Aufbau der Arbeit

I. Einleitung, Methode und Übersicht

In einem ersten Schritt erläutert die Arbeit die Möglichkeiten einer Dispositivanalyse in Bezug auf die Wettbewerbsthematik. Diskursformationen und Dispositive sollen feldspezifisch bestimmt werden. Entgegen einer ökonomischen – und damit verbunden: häufig verkürzten – Betrachtung des Wettbewerbs werden mittels einer dezidiert soziologischen Analyse die Schnittstellen zwischen Kultur und Ökonomie in einer sozialtheoretischen Verschränkung ausgelotet. Dies geschieht insofern, als beispielsweise Komponenten bei der Wettbewerbsanalyse mit verhandelt werden, die gewöhnlich wenig Beachtung finden (Kapitel 2). Nach dem Aufzeigen der epistemologischen Interessen entwickle ich im nächsten Kapitel die Wettbewerbsanalytik, die verschiedene Kulturen des Wettbewerbs und drei Dimensionen der Analyse umfasst: eine subjekttheoretische Analyse der Subjektivierungsimperative (1), eine Analyse der institutionell vermittelten Kategorien und Konzepte Leistung, Erfolg und Anerkennung (2), eine Analyse der Prozesse der Stabilisierung und Destabilisierung auf der

Gesellschafts- beziehungsweise systemischen Ebene. Für die Feldanalysen fungiert als Raster eine kulturalistische Wettbewerbs- und Konkurrenzanalytik (3) (Kapitel 3).

II. Theorie-historischer Rahmen

Im daran anschließenden Kapitel werden Geschichte, Bausteine und verschiedene Dimensionen des Wettbewerbs behandelt. Neben einer genealogischen Perspektive auf Begriff, Konzeption und Positionen des Wettbewerbs, werden wichtige Elemente einer Wettbewerbssoziologie problematisiert (Subjektgebundene Einsätze, Praktiken des Sich-Vergleichens und Konkurrierens bei Georg Simmel). In einem weiteren Unterkapitel wird Wettbewerb als diskursiv-historisches Phänomen, als Vergesellschaftungsform beschrieben und von Konkurrenz, Co-opetition und Kooperation begrifflich unterschieden (Kapitel 4).

III. Feldanalysen

Die Feldanalysen (Bildung, Ökonomie, Liebe und Sport), die zentrale soziale Bereiche der Gegenwartsgesellschaft umfassen, sind systematisch aufgebaut, auch im Hinblick darauf, eine vergleichende Auswertung im Fazit zu ermöglichen. In einem ersten Schritt werden die systemischen Konturen, Konstellationen und die zentralen Akteure des jeweiligen Feldes beschrieben. Daran anschließend beschreibe ich *erstens* die Feld- beziehungsweise Marktzugangsvoraussetzungen und die vorherrschenden Subjektivierungsimperative; *zweitens* geht es um das Erfassen der Bedingungen und Parameter des Konkurrenzkampfes (Leistung, Erfolg und Anerkennung), bevor *drittens* die Wettbewerbseffekte in puncto (De-)Stabilisierung von Feldern skizziert werden. Abschließend wird – neben einem Resümee – jeweils der Versuch der Zuordnung zu ganz bestimmten Wettbewerbskulturen vorgenommen.

IV. Fazit: Kapitalismus, Wettbewerbskulturen und Lebensführung

Aus den vorgestellten Feldanalysen und den theoretischen Schlüssen resultiert eine komplexe, in ihren Grundzügen zu erläuternde soziologische Semantik und Grammatik des Wettbewerbs, die in einem resümierenden Tableau übersichtlich dargestellt wird (S. 213). Als Ertrag der vorgestellten Analysen fungiert der Vergleich zwischen den Feldern (1) sowie ein resümierendes Tableau (2). Innerhalb einer anvisierten ‚Soziologie einer gelingenden Lebensführung' wird die Wettbewerbsthematik mit der Lebensführung in Verbindung gebracht, weil davon ausgegangen werden kann, dass sowohl Wettbewerbe als auch die sozialen Praktiken der Konkurrenzorientierung auf die Lebensgestaltung Einfluss nehmen (3). Ein Ausblick gibt über Desiderate der Forschung Auskunft.

2. Methode und Erkenntnisinteresse

2.1 Diskursformationen und Dispositive

In methodischer Hinsicht erfasst diese Arbeit im Anschluss an die Arbeiten von Michel Foucault und der (wissenssoziologischen) Diskursanalyse (Keller 2004, 2008) historisch gewachsene zeitgenössische *Diskursformationen*. Dieses Vorgehen lässt sich genauer in drei Aspekte aufteilen, die zugleich auf die epistemologischen Interessen verweisen.

1. Erstens verfolge ich eine *wissenssoziologisch* orientierte *Diskurstheorie*, der es um eine „systematische Ausarbeitung des Stellenwerts von Diskursen [des Wettbewerbs, DJW] im Prozess der gesellschaftlichen Konstruktion von Wirklichkeit" (Landwehr 2008, S. 14) geht. Bei Foucault lassen sich zwei unterschiedliche Verfahrensweisen identifizieren, die in späteren Arbeiten in einem komplementären Verhältnis zueinander stehen. Gemeint sind die *Archäologie* und die *Genealogie*.[14] Die als regelgebunden zu verstehenden und auf Dauer gestellten Diskurse können als Aussagenpraktiken begriffen werden, die ihrerseits Macht- und Ausschließungseffekten unterliegen (1991).[15] Foucault interessiert sich innerhalb seiner *Archäologie des Wissens* (1992 [1973]) vor allem auch für die *Materialität von diskursiven Praktiken* (vgl. dazu Bublitz 2003, S. 50ff.). Damit sind Praktiken gemeint, die in Dokumenten, Schriften, aber auch in Bildern etc. gleichsam abgelagert wurden und werden. Eruiert werden müssen innerhalb eines solchen Verfahrens Orte des Bewahrens, die Foucault mit dem Begriff *Archiv* umschreibt, also „[...] das Gesetz dessen, was gesagt werden kann, das System, das das Erscheinen der Aussagen als einzelner Ereignisse beherrscht. [...] Es ist *das allgemeine System der Formation und Transformation der Aussagen.*" (Foucault 1973, S. 187ff.) Im Lauf seiner Arbeiten hat Foucault jedoch stärker – neben der archäologischen Methode – die genealogische Perspektive eingenommen, die vor allem Praktiken in ihrer je spezifischen historischen und sozialen Gewordenheit analysiert. „An die Stelle der reinen Konzentration auf Aussagesysteme tritt die Untersuchung von Praktiken, mittels derer *Diskurse Subjekte*

---

14 Andreas Reckwitz beschreibt dies wie folgt: „Archäologisch ist die Perspektive, indem sie historisch-spezifische Wissensordnungen rekonstruiert, die an bestimmten historischen Zeitpunkten bestimmte Subjektpositionen denkbar und praktizierbar machen. [...] Genealogisch ist diese Perspektive auf die Subjektgeschichte, indem sie ihren Blick auf die spezifischen Konfliktkonstellationen richtet, in denen an einem bestimmten Zeitpunkt historische Kräfte sich bilden und gegeneinander stehen, Konstellationen des zufälligen Auftretens, der zufälligen Konfrontation und nicht selten auch des zufälligen Ausgangs." (2008, S. 32)

15 Philipp Sarasin weist zu Recht darauf hin, das für Foucault Machtrelationen und Diskurse in einem notwendigen Wechselverhältnis stehen: „Zum einen also leben Diskurse von der gesellschaftlichen Macht jener, die sich ihrer bedienen – zum anderen aber, und damit untrennbar verschränkt, ist diese gesellschaftliche Macht auch eine Position, die von bestimmten Diskursen als spezielle und mit Macht ausgestattete Sprecherposition erfordert, ermöglicht und vorgegeben wird. [...] Diskursive Regeln, Sprecherposition und soziale Lage des Subjekts stützen und bestätigen sich gegenseitig." (2005, S. 115)

formen, aber auch die Betrachtung von Praktiken als einer relativ eigensinnigen Wirklichkeitsebene mit eigenen Dynamiken; es geht also um das Wechselspiel von Sichtbarem (Materialitäten) und Diskursen." (Keller 2008, S. 138) Zusammenfassend hält Reiner Keller bezüglich den Zielen einer wissenssoziologischen Diskursanalyse fest, dass es dabei um die Rekonstruktion der „[...] Prozesse der sozialen Konstruktion, Zirkulation und Vermittlung von Deutungs- und Handlungsweisen auf der Ebene von institutionellen Feldern, Organisationen, sozialen Kollektiven und Akteuren" geht (Keller 2008, S. 192). Analysiert werden können somit die Konstitutionsprozesse von Phänomenen, wie sie beispielsweise Märkte und Wettbewerb darstellen.

2.   Zweitens rekurriere ich innerhalb von (1) auf die *Diskursgeschichte des Wettbewerbs*, die sich in der Frage nach möglichen Abfolgen (sowie der Parallelität) von Wettbewerbskulturen kristallisiert und „die empirische Untersuchung von Diskursen in ihrem geschichtlichen Wandel zum Gegenstand hat" (Landwehr 2008, S. 14). Dazu gehören die gesellschaftlichen Handlungsfelder/Alltag und die Akteur(inn)e(n). Dabei geht es allerdings weniger um eine primär direkte Beschreibung von (sozialen) Praktiken, als vielmehr darum, „die ihnen inhärente programmatische Struktur zu untersuchen, um die ‚Objektivierungsverfahren' zu berücksichtigen, die von ihnen herrühren" (Sennelart 2006, S. 481). Soziale Praktiken können aus Diskursen nicht direkt abgeleitet werden, sind aber ihrerseits diskursiv überformt. Durch das Heranziehen und die Analyse empirischer Studien können im Sinne einer Sekundäranalyse soziale Praktiken heraus präpariert werden.

3.   Drittens zielt die vorgenommene Analyse auf das Beschreiben und Identifizieren von *Dispositiven des Wettbewerbs*, die sowohl für die materiellen als auch die ideellen Infrastrukturen von Diskursen und gesellschaftlichen Handlungsfelder stehen. Diese Dispositive sind historisch bedingt und helfen dabei, die allgemeine Rede über Wettbewerb zu differenzieren. Da der Begriff des Dispositivs schillernd und erklärungsbedürftig erscheint, wird das hier zu Grunde gelegte Verständnis von Dispositiven innerhalb eines Exkurses erläutert.

Exkurs: Was sind Dispositive?[16]

Ein Dispositiv bezeichnet Gilles Deleuze als eine Bündelung und Knotenbildung von Diskursen (Deleuze 1991). Giorgio Agamben (2008), der davon ausgeht, dass wir eine nie gekannte Vervielfältigung der Dispositive und damit einhergehender Subjektivierungsweisen erleben, charakterisiert ein Dispositiv in Anlehnung an Foucault wie folgt:

> „a. [Das Dispositiv, DJW] ist eine heterogene Gesamtheit, die potentiell alles Erdenkliche, sei es sprachlich oder nichtsprachlich, einschließt: Diskurse, Institutionen, Gebäude, Gesetze, polizeiliche Maßnahmen, philosophische Lehrsätze usw. Das Dispositiv selbst ist das Netz, das man zwischen diesen Elementen herstellen kann.

---

16   Ein Exkurs zur hier gebrauchten Verwendungsweise scheint insofern notwendig, als der Begriff des Dispositivs besonders in der Schweiz für eine „Absichts-, Willenserklärung" (Duden, Fremdwörterbuch 2001, S. 234) steht. Zudem bedeutet er laut Duden folgendes: „Gesamtheit aller Personen u. Mittel, die für eine bestimmte Aufgabe eingesetzt werden können, zur Disposition [...] stehen." (ebd.)

b. Das Dispositiv hat immer eine konkrete strategische Funktion und ist immer in ein Machtverhältnis eingeschrieben.

c. Als solches geht es aus einer Verschränkung von Macht- und Wissensverhältnissen hervor." (Agamben 2008, S. 9)

Neben der Betonung eines jeweils dispositivspezifisch konstituierenden Macht-Wissens-Verhältnisses, scheint mir die Netz-Metapher insofern zentral zu sein, als damit die strukturierende Wirkung und die Mannigfaltigkeit der potenziellen Bezüge innerhalb eines Dispositivs deutlich werden. Besonders wichtig für den vorliegenden Zusammenhang ist die Frage, inwiefern Dispositive die Subjektivierungsprozesse beeinflussen beziehungsweise steuern. In Dispositiven werden „auf unterschiedlichen Ebenen Wissenselemente und -ordnungen wirksam […], die sich in gesellschaftlich hegemonialen Subjektformierungen und alltagspraktischen Subjektivierungsweisen manifestieren" (Reichert 2009, S. 13). Über die Konstitution von Subjekten in je konkreten Macht-Wissens-Verhältnissen Auskunft geben zu können, ist ein wichtiges Ziel einer solchen Forschungsstrategie. Agamben wiederum stellt den Bezug zum Politischen beziehungsweise zu Fragen der Regierung her: „Der Terminus Dispositiv bezeichnet also etwas, in dem und durch das ein reines Regierungshandeln ohne jegliche Begründung im Sein realisiert wird. Deshalb schließen die Dispositive immer einen Subjektivierungsprozeß ein, da sie ihr Subjekt selbst hervorbringen müssen." (Agamben 2008, S. 24) Das Dispositiv sorgt für Prozesse der Subjektivierung und – vice versa – der Desubjektivierung.[17]

2.2 Zur sozialtheoretischen Verschränkung von Dispositivforschung und kulturanalytischer Perspektive

Die Analyse von Diskursformationen stellt für die vorliegende Arbeit in methodischer Hinsicht die übergreifende Form des Zugriffs dar: Eine solche Analyse setzt sich aus den Dispositiven, den Diskursen und den Alltag strukturierenden gesellschaftlichen Handlungsfeldern zusammen. Für eine spezifische Analyse der gesellschaftlichen (Handlungs-)Felder, die ich noch genauer vorstellen werde, halte ich eine kulturalistische Perspektive für sinnvoll. Diese Perspektive ist innerhalb der nachfolgend angeführten Übersicht von Bührmann und Schneider (2007) enthalten, und zwar in dem Kasten ‚*Ges. Handlungsfelder/Alltag*', der sowohl diskursive als auch nicht-diskursive Praktiken impliziert und dezidiert die Akteurperspektive berücksichtigt.[18]

---

17   Zum Prozess der Desubjektivierung vgl. Hein (2009).

18   Diese Akteurperspektive, genauer das Verhältnis zwischen Akteuren, sozialen Feldern und Praktiken ist in einer rein an Foucault anschließenden diskursanalytischen Perspektive unterbelichtet. Eine umfassende Dispositivanalyse, wie sie zuletzt Bührmann und Schneider (2008) vorgelegt haben, versucht eine solche Perspektive zu korrigieren.

Schaubild 1:   Diskursformationen und Dispositive

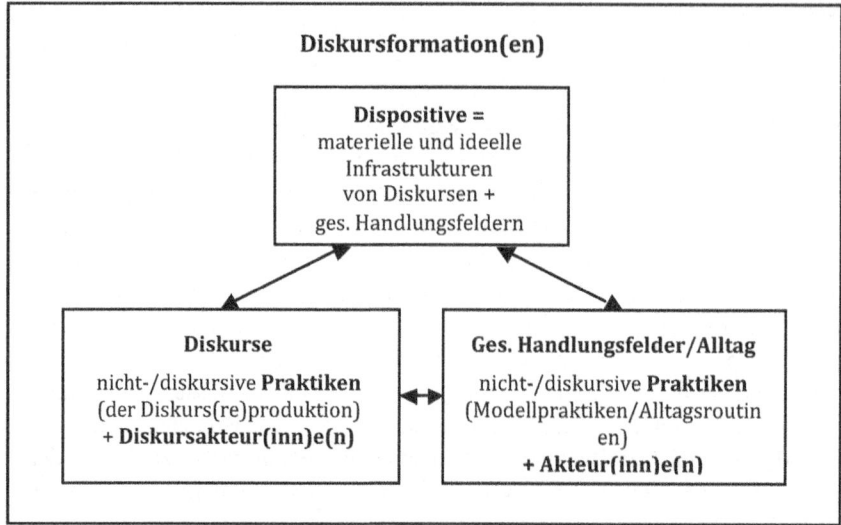

Quelle: Andrea D. Bührmann & Werner Schneider (2007), Mehr als nur diskursive Praxis? – Konzeptionelle Grundlagen und methodische Aspekte der Dispositivanalyse, in: FQS 8 (2), Art. 28.

Um eine kulturanalytische Perspektive einzubringen, folge ich weitgehend den Arbeiten von Frank Nullmeier zu dem Thema „Wettbewerbskulturen" (2001). Hier sind neben den Handlungsfeldern die Alltagsroutinen und vor allem: *die Perspektive der Akteure* von zentraler Bedeutung. Neben der Organisation von Wissensfeldern über Diskurse und Praktiken sowie ein Erfassen von deren materiellen und ideellen Infrastrukturen, die explizit Gegenstand der Dispositivanalyse sind, kann sich eine kulturalistische Perspektive mit den *qualitativen Unterschieden* in diesen jeweiligen Feldern beschäftigen. Eine solche Analyse bezieht sich konkret auf das *gesamte handlungsrelevante Wissen* der beteiligten Akteure und rekonstruiert somit die „‚Kalkulation' der Marktakteure als Ergebnis der Geltungsdominanz bestimmter interpretativer Schemata, Skripts oder Deutungsmuster" (vgl. dazu Nullmeier 2000, S. 164ff.). Eine solche Analyse steht nicht im Widerspruch zu den Dispositiven und den Diskursen, sondern weitet diese Perspektive – ganz im Sinne auch von Bührmann und Schneider (2008) – auf die Akteure aus.

Gerade an der Schnittstelle von Kultur und Ökonomie erweist sich eine Verschränkung in sozialtheoretischer Hinsicht als sinnvoll. Nach der in die Kritik geratenen Ökonomie als Wissenschaft geht es gerade um einen Rückgewinn für die Soziologie auf diesem umkämpften Terrain. Christian Eigner (2002, S. 57) spricht von einer „*Ökonomie als Kultur- und Geisteswissenschaft*", die von Nöten sei: „Es geht also um Rekulturalisierung, das heißt, um ein aktives Nutzen von Kultur- und Dekonstruktionskategorien für die Beschreibung der ökonomischen Welt, die letztlich ja Kulturleben und nichts anderes ist." Für Christian Eigner ist auch das, was „traditionell als das Zusammenspiel von Angebot und Nachfrage gedeutet wird, […] in Wirklichkeit ein Moment der différance, der unendlichen Semiose, in der Bedeutung und Sinn dann entstehen, wenn sich etwas von etwas anderem differenziert und doch zu ihm gehört" (ebd.). Um eine Analyse im Zusammenspiel von Kultur- und Wirtschaftsanalyse fruchtbar machen zu können, bedarf es keines abstrakten, nur auf der Gesellschaftsebene ansetzenden Vorgehens. Was vielmehr für eine notwendige Differenzierung bei der Analyse der Konstitutions- und Konstruktionsprozesse von Wettbewerb sorgt, ist eine Analyse von gesellschaftlichen Feldern.

2.3 Analyse von gesellschaftlichen Feldern[19]

Für die hier vorgelegte kultur- und wirtschaftssoziologisch angelegte Wettbewerbsanalyse wurden vier Felder ausgewählt, die das Kultur-, Sozial- und Wirtschaftsleben in der Gegenwartsgesellschaft erheblich strukturieren und beeinflussen. Die Feldanalysen sollen vor allem ermöglichen, den häufig einseitigen und pauschal benutzen Wettbewerbsbegriff und -diskurs zu differenzieren, nicht zuletzt deshalb, weil sich die jeweiligen Formen des Wettbewerbs auf den gewählten Feldern als zentral und feldstrukturiert respektive feldstrukturierend erweisen.[20] Neben der *gesellschaftlichen Relevanz* war die Idee der maximalen Kontrastierung in der Verwendung und Rhetorik des Wettbewerbs grundlegend bei der Entscheidung für die jeweiligen Felder. Ökonomie/Finanzmärkte in ihrer Ausrichtung als ‚klassische' Wettbewerbsmärkte durften ebenso wenig in der Analyse fehlen wie der Sport/Hochleistungssport, zumal die Idee des Wettkampfs auf diesem Feld historisch seine traditionelle Prägung erhalten hat. Neben diesen beiden ‚klassischen' Wettbewerbsfeldern hat sich eine Beschäftigung mit Bildung/Universitäten aufgedrängt, zumal es ein Feld ist, in dem sich der Verfasser dieser Arbeit seit mehr als zwanzig Jahren bewegt. So konnte gerade hier durch teilnehmende Beobachtung vieles an empirischen Kenntnissen gewonnen werden. Schließlich hat sich die Liebe respektive das Onlinedating als virulente Praxis der Partnerfindung in den letzten Jahren derartig dynamisiert, dass es soziologisch erklärungsbedürftig scheint. Als besonders interessant hat es sich gezeigt, gerade auf den beiden zuletzt genannten Felder der Wettbewerbsmetapher und den Funktionen des Wettbewerbs nachzugehen. Gemeinsam ist allen Feldern, dass der Wettbewerb zunehmend eine dominante Rolle ausübt, wobei bislang unklar ist, warum und wie es zu einer Durchdringung dieser Felder gekommen ist beziehungsweise kommt.[21] Das Spektrum reicht von klassischen ökonomischen Wettbewerbsmärkten (wie wir sie beispielsweise bei den Finanzmärkten vorfinden) bis hin zu ‚Quasi'- oder ‚Pseudo'-Wettbewerben (wie sie etwa bei Universitäten anzutreffen sind). Im Einzelnen sind die Feldanalysen immer einem Dreischritt folgend aufgebaut: 1. Bildung – Universität (Beispiel: Exzellenzinitiative), 2. Ökonomie – Finanzmärkte (Beispiel: Finanzkrise), 3. Sport – Professioneller Hochleistungssport (Beispiel: Doping) und 4. Liebe – Onlineplattformen (Beispiel: Onlinedating).

---

19   Wie bereits kurz erläutert wurde, handelt es sich bei den Feldern nicht (nur) um klassische (Wettbewerbs-) Märkte. Anders gesagt: Der Feldbegriff umfasst mehr als Wettbewerbsmärkte insofern, als auch ‚Quasi'- oder ‚Pseudomärkte' diagnostiziert werden können.

20   Zu einer ähnlichen Einschätzung gelangt auch Klaus Dörre: „In mehr oder minder allen gesellschaftlichen Sektoren reibt sich eine verallgemeinerte Wettbewerbslogik, die den einen nimmt, was sie den anderen gibt, an sperrigen sozialen Realitäten." (2009, S. 78)

21   Dennoch lassen sich nur schwerlich Argumente gegen das Einbeziehen weiterer Felder mobilisieren, so wären etwa das Feld der Kunst und der Medizin naheliegende Bereiche (vgl. Binswanger 2010).

Ausgewählt wurden die Felder entlang der (unterstellten) Wettbewerbslogik: Während im Feld der Finanzmärkte das Geschehen auf (ökonomische) Wettbewerbsmärkte zentriert ist, kommt im Feld des Sportes der reine Wettbewerbsbegriff im Sinne von Wettkampf zur Geltung. In den Feldern der Bildung und der Liebe treffen wir auf eine Wettbewerbssemantik, bei der der ökonomische Wettbewerb nur eine Rolle unter vielen spielt. Aber auch hier hat sich die Wettbewerbssemantik und -rhetorik vielfältig in die Diskurse und Praktiken eingeschlichen. Die Felder werden stets unter drei Gesichtspunkten analysiert: *Erstens* geht es in der Feldbeschreibung um die Strukturlogik des Feldes mit seinen Akteuren. *Zweitens* werden die wichtigsten Institutionen und die sozialen und kulturellen Praktiken der wichtigsten Akteure eruiert. *Drittens* wird dies jeweils anhand eines gewählten Fallbeispiels zugespitzt.

1. *Bildung – Universität – Exzellenzinitiative*: Im Feld der Bildung spielt die Universität als Institution eine herausragende Rolle. Universitäten sehen sich – zumindest programmatisch-ideologisch – nicht zuletzt bedingt durch den Bologna-Prozess vermehrt in direkte Wettbewerbssituationen gestellt (Neundorf, Zado und Zeller 2009). Die strategische Ausrichtung (neue Labels) sowie die Restrukturierung/Verschlankung von Studiengängen werden in den Universitätsreglementen festgelegt. Die Analyse der feldspezifischen Wettbewerbslogik verspricht Einsichten in die Organisation von Wissensprozessen insgesamt. Zu beschreiben und in ihrer Funktionsweise zu erläutern sind detailliertere Formen des *inszenierten* beziehungsweise des *„künstlichen Wettbewerbs"* (Binswanger 2010).

2. *Ökonomie – Finanzmärkte – Finanzkrise*: Im Feld der Ökonomie werden die Finanzmärkte genauer analysiert. Als Ausgangspunkt der vorgestellten Analyse drängt sich die seit 2008 anhaltende Finanzkrise auf. Institutionelle und private Investoren sehen sich einem Wettbewerb um beste Kapitalanlagen ausgesetzt, der ganz bestimmte Subjektivierungsformen evoziert und gleichzeitig auch bestimmte Anerkennungstypen für den Erfolg favorisiert. Der Sozialtypus des Rentiers beziehungsweise des Investors steht hier für einen *erfolgsorientierten Wettbewerb*.

3. *Sport – Hochleistungssport – Doping*: Im Feld des Sportes liegt es – verursacht durch die Skandale der letzten Jahre – nahe, den *verzerrt-manipulierten Wettbewerb* beim Hochleistungssport im Sinne von Missbrauch und Einsatz von Dopingmitteln zu erforschen. Besonders interessant ist daran, dass der durch die Einnahme von Doping ausgeschaltete Wettbewerb in seiner diesbezüglichen Dysfunktionalität in Funktionalität für diejenigen umschlägt, die sich dieser Mittel bedienen (können). Ein proklamierter Leistungswettbewerb wird u. a. mit Dopingpraktiken umgangen und systematisch sabotiert. In diesem Geschehen spielt die WADA, also die Weltantidopingagentur im Sinne eines umstrittenen ‚Subjektivierungsgenerators' eine herausragende Rolle.

4. *Liebe – Onlineplattformen – Onlinedating*: Die Liebe, genauer die Partnervermittlung, hat immer schon über Heiratsmärkte stattgefunden. Durch das vermehrte Auftreten von professionell organisierten Onlineplattformen werden neue Formen des Kennenlernens möglich. Onlinedating simuliert und schürt einen marktförmig organisierten Wettbewerb (Angebot und Nachfrage), bei dem eine bemerkenswerte Symmetrie insofern herrscht, als Frau oder Mann beide Rollen zugleich einnehmen: Im Wettbewerb um den besten Partner beziehungsweise die beste Partnerin bieten die Partnersuchenden einerseits ihr Profil an (und hoffen auf Resonanz), andererseits selegieren sie aufgrund bestimmter Kriterien interessante Profile aus der breiten Masse des Angebots gezielt heraus.

3. Wettbewerbsanalytik: Kulturen und drei Dimensionen

3.1 Wettbewerbskulturen

Als Teil der historisch-systematischen Analyse von Wettbewerbsdispositiven verfolge ich einen Zugriff, der sich zum einen auf die Sicht der Feldakteure und (indirekt) auch auf deren Konkurrenzpraktiken konzentriert. Zum anderen unternehme ich den Versuch, Wettbewerbskulturen mit unterschiedlichen Ausprägungen den jeweiligen sozialen Feldern zuzuordnen. Hier orientiere ich mich an der von Frank Nullmeier (2002, 2000) vorgeschlagenen Differenzierung von Wettbewerbskulturen, die dieser aus den jeweils *dominierenden Handlungsorientierungen* heraus präpariert. Anders als Nullmeier versuche ich allerdings eine eindeutigere Typologie zu erstellen.[22] Ich identifiziere die folgenden *komparativen Wettbewerbskulturen* hauptsächlich auf der *Ergebnisseite* von Wettbewerbsprozessen, mitunter wird aber auch der Verlauf von Wettbewerben berücksichtigt, sofern dieser für die Zuordnung von Relevanz ist.

1. **Positionaler Wettbewerb:** Es geht um einen auf Vergleichen beruhenden Wettbewerb, der miteinander rivalisierende Konkurrenten in einem Wettbewerb zusammenbringt. Bei dieser Form des Wettbewerbs gibt es nur einen Sieger, es greift also das sogenannte „the winner takes it all"-Prinzip (Beispiel: bei dem Besetzen einer Stelle kommt nur gerade eine Kandidatin zum Zug).

2. **(Hyper-)Agonaler Wettbewerb**: Dieser Wettbewerb wird als ‚hyperagonal‘ (gesteigerter Wettbewerb) charakterisiert, da er zu einer Vernichtung der aggressiv Konkurrierenden führen kann. Es gibt nur – darin dem positionalen Wettbewerb vergleichbar – einen Gewinner, allerdings sollen zudem Mitkonkurrenten besiegt, also beispielsweise vom Markt gedrängt werden (Beispiel: feindliche Übernahmen, strategisches Management).

3. **Relationsfixierend/differenzminimierender Wettbewerb**: Bei diesem antiagonal organisierten Wettbewerb verläuft das Wettbewerbsgeschehen kooperativ und fair. Dennoch ist auch dieser Wettbewerb platzzuweisend (Beispiel: die Diskussionsrunde oder der Ideenwettbewerb um das bessere Argument).

4. **Differenzbetonender Wettbewerb**: Auch hier verläuft der Wettbewerb in antiagonaler Art und Weise mit mehreren Konkurrenten. Als Ergebnis des Wettbewerbs kommt es zu Platzierungen: Erste, Zweite, Dritte (Beispiel: das Wettrennen im Sport).

Eine in der vorliegenden Arbeit nicht nur diskursive, sondern ebenso vorgeschlagene kulturalistische Sicht auf Märkte und Wettbewerb muss sich auf das *gesamte handlungsrelevante Wissen* der beteiligten Akteure beziehen und rekonstruiert somit die „„Kalkulation‘

---

22 In seiner Schrift *Politische Theorie des Wohlfahrtstaats* entwickelt Nullmeier 265 (!) differenzierte Handlungsorientierungen, was bei einem Rezensenten (und nicht nur bei ihm) zur folgenden Reaktion führte: „Man sieht den Wald vor lauter Bäumen nicht." (Lamla 2000, S. 99)

der Marktakteure als Ergebnis der Geltungsdominanz bestimmter interpretativer Schemata, Skripts oder Deutungsmuster" (Nullmeier 2000, S. 164ff.). Um dies leisten zu können, greift eine solche Analyse auf Erkenntnisse der interpretativen Soziologie ebenso zurück wie auf sozial-konstruktivistische Einsichten. Akteure werden insofern nicht als passiv und handlungsohnmächtig verstanden, sondern vielmehr als aktive Subjekte konzipiert, die aus dem ‚Angebot' der Subjektivierungsimperative immer auch auswählen, freilich nicht völlig autonom, sondern unter Zwängen und jeweils situativ-historisch bedingten Machtverhältnissen (Foucault 1978, 1991).

Eine weitere, wichtige Frage ist, welche Kriterien für den Erfolg am Markt entscheidend sind (*Wettbewerbsparameter*): 1. Preis, Qualität eines Produktes/eines Anbieters, 2. Die symbolische Seite eines Produktes, 3. Zeitdimension des Wissens/Zukunftswissen, 4. Die Medienfähigkeit einzelner Rahmen (frames). Verfährt man im Sinne einer kulturalistischen Wettbewerbsanalyse, dann kann das Marktgeschehen u. a. als Folge medial vermittelter *interpretativer Effekte* gedeutet werden, und eben gerade nicht als Resultat von individuellen Kalkulationen im Sinne des homo oeconomicus.[23]

3.2 Drei Dimensionen der Analyse

Aus dem gewählten Zugriff resultieren drei Hauptdimensionen, die bei einer Analyse der Felder ein heuristisches Raster bilden. Dabei gehe ich davon aus, dass jede Wettbewerbskultur im Sinne einer Rahmenordnung eine je eigene Ausrichtung und Interpretation in den drei Analysedimensionen hervorbringt und insgesamt für ein je spezifisches Dispositiv des Wettbewerbs steht.

3.2.1 Subjektivierungsimperative: subjekttheoretische Bedingungen und Praktiken

Der Arbeit liegt ein subjekttheoretisches Interesse zu Grunde, welches nach den auf den sozialen Feldern vorherrschenden Subjektivierungsimperativen und den dadurch evozierten sozialen Praktiken fragt. *Subjektivierung* steht für den fortlaufenden Prozess sozialer, politischer und kultureller Identitätsbildung.[24] Normativ begründete Anforderungen an die Subjekte – beispielsweise verkörpert durch den Appell an die ständige Verbesserung der eigenen Wettbewerbsfähigkeit – erhalten einen imperativischen Charakter. Im Anschluss an Foucault kann ein *doppelter Prozess* beschrieben werden, der aus ‚Subjektivation' und ‚Ästhetisierung' besteht, denn das „Subjekt ist nicht ‚natürlich', es wird in jeder Epoche durch das Dispositiv und die Diskurse des Augenblicks geformt, durch die Reaktionen seiner individuellen Freiheit und durch seine möglichen ‚Ästhetisierungen' [...]" (Veyne 2009, S. 126).[25] Ein

---

23   Vgl. dazu die Arbeiten von Mitchel Abolafia (1998, 2001), der darin allerdings stärker ethnografisch vorgeht.

24   Dieser Subjektivierungsprozess ist auch deshalb als offen und als unabschließbar zu begreifen, weil sich die Identität wesentlich über den/die anderen ausbildet (Wetzel 2004c).

25   „Diese Theorie der Subjektivation und der Ästhetisierung verdeutlicht, worin Foucaults Unterfangen bestand: Es ging darum, einen Gegenstand zu »problematisieren«, sich zu fragen, wie ein Sein in einer bestimmten Epoche gedacht wurde (das ist die Aufgabe dessen, was er als Archäologie bezeichnete) und die verschiedenen gesellschaftlichen, wissenschaftlichen, strafenden, medizinischen usw. Praktiken zu analy-

solcher Prozess verläuft nicht rein rational und auch nicht auf einer vollständig bewussten Ebene. Vielmehr basiert er auf einer Herrschaft des (Un-)Sichtbaren und wird über Machtrelationen und -konstellationen organisiert. Zustande kommt dieser Prozess durch die beispielsweise von Althusser beschriebenen Szenarien der Anrufung und/oder der Appellation, die sich durch imperativische Handlungsanweisungen und Subjektivierungsimperative materialisieren.[26] Im Hinblick auf eine Soziologie des Wettbewerbs zugespitzt lauten die Fragen: Welche Feld- beziehungsweise Marktakteure werden aufgrund welcher Wettbewerbssituation gefordert beziehungsweise erzeugt oder anders – und als Variante der Arbeit von Fritz Breithaupt (2008) – formuliert: Welche *Ich-Effekte* erzeugt der Wettbewerb? Und welche Voraussetzungen müssen die Feldakteure erbringen, damit sie als erfolgreiche Wettbewerber bestehen können respektive als solche anerkannt werden? In allgemeiner Hinsicht wird nach Strategien, Taktiken und Praktiken des Selbstmanagements gefragt, die sich mit solchen Inszenierungs- und Handlungsweisen verbinden, die am meisten Erfolg versprechen. Zu den unterschiedlichen Potenzialitäten[27] der Subjekte bemerken Crozier/ Friedberg (1977), dass diejenigen, die fähigkeits- und ressourcenbedingt in der Lage sind, ihre eigene und fremde Ungewissheiten wenn schon nicht zu kontrollieren, immerhin die Ungewissheit darüber aber ins eigene Kalkül zu ziehen, über Vorteile in der Auseinandersetzung und letztlich auch im Wettbewerb verfügen. Das ist ein entscheidender Punkt, denn in der Wettbewerbsgesellschaft werden Machtkonflikte nicht länger nur institutionell geregelt und damit prinzipiell eingehegt, sondern zu einer (oftmals leidvollen) individuellen Dauererfahrung (Popitz 1992).

Wie bereits gezeigt wurde, stellt Giorgio Agamben (2008, S. 24) die Verbindung zwischen Subjektivierungsprozessen und Dispositiven her. Das Dispositiv sorgt für Prozesse der Subjektivierung, aber eben auch der *Desubjektivierung*, was die andere Seite des Subjektivierungsprozesses verkörpert. Bei Agamben droht jedoch ein über Dissemination verursachtes ‚Auflösen des Subjekts'. Produktiver gefasst werden können Prozesse der (De-)Subjektivierung im Anschluss an Louis Althusser und Judith Butler, die den Begriff der Subjektivierung als Subjekt konstituierende Unterwerfung (‚assujettissement') verstehen. Desubjektivierung im Speziellen kann dann auch als eine Form von Widerstand gegen die unterwerfende und (fremd-)bestimmte Subjektform aufgefasst werden (Butler 2001).

3.2.2 *Leistung, Erfolg und Anerkennung: institutionelle Bedingungen*

Derjenige, der im Wettbewerb besteht, darf auf gesellschaftliche Anerkennung, Wertschätzung und Prestige hoffen. Auf der anderen, unterlegenen Seite müssen Akteure dementsprechend mit Missgunst, Neid und Missachtung rechnen, wenn im positionalen Konkurrenzkampf Titel, Reputation und ökonomisches Kapital verhandelt werden (Neckel 1993). Voraussetzung für Anerkennung sind in der meritokratisch organisierten Gesellschaft Leis-

---

sieren (das ist die Aufgabe der Genealogie im Sinne des Wortes bei Nietzsche) und zu beschreiben, Praktiken, die damit korrelieren, dass das Sein auf diese Weise gedacht wurde." (Veyne 2009, S. 131)

26   Dies zeigt im Anschluss an Foucault Judith Butler in ihrer Auseinandersetzung mit den Arbeiten von Louis Althusser. Subjektivation meint in einer doppelten Bedeutung „sich diesen Regeln unterworfen zu haben und in der Gesellschaft kraft dieser Unterwerfung konstituiert zu werden" (2001, S. 110).

27   Diese Potenzialitäten erinnern selbstverständlich an die unterschiedlichen Kapitalsorten von Pierre Bourdieu.

tungen und Erfolge, wobei sich der Fokus hin zu einem *Typus erfolgsorientierten Handelns* verschoben zu haben scheint (Neckel 2008).

Die sozialwissenschaftliche Literatur verzeichnet eine reiche Tradition bezüglich der Reflexion auf die Themen Leistung und Erfolg (Mannheim 1964, Bohle 1977, Mitscherlich 1983, Hondrich et al. 1988).[28] Erst in neuerer Zeit, auch im Zuge der Debatte um Chancengleichheit in der ‚Leistungsgesellschaft‘, rückt das Interesse für das Verhältnis zwischen Leistung und Erfolg in den Mittelpunkt. Einige Autoren sprechen von einer gleichzeitigen „Ausweitung und Aushöhlung des Leistungsprinzips" (Neckel/Dröge 2002, S. 103). Was könnte damit gemeint sein? Markt, Medien und (politische) Macht konvergieren heute stärker als früher darin, einen spezifischen Handlungstyp zu befördern, der als ‚erfolgsorientiert‘ bezeichnet werden kann – sei es in der Form wirtschaftlicher Gewinne,[29] die jeder Zurechnungsmöglichkeit als persönliche Leistung entbehren, sei es als virtuose Handhabung einer medial gesteuerten „Aufmerksamkeitsökonomie" (Frank 1998) oder als Machiavellismus des politischen Machtkampfs, der demokratische Institutionen hauptsächlich als Ressourcen eigener Vorteile nutzt. In Anlehnung an den Wissenssoziologen Karl Mannheim hat im deutschen Sprachraum vor allem Sighard Neckel plausibel dafür argumentiert, dass es beim Erfolg ganz zentral auf das „Sichdurchsetzen" ankäme. Dies in doppelter Weise: Zum einen im Sinne eines „objektiven Erfolgs", wenn eine Leistung, deren Qualitätskriterium die unbestreitbare sachliche „Richtigkeit" ist, das Leben und Handeln von Menschen konkret verändert (Neckel 2002a, S. 108). Zum anderen fassbar als „subjektiver Erfolg", falls die persönliche Durchsetzung eines Akteurs der zugrunde gelegte Tatbestand darstellt.

Ob der Begriff der Leistung tatsächlich hinter dem des Erfolgs zunehmend verschwindet, wie von Neckel und anderen suggeriert, ist nicht so sehr ein theoretisches Problem, als vielmehr eine Frage der feldspezifischen und damit empirischen Analyse. Damit im Einklang steht die Überzeugung, der zufolge Leistung ganz unterschiedliche Dimensionen und Bedeutungen impliziert (vgl. dazu Neckel/Dröge 2002). Erheblich ist dabei die ‚subjektive Selbsteinschätzung‘ sowie die Selbstdarstellung der erbrachten Leistung. Die Bezeichnung des individuellen Aufwands und der persönlichen Anstrengung ist darin inbegriffen. Dass diese subjektive Einschätzung unter Umständen stark von der Fremdeinschätzung durch Evaluierende (Vorgesetzte, Kolleginnen) abweicht, zeigt sich vor allem an empirischem Fallmaterial. Schließlich kann Leistung, nunmehr in einem eher ‚objektiven Sinn‘ als Ausdruck für den Ertrag und das Ergebnis einer Aktivität verwendet werden (vgl. dazu Neckel 2002a, S. 114; Dubet 2008, S. 103). Festzuhalten bleibt, dass Beurteilungen von Leistungen, unabhängig

---

28 Als wertvoll gilt die Arbeit von H. de Séchelles *Theorie des Ehrgeizes* (zuerst 1788).

29 Auch Löhne sind, wie Klaus Kornwachs belegt, von dieser Verschiebung Richtung Marktprinzip (und Erfolg) betroffen: „Der gegenwärtig zu beobachtende Strukturwandel der Entlohnungsprinzipien geht von einem bisher mehr oder weniger gelungenen Mix aus Leistungsprinzip, einer gewissen Anforderungsgerechtigkeit, dem Gleichheitsprinzip und dem Prinzip der Tarifautonomie zu einem System über, das die bisherigen Gewichte [...] drastisch verschiebt. Mit Hilfe der Dezentralisierung der Tarifpolitik rückt das Marktprinzip an die erste Stelle – dies gilt nicht nur für den Erfolg des Produkts am Markt, sondern auch für den Arbeitsmarkt, der in niedrigen bis mittleren Qualifikationsbereichen ein Anbietermarkt ist. Dies verdrängt das Gleichheitsprinzip und beschleunigt die Entkopplung der individuellen Leistung von der Entlohnung." (Kornwachs 2009, S, 27ff.)

davon, wer sie im Einzelnen trifft, stets ,werthaltig' und variabel sind.[30] Hinzu kommt, dass man entgegen dem Festhalten an einem in der Meritokratie proklamierten reinen Leistungs-prinzip ebenso ,natürliche Talente und Gaben' in ihrer singulären Verteilung berücksichti-gen müsste. Mit anderen Worten: Erfolg lässt sich häufig aus dem Zusammenspiel zwischen Leistung und Begabung/Talent erklären (vgl. dazu *Kapitel 4.2.1*). In seinem ebenso kurzen wie prägnanten Text „Der optimierte Mensch" (2002) hat der Soziologe Michael Makropo-lous auf den Zusammenhang zwischen Leistung und Erfolg im Kontext der Karriereplanung hingewiesen. Dort heißt es: „[…] das Kriterium von Karrieren ist nicht so sehr Leistung, sondern vor allem Erfolg. Und das führt in Karriereplanungen ein unabweisbares Moment des Risikos ein. *Leistung ist nämlich die Verwirklichung eines Plans in irgendeinem Sach-gebiet. Erfolg ist aber die Verwirklichung eines Plans im Sozialen.* Die Verwirklichung des Plans hängt folglich nicht alleine von den Fähigkeiten des Individuums zur Selbstkonstruk-tion ab, sondern vor allem von der Anerkennung ihrer Resultate durch die anderen" (Mak-ropolous 2002, S. 7). Mit anderen Worten: Erfolg ist eine eminent auf sozialer Zuschreibung basierende Kategorie. Aber nicht nur Erfolg, sondern auch Leistung beruht letzten Endes auf gesellschaftlichen Zuschreibungen.[31] Dass Leistung ein nur schwer zu definierender Be-griff und „kein soziologisch prüfbares Attribut einer Gesellschaft" (Nollmann 2004, S. 24) ist, haben bereits die Arbeiten von Claus Offe aus den 1970er Jahren gezeigt (Offe 1970), aber dennoch erfüllt das Leistungsprinzip eine wichtige Funktion: Es „dient in der Praxis dazu, Selektionen als normativ richtig *darzustellen*" (Nollmann 2004, S. 43). Darüber hin-aus ist, wie François Dubet (2008, S. 104) belegt, Leistung „mit einer moralischen Anerken-nung verbunden, die über die finanzielle Entlohnung weit hinausgeht"; sie ermöglicht ganz wesentlich „die Würde und Autonomie der Individuen" (ebd., S. 106).

Wer Erfolg als solchen zugeschrieben bekommt, darf auch mit *sozialer Anerkennung* rechnen. Jedoch bedeutet es aus einer kritischen Perspektive betrachtet mutmaßlich etwas anderes, für seine Performance auf dem ,Beziehungsmarkt' Anerkennung und Liebe zu be-kommen als sich als Arbeitskraftunternehmer in einem Betrieb der Wertschätzung seines Vorgesetzten zu versichern. Dahinter steht die folgende Überlegung: Anerkennung ist im-mer in Machtbeziehungen eingebettet und kann dadurch auch immer einen „instrumentellen" (Wetzel 2004b) oder einen „ideologischen" Charakter (Honneth 2004) erhalten.[32] Dass An-erkennung zudem stets ein Maß an Verkennung enthält beziehungsweise souveräne Subjek-te mit Machtpositionen inauguriert, wissen wir durch die Arbeiten von Judith Butler (2007) und Patchen Markell (2003). Daher stellen sich im Kontext einer Soziologie des Wettbewerbs die folgenden Fragen: Wie funktionieren die Prozesse der Anerkennung und der Reputati-

---

30   Dubet fasst das Verhältnis zwischen Leistung und Gerechtigkeit wie folgt: „Die Leistung ist ein aktives Gerechtigkeitsprinzip, insofern jeder unablässig seine eigene Leistung und die der anderen bewertet, inso-fern sie eine ununterbrochene, den jeweiligen Umständen angepasste Kritik auslöst, insofern sie es erlaubt, gerechte Ungleichheiten zu definieren." (2008, S. 135)

31   Die Problematik wird gerade dann virulent, wenn es um die Frage der Messbarkeit und des Messens über-haupt geht. Wer bestimmt darüber, was, warum und wie gemessen wird?

32   Zudem zeichnet sich Anerkennung durch zunehmende Kontingenz beziehungsweise Erwartungsunsicherheit aus, „insofern sie nicht mehr klassenspezifisch bzw. statusbezogen oder institutionell verbürgt wird, sondern von der Willkür der einzelnen und ihrer Gruppe abhängig geworden ist. Lediglich die über Bürger- und Menschenrechte abgesicherte Anerkennung als Bürger und als mit Würde ausgestattetes menschliches Wesen bildet noch einen verlässlichen Rahmen, eine Art Anerkennungsminimum" (Heck 2003, S. 402).

onssysteme in unterschiedlichen Wettbewerbskulturen? Welcher Begriff der Anerkennung scheint angemessen zu sein?

3.2.3   Stabilisierung und Destabilisierung: Effekte auf der Gesellschaftsebene

Wettbewerbe, so lautet eine der hier verfochtenen Ausgangsüberlegungen, erzeugen nicht nur (diskursive) Effekte auf der Ebene der Subjekte, sondern auch auf der institutionellen und der gesellschaftlichen. Wettbewerb kann, neben ‚kontaminierenden' beziehungsweise ‚verunreinigenden' Effekten, die durch den Einfluss affektiver, sozialer oder politischer Wirkungen zustande kommen können, sowohl zur Stabilisierung als auch zur Destabilisierung innerhalb der Sozialordnung beitragen. Über die Organisation auf Märkten werden Wettbewerbsteilnehmende integriert und aneinander gebunden, was zur (vorübergehenden) Stabilisierung von Austauschbeziehungen führt. Anders gesagt: Indem Wettbewerber in einem Wettbewerb um etwas „Drittes" konkurrieren, bilden sie einen gemeinsamen Bezugsrahmen aus, der für stabilisierende beziehungsweise integrative Effekte sorgt. Auf diesen sozialintegrativen Aspekt von Wettbewerb/Konkurrenz hatte bereits Georg Simmel zu Beginn des 20. Jahrhunderts hingewiesen (Simmel 1995 [1903]). Umgekehrt können aber auch destabilisierende Effekte auftreten, nach denen innerhalb der Feldanalysen ebenso geforscht wird wie nach den (re-)stabilisierenden Effekten. Beispielsweise ist ein destabilisierender oder auch systemischer Effekt zu erwarten, wenn ein ‚hyperagonaler' Wettbewerb zur (potenziellen) Vernichtung nicht nur des Gegners, sondern zur Infragestellung des gesamten Systems beiträgt, wie wir es jüngst im Zuge der Finanzkrise zumindest phasenweise erlebt haben. Machtvolle Akteure können zur vermeintlichen oder tatsächlichen Destabilisierung beitragen (weitere Details im Kapitel zu den Finanzmärkten).[33] Zu fragen wäre – wiederum mit dem Blick auf das je spezifische Feld – ob aus den Markt- und Wettbewerbsprozessen neue Formen der Stabilität, neue Wertebildungen oder auch Identifizierungen mit Gemeinschaften resultieren? Welche (Des-)Integrationspotenziale zeigen sich in den jeweiligen Feldern? Welche Mechanismen des Scheiterns, der Ein- und Ausschließung lassen sich identifizieren? Dahinter steht die – leicht verschobene – klassische Frage der Soziologie, wie über diskursive Praktiken/Effekte soziale Ordnung hergestellt wird.

---

33   Die Diskussion um das ‚too big to fail' hat sich in der Schweiz besonders im Zusammenhang mit der größten schweizerischen Bank UBS abgespielt. Staatliche Zahlungen wurden für nötig befunden, um die systemrelevante Bank vor dem Untergang zu bewahren (vgl. dazu Wetzel/Flück/Hofstätter 2010).

II.
Theorie-historischer Rahmen

4. Geschichte, Bausteine und Dimensionen des Wettbewerbs

4.1 Historische Zäsuren: zur Genealogie des Wettbewerbs

Die Geschichte des (ökonomischen) Wettbewerbs ist in erster Linie stark von der Wettbewerbstheorie beeinflusst worden (Gabler Wirtschaftslexikon 2000, S. 3488ff.). Wettbewerb bedingt immer (s)eine spezifische Konstruktionsleistung. Nachfolgend werden die wichtigsten (historischen) Positionen zum Wettbewerb im Sinne einer genealogischen Darstellung problematisiert (vgl. dazu Cox/Jens/Markert 1981; Butterwegge/Lösch/Ptak 2007).

4.1.1 Traditionelle Ordnungsvorstellungen: Feudalismus und Ständegesellschaft

Die Idee des Wettbewerbs und seine gesellschaftliche Bedeutsamkeit haben sich im Lauf der Jahrhunderte verändert. So entstanden (über-)lokale Märkte im Mittelalter in den europäischen Städten. Gründe dafür waren die Zunahme des Handels sowie eine im Entstehen begriffene Geldwirtschaft (Simmel 1989 [1900]). Jedoch waren diese sehr beschränkt, die Produktion beruhte auf handwerklichen Kleinbetrieben und die Märkte waren stark reglementiert. „Zahlreiche an die Person bzw. das Grundstück gebundene Privilegien, ein Übermaß an staatlichen Vorschriften und vielerorts ein äußerst rigides Zunftsystem unterdrückten Innovationen, führten zu einer ausgeprägten Verkrustung der Wirtschaft und schalteten den wirksamen Wettbewerb aus." (Schott 2010, S. 355) Die Zünfte, ursprünglich als Selbsthilfeinstitutionen gegründet, bildeten einen Zunftzwang aus. Um seinen Beruf auszuüben, musste man Teil einer Zunft sein. Außer für die freien Berufe (Ärzte, Anwälte, Professoren etc.) legten diese „Produktsortiment, -qualitäten und -preise sowie Betriebsgrößen und -zahl" (ebd., S. 355) fest, um damit allen Mitgliedern aufgrund des Wettbewerbsschutzes ein ausreichendes Einkommen zu ermöglichen und durch diese Form der Qualitätssicherung das Vertrauen der KonsumentInnen zu gewinnen. Zudem war der Handel lange Zeit durch sehr kleinräumige Gebietskörperschaften mit unzähligen Wegzollabgaben erschwert. Selbst im 17. Jahrhundert zur Zeit des Merkantilismus, betrieben die meisten entstehenden europäischen Nationen eine protektionistische Politik. „Der Wettbewerb wurde erst langsam im Sinne des ökonomischen Rationalismus als eigene Gesetzmäßigkeit begriffen und akzeptiert." (Schott 2010, S. 357)

4.1.2   Industrialisierung: Klassischer (Wirtschafts-)Liberalismus und Marxismus[34]

Es war ein zentrales Anliegen des Liberalismus, die Ständegesellschaft mit Blick auf Rechts-
ungleichheit und Privilegien zu überwinden. Im Liberalismus des 18. Jahrhunderts wurde
der Markt noch auf der *Grundlage des Tausches* beschrieben (Foucault 2006, S. 170). Doch
schon im Lauf des 19. Jahrhunderts beruhte jede freie Gesellschaft auf zwei Grundsätzen,
die vom liberalen Staat zu garantieren sind: *Erstens* dem uneingeschränkten Recht der Bürger auf ihr Eigentum und *zweitens* dem unbehinderten Wettbewerb der Bürger in allen öffentlichen Lebensbereichen. Neben der freien Entfaltung des Bürgers wurden aber auch materielle Unterschiede billigend in Kauf genommen.

Eine Voraussetzung für die Leistungsmotivation eines jeden Menschen stellt der recht-
mäßige Besitz an Privateigentum dar. Dabei fungiert der Wettbewerb als ein sozusagen un-
entbehrliches „Entdeckungsverfahren" (von Hayek), in dem versuchsweise eine möglichst
optimale Lösung für jede Situation gefunden werden soll. Mit Hilfe des Wettbewerbs – so
die liberale Vorstellung – findet sich die wahrhaft richtige und gerechtfertigte Leistungshie-
rarchie. Wettbewerb und Eigentum sind auch deshalb Forderungen, die der Liberalismus mit
einiger Vehemenz vertritt.[35] Es wurde immer versucht, Wettbewerbsschranken zu beseiti-
gen, was das Beispiel Preußen belegt: So kam es durch die Reformen von Stein und Harden-
berg zur Abschaffung der Gilden und Zünften. Aber von Beginn an waren Wettbewerb als
Organisationsprinzip und Konkurrenz im Sinne einer Handlungsorientierung in ihren sozialen Wirkungen umstritten. Das damit einhergehende Versprechen lag darin, im Wettbewerb den scheinbar einzig gangbaren Weg zu Wohlstand und Fortschritt zu sehen. In dieser
Logik liegt es, dass der Markt respektive der darauf stattfindende Wettbewerb und nicht ein
absolutistischer Herrscher oder Zünfte über Gewinner und Verlierer qua Herkunft entscheiden sollen und insofern müsse die Gesellschaft auch mit den – eher unangenehmen – Voraussetzungen und Folgen des Kapitalismus leben.

Die Geburt des ökonomischen Liberalismus

Die Kopplung von Eigennutz und Wohlfahrt stellt den zentralen Gedanken der liberalen Wirt-
schaftstradition im Anschluss an Adam Smith dar. Smith argumentiert, dass die egoistische
menschliche Triebkraft das Gemeinwohl fördert. Eigennutz, Egoismus und Gewinnstreben
sind nicht bloß notwendige Übel, sondern wünschenswert, denn wenn jeder Einzelne seinen
Interessen nachgeht, resultiert daraus Wohlfahrt für alle. Die berühmte Passage bei Smith
lautet: „Nicht vom Wohlwollen des Metzgers, Brauers und Bäckers erwarten wir das, was
wir zum Essen brauchen, sondern davon, daß sie ihre eigenen Interessen wahrnehmen. Wir

---

34   In der sozialistischen DDR galt der Wettbewerb als ein Mittel zum Zweck, nämlich als die „umfassendste
     Form der Masseninitiative der Werktätigen zur Durchsetzung des Fortschritts in der sozialistischen Ge-
     sellschaft" (Eichhorn 1971, S. 513). Etwas verklärter schreiben Schmollack/Thieler (1971, S. 534): „Das
     wesensbestimmende Merkmal des sozialistischen Wettbewerbs als Ausdruck und Form sozialistischer Pro-
     duktionsverhältnisse sind die Beziehungen der kameradschaftlichen Zusammenarbeit und der gegenseitigen
     Hilfe sozialistischer Produzenten und Eigentümer." Im Gegensatz dazu wurde die in der kapitalistischen
     Gesellschaft vorherrschende Art der Konkurrenz als Instrument der Ausbeutung der arbeitenden Klasse
     aufgefasst und gleichzeitig auch als solche verurteilt.

35   Wolfgang Kersting (2009) unternimmt in seiner „Verteidigung des Liberalismus" eine, aus dem Geist des
     Liberalismus, teilweise polemische Kritik an den Neoliberalismuskritikern.

wenden uns nicht an ihre Menschen-, sondern an ihre Eigenliebe, und wir erwähnen nicht die eigenen Bedürfnisse, sondern sprechen von ihrem Vorteil." (1993 [1789], S. 17) Dieser egozentrische Mensch wird, vermittelt durch den Marktwettbewerb, „von einer unsichtbaren Hand geleitet, um einen Zweck zu fördern, den zu erfüllen er in keiner Weise beabsichtigt hat" (ebd., S. 371). Die von Smith identifizierten wettbewerbsbeschränkenden Strategien nehmen vor allem Bezug auf die vormals herrschende merkantilistische Wirtschaftspolitik, „wobei *Marktzutrittsschranken*, die durch das Zunftwesen begründet und durch Gesetze abgesichert sind, im Vordergrund stehen" (Gabler Wirtschaftslexikon 2000, S. 3489).

Grundrisse der Kritik der politischen Ökonomie

In Abgrenzung zu Smith erkennt Marx in der Propagierung des Marktes nicht dessen tatsächliche Existenz als wichtigstes Moment, sondern als eine Utopie, die der Überwindung der feudalen Gesellschaft nutzbar gemacht wird: „Die freie Konkurrenz [...] ist noch nie entwickelt worden von den Ökonomen, so viel von ihr geschwatzt wird und so sehr sie die Grundlage der ganzen bürgerlichen, auf dem Kapital beruhenden Produktion ist. Sie ist nur negativ verstanden worden: d.h. als Negation von Monopolen, Korporation, gesetzlichen Regulationen etc. Als Negation der feudalen Produktion." (Marx 1953 [1857-1858]), S. 317)

Marx macht klar, dass mit der Überwindung des Feudalismus nicht alle Grenzen überschritten werden: „Wenn die freie Konkurrenz aufgelöst hat die Schranken früherer Produktionsverhältnisse und -weisen, so muss d'abord betrachtet werden, dass was für sie Schranke, für frühere Produktionsweisen immanente Grenze war, worin sie sich naturgemäß entwickelten und bewegten. Schranken werden diese Grenzen erst, nachdem die Produktivkräfte und Verkehrsverhältnisse sich hinreichend entwickelt *hatten*, damit das Kapital als solches beginnen konnte als das regelnde Prinzip der Produktion aufzutreten. Die Grenzen, die es niederriss, waren Schranken für seine Bewegung, Entwicklung, Verwirklichung. Es hob damit keineswegs alle Grenzen auf, noch alle Schranken; sondern nur die ihm entsprechenden Grenzen, die für es Schranken waren." (ebd., S. 543)

Die Rahmenbedingungen werden nicht durch die Konkurrenz etabliert, sie ist nur der Mechanismus der Durchsetzung: „Die Konkurrenz überhaupt, dieser wesentliche Lokomotor der bürgerlichen Ökonomie, etabliert nicht ihre Gesetze, sondern ist deren Exekutor. Illimited Competition ist darum nicht die Voraussetzung für die Wahrheit der ökonomischen Gesetze, sondern die Folge – die Erscheinungsform, worin sich die Notwendigkeit realisiert. [...] Die Konkurrenz erklärt daher nicht diese Gesetze, sondern sie lässt sie sehn, produziert sie aber nicht." (ebd., S. 450) Mit anderen Worten: Konkurrenz ist nicht der Zweck sondern das Mittel, indem sie für eine bestimmte Art und Weise des Wirtschaftens sorgt: „Die freie Konkurrenz macht die immanenten Gesetze der kapitalistischen Produktion dem einzelnen Kapitalisten gegenüber als äußerliches Zwangsgesetz geltend." (Marx 1966 [1867], S. 286)

Die evolutionäre Gesellschaft (Herbert Spencer)

Dem Evolutionstheoretiker und Soziologen Herbert Spencer zufolge verläuft die gesellschaftliche Entwicklung vergleichbar mit der eines biologischen Organismus (1967 [1876], [1882], [1896]). So lässt sich eine Weiter- und Höherentwicklung dadurch erklären, dass Gesellschaften nach einem inneren und äußeren Gleichgewicht streben, genauer vollzieht sich

dies durch Anpassung und Differenzierung. Der ‚Kampf ums Dasein' verkörpert sinnbild-
lich dieses Streben. Durch eine Art unsichtbare Hand der Evolution setzt sich das Geeigne-
tere durch (vgl. dazu Russett, S. 336ff.).

Evolution meint „die Entwicklung vom Homogenen zum Heterogenen, vom Einfachen
zum Komplexen" (Schallberger 1980, S. 10). Evolution ist als ein dialektischer Prozess von
Veranlagung und Anpassung zu verstehen. Theorien der sozialen Evolution sind Fortschritts-
ideen (ebd., S. 262), wobei ihnen eine Tendenz innewohnt, historische Kategorien als natürliche zu behandeln. Gesellschaft ist nicht etwas was gelenkt werden kann, sondern eigendyna-
misch strukturiert, wobei die Bestangepassten im Sinne des „survival of the fittest" überleben.

„Die ‚freie Konkurrenz' als höchste Entwicklungsstufe des ‚Kampfes ums Dasein' hat
nicht mehr die Funktion der ‚Zucht der Natur', sondern ist Ausdruck des auf den natürlichen
bedingten individuellen Ungleichheiten wirksam werdenden Leistungsprinzips zur friedli-
chen geführten persönlichen Bedürfnisbefriedigung." (Schallberger 1980, S. 280) Konkurrenz und Markt scheinen besonders geeignet die fähigen von den unfähigen Menschen zu
trennen und die Guten zu belohnen. Nicht zuletzt deshalb können Markt und Konkurrenz
sowohl als Anzeichen der Ausdifferenzierung als auch für die Freiheit der Individuen verstanden werden. „Sein Traum [Herbert Spencers, DJW] von den fortschrittlichen Wirkungen des wirtschaftlichen, geistigen und kulturellen Konkurrenzkampfes zwischen Individuen enthüllte sich in der Praxis als ungleicher Kampf, in dem der wirtschaftlich Stärkere
jeweils Sieger blieb." (Schallberger 1980, S. 285) Dieses evolutionäre Verständnis von Konkurrenz und Wettbewerb sollte später sowohl von Sozialdarwinisten, Rassentheoretikern als
aber auch von Marktradikalen wie von Hayek aufgegriffen werden.

Industrialisierung und Nationalstaatenbildung

Mit der Gründung moderner Nationalstaaten und den damit ausgesprochenen Garantien politischer (z. B. Niederlassungsfreiheit) und wirtschaftlicher Freiheiten (Privateigentum) sowie der Zoll- und Geldhoheit und Infrastrukturpolitik auf nationaler Ebene einerseits und
einem weitgehend freien internationalen Handel andererseits wurde der Wettbewerb institutionell befeuert. Die intensivierte Industrialisierung hatte indessen dazu geführt, dass der
Wettbewerb immer wieder durch Kartellbildung zu umgehen versucht wurde (Hilferding
1968 [1910], S. 246ff.). In den zwanziger und dreißiger Jahren des 20. Jahrhunderts entwickelte sich innerhalb der Wettbewerbstheorie die *Theorie des unvollkommenen bzw. mono-
polistischen Wettbewerbs*, die den Versuch unternahm, die dichotomisch angelegte Unterscheidung zwischen „reinem Monopol und vollkommener Konkurrenz zu überwinden. Im
Mittelpunkt der Bemühungen standen die Berücksichtigung heterogener Güter, das Oligo-
polproblem und die Ergänzung des Preiswettbewerbs durch Formen des *Nicht-Preiswettbe-
werbs* (z. B. Werbung)" (Gabler Wirtschaftslexikon 2000, S. 3489). Die beiden Weltkriege
führten jeweils zu einer massiven Einschränkung des Wettbewerbs, genauer gesagt herrschten Planwirtschaftsökonomien vor.[36]

In dieser Zeit veröffentlicht Joseph A. Schumpeter seine berühmte Studie *Kapitalismus,
Sozialismus und Demokratie* (2005 [1942]). Darin betont Schumpeter den dynamischen Cha-

---

36   Insofern könnte man die These formulieren, dass sich Wettbewerb nur unter Bedingungen des (relativen)
      Überflusses entwickelt und auch nur unter solchen aufrechterhalten werden kann.

rakter des Wettbewerbs. Für ihn ist es der ebenso dynamische (Pionier-)Unternehmer, der für die wirtschaftliche Entwicklung und den Fortschritt verantwortlich zeichnet. „Der Pionier-unternehmer treibt den technisch-wirtschaftlichen Fortschritt ständig voran. Ein so einge-leiteter Prozess der ‚schöpferischen Zerstörung‘ führt bei Schumpeter mit der Durchsetzung von Innovationen zu Monopolen oder monopolartigen Stellungen." (Cox/Hübener 1981, S. 15) Gerade Innovation kann dabei als Mittel zur Zerstörung der Gleichheit von Marktteil-nehmern angesehen werden (Schumpeter 2005, S. 219ff.).

Nach dem Zweiten Weltkrieg etablierte sich in Zentral- und Westeuropa sowie in Nord-amerika die soziale oder sozialliberale Marktwirtschaft. Grundsätzlich basierend auf Wett-bewerbsökonomien konnten die Staaten unter bestimmten Voraussetzungen den wirtschaft-lichen Wettbewerb lenken bzw. einschränken (Schott 2010, S. 361). In der Nachkriegszeit, die häufig in Deutschland und in Frankreich als die goldenen Jahre (Wirtschaftswunder, „Trente Glorieuses") bezeichnet wird, wurde der Sozial-, beziehungsweise Wohlfahrtsstaat stark aus-gebaut. In ihm wurde der ökonomische Wettbewerb relativ stark reguliert.

4.1.3 (Post-)Industrialisierung: Neoliberalismen[37]

Ludwig von Mises: neoliberaler Pionier der österreichischen Schule

> „Es steht ja gerade fest, dass die Menschen von Natur aus
> verschieden veranlagt sind."
>
> (von Mises 1981 [1922], S. 53)

Ludwig von Mises (1881-1973) wollte mit seinem Werk *Die Gemeinwirtschaft* (1981 [1922]) den Nachweis bezüglich der Ineffizienz des sozialistischen Wirtschaftssystems erbringen. Da im Sozialismus nur Gemeineigentum existiere, werde der Preismechanismus ausgehe-belt, dies ziehe Wohlfahrtsverluste nach sich und verzerre Rentabilitätsberechnungen. Die für wirtschaftliches Handeln konstitutive Unsicherheit werde am besten durch dezentralen Wettbewerb absorbiert. Dafür müssen Institutionen entwickelt werden, die in einer evolu-tionären Wirtschaft die Wirtschaftspläne der einzelnen Akteure koordinieren und sich den veränderten Bedürfnissen und Wünschen der Konsumenten anpassen können (von Mises 1981 [1922]). Von Mises möchte zeigen, weshalb die Frage nach der Vergesellschaftung des Eigentums an den Produktionsmitteln von Dringlichkeit ist. Dabei stützt er sich bei seiner Argumentation ganz auf die Haltung eines Primats der Ökonomie, da der Durchschnitts-mensch sachkundiger als Konsument wäre, denn als Bürger: „Es soll Wähler geben, die, wenn sie zwischen Schutzzoll und Freihandel oder zwischen Goldwährung und Papierinfla-tion zu wählen haben, sich nicht alle Konsequenzen ihrer Entscheidung vor Augen zu halten vermögen. Da hat es der Käufer, der zwischen Biersorten oder zwischen Schokoladenmar-ken zu wählen hat, jedenfalls leichter." (von Mises 1981 [1922], S. XI)

---

37 Für eine ausführliche Rekonstruktion der zum Neoliberalismus hinführenden historisch-epistemologischen Situation vgl. Gertenbach (2007, S. 41ff.). Butterwegge, Lösch und Ptak (2005, S. 28) weisen zu Recht darauf hin, dass es historisch betrachtet dem Neoliberalismus insgesamt gelang, „sein Konzept als ‚Dritten Weg‘ zwischen Laissez-faire-Liberalismus und kollektivistischem Sozialismus [zu] präsentieren".

Ordoliberalismus – Freiburger Schule

> „Im Zentrum des Ordoliberalismus stehen die Idee des Wettbewerbs und die
> Erkenntnis, dass dieser keine Natur-, sondern eine Kulturpflanze ist. Die Idee
> des ‚Ordo‘ geht weit über die Ökonomie hinaus; sie zielt auf eine umfassende
> humane Ordnung.“
>
> (NZZ 25.8.2005)

Der wohl bekannteste Vertreter der Freiburger Schule ist Walter Eucken (1891-1950). Er gehört zur Strömung des sogenannten deutschen Neoliberalismus, die als ordoliberal charakterisiert wird. Ausgangspunkt seiner Analysen, die er in *Grundsätze der Wirtschaftspolitik* (1952) festhält, bildet die Feststellung, dass der *laissez-faire* Liberalismus mit der „unsichtbaren Hand“ eine Gefährdung der Freiheit bedeuten kann. Eine unregulierte Marktwirtschaft führe zu Konzentration und Kartellbildung einerseits, andererseits hat staatliches Handeln immer auch einen Einfluss auf die Marktwirtschaft, auch wenn es nicht explizit darauf abzielt. So stellt Eucken die folgende Frage: „[W]ie kann der modernen und industrialisierten Wirtschaft eine funktionsfähige und menschenwürdige Ordnung gegeben werden?“ (Eucken 1952, S. 52) Er sieht die Antwort vor allem darin, eine Wettbewerbsordnung zu schaffen, die ökonomische Macht von Individuen und organisierten Gruppen (inklusive dem Staat) möglichst beschränkt. Daher geht es ihm vor allem um die Festlegung und Sicherung wettbewerblicher Spielregeln, innerhalb derer die Wirtschaftssubjekte frei agieren sollen. Umverteilung kann durchaus dazu gehören, sofern sie zu einer Verbesserung der Wettbewerbsbedingungen führt. Das entscheidende Kriterium für eine ordoliberale Intervention ist die Marktkonformität. Eingriffe dürfen den Marktprozess nicht stören, sondern sollen ihn im Sinne einer idealen Ordnung positiv beeinflussen. Somit wird Wettbewerbspolitik zu einem gesellschaftspolitischen Auftrag. Michel Foucault weist in seiner diskurshistorischen Rekonstruktion der ordoliberalen Position im Rahmen seiner *Geschichte der Gouvernementalität II* überzeugend darauf hin, dass er ein ständig und überall im Wettbewerb stehendes und sich als solches begreifendes (unternehmerisches) Individuum, in Foucaults Worten eine „Unternehmensgesellschaft“ (2006, S. 208), als ein Hauptmerkmal des Neoliberalismus insgesamt sieht: „Der Ordoliberalismus entwirft also eine Wettbewerbsmarktwirtschaft, die von einem sozialen Interventionismus begleitet wird, der eine Erneuerung von Institutionen im Umfeld der Neubewertung der Unternehmenseinheit als grundlegendem Wirtschaftsakteur impliziert.“ (ebd., S. 248)[38]

---

38   Jan-Otmar Hesse (2007) weist darauf hin, dass die Ordoliberalen Alexander Rüstow und Wilhelm Röpke in
      einer Schrift die „Soziologieblindheit“ des alten, traditionellen Liberalismus“ (S. 218) kritisierten und dafür
      plädierten, „die klassische Wettbewerbsvorstellung um die Ebene der sozialen Integration zu ergänzen“.
      Michel Foucaults Verdienst ist es, im Rahmen seiner *Geschichte der Gouvernementalität II* auf eine „Verschiebung des Bedeutungsgehaltes des Wettbewerbsbegriffs“ (ebd., S. 224) beim Ordoliberalismus insofern
      hinzuweisen, als die „Trennwand zwischen der Gesellschaft und den Wirtschaftsprozessen“ (Foucault 2006,
      S. 206) zunehmend aufgehoben wird, „[...] damit die Wettbewerbsmechanismen in jedem Augenblick und
      an jedem Punkt des sozialen Dickichts die Rolle eines regulierenden Faktors spielen können“ (ebd., S. 207).
      Foucault folgert daraus: „Es wird keine ökonomische Regierung, sondern eine Regierung der Gesellschaft
      sein.“ (ebd.) Es geht also gerade auch im Hinblick auf das deutsche Modell des Ordoliberalismus darum, die
      „Möglichkeit einer neoliberalen Gouvernementalität“ (ebd., S. 269) zu beleuchten.

Wettbewerb als Handlungsfreiheit und Entdeckungsverfahren (von Hayek)

Die marktradikale Freiheitsideologie von Hayeks geht soweit, dass er die Idee der sozialen Gerechtigkeit wiederholt scharf kritisiert. Er fordert eine institutionelle Trennung der Entscheidungen, die einerseits die Regierungsgeschäfte betreffen und andererseits die Gesetzgebung. Hier zeigt sich der ausschließlich negative Freiheitsbegriff: Freiheit ist Abwesenheit von Zwang.[39] Anlässlich der Verleihung des Wirtschaftsnobelpreises 1974 an von Hayek, setzt dieser in seiner Dankesrede einen neuen Akzent in der Wirtschaftspolitik, die von einer an Keynes angelehnten nachfrageorientieren Wirtschaftspolitik wegführt, und zwar hin zu einer Angebotsökonomie. Für von Hayek ist die Makroökonomie überflüssig, da aufgrund des fehlenden Wissens über die Einzeltatsachen bzw. der Millionen von dezentralen Entscheidungen der Marktteilnehmer makroökonomische Bestimmungen schlicht unmöglich seien. Von Hayek kritisiert scharf die Orientierung der Wirtschaftswissenschaften an den exakten Naturwissenschaften: „In dem Glauben, dass wir die Kenntnis und die Macht besitzen, die Vorgänge in der Gesellschaft ganz nach unserem Gutdünken zu gestalten, eine Kenntnis, die wir in Wirklichkeit *nicht* besitzen, werden wir nur Schaden anrichten." (von Hayek 1996 [1974], S. 14) Das Eingreifen führe zu einer Verzerrung der spontanen Ordnungskraft: „[…] ein Kommunikationssystem, das wir den Markt nennen und das sich als ein wirksamerer Mechanismus zur Nutzung verstreuter Informationen erweist als irgendeines, das der Mensch bewusst geschaffen hat" (ebd., S. 14). Die Verteilung dürfe nicht direkt durch geplantes Handeln stattfinden, sondern nur der optimalen Wirkung des Marktmechanismus dienen „ein Wachsen zu kultivieren, indem er die geeignete Umgebung schafft, wie es der Gärtner für seine Pflanzen macht" (ebd., S. 14). Wettbewerb und Markt werden so als liberale Emanzipation gegenüber Sozialismus verstanden, wobei auch Faschismus und Nationalsozialismus als Ausprägungen des Sozialismus begriffen werden (vgl. dazu von Hayek 2004 [1944]).

Für von Hayek war es zwangsläufig, dass Staatsinterventionen jeglicher Art in der Marktwirtschaft – auf längere Sicht hin – zur Abschaffung der Freiheit führen müssten. Eine zentrale Rolle spielt dabei für von Hayek die Idee des *Wettbewerbs als Entdeckungsverfahren*: Die Marktwirtschaft steht und fällt mit dem Leistungswettbewerb, wie die offene Gesellschaft insgesamt. Der Wettbewerb ist von Hayek zu Folge ein Entdeckungsverfahren, das neues Wissen in vielfältiger Gestalt hervorbringt und durchsetzt. Damit verbunden ist die Fähigkeit des Wettbewerbs vermittelt über den Preismechanismus aufzuzeigen, in welchen Bereichen sich Innovation lohnt (von Hayek 1996 [1974], S. 198-199). Wettbewerb kann insofern nicht nur in Wirtschaft, sondern auch in Politik, Kultur und Gesellschaft ein überaus dynamisches Entmachtungsinstrument verkörpern als er bestehende Machtpositionen in Frage stellt und Alternativen ermöglicht. Damit ist der Wettbewerb jeder anderen Form der

---

39   Karl Polanyi (1997 [1944] nimmt zu von Hayek die Rolle des Antipoden ein: Wissenschaftshistorisch betrachtet wurde Polanyi dafür berühmt, die Grundlagen für die wirtschaftssoziologische Diskussion bezüglich der „Einbettung der Märkte" (embeddedness) vorbereitet zu haben: Erst dann, so lautet die Argumentation, wenn die Wirtschaft wieder in das Leben eingebettet werde, könne die Entfremdung der Moderne ‚geheilt' werden. Überzeugend zeigt Polanyi, dass „die menschliche Natur zu zyklisch wiederkehrenden Übertreibungen neigt, dass die Welt, in der wir leben, nicht dazu in der Lage ist, Unsicherheit auch nur annähernd in beherrschbare Risiken zu überführen, dass Banker gegen ihre egoistischen Interessen den eigenen Untergang nicht verhindern und dass deswegen der Lauf der Welt regelmäßig von – zum Teil schweren – Krisen der Instabilität heimgesucht wird" (Hank 2009).

Steuerung überlegen: „Wie auf dem geistigen, so auch auf dem materiellen Gebiet ist Wettbewerb der leistungsfähigste Prozess, um bessere Wege zur Erreichung menschlicher Ziele zu entdecken." (ebd., S. 244ff., dazu kritisch Rosa 2006)

Für von Hayek steht der Wettbewerb interessanterweise in Opposition zum auf Vernichtung abzielenden Kampf. Wettbewerb resultiere nicht aus absichtsvollen Planungen heraus, vielmehr habe sich dieser prozesshaft durchgesetzt und als Ergebnis habe sich die Gesellschaftsordnung erst herausgebildet. Dennoch: „Wenn ein System freier Unternehmungen segensreich arbeiten soll […] ist auch notwendig, ihren [Gesetze, Anm. DJW] positiven Inhalt so zu gestalten, dass der Marktmechanismus befriedigend wirken kann. Das erfordert insbesondere Regeln zur Aufrechterhaltung des Wettbewerbs und zur Eindämmung der Bildung von Monopolsituationen, soweit das möglich ist. Diese Probleme wurden von der liberalen Lehre im 19. Jahrhundert etwas vernachlässigt und systematisch erst in jüngster Zeit von einigen ‚neoliberalen' Gruppen untersucht." (von Hayek 1996 [1974], S. 242) Das *Laissez-faire* des klassischen Liberalismus lehnt von Hayek ab. Hier zeichnet sich das evolutionäre Verständnis der Entwicklung, durch Wettbewerb herbeigeführten sozialen Sitten und Bräuche ab. „In viel grösserem Mass als bisher muss erkannt werden, dass unsere gegenwärtige gesellschaftliche Ordnung nicht in erster Linie das Ergebnis eines menschlichen Entwurfs ist, sondern aus einem wettbewerblichen Prozess hervorging, in dem sich die erfolgreicheren Einrichtungen durchsetzten." (ebd., S. 40) Von Hayek erweitert seine Sozialismuskritik um eine Theorie der kulturellen Evolution moderner Gesellschaften, womit er die Evolutionsökonomik stark beeinflusst hat. Ihm zufolge gehören die Herausbildung von Privateigentum und Vertragsrecht zum Kern des kulturellen Selektionsprozesses.

Chicagoer Schule und ihr bekanntester Vertreter Milton Friedman[40]

Für Milton Friedman ist nicht nur die individuelle Entscheidungsfreiheit fundamental, sondern weitergehend fungiere die ökonomische Freiheit als eine Bedingung politischer Freiheit (Friedman 2002, S. 30ff.). Im Rahmen seiner als *Monetarismus* bekannt gewordenen Position setzt sich Friedman für einen institutionellen Rahmen ein, der die Eigentumsrechte schützt und die Bildung von Kartellen unterbindet sowie die innere und äußere Sicherheit gewährleistet. Die Einleitung von Friedmans *Kapitalismus und Freiheit* (2002 [1962], S. 24ff.) zeichnet sich durch zwei zentrale Wörter aus: Individuum und Freiheit. Im Gegensatz zum vom Liberalismus des 19. Jahrhunderts vertretenen Laissez-faire-Prinzip muss der Wettbewerb explizit gefördert werden. Zwei Formen des Wettbewerbs werden dabei von Friedman unterschieden: Wettbewerb als „persönliche Rivalität" einerseits und unpersönlicher Wettbewerb andererseits, der gerade „eine Grundessenz des freien Marktes" (Friedman 2002, S. 149) sei. „Der Teilnehmer am freien Wettbewerb hat keine messbaren Möglichkeiten zur Änderung der Wettbewerbsbedingungen; er ist kaum als sichtbares Einzelwesen auszumachen; es ist daher nicht leicht zu argumentieren, dass er überhaupt irgendeine Form von ‚sozialer Verant-

---

40 Die Chicago School nimmt in dem Versuch, „das Soziale als einen Bereich des Ökonomischen zu definieren" (Gertenbach 2007, S. 62) einen entscheidenden Platz in der Historie des Neoliberalismus ein. Ermöglicht wurde fortan, „sämtliche gesellschaftliche Bereiche mit dem Netz der Ökonomie zu überspannen und der politischen Ökonomie mannigfache neue Untersuchungsbereiche zu erschließen" (ebd.).

wortung' besitze, abgesehen von der für alle Bürger gleichen Pflicht, die Gesetze des Landes zu beachten und seinen Möglichkeiten entsprechend zu leben." (Friedman 2002, S.149)

Das Ziel des Wettbewerbs liegt bei Friedman in der Steigerung der Effizienz der Unternehmen begründet, wobei Marktzugangsschranken abgebaut und staatliche Eingriffe reduziert werden sollen. Dementsprechend sieht Friedman die soziale Verantwortung des Unternehmers erschöpft, wenn „die verfügbaren Mittel möglichst Gewinn bringend eingesetzt" werden und „unter Beachtung der Regeln des offenen und freien Wettbewerbs und ohne Betrugs- und Täuschungsmanöver" stattfinden (Friedmann 2002, S. 164-165). „Je mehr Aktivitäten durch den Markt erfasst werden, umso geringer ist die Zahl der Probleme, die eine eindeutige politische Entscheidung und Einigung erfordern." (Friedman 2002, S. 47) Insofern kommt es tatsächlich zu einer u. a. von Foucault festgestellten Ausdehnung der „Rationalität des Marktes" (Foucault 2006, S. 443) jenseits der rein ökonomischen Sphäre. Der bereits im Liberalismus anzutreffende *homo oeconomicus* ist dann auch nicht mehr länger ein Tauschpartner, sondern „ein Unternehmer, und zwar ein Unternehmer seiner selbst" (ebd., S. 314).[41] Auf der staatlichen Ebene basiert für Friedman ein wesentlicher Teil der demokratischen Wohlfahrtsstaatspolitik gerade darauf, politische Sonderinteressen einzelner Gruppen auf Kosten anderer einzulösen, indem diese von den Zumutungen des Wettbewerbs befreit würden. Auf diese Weise können Politiker beispielsweise Wählerstimmen kaufen.

Neoliberale Netzwerke

Zum Schluss dieses Kapitels zeige ich zum einen anhand der 1947 gegründeten *Mont Pèlerin Society* die weitläufige Vernetzung der neoliberalen Strömungen und Denker auf, zum anderen problematisiere ich deren hegemoniale Etablierung im gesellschaftlichen Diskurs. An der ersten Gründungstagung nahmen unter anderen die folgenden Personen teil: Walter Eucken, Wilhelm Röpke, Friedrich August von Hayek, Ludwig von Mises, Frank Knight, Karl Popper, Milton Friedman und George Stigler. Wie wir oben gesehen haben, lassen sich unter dem Begriff des Neoliberalismus teilweise ziemlich verschiedene Strömungen fassen, die wichtigsten sind die *Freiburger Schule* (Eucken), die *Chicagoer Schule* (Friedman) sowie die verschiedenen Generationen der *Österreichischen Schule* (von Mises, von Hayek). Dabei teilen alle gewisse gemeinsame Grundsätze: das Bekenntnis zum ‚freien Markt', einen beschränkten aber gleichwohl starken Staat, unantastbares Privateigentum an Produktionsmitteln, sowie der Wettbewerb als eigentlicher Motor der Wirtschaftsdynamik (Plehwe/Walpen 1999, S. 4). Eine ahistorische Modellkonstruktion sowie ein methodologischer Individualismus sind weitere wichtige Kennzeichen des Neoliberalismus (ebd., S. 6). Seit der Einführung des Wirtschaftsnobelpreises 1968 erhielten acht Mitglieder der Mont Pèlerin Society denselben, von Hayek war 1974 der erste. Die Nobelpreisvergabe hat die Wirtschaftswissenschaften als Wissenschaft, insbesondere als ‚exakte' Wissenschaft stark aufgewertet. Nicht wenige Grundbegriffe der modernen Ökonomie wurden von neoliberalen Denkern (vor-)geprägt, beispielsweise der Monetarismus von Friedman, der Wettbewerb als Entdeckungs-

---

41   Zur Figur des „Unternehmers seiner selbst" vgl. die Studie von Ulrich Bröckling (2007). Gertenbach bemerkt zum *homo oeconomicus*: „[Dieser] erlangt im Neoliberalismus vor allem dadurch seine Bedeutung, dass man auch hier die Perspektive des individuellen Subjekts übernimmt und beginnt, dessen Motive und Wahlakte zu untersuchen." (2007, S. 120)

verfahren bei von Hayek, das Prinzipal-Agent-Problem von Coase, die Public Choice Theorie von Stigler und Buchanan oder auch die Humankapitaltheorie von Becker (Plehwe/Walpen 1999, S. 10ff.). Nicht zuletzt diese Ansätze haben den Mainstream der (neoklassischen) Ökonomie zu einer (hegemonialen) Ideologie werden lassen (Wetzel 2010b). Das Aufkommen des Neoliberalismus lässt sich laut Plehwe/Walpen in drei Phasen aufteilen: Die Verteidigungsphase (ab Ende 1920er), die Bewegungsphase (ab Ende des 2. Weltkrieges) und die Stellungskriegphase (seit den 1980er) (ebd., S. 19ff). In der Verteidigungsphase mussten sich die neoliberalen Kräfte vor allem gegen den aufsteigenden Keynesianismus verteidigen, was ihnen nur bedingt gelang. In den 1940er und 1950er Jahren erfolgten dann Gründungen von Zeitschriften und Instituten sowie informelle Clubs wie die *Mont Pèlerin Society*. Der wirtschaftliche Aufbau der Bundesrepublik Deutschland basierte weitgehend auf den Ideen des Ordoliberalismus und dessen ‚sozialer‘ Marktwirtschaft. Die neoliberalen ‚Schocktherapien‘ nach dem Fall der Mauer und die Implementierungen der World Trade Organization (WTO) einerseits sowie deren Antiglobalisierungsgegnerschaft andererseits sind exemplarisch für die Phase einer scheinbar unversöhnlichen Auseinandersetzung. In dieser Phase des Neoliberalismus hat sich der Wettbewerb zum Alleskönner und Retter aufgeschwungen, zudem ist er das „Wesen des Marktes" (Foucault 2006, S. 171). Der Neoliberalismus und seine Verfechter tun so, als ob alles worum gestritten wird über den Wettbewerb reguliert würde, eben das meint die Umstellung beziehungsweise Ausdehnung von einer sozialen Marktwirtschaft hin zu einer *Marktgesellschaft*.[42] Dem steht die Tendenz gegenüber, die eine Rückkehr der feudalen Ständegesellschaft markiert. Auch nach dem vermeintlichen Ende der ‚großen Erzählungen‘ (Lyotard), konnte sich in den letzten zwei Jahrzehnten mit dem Erfolg des Neoliberalismus eine letzte große Erzählung in den kapitalistischen Gesellschaften etablieren: nämlich die des Wettbewerbs als Heilsbringer beziehungsweise Gestaltungsmacht für eine (leistungsgerechte) und allokationseffiziente Organisation. Es ist der „Schein der Unausweichlichkeit", aus dem der Neoliberalismus seine Legitimität schöpft (Volkmann/Schimank 2006, S. 239).[43] Flankiert werden diese Bemühungen von den politischen Entscheidungsträgern – national und international.

4.1.4 Globalisierung: (Internationale) Wettbewerbspolitik und Wettbewerbsrecht

> „Unser gemeinsames Eintreten für freie Märkte mit unverfälschtem Wettbewerb
> ist das wichtigste Bestreben des Liberalismus."
>
> (Neelie Kroes, ehemalige Wettbewerbskommissarin, Rede vom 8.12.2007)

Der vom Wohlfahrtsstaat zum „nationalen Wettbewerbsstaat" (Hirsch 1996) umfunktionierte Staat verfolgt mehr denn je eine aktive und aktivierende *Wettbewerbspolitik*, die für po-

---

42   Herbert Schui und Stephanie Blankenburg (2002, S. 47) weisen zu Recht auf die problematischen Punkte des Neoliberalismus hin: „Allgemeine Wohlfahrt besteht nicht länger im ‚Wohlstand der Nationen‘ (Entwicklung), und nicht einmal mehr in der optimalen Allokation vorhandener Ressourcen (allokative Effizienz), sondern in der bestmöglichen Selektion und Vergesellschaftung von Einzelwissen. [...] Damit hat die allgemeine Wohlfahrt keine materielle Substanz mehr: Die Leistungsfähigkeit des Marktes lässt sich nicht länger empirisch überprüfen."

43   Neoliberalismus kann auch übergreifend „als Entfesselung von Intrusionsdynamiken" (Volkmann/Schimank 2006) gefasst werden.

litische Maßnahmen steht, die als Zielsetzung einen funktionsfähigen unternehmerischen Wettbewerb gewährleisten und fördern sollen. Da der Wettbewerb von grundlegender Bedeutung für die Marktwirtschaft ist, fungiert er zudem als marktwirtschaftliche Ordnungspolitik. Die beiden zentralen Grundlagen der Wettbewerbspolitik in Deutschland sind 1) *das Gesetz gegen unlauteren Wettbewerb (UWG)*. Dieses soll einen fairen Wettbewerb und faire Marktpraktiken garantieren und 2) *das Gesetz gegen Wettbewerbsbeschränkungen (GWB)* aus dem Jahr 1958. Mit diesem Gesetz sollen Kartelle, Absprachen, Preisbindungen etc. verhindert sowie einer Konzentration der Wirtschaft entgegen gearbeitet werden (Schmidt 2000).

Die EU setzt seit längerem auf die Steigerung der Wettbewerbsfähigkeit, besonders deutlich in ihrem Weißbuch *Wachstum, Wettbewerbsfähigkeit, Beschäftigung. Herausforderungen der Gegenwart und Wege ins 21. Jahrhundert* (1993). Wettbewerb wird seit Längerem auf der europäischen und immer häufiger allerdings auf der internationalen Ebene verhandelt.[44] Insofern möchte ich im Folgenden eine exemplarische Analyse des Berichts „Enhancing European Competitiveness" aus dem Juni 1995 der europäischen *Competitiveness Advisory Group* vorlegen. Sie gibt gleichsam den diskursiven Raum vor. Generell sieht das *Advisory Board* Nachholbedarf für Europa in Sachen Wettbewerbsfähigkeit und der Verbesserung der *Human Resources*. Gegen eine negative Lesart müsse man das ,wahre Gesicht' des Wettbewerbs erkennen: „Competitiveness implies elements of productivity, efficiency, profitability […]. It is a powerful means to achieve rising standards of living and increasing social welfare – a tool for achieving targets." (1995, S. 2) Um nur wenig später den Schluss zu ziehen: „Economic competition is thus the ally, not the enemy, of social dialogue." Neben dem vorgeschlagenen Schulterschluss zwischen ökonomischem Wettbewerb und dem sozialen Dialog wird interessanterweise betont, dass es sich beim Wettbewerb um ein Werkzeug und nicht um ein finales Ziel handeln soll. Das aber scheint spätestens mit der Bologna-Reform geschehen zu sein: Ursprünglich gedacht als Mittel, das zur Erfüllung eines ganz bestimmten Zwecks dienen sollte, wird der Wettbewerb zu einer zunehmend verabsolutierten Zielsetzung. Dies geschieht übrigens im Verbund mit dem *Benchmarking*, von dem es an einer Stelle im Text heißt: „Though not an end in itself, benchmarking […] can provide both a set of simple measures which, through regular testing, can help us identify trends in competitive performance, and a basis for setting targets, backed by appropriate plans for reaching those targets." (1995, S. 15) Zudem möchte man auch Folgendes vermeiden: „The drive to competitiveness should not lead to short-termism, but rather encourage benchmarking strategies to develop new technological opportunities and so to maximize long-term profitability and capital accumulation." (ebd., S. 3) Isabelle Bruno (2009) kritisiert dagegen zu Recht, dass es überhaupt kein Indiz dafür gibt, dass Benchmarking den Grad der europäischen Wettbewerbsfähigkeit steigert. Gleichwohl erfüllt das Benchmarking eine, obgleich zweifelhafte,

---

44 Conrad (2005, S. 53) begründet die Dringlichkeit und die Möglichkeiten und Grenzen einer internationalen Wettbewerbsordnung, deren Ziel sein müsse, „dass das Nutzenstreben der privaten Unternehmen und die Regierungen zu einer Maximierung der Weltwohlfahrt führt, mit anderen Worten sich die ,invisible hand' des internationalen Wettbewerbs optimal entfalten kann. Diese Konzeption könnte man aufgrund ihrer Ausrichtung neo-ordoliberal nennen." Zudem stellt der World Competitiv Index (WCI) einen Standard in der Beurteilung der Wettbewerbsfähigkeit von Staaten dar.

Funktion: Es fungiert als Einfallstor für am Management orientierte Strukturen und Praktiken und für die auf Vergleichen beruhenden Evaluationen.[45]

Schließlich hat sich das Konkurrenzprinzip auch im *Wettbewerbsrecht* niedergeschlagen, worauf Tobias Werron hinweist: „Die Institutionalisierung des Konkurrenzprinzips im ‚Wettbewerbsrecht' kommt seit Anfang des 20. Jahrhunderts hinzu. Statistik, Wettbewerbsideologie und Wettbewerbsrecht verbünden sich mit narrativen, mit Verfügbarkeit neuer Verbreitungstechnologien wie Telegraphie, Radio, Fernsehen und Internet dann zunehmend auch mit audiovisuellen Semantiken, und es wäre reizvoll zu untersuchen, wie sich solche Allianzen in unterschiedlichen Funktionsbereichen etabliert und unterschiedliche Formen der Konkurrenz hervorgebracht haben, so z. B. die primär an Themen, Werten und Interessen orientierte politische öffentlichen Meinung, die mit Preisen, Produktstandards, Börsenanalysten, Marken und Werbung beobachtenden wirtschaftlichen Märkte oder die über Zitationen und Reputationszuschreibungen laufende Selbstbeobachtung der Wissenschaft." (2009, S. 26) Dieser Einschätzung zustimmend, möchte die vorliegende Arbeit einer solchen als „reizvoll" qualifizierten Herausforderung folgen und einen Beitrag mit den vier Feldanalysen liefern. Doch zunächst müssen einzelne Bausteine des Wettbewerbs näher beleuchtet werden.

4.2 Bausteine des Wettbewerbs

4.2.1 Subjektgebundene Einsätze: Talent, Geschlecht, Humankapital

Um im Wettbewerb bestehen oder gar reüssieren zu können, sind bestimmte an das jeweilige Subjekt gebundene Einsätze von Seiten der Wettbewerbsteilnehmer unverzichtbar. Bestimmte (angeborene) Fähigkeiten gehen in das ein, was mit den Begriffen Talent oder Begabung oftmals nur unzureichend erfasst werden kann. Als weiterer Faktor muss das Geschlecht der Wettbewerber berücksichtigt werden. Wie konkurrieren Männer und Frauen? Schließlich spielt das durch (Aus-)Bildung erworbene Humankapital im Sinne einer für den Wettbewerb unverzichtbar erscheinenden Eigenleistung eine wichtige Rolle.

Talent

Eine soziologische Theorie beziehungsweise Erklärung des Talents fehlt weitgehend (vgl. dazu Sennett 2005, S. 67ff.). Die Schwierigkeit, Talent zu definieren, macht die folgende, aus dem Sport stammende, Definition deutlich: „Talent besitzt oder ein Talent ist, wer auf der Grundlage von Dispositionen, Leistungsbereitschaft und den Möglichkeiten der realen Lebensumwelt über dem Altersdurchschnitt liegende (möglichst im Wettkampf nachgewiesene) entwicklungsfähige Leistungsresultate erzielt, die das Ergebnis eines aktiven, pädagogisch begleiteten und intentional durch Training gesteuerten Veränderungsprozess darstellen, der auf ein später zu erreichendes hohes (sportliches) Leistungsniveau zielstrebig ausgerichtet

---

45   „What it does do, however, is implement a managerial scheme for incessantly assessing this grandeur through comparative evaluation and arranging a ‚competitive Europe' modeled on private corporations, as a normative model of the competitive organization *par excellence*." (Bruno 2009, S. 262)

ist." (Joch, zitiert in: Kayser 1998, S. 550)[46] Talent spielt eine Rolle, wenn wir beispielsweise an die Bereiche des Sports oder der Musik denken. Geht es aber darum zu erklären, warum jemand erfolgreich in einem Wettbewerb besteht oder diesen als Verlierer beendet, ist der Hinweis auf Talent oder Begabung nicht ausreichend. Fakt ist jedoch auch, dass Subjekte über unterschiedliche, d. h. individuelle Möglichkeiten verfügen. Die Frage ist nur, wo diese herkommen. Sennett weist darauf hin, dass das Feststellen von Talent immer auch mit der Thematik der sozialen Ungleichheit verbunden ist: „Die Suche nach Talent erfolgt in der modernen Gesellschaft und insbesondere in dynamischen Institutionen innerhalb eines Rahmens, der auf soziale Integration zielt. Dieselben Tests, Beurteilungen und Maßstäbe, die eine Belohnung der Besten ermöglichen, dienen auch dazu, die unterhalb dieses Elitenniveaus Stehenden auszusondern." (Sennett 2006, S. 91) Mit anderen Worten: Das Feststellen von Talent und dessen Zuschreibung erzeugt stets einen sozialen Effekt dahingehend, dass anderen (und das sind die Meisten) eben dieses Talent abgesprochen wird. Und aus dieser meist impliziten Verteilungslogik resultieren *Distinktionseffekte* im Sinne Bourdieus (1987 [1979]).

Crozier/Friedberg (1977, S. 13) vertreten in diesem Zusammenhang eine interessante Position, wenn sie Potenzialitäten respektive die individuellen Möglichkeiten der Subjekte thematisieren: „Diejenigen, die dank ihrer Situation, ihrer Ressourcen und ihrer Fähigkeiten (die natürlich immer persönlich und sozial konstruiert zugleich sind, weil man sich ja eben kein nicht-strukturiertes Handlungsfeld vorstellen kann) dazu fähig sind, diese Ungewissheiten zu kontrollieren, werden ihre Macht dazu benützen, um ihren Standpunkt anderen aufzuzwingen." (1977, S. 13) Diese Einsicht ist für den weiteren Gang der Argumentation von zentraler Bedeutung, denn die *Wettbewerbsfähigkeit* beruht hauptsächlich auf zwei damit zusammenhängenden Dingen. Zum einen beruht sie auf einer persönlichen Komponente – also auf einer individuellen Konstruktionsleistung im Sinne Crozier/Friedbergs –, die mit den Begriffen Talent, Eignung und persönlicher Einsatz assoziiert werden kann. Entgegen dem reinen Leistungsprinzip der meritokratischen Gesellschaft (Young 1961) müsse man „natürliche Talente und Gaben" in ihrer singulären Verteilung berücksichtigen.[47] Zum anderen ist Wettbewerbsfähigkeit ein soziales Konstrukt, was auf übersubjektive Konstellationen und Situationen verweist, die institutionell und gesellschaftlich erzeugt wurden und weiterhin werden.

Geschlecht

Persönlichkeit und die Einnahme einer spezifischen Geschlechtsidentität, aber vor allem auch die kulturelle Ausgestaltung von Geschlechterdifferenzen, sind immer sozial konstruierte und historisch bedingte Zuschreibungen, die sich nicht so leicht negieren oder gar auflösen lassen. Besonders deutlich wird dies in der Studie von Gneezy, Leonard und List (2009), die eine matrilinear organisierte Gruppe (die *Khasi* in Indien) und eine patriarchal organisierte Gruppe (die *Maasai* in Tansania) vergleichend in Bezug auf Geschlechterdifferenz und Wettbewerbsverhalten untersucht haben: „Our experimental results reveal interesting diffe-

---

46 Es gibt Versuche, Talent nicht nur mit herausragenden Leistungen und Begabungen, die letztlich angeboren sind, zu assoziieren. So sehen Topmanager Talent „als wiederkehrende Denkmuster, Verhaltensmuster und Gefühlsstrukturen an, welche produktiv am Arbeitsplatz eingesetzt werden können" (Buckingham/Coffman 1999, S. 71).

47 Christian Schlüter schreibt in einer Rezension zu dem Buch von Michael J. Sandel (2008): „Talent ist eine Zumutung. Wir wollen glauben, dass wir den Erfolg verdienen und nicht ererben."

rences in competitiveness: in a patriarchal society, women are less competitive than men, a result consistent with student data drawn from Western cultures. Yet, this result *reverses* in the matrilineal society, where we find that women are more competitive than men." (ebd., S. 1638) Folglich sind auf Allgemeingültigkeit zielende Aussagen, der zu Folge Frauen weniger konkurrenzorientiert seien als Männer nicht universell gültig. Vielmehr erweist sich ein solches an Konkurrenz orientiertes Verhalten – neben anderen Faktoren – als von der jeweiligen Kultur abhängig. Die sozial und kulturell bedingte Zuschreibung eines sozialen Geschlechts spielt beim Wettbewerbsgeschehen beziehungsweise beim Erlangen der Wettbewerbsfähigkeit eine Rolle. In puncto Wettbewerb, der in diesem Zusammenhang genauer in *Wettbewerbsaffinität*, *Konkurrenzverhalten* und *Risikovermeidung* aufgeteilt werden kann,[48] lassen sich für Frauen und Männer interessante und vielfältige Unterschiede feststellen, wie verschiedene Autorinnen mittels experimenteller Versuchsanordnungen herausgefunden haben (Booth 2009, Niederle und Vesterlund 2008, Gupta, Poulsen, Villeval 2005).[49] Männer treten diesen Arbeiten zufolge ganz offenbar schneller als Frauen in Wettbewerbe ein, sie haben also generell eine höhere Affinität gegenüber Wettbewerben, vor allem dann, wenn Männer untereinander konkurrieren, was mit dem gängigen männlichen Geschlechterrollenklischee übereinstimmt. Gegenüber Frauen konkurrieren Männer primär dann, wenn sie wissen und davon ausgehen können, dass die beteiligten Frauen ebenfalls konkurrieren. Frauen wiederum scheinen interessanterweise nur dann genauso wettbewerbsaffin zu sein wie Männer, wenn sie untereinander konkurrieren (Niederle and Vesterlund 2008, S. 449). Treffen sie aber auf Männer, versuchen sie sich eher dem Wettbewerb zu entziehen. Gupta, Poulen und Villeval (2005, S. 28) fassen ihre Ergebnisse wie folgt zusammen: „Male behaviour depends on whether he interacts with a male or female co-participant. When facing a woman, the man competes more if he believes that women compete, too. But if the co-participant is a man, a man competes regardless of his beliefs about men's entry rate into the competition. We attribute this to the presence of social norms and possibly evolutionary factors." Die Gründe und Ursachen für das beschriebene Verhalten können unterschiedlicher Art sein: Eindeutig spielt die geschlechtsspezifische Sozialisation (Niederle und Vesterlund (2008, S. 448) und das damit verbundene Erlernen einer geschlechtsspezifischen Identität (Booth 2009, S. 22) eine wichtige Rolle bei der Erklärung geschlechtsspezifischen Konkurrenzverhaltens. Jungen werden im Unterschied zu Mädchen dazu erzogen, sich im Kampf und Spiel mit anderen zu messen. Damit zusammen hängt die Existenz und Geltung sozialer Normen, „according to which men ,must' or ,should' compete with men, whereas women should be ,careful' or

---

48   Ein solches Konkurrenzverhalten kann sich beispielsweise durch das Ausdehnen von „Präsenzzeiten" (Booth 2009, S. 6) äußern. Auch Hofbauer beschreibt diesen „Anwesenheitskult (presenteeism)", den männliche Führungskräfte im Sinne eines Impression Managements betreiben, nicht zuletzt um Wettbewerbsvorteile im Vergleich zu zeitlich weniger flexiblen Konkurrentinnen zu erzielen (2006, S. 32).

49   Lavy (2008) bestreitet ein geschlechtsspezifisch bedingtes Verhalten in puncto Konkurrenz und bezieht sich dabei auf eine empirische Studie zu Lehrerinnen und Lehrern am Arbeitsplatz: „I find no overall differences in performance of female and male teachers and no such differences by the competitive environment in terms of gender composition." (ebd., S. 20) Das wiederum spricht dafür, nicht nur den kulturellen Kontext, sondern auch das jeweilige soziale Feld genauer auf Gendereffekte zu erforschen. Männer und Frauen werden hier im Sinne von sozialen Zuschreibungen als Entitäten gefasst, die sie nach den dekonstruktiven Arbeiten von Judith Butler u. a. als solche natürlich nicht mehr ,sind'. Dennoch gibt es Gender bedingtes Verhalten und Effekte, die sich auch im Wettbewerbsgeschehen der (post)modernen Gesellschaft nicht leugnen lassen.

‚choosy' and only choose to compete when this is clearly deemed favorable" (Gupta, Poulsen und Villeval 2005, S. 27). Zudem ist das Verhalten gerade von Frauen in Sachen Wettbewerb stark kontextabhängig: Frauen scheinen desto eher zu Wettbewerben bereit zu sein, über je mehr Kontrollmöglichkeiten sie in der direkten sozialen Umgebung verfügen.

Wie noch detaillierter zu zeigen sein wird, kann der (un-)bewusste Einsatz von Geschlecht zu einem eminenten *Wettbewerbsfaktor* werden, wenn es zum Beispiel um den Gebrauch respektive den instrumentellen Einsatz der Gefühle auf dem Liebesmarkt geht (vgl. dazu die Analysen in der vierten Feldbeschreibung). Auch im Fall der Beratertätigkeit im Kontext der Finanzmärkte spielt das Geschlecht eine Rolle, wenn es um das Einsetzen von Gefühlen (Emotionsarbeit im Sinne von Hochschild (1991)) gegenüber dem Kunden geht. Dies kann durchaus einen Ausschlag geben, wenn es im Wettbewerb um die Kunden eingesetzt wird. Darüber hinaus können Quoten zu einer *wettbewerbsverzerrenden Wirkung* beitragen, indem sie nicht die Leistung als Grundlage für Entscheidungen nehmen, sondern eben Geschlecht. Eine positive Diskriminierung kann jedoch politisch gewollt sein, wenn sie der angestrebten Sache, etwa der Erhöhung der Wettbewerbsfähigkeit, dient.[50]

Humankapital als Eigenleistung

In über Leistung und Erfolg organisierten Gesellschaften kommt es darauf an, ständig sein *Humankapital*[51] dahingehend zu verbessern, dass die eigene Wettbewerbsfähigkeit permanent zunimmt (Sennett 2006, S. 73). Leistung – und eben nicht nur Erfolg – wird in der vorliegenden Arbeit als sozial konstruiert begriffen. Die Situation wird aber dadurch verkompliziert, dass Leistung sich aus einer sowohl subjektiven als auch einer objektiven Komponente zusammensetzt. Die sogenannte *Leistungsbereitschaft*, in die Motivation und Ehrgeiz einfließen, kann als die subjektive Komponente verstanden werden. Sie bestimmt sich demzufolge wesentlich durch die psychischen Fähigkeiten des Individuums, d.h. von seinen Persönlichkeitsmerkmalen und Eigenschaften her (Gruppe 1998, S. 332). Ebenso unterliegen die objektiven Anteile (Physis, körperliche Verfasstheit des Individuums) dem Einflussbereich des einzelnen Individuums. Die zugrunde gelegte Eigenleistung betrifft also immer prinzipiell beide Komponenten. Damit die Wettbewerbsfähigkeit erhalten und nach Möglichkeit gar ausgebaut werden kann, befindet sich das (post-)moderne Individuum in einer auf Dauer gestellten Optimierungssituation, die Eigenleistung notwendig erscheinen lässt. Interessanterweise halten die bereits oben angeführten Crozier/Friedberg ein einzelnes Individuum für unfähig, sich zu optimieren. Immer entscheide dieses in einem Kontext „*begrenzter Rationalität*" und es wähle eine Lösung für ein Problem, „die seiner Meinung nach einer minimalen Befriedigungsschwelle entspricht" (1977, S. 33). Obwohl Eigenleistung und das damit

---

50 Beispielsweise um den Anteil der Hochschulprofessorinnen im Vergleich zu ihren männlichen Mitbewerbern zu erhöhen.

51 Vgl. zur diskursanalytischen Rekonstruktion und Wirkmächtigkeit des Begriffs Humankapital die Studie von Gertenbach (2007, insbesondere Seite 112ff.). Die von Gary S. Becker, Theodore W. Schulz und vor allem von Jacob Mincer initiierte Theorie des Humankapitals wird häufig von ökonomischer Seite auf eine rein ökonomische Dimension verkürzt. Eröffnet wird eine „radikal individualisierende Tendenz" (ebd., S. 177), mit der einzelne Subjekte im Sinne des von Foucault beschriebenen Gouvernementalitätskonzepts regierbar gemacht werden können. Obwohl auch die Analyse von Bourdieu mit dem ökonomisch konnotierten Kapitalbegriff operiert, scheint die Ausdifferenzierung in verschiedene Kapitalsorten vielversprechender.

verbundene Humankapital als eminent sozial konstruiert begriffen werden müssen, ist die Notwendigkeit einer Eigenleistung nicht generell in Frage zu stellen. Hinter diesen Befunden steckt allerdings eine viel grundlegendere Frage, die nachfolgend behandelt wird. Diese lautet: Warum konkurrieren wir eigentlich? Machen wir das aus freien Stücken, lieben wir den Wettbewerb so sehr, dass wir ihn – zumal in der Leistungsgesellschaft – täglich brauchen? Anstatt Spekulationen über die Motive und die psychische Disponiertheit von Individuen anzustellen, wende ich mich soziologischen Erklärungen bezüglich der Praktiken des Sich-Vergleichens, des Neids und der sozialen Klassifizierungen zu.

4.2.2   Theorien des Sich-Vergleichens, Neid und soziale Klassifizierungen

Nullmeier (2000, S. 21ff.) beschäftigt sich in seiner Arbeit zur *Politischen Theorie des Sozialstaats* mit Theorien des sozialen Vergleichens und deren Entstehungsgeschichte. Jean-Jacques Rousseau nimmt dabei eine Schlüsselposition ein, da er u. a. einen idealisierten Naturzustand (ohne Vergleiche, ohne gegenseitige Beobachtung) von einem Kulturzustand unterscheidet (Rousseau 1997 [1755]). Im Anschluss an Rousseau formuliert Nullmeier: „Die Sozialität beginnt als *Empfindung einer sozialen Distanz*, einer Selbstdistanzierung gegenüber (anderem) Animalischen. Aus der Überlegenheit des Menschen über einzelne Tierarten erwächst das gesellschaftliche Status- und Rangdenken" (2000, S. 23), um wenig später den Konnex zur sozialen Wertschätzung/Anerkennung herzustellen:[52] „Es ist das *Vergleichen*, das soziales (Wert)Schätzen ermöglicht. Wertschätzen beruht auf *Einschätzen*, und Einschätzen bedeutet ein *Höher- und Niedriger-Schätzen* [...] und aus der öffentlichen Einschätzung folgt die Achtung einer Person." (ebd., S. 25) Dem Menschen eigne ein „Trieb", demzufolge es in dessen Natur läge, „andere zu überflügeln" (Cox/Hübener 1981, S. 6), was immer schon den Vergleich mit eben diesen anderen voraussetzt. Menschen sind aber vor allem an relationaler Überlegenheit interessiert. Sie vergleichen sich gerne mit ihresgleichen und wollen aus diesen Vergleichen als ‚Gewinner' hervorgehen. In Übereinstimmung dazu befindet sich der Befund, dass Menschen weniger darauf abzielen, „eine absolute Leistung als solche zu erbringen, als sich mit anderen zu vergleichen und besser als diese abzuschneiden" (Binswanger 2010, S. 53).

Wie nicht nur Soziologen aus Erfahrung wissen, können aber bei einem Vergleich nicht beide Parteien gleich gut abschneiden. Während das Ergebnis aus einem Vergleich beim ‚Gewinner' zu Zufriedenheit und Überlegenheitsgefühlen führen kann, entwickelt der unterlegene ‚Verlierer' nicht selten Neid- und Schamgefühle (Neckel 2000, S. 185ff.). Im Sinne eines positiven Effekts können diese (verpönten) Gefühle wiederum zu verstärktem Ehrgeiz auf Seiten dieses unterlegenen Individuums führen, um so möglichst das ‚Defizit' auszugleichen. Es kann aber auch den Selbstwert eines Individuums negativ in der Form von Abneigung oder sogar Hass tangieren. Dieses Zurechnen zur eigenen Biographie, genauer zum selbstverschuldeten biographischen Versagen „kommt dem Neidgefühl vielfach entgegen, weil es den sozialen Wettbewerb für den persönlichen Vergleich zugänglich macht. Der Neid, sofern er als Deutung von Ungleichheit auftritt, ist dann die symbolische Schrumpfform der alltäglichen Klassentheorie, reduziert auf das persönliche Maß des unmittelbaren Konkur-

---

52   Zum „Anstieg der Statusangst beim westlichen Normalbürger", vgl. Botton (2006, S. 55).

renten" (Neckel 1999, S. 160). Und selbst im ungehörigen Gefühl[53] des ,Neidisch-Seins' auf andere, drückt sich gleichzeitig eine Anerkennung und Bestätigung der vorherrschenden Klassifikationsmuster aus.

Soziale Vergleichspraktiken führen darüber hinaus zu (un-)bewussten Klassifizierungen.[54] Sighard Neckel konstatiert in einem seiner jüngeren Werke (2008) eine Verschärfung der gegenseitigen Klassifizierungen: „Klassifikationstheoretisch ausgedrückt, sehen wir mit Erstaunen, dass sich jedenfalls in der Wahrnehmung der Bevölkerung die graduelle Stufenordnung sozialer Statusunterschiede – und somit ein zentrales Leitbild der modernen Gesellschaft – mehr und mehr in das kategoriale Gegenüber voneinander abgeschlossener Gruppen verwandelt, zwischen denen es keine Übergänge gibt." (2008, S. 37) Was sind aber gegenwärtig die Klassifikationsinstrumente?

Eva Illouz sieht Klassifikationen neuer Qualität vor dem Hintergrund eines *emotionalen Kapitalismus* am Werk, wobei vor allem die gegenwärtig breit diskutierte emotionale Intelligenz zu einem Klassifikationsinstrument geworden sei. Neben der herkömmlichen Intelligenz soll das Eruieren des *emotionalen Quotienten (EQ)* zum einen zur Leistungskontrolle in der Arbeitswelt dienen, zum anderen aber auch Aussagen zur Verbesserung ermöglichen. „So wie der Aufstieg der Zeugniskultur von neuen Formen und Instrumenten der Klassifikation im Bereich der Intelligenz begleitet wurde (woraus der berühmte IQ hervorging, der seinerseits wiederum dazu beitrug, unterschiedliche soziale Positionen zu klassifizieren und hierarchisieren), schafft der von mir beschriebene emotionale Kapitalismus den Begriff der emotionalen Intelligenz und führt so ebenfalls neue Formen der Klassifikation und Unterscheidung ein." (2006, S. 101) Vor allem in den anspruchsvollen Berufen mit hohen Anforderungen an das Kommunikationsvermögen und die sozialen Fähigkeiten spielt die emotionale Kompetenz (Einfühlvermögen, Perspektivenübernahme) eine wichtige Rolle.

4.2.3 *Soziologie der Konkurrenz (Georg Simmel)*

Neben einer *anthropologischen Dimension des Konkurrierens* im Sinne der Lust am Wettstreit (Huizinga 1997) und einer unbestritten *politischen Dimension*, die vor allem Nullmeier (2000) in seinen Arbeiten zum Sozialstaat ausführlich erörtert hat, ist im vorliegenden Zusammenhang die soziologische Dimension von besonderem Interesse. Die unterschiedlichen Dimensionen der Konkurrenz hat Georg Simmel in seiner Arbeit „Soziologie der Konkurrenz" (1995 [1903]) herausgearbeitet und damit die weitere Diskussion geprägt.[55] Außer dem von Simmel betonten negativen Gesichtspunkt, liegt dessen Bedeutung vor allem darin auf den sozialintegrativen und verbindenden Aspekt der Konkurrenz hingewiesen zu haben:

---

53   Dass es sich beim Neid um ein moralisch gesehen ,ungehöriges' Gefühl handelt, dass einen selbst nicht, die anderen aber sehr wohl betrifft, findet sehr prägnant im Titel des Buches von Rolf Haubl *Neidisch sind immer nur die anderen* (2001) seinen Ausdruck.

54   Diese Klassifikations- und Bewertungssysteme sind nicht ,objektiv' vorhanden, sondern Gegenstand von (Macht-)Kämpfen, die im Alltag von Individuen oder auch sozialen Gruppen ausgefochten werden (vgl. dazu Bourdieu/Wacquant (1996), Hofbauer (2006) und Reisch (1995)).

55   Allerdings ist die Thematik auch bei Herbert Spencer und dessen vor Darwin entwickeltem Konzept des ,*survival of the fittest*' oder des ,*struggle for existence*' präsent. Für die Evolution von Gesellschaften sind Spencer zufolge soziale Konflikte und auch der Wettbewerb in der Wirtschaft von großer Bedeutung (Spencer 1967, [1876], [1882], [1896]).

„Man pflegt von der Konkurrenz ihre vergiftenden, zersprengenden, zerstörenden Wirkungen hervorzuheben", aber mindestens ebenso wichtig sei ihre „ungeheure vergesellschaftende Wirkung": „sie zwingt den Bewerber, der einen Mitbewerber neben sich hat und häufig erst hierdurch ein eigentlicher Bewerber wird, dem Umworbenen entgegen und nahezukommen, sich ihm zu verbinden, seine Schwächen und Stärken zu erkunden und sich ihnen anzupassen, alle Brücken aufzusuchen oder zu schlagen, die sein Sein und seine Leistungen mit ihm verbinden könnten" (Simmel 1995, S. 226).

Um gegenwärtigen Formen der Konkurrenz auf die Spur zu kommen, bedarf es einer primären Unterscheidung in *direkte* und *indirekte* beziehungsweise verdeckte Formen der Konkurrenz. Direkte Formen sind einfacher zu bestimmen. Oftmals sind aber gerade die indirekten Formen die wichtigeren. Zentral am Konkurrenzverständnis von Simmel ist nun vor allem, dass es bei der Konkurrenz immer um eine *Gunst* des Dritten, den berühmten *tertius gaudens* (der lachende Dritte) geht. „In dieser Sensibilität für die Rolle des Dritten und die ‚Triadität' der Konkurrenz liegt der entscheidende Unterschied des Simmelschen Modells zu den Konkurrenzbegriffen aller anderen soziologischen Klassiker, bei denen die Konkurrenz an prominenter Stelle vorkommt, namentlich bei Max Weber, Karl Mannheim und Leopold von Wiese." (Werron 2009, S. 9) Simmel hebt in diesem Zusammenhang zwei Aspekte hervor: die „inhaltliche Förderung" und die „soziologische Förderung" (ebd., S. 10). Die Argumentation für erstere weist gewisse Strukturähnlichkeiten mit derjenigen von Adam Smith auf. Konkurrenz führt demnach dazu, dass „subjektive Motive in den Dienst der Erzeugung objektiver Werte" (ebd.) gestellt werden. Daneben hat die Konkurrenz aber auch eine enorm vergesellschaftende Wirkung im Hinblick auf das Verhältnis vom Konkurrenten zum Dritten (vgl. dazu François 2008, S. 240ff.). Dazu nochmals Simmel: „Die antagonistische Spannung gegen den Konkurrenten schärft bei dem Kaufmann die Feinfühligkeit für die Neigungen des Publikums bis zu einem fast hellseherischen Instinkt für die bevorstehenden Wandlungen seines Geschmacks, seiner Moden, seiner Interessen; und doch nicht nur bei dem Kaufmann, sondern auch bei dem Zeitungsschreiber, dem Künstler, dem Buchhändler, dem Parlamentarier. Die moderne Konkurrenz, die man als den Kampf aller gegen alle kennzeichnet, ist doch zugleich der Kampf aller um alle." (Simmel 1995, S. 227) Es lassen sich daraus zwei Aspekte in Bezug auf die Konkurrenz festhalten: (1) Konkurrenz unterscheidet sich als Form eines indirekten Kampfs von direkten Rivalitäten, (2) Konkurrenz lässt sich auf die oben angesprochene „inhaltliche Förderung", den Aspekt des Dritten im Konkurrenzkampf hin verstehen und gerade in dieser Gunst des Dritten liegt die spezifische Form moderner Vergesellschaftung.

4.3 Perspektiven und Formen des Wettbewerbs

4.3.1 Sozio-historische Perspektive: Wettbewerb als historisch-diskursives Phänomen

In *zeitdiagnostischer Hinsicht* stellt sich die Frage, ob wir tatsächlich und wenn ja, inwiefern von einer Zäsur in puncto Wettbewerb sprechen können. Bereits Simmel hatte eine Veränderung für das Zeitalter des Liberalismus reklamiert, die er eindrücklich in einer längeren Passage darlegt: „Je mehr der Liberalismus außer in die wirtschaftlichen und die politischen auch in die familiären und geselligen, die kirchlichen und freundschaftlichen, die Rangordnungs- und allgemeinen Verkehrsverhältnisse vorgedrungen ist, das heißt also: je weniger diese vorbestimmt und durch allgemeine Normen geregelt, je mehr sie dem labilen, von Fall zu Fall sich herstellenden Gleichgewicht oder Verschiebungen der Kräfte überlassen sind – desto mehr wird ihre Gestaltung von *fortwährenden Konkurrenzen* abhängen; und der Ausgang dieser wiederum in den meisten Fällen von dem Interesse, der Liebe, den Hoffnungen, die die Konkurrenten in verschiedenem Maße in dem oder den dritten, den Mittelpunkten der konkurrierenden Bewegungen, zu erregen wissen." (Simmel 1995, S. 228, Hervorh. von DJW) Die hier beschriebene Gestaltung und Ausdehnung „fortwährender Konkurrenzen" dynamisiert und beschleunigt sich in der kapitalistischen Spätmoderne.

Dass es eine solche Zäsur zwischen Moderne/Spätmoderne (Postmoderne) gegeben hat, behauptet Hartmut Rosa (2009a). Dabei konstatiert Rosa eine (prinzipielle) Umstellung von einem *positionalen* zu einem *performativen* Wettbewerb: „Moderne Gesellschaften sind durch den Konkurrenzkampf um Positionen und positionale Niveaus gekennzeichnet […]. Individuen konkurrieren am oberen Ende des Sozialspektrums um Positionen wie die des Chefredakteurs, des Professors, des Konzernmanagers usw., am unteren Ende um die Stelle des Pförtners oder der Reinigungskraft in einer Firma." (ebd., S. 47) In spätmodernen Gesellschaften werde dagegen der Allokationskampf *performativ* entschieden: Heute werden Chefredakteure, Professoren halbjährlich an ihren Leistungsbilanzen gemessen, Manager an ihren Quartalszahlen und im unteren Segment werden Leiharbeiter und generell Verträge mit beschränkter Laufzeit vergeben (ebd.). Fast alle unterliegen diesem performativen Wettbewerbsprinzip. Fast jeder sieht sich gezwungen, als liebens- und vertrauenswürdig, als kenntnisreich, kultiviert und leistungsbereit aufzutreten. „Sich weit Hinauslehnen", so hat das Richard Utz in seinem Aufsatz über das zentrale Karrieremuster in der auf Leistung und vor allem am Erfolg ausgerichteten Gesellschaft genannt (2001).

Entscheidend ist, dass sich der Wettbewerb vom einstmals (zumindest unterstellten) Mittel einer gerechten Verteilung zum Selbstzweck transformiert hat, was eine Folge seiner ethischen Neutralität einerseits und seiner Relationalität andererseits ist, denn wie Rosa bezüglich der Relationalität festhält: „In einer Wettbewerbssituation geht es letztlich nicht darum, ein bestimmtes *absolutes* Ziel zu verwirklichen, sondern darum, besser, schneller, profitabler, schöner usw. als die Konkurrenz zu sein." (Rosa 2006, S. 94) Das wiederum erzeugt einen problematischen Nebeneffekt: Die Eigenlogik des Wettbewerbs entfacht eine weitgehend unkontrollierbare Dynamik, mit zumindest teilweise – wie wir mittlerweile alle wissen – fatalen Auswirkungen auf die Sozial- und Natursphäre. Gerade weil sich der relational bestimmte Wettbewerb – Frank Nullmeier spricht in diesem Zusammenhang vom „agonalen" Wettbewerb (2001, 2000) – sozusagen ‚naturwüchsig' ständig verschärft, indem er immer aufs neue Höchstleistungen fordert, wird das Erlangen, insbesondere aber auch die Aufrechterhaltung der *Wettbewerbsfähigkeit* individuell wie kollektiv zur entscheidenden Sorge und nicht zuletzt zum alles dominierenden Zweck des individuellen und des kollektiven Handelns. Grundlegend für den vorliegenden Zusammenhang ist aber noch etwas anderes: Dass es prinzipiell schwieriger wird, in den verschiedenen Sozialsphären zwischen Leistung (also dem Einsatz an Talent und Aufwand) und Erfolg zu unterscheiden, d. h. in manchen Bereichen lässt sich eine Verschiebung vom Leistungswettbewerb zum agonalen und relationalen, letztlich nur noch auf Konkurrenzerfolg zielenden Wettbewerb beobachten (Neckel 2001).

4.3.2 Wettbewerb als Form der Vergesellschaftung

Ein verstärktes Rekurrieren auf Wettbewerb als Allokationsmodus (Rosa 2006) bedingt eine Neufassung der Vergesellschaftung. Mit Simmel konnte bezüglich der Konkurrenz sowohl ein destruktives als auch ein integratives Moment identifiziert werden. Dazu kommt, dass mit der Umstellung auf meritokratische Prinzipien die den Subjekten erwiesene soziale Wertschätzung nicht länger an ihren Stand (früher) oder nur an ihren Status (heute) gebunden ist. Zudem ist soziale Wertschätzung auch nicht länger absolut gegeben und dauerhaft vorhanden. Anerkennung und Prestige werden in sozialen Konkurrenzkämpfen um Macht, Einfluss und (berufliche) Positionen erworben, abgesichert und unter Umständen wieder verloren (Schwingel 1993). Soll heißen: Die Anerkennungsmuster im beruflichen Kontext unterliegen einer *gestiegenen Dynamik*, was mit der Flexibilisierung der Arbeit und der Unsicherheit der Erwerbsverläufe zusammenhängt (vgl. dazu Rosa 2009b sowie Sennett 2005, 2007). Zudem können bei Missachtungserfahrungen Veränderungen in puncto Struktur und Form festgestellt werden. So wird aus dem vormaligen Leiden am bereits – qua sozialer Herkunft und damit zusammenhängendem Bildungszugang – festgelegten sozialen Ausschluss eine vor allem auch die Unter- und Mittelschicht ergreifende und auf Dauer gestellte Angst vor dem persönlichen Scheitern oder der Niederlage im Wettbewerb mit anderen (Neckel 2008, S. 175ff.). Entscheidend ist dabei, dass sich Subjekte im neoliberalen Erfolgsregime ihren Erfolg – vice versa aber auch ihren Misserfolg – sozial zurechnen sollen, ja müssen („jeder ist seines Glückes Schmied'). Der Diskurs der Eigenverantwortung betont den Status und die notwendige Aktivität des einzelnen Subjekts, allerdings erwächst aus diesen Ansprüchen heraus nicht selten ein überfordertes, mitunter „erschöpftes" Subjekt (Ehrenberg 2004). Längst beschränkt sich der zu errechnende ‚Marktwert' eines Subjektes nicht mehr rein auf die ökonomische Sphäre, vielmehr bildet sich dieser Wert vermehrt auch aus dem bekleideten Rang im Kampf um Bildungstitel, um attraktive Liebespartner oder um einen möglichst hochwertigen Freundeskreis. Der Drang zur Optimierung des eigenen Humankapitals ist unverkennbar. Noch einmal anders gesagt: Wer sich nicht bewegt, der hat schon verloren, gilt bestenfalls als ‚Modernisierungsverlierer', schlimmstenfalls sogar als ‚Leistungsverweigerer'.

4.3.3 Wettbewerb, Konkurrenz, Co-opetition und Kooperation: eine begriffliche Differenzierung

Eine dieser Arbeit zugrunde liegende Annahme besteht darin, dass sich das Wettbewerbsprinzip im Sinne einer strukturierenden Ordnungsmacht weit über die ökonomische Sphäre hinaus bewegt hat, ja, es beherrscht in gewisser Weise die Strukturbildung der post- oder spätmodernen Gesellschaft insgesamt (vgl. dazu und zum Folgenden Rosa 2006, S. 86ff.). Nicht mehr nur der Wettbewerb zwischen zwei Parteien, sondern vielmehr der Wettbewerb ‚um ein Drittes' erscheint nunmehr zentral. Im Anschluss an Georg Simmels Arbeiten zur „Soziologie der Konkurrenz" aus dem Jahr 1903 geht es nicht so sehr darum, direkt um ein Gut oder Privileg zu streiten, sondern sich in seinen Leistungen und Errungenschaften mit einem anderen ‚indirekt' zu messen. Der Kampf um die relationale Verteilung von Statuspositionen ist eröffnet (Reisch 2003). Und genau an dieser Stelle soll eine begriffliche Differenzierung Platz greifen, die mir für das Weitere von Bedeutung zu sein scheint.

Mit dem Begriff Wettbewerb wird häufig ein ethisch-neutrales Organisationsprinzip verstanden, das den Kapitalismus insgesamt strukturell kennzeichnet. Wie bereits gezeigt wurde, begriffen bereits die (neueren) Klassiker wie Adam Smith und Joseph A. Schumpeter, aber auch Friedrich August von Hayek Wettbewerb als Prozess, der dynamisch abläuft und dessen institutionelle Rahmenbedingungen von Seiten des Staates zu organisieren sind. *Die (ethische) Neutralität des Wettbewerbs* resultiere daraus, dass der im Wettbewerb Unterlegene diesem Prinzip zufolge es ,verdient' hat, weil er ,objektiv' schwächer war als die Konkurrenz (Schrader 2005). Hierin verkörpere sich dann der Gerechtigkeitsanspruch des freien und fairen Wettbewerbs, der auch produktive Formen annehmen könne, z. B. wenn es um das Freisetzen von Kreativität oder das Fördern von Innovationen geht. In einer solchen Lesart bezieht sich Wettbewerb prinzipiell auf institutionelle (Markt-)Ordnungen, wobei deren behauptete Neutralität zu Kontroversen Anlass geben dürfte, denn derjenige, der über das ,Verdienen' und das ,objektive' Feststellen der Schwäche entscheidet, befindet sich herkömmlich in einer überlegenen Machtposition.

Mit dem Begriff der *Konkurrenz* wird dagegen meist eine akteurszentrierte Handlungsorientierung verstanden, die speziell den sozialkomparativen Aspekt hervorhebt, also eine Art Wettkampfrivalität (Smith).[56] In diesem Zusammenhang ist der Machtaspekt zentral. Popitz beschäftigt sich innerhalb seiner *Phänomene der Macht* (1992) mit dem Zusammenhang zwischen Macht und Konkurrenz: „In der Konkurrenzgesellschaft werden Machtkonflikte zu einer individuellen Erfahrung in Permanenz. Wenn der individuelle Lebensweg beherrscht wird von der Chance des Hochkletterns und der Gefahr des Absturzes, vom Erfolg und Mißerfolg im Wettbewerb mit anderen, dann muß die eigene Biographie als Sequenz freiwilliger und unfreiwilliger, gewonnener oder verlorener Machtkämpfe empfunden werden." (Popitz 1992, S. 16) Das *erfolgsorientierte Konkurrenzhandeln* und der damit verbundene Sozialdruck verkörpern sich prinzipiell in einer weitgehenden *Dynamisierung* der Sozialordnung. In manchen Sozialsphären kann man sich des einmal Erreichten nicht mehr sicher sein: Positionen, soziale Achtung und Privilegien werden leistungsmäßig – nach welchen Kriterien eigentlich? – immer neu verteilt. Allerdings wäre an dieser Stelle ein sozialstrukturell differenzierender Blick mehr als angebracht, um Übergeneralisierungen zu vermeiden. Was bleibt weiterhin akkumulationsfähig und was wird tatsächlich zur Disposition gestellt, also wieder aufs Neue verteilt? Vergessen werden darf aber nicht, was Kornwachs jüngst festgehalten hat: „Konkurrenz als Optimierungsprinzip belohnt nicht jeden nach seiner Leistung. Es wird gern verschwiegen, dass es den Verlierer gibt – *vae victis*. Konkurrenz ist nicht gleich Konkurrenz, es hängt von der Struktur ab und wie man sie gestalten kann." (Kornwachs 2009, S. 67)

Im Vergleich zum Wettbewerb scheint der Begriff der Konkurrenz negativer konnotiert zu sein, auch deshalb, weil er eher negative Gefühle wie schmerzliche Niederlagen, Sozialneid, Abstiegsängste etc. impliziert. In der (Fach-)Literatur werden die Begriffe aber häufig synonym verwendet. Der Vorteil einer deutlicheren Unterscheidung zwischen Wettbewerb und Konkurrenz liegt darin, dass stärker zwischen institutionellen und neutralen Aspekten/ Effekten (=Wettbewerb) einerseits und individuellen und bewertenden Aspekten (positiv/negativ) (=Konkurrenz) differenziert werden kann.

---

56   Vgl. dazu Nullmeier (2001, S. 94).

Mit dem Kunstwort „*Co-opetition*" bezeichnet man im Allgemeinen die Verschränkung von Konkurrenz und Kooperation auf Märkten (Jansen/Schleissing 2000). Bei „Co-opetition" handelt es sich bedingt durch diese Verschränkung um keine direkte Form der Kooperation (s. u.), vielmehr wird das Handeln der Marktteilnehmer indirekt beeinflusst. Genauer geht es um eine „Kooperation von Wettbewerbern im Sinne der Bildung von strategischen Allianzen, um durch Bildung von Wertschöpfungsnetzen Erträge zu stabilisieren bzw. zu optimieren. C. verhindert einen ruinösen Preiswettbewerb und führt damit zu Wettbewerbsvorteilen für beide Anbieter (Win-Win-Strategie)." (Gabler Wirtschaftslexikon 2000, S. 651) Man geht also davon aus, dass sich „Konkurrenz*fähigkeit* und Kooperations*fähigkeit*" wechselseitig bedingen, „da eine hohe Konkurrenzfähigkeit eines Unternehmens Kooperationsbereitschaften bei anderen weckt und Kooperationsfähigkeit wiederum bisher fehlende Konkurrenzfähigkeit aufwiegen kann" (Jansen 2000, S. 46).

Wer vom Wettbewerb spricht, der darf von *Kooperation* nicht schweigen. Neben dem Wettbewerb als wichtigen Vergesellschaftungsmodus spielen Kooperation, aber auch Co-opetition beziehungsweise kooperatives Verhalten eine entscheidende Rolle. Bekannt geworden sind die Arbeiten von Robert M. Axelrod zur *Evolution von Kooperation* (1997 [1984]): ‚Tit for Tat' (‚wie Du mir, so ich Dir') bedeutet, dass Individuen auf eine kooperative Strategie ihrerseits kooperativ reagieren und umgekehrt auf kompetitive Strategien kompetitiv. An die grundlegende Bedeutung und Dimension von Kooperation erinnert auch der Kooperations- und Kommunikationsforscher Michael Tomasello: „Eine der großen Debatten der westlichen Zivilisation dreht sich um die Frage, ob die Menschen kooperativ geboren und später von der Gesellschaft verdorben werden (z. B. Rousseau) oder ob sie zunächst egoistisch und nicht bereit sind zu helfen, bevor sie dann von der Gesellschaft erzogen werden (eine Position, die u. a. Hobbes vertrat)." (2010, S. 19) Wir wissen mittlerweile, dass beide Positionen nicht vollkommen unrecht haben, denn ebenso wie der Mensch aufgrund seiner anthropologischen Konstitution zu sozialen Vergleichen und einem Wettbewerbsverhalten drängt, ist er von Grund auf an Kooperation nicht nur interessiert, sondern in seinem Handeln darauf ausgerichtet. „Nur auf künstlichem Wege, durch Abmachungen, Übereinkünfte, Verabredungen, Verträge und andere Mittel einvernehmlicher Gemeinsamkeitserschließung, mit einem Wort: nur durch Kooperation lassen sich die zivilisatorischen Produktivkräfte der marktförmigen Wettbewerbsdynamik freisetzen und nutzen." (Kersting 2009, S. 51) Entgegen einer solchen rein optimistischen Ausdeutung der Kooperation, die hier gleichsam als am Ausgangspunkt und am Ende von Wettbewerben begriffen wird, sollte berücksichtigt werden, dass Kooperationen im Sinne von unlauteren Absprachen auch zu Verstößen gegen den Wettbewerb führen können. Zudem stellt sich die Frage, wie im Zuge einer fortschreitenden Individualisierung „Kooperationschancen im Unternehmen und in Teams noch erreicht werden können, wenn Mitarbeiter permanent im Wettbewerb der Biographien und der nächsten temporären Projekte eingebunden sind" (Jansen 2000, S. 23).[57] Das berücksichtigen die folgenden Feldanalysen insofern, als weder Wettbewerb noch Kooperation in einem normativen Sinne als per se positiv oder negativ aufgefasst werden.

---

[57] Die damit verbundene, auf Projekten basierende Organisationsform der spätmodernen Arbeitswelt thematisieren Boltanski/Chiapello (2003) und Boltanski (2007).

III.

Feldanalysen – Fallstudien

Feld 1: Bildung – Universitäten

> „Auf beide Probleme (zu viele Akademiker, aber auch zu wenige, DJW) kennt die Wissenschaftspolitik nur eine Antwort: *die Verschärfung des Wettbewerbs*, sowohl unter den Studenten wie unter den Lehrenden wie zwischen den Hochschulen. Nichts aber beflügelt die Konkurrenz so sehr wie die Einführung künstlicher Hindernisse, angefangen von Studiengängen, die keiner braucht, bis hin zu einem grotesken Verhältnis zwischen Dokumentationspflichten und tatsächlicher Forschung im Bereich der ‚Exzellenz'."
>
> Thomas Steinfeld (SZ vom 27.10.2009, Hervorh. von DJW)

> „Wie, heute, nicht von der Universität sprechen?"
>
> Jacques Derrida (2004, S. 59)

1. Einleitung

1.1 Ausgangssituation, Thesen und Überblick

Wissensmärkte sind vielfältige und bedeutsame Märkte in postindustriellen Gesellschaften.[58] In der Auseinandersetzung mit wissensbasierten Gesellschaften darf dieses Feld daher ebenso wenig fehlen wie in einer wettbewerbsanalytischen Betrachtung. Für die nachfolgende Feldanalyse konzentriere ich mich auf die Universitätslandschaft im deutschsprachigen Raum. Gelegentlich werden aber auch Vergleiche mit amerikanischen Universitäten eingestreut. Die grundlegende Frage ‚*Does competition matter?*' ist so knapp wie möglich gestellt und dabei sicher nicht mit einem einfachen Ja oder Nein befriedigend zu beantworten.[59] Mir geht es – jenseits einfacher Antworten – um das analytische Durchleuchten eines gesellschaftlichen Teilbereichs, der insofern von Bedeutung ist, als der Autor dieser Zeilen selbst in diesem universitären System sozusagen ‚heimisch' ist.

Am Ausgangspunkt der vorgestellten Feldanalyse steht die sogenannte *Knowledge-based economy* (KBE): Autoren wie beispielsweise Bob Jessop (2008) und Ruth Wodak (2009) zeigen überzeugend, inwiefern sich die KBE im Sinne einer ökonomischen und politischen Strategie nicht zuletzt „durch den von ihr produzierten Diskurs ständig neu herstellt und damit zur überragenden ökonomischen und gesellschaftlichen Ideologie geworden ist. Dieser neue Diskurs drang und dringt entsprechend auch in die Bildungsinstitutionen ein: Neue Konzepte wie ‚Lebenslanges Lernen', ‚Flexibilisierung', ‚Benchmarks', ‚Human Resources' usw. haben sich durchgesetzt." (Wodak 2009, S. 322)[60] An Jessop anschließend geht Wodak davon aus, dass wir heute einer globalen Industrie begegnen, die für das Verbreiten und Etablie-

---

58   Zur Eingrenzung von Wissensmärkten, vgl. Bok (2003).

59   Klaus Dörre sieht bei der Wettbewerbslogik an Universitäten, dass diese „bislang nur vermittelt und modifiziert greift" (2009, S. 79). Die Frage ist tatsächlich weniger ob, sondern wie diese Logik greift und welche Effekte sie evoziert.

60   Wodak führt die „Metapher der Tripelhelix" an: demzufolge gerate Bildung in einer spiralförmigen Bewegung sowohl von Seiten der Wirtschaft als auch der Politik unter Druck (2009, S. 323).

ren von Rankings sorgt und dadurch Kriterien des Wettbewerbs im Sinne einer Definitionsmacht festlegt (ebd.). Auch für den Bamberger Soziologen Richard Münch (2009, S. 33) ist die „neue Leitidee der Bildung als Humankapital" in ein Weltbild eingebettet, „dass die Gesellschaft als ‚Wissensgesellschaft' versteht, die mit einer ‚wissensbasierten' Ökonomie im zunehmend härteren internationalen Wettbewerb bestehen muss". Die EU hat ihrerseits diese Ideen in ihrer Lissabon-Strategie mit aufgenommen, auch, um einen international wettbewerbsfähigen Europaraum zu schaffen, der für nachhaltiges Wachstum, mehr Beschäftigung und größeren sozialen Zusammenhalt sorgen soll (Europäische Kommission 2005).

Durch die Ökonomisierung erhöht sich der Druck auf das Hochschulsystem Humboldt'scher Prägung massiv (vgl. Ash 2008). Im Verbund mit der Ideologie des ‚Lebenslangen Lernens'[61] besteht die Gefahr, dass Universitäten zu Wirtschaftsunternehmen mutieren. Forschung, Lehre und Innovation gehören zwar weiterhin zu den zentralen Aufgaben der Universität, diese werden aber durch Wettbewerb, Evaluation und Rankings gleichsam ‚verbogen', wodurch sich ihre Gestalt und ihre Zielsetzungen verändern (Wodak 2009, S. 323ff.).

Thesen und Leitfragen

1. Wissenschaft und Universitäten funktionieren über einen organisierten Wettbewerb und Konkurrenz, so lautet die – gerade von Wissenschaftlern – häufig vertretene Ausgangsposition (Winnacker 2006, Storm 2008). Allerdings zeigen sehr viele Beispiele, dass immer auch andere Kriterien eine entscheidende Rolle spielen beziehungsweise Geltung beanspruchen, wenn finanzielle Mittel, Anerkennung und Reputation zu verteilen sind. Soziale Netzwerke, gegenseitige Abhängigkeiten und Verpflichtungen, kurzum unterschiedliche Machtpotenziale beeinflussen die Chancen und Möglichkeiten von Universitäten in grundlegender Art und Weise.

2. Am Beispiel der Exzellenzinitiative wird ausgeführt, wie eine einseitige Spitzenförderung unternommen wird und dadurch (neue) Ungleichheiten durch den Wettbewerb etabliert werden; zum einen geht es um Prozessoptimierung, zum anderen um Selektion und Differenzierung mit gegenwärtig nur teilweise absehbaren Folgen für die Universitätstopografie.

3. Mit den folgenden Fragen muss sich eine Auseinandersetzung mit dem Feld der ‚Wissensmärkte' beschäftigen. Welche Funktionen kommen dem Wettbewerb tatsächlich zu? Handelt es sich um ein Verschiebungsphänomen, beispielsweise im Sinne eines künstlich geschürten ‚Scheindiskurses', der die eigentlichen Mechanismen gleichsam unsichtbar macht? Inwiefern und wann treffen wir auf einen *verzerrenden Verdrängungswettbewerb'*, weil beispielsweise ungleiche Startchancen vorherrschen? Inwiefern lässt sich bestimmen, wann, welche Wettbewerbsmechanismen zweckmäßig sind und wann daraus ein Beschwören des Wettbewerbs im Sinne eines Allheilmittels erwächst? Wie werden Freiheit und Autonomie gefördert, auch und gerade durch die Wettbewerbsidee, und wo entstehen Zwänge und Abhängigkeiten?

---

61   Vgl. dazu bereits im Jahr 1995 die Competitiveness Advisory Board: „Overall, our societies must become learning societies: societies in which individuals seek and obtain open, active and lifelong learning in education, in training, in the workplace *and even in their leisure time.*" (S. 21, Hervorh. von DJW) Das Ausgreifen des Wettbewerbs auf die Freizeit ist bedenkenswert, denn hier befinden wir uns genau an dem Punkt, in dem ein scheinbares Freiheitsprogramm in den Akt einer Selbstdisziplinierung mündet (vgl. Foucault 2010).

Überblick zu den einzelnen Abschnitten

Nach der skizzierten Ausgangssituation und den daraus erwachsenden Leitfragen beschäftigt sich dieses Kapitel mit den Formen und Dimensionen des Wettbewerbs im Hinblick auf die an Universitäten respektive im Feld der Bildung anzutreffenden Wissensmärkte (Abschnitt 1). Daran anschließend zeichne ich den Wandel der Institution Universität nach, vor allem mit dem Schwerpunkt auf der Frage einer Kontamination von Universitäten durch Unternehmen respektive unternehmerische Ideen. Als Speerspitze der wettbewerbsfixierten, unternehmerischen Universität darf die analytisch genauer zu durchdringende *Exzellenzinitiative* gelten (Abschnitt 2). Die kontrovers diskutierte Exzellenzinitiative dient für alle folgenden Kapitel als Bezugsbeispiel, nicht zuletzt, weil an ihr exemplarisch Veränderungen, Verdichtungen und Problemlagen aufgezeigt werden können. Im nächsten Abschnitt wird die Frage nach den Voraussetzungen für eine erfolgreiche Marktteilnahme anhand von vier Interessensvertretern an Universitäten diskutiert: Professorenschaft, Mittelbau, Studierende und Verwaltung.[62] Unterschiedliche Interessenslagen treffen auf gesellschaftlich-politisch erzeugte Subjektivierungsimperative, die das ‚Anforderungsprofil‘ an die jeweiligen Akteure deutlich beeinflussen (Abschnitt 3). Über Bedingungen und Parameter des Konkurrenzkampfes geben die im vierten Abschnitt dargelegten Überlegungen Auskunft: Welche Rolle spielen Leistungswettbewerbe und Positionierungskämpfe? Welche Beurteilungskriterien und Maßstäbe werden als Grundlage für hervorragendes wissenschaftliches Arbeiten proklamiert? Was entscheidet über Macht, Einfluss und Erfolg? Welche Formen nehmen Anerkennungs- und Reputationskämpfe an? (Abschnitt 4) Mit den Effekten des (globalisierten) Wettbewerbs beschäftigt sich das darauf folgende Kapitel: Welche sozialen Praktiken erzeugen die Subjektivierungsimperative auf der Ebene der verschiedenen Akteure (Professorenschaft, Mittelbau, Studierende und Verwaltung)? Gleichfalls diskutiert werden die Kämpfe um die Zukunft der Universitäten. In diesem Zusammenhang reflektiere ich über den Wert und die Stichhaltigkeit der Unterscheidung: Bildung – Ausbildung (Abschnitt 5). In einem letzten Teil werden Idealtypen der universitären Landschaft vorgestellt und in Bezug auf verschiedene Wettbewerbskulturen diskutiert. Abschließend wird der für Universitäten hegemonial werdende Typus einer (hyper-)agonalen Wettbewerbskultur näher beschrieben und problematisiert (Abschnitt 6).

1.2 Formen und Dimensionen des Wettbewerbs: zum Kontext der Hochschulpolitik (EU)

Das bereits analysierte Weißbuch der Kommission der Europäischen Gemeinschaften *Wachstum, Wettbewerbsfähigkeit, Beschäftigung. Herausforderungen der Gegenwart und Wege ins 21. Jahrhundert* (1993),[63] das nicht zufällig Wettbewerbsfähigkeit im Titel trägt, hat die Rhetorik bis hin zur *Bologna-Deklaration der EU vom 19. Juni 1999* angetrieben: „Insbesondere müssen wir uns mit dem Ziel der Verbesserung der *internationalen Wettbewerbsfähigkeit* des europäischen Hochschulsystems befassen." (in: Wodak 2009, S. 328) Im Anschluss an Wodaks Diskursanalysen können aus der gesamten Deklaration zwei Makrotendenzen her-

---

62   Dass eine solche Aufteilung sinnvoll ist, zeigt beispielsweise die Arbeit von Dirk Baecker (2010).

63   Vgl. dazu die Ausführungen in der vorliegenden Arbeit auf der Seite 47ff.

auspräpariert werden: 1) ein Ansteigen der *Wettbewerbsrhetorik* und 2) die Verankerung der daraus resultierenden *Disziplinierungs- und Regulationsinstrumente* (ebd.).

Eine Absicht des theoretischen-historischen Rahmens war es, den Mythos des (einen) Wettbewerbs zu dekonstruieren. Wie auch bei den anderen Feldern gilt für das universitäre Feld: Wettbewerb ist nicht gleich Wettbewerb. So besteht ein wesentliches Ziel dieser Feldanalyse darin, über die verschiedenen Formen und Dimensionen des Wettbewerbs Auskunft zu erteilen. In puncto Wettbewerb an Universitäten hat beispielsweise Frank Donoghue in seiner Studie *The Last Professors* (2008) darauf hingewiesen, dass Wettbewerbe für den kulturellen Bereich inzwischen eine gleich große Bedeutung haben wie für die Ökonomie. Dies kann die Frage aufwerfen, nach welchen Kriterien solche Wettbewerbe jenseits der Ökonomie verfahren. Für das Feld der intellektuellen Wissensproduktion bedeutet es: „Dieser Wettbewerb schafft den grundsätzlichen Bedarf an allgemeinen Leistungsstandards, an verbindlichen, aber äußerlichen Normen, mit denen sehr unterschiedliche Arten intellektueller Leistungen gemessen werden." (Steinfeld 2009) Damit im Einklang steht, dass sich die Europäische Union ganz entschieden ab dem Jahr 2000 auf ihre Fahnen geschrieben hat, die ,wettbewerbsfähigste' und dynamischste ,wissensbasierte' Ökonomie der Welt zu werden. Die Konkurrenz auf internationaler Ebene ist längst eröffnet. Ich wende mich nun den verschiedenen Wettbewerbsformen im universitären Feld zu.

Wettbewerbsformen und deren Voraussetzungen im universitären Feld[64]

1. *Schaffung von Wettbewerbsvoraussetzungen*: Über interne Steuerungsinstrumente (New Public Management) kann die Organisation grundlegend zwischen Anpassung und Reform neu aufgestellt werden. Ziele solcher Maßnahmen sind die Erhöhung der Transparenz in puncto Leistung und Erfolg.

2. *Personal*: In Universitäten finden auf der personalen Ebene Wettbewerbe um a) möglichst qualifizierte HochschullehrerInnen und MitarbeiterInnen, b) Studierende und c) von Seiten der Studierenden um attraktive, also gut ausgestattete (gute Betreuungsverhältnisse) Studienplätze statt.

3. *Öffentliche Finanzmittel*: Hier konkurrieren Universitäten um öffentliche Gelder und Sponsoren (Budgetkonkurrenz).

4. *Private Finanzmittel:* Hochschulen konkurrieren untereinander auch um die Zuwendung privater Gelder (Spenden etc.). Zudem konkurrieren sie nach außen mit privaten Forschungseinrichtungen (Business Schools etc.). In gewisser Hinsicht findet auch Wettbewerb mit anderen Dienstleistern statt, und zwar in puncto konkreter Dienstleistungen, wie etwa Beratung, Schulungen etc.)

---

64   In Anlehnung an Nullmeier (2000, S. 215ff.)

2. Das akademische Feld: vom Wandel der Universität

Im Folgenden wird das von Richard Münch stammende und von mir ergänzte Schaubild in seinen Grundzügen erläutert, nicht zuletzt, um die (allgemeine) Strukturlogik des Feldes offen zu legen.

Schaubild 2:   Das akademische Feld von Münch (2007, S. 42), mit eigenen Ergänzungen

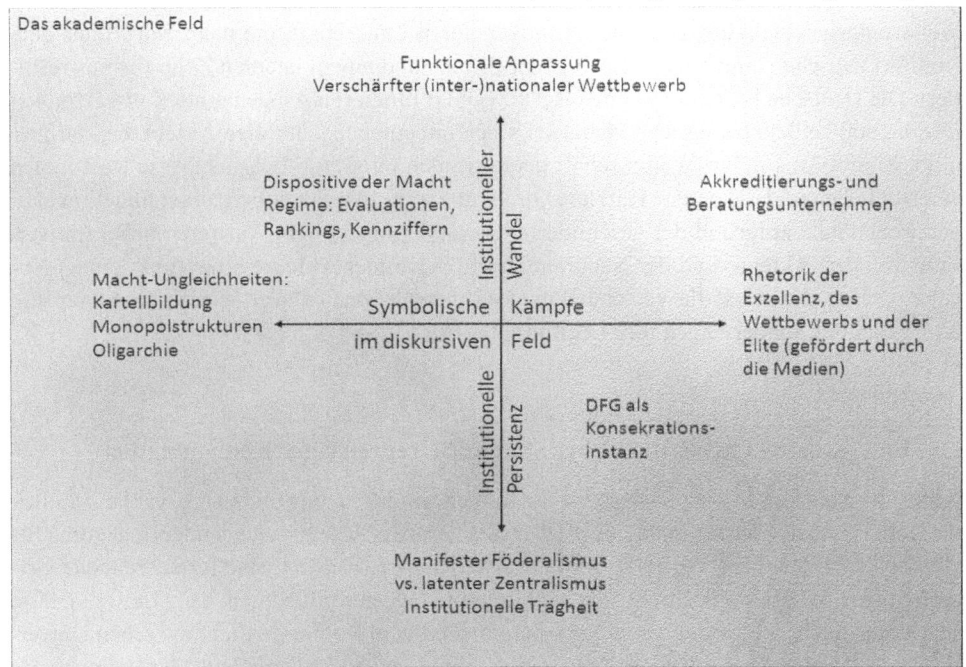

Aufgeteilt wird das Schaubild, das über Akteure und wichtige Entwicklungen, Begriffe und Konzepte des akademischen Feldes Auskunft gibt, durch eine horizontale und eine vertikale Achse. Strukturierend wirken im Anschluss an Bourdieu auf der ersten horizontalen Ebene die *symbolischen Kämpfe im diskursiven (akademischen) Feld*. Akteure, d. h. vor allem Universitäten, Wissenschaftler und Institute, streben nach Macht, Einfluss und Reputation, was – historisch betrachtet – zwangsläufig zu Machtungleichheiten, etwa in der Form von Kartellbildung und Monopolstrukturen geführt hat.[65] Ein Beispiel dafür bilden Zitierkartelle, die dafür sorgen können, dass sich ein Netz gegenseitiger Abhängigkeiten (,Seilschaften') herausbildet. Strukturiert werden die (Macht-)Kämpfe durch eine omnipräsente – und von den Medien unterstützte – *Rhetorik der Exzellenz und des Wettbewerbs.* Diese schillernden Begriffe dienen als Leitbilder beziehungsweise als Handlungs- und Subjektivierungsimperative der beteiligten Akteure. Auf der vertikalen institutionellen Ebene (die noch detaillierter beschrieben wird) treten als Ergebnis des Bologna-Prozesses Akkreditirungs- und Beratungsunternehmen auf den Plan. Sie sind Teil einer Entwicklung respektive eines institutionellen Wandels, der nicht nur, aber eben auch in Deutschland für das Einwandern des Managements in die Universitäten gesorgt hat (für die Schweiz vgl. die Studie von Saner (2011)). Ein neues, die Wissenschaftler ganz direkt betreffendes ,Regime' wurde damit installiert: Von nun an haben diese sich an Evaluationen, Rankings und Kennziffern zu orientieren, die vor allem einem Ziel dienen: den Output zu erhöhen, also mehr zu publizieren, mehr Drittmittel einzuwerben, mehr Projekte zu initiieren etc. Dem in gewisser Weise entgegen steht die Trägheit der universitären Landschaft, die nicht zuletzt aus dem Konflikt zwischen einem manifesten Föderalismus und einem latenten Zentralismus resultiert. Die Deutsche Forschungsgemeinschaft (DFG) fungiert als sogenannte *Konsekrationsinstanz,* soll heißen, bei der DFG handelt es sich um einen machtvollen Akteur, der darüber mitbestimmt, was in der Wissenschaft getan werden muss, um beispielsweise Ressourcen zu erschließen und die eigene Karriere voranzutreiben. Insgesamt betrachtet findet im akademischen Feld aufgrund der geschilderten Veränderungen, dem Auftreten neuer (universitätsfremder) Akteure und der Neuorientierung bekannter Akteure eine (funktionale) Anpassung statt, die durch die Verschärfung des (inter-)nationalen Wettbewerbs nicht nur ihre Funktionalität, sondern auch ihre Legitimität erhält.

2.1 Unternehmen Universität? Über Sinn und Grenzen einer Kontamination

Neben der akademischen Freiheit sowie der Einheit von Forschung und Lehre war bekanntlich die Konzeption der Wissenschaft als offener ,Suchprozess' von entscheidender Bedeutung für Humboldt.[66] Eben diese Vorstellung von Wissenschaft wird durch eine fortschreitende Orientierung an Wettbewerb, Effizienz und Output in Frage gestellt.[67] Nicht ganz freiwillig lässt sich eine Annäherung, oder besser gesagt: (notwendigen) Kontamination, zwischen Universitäten und Unternehmen verzeichnen. Unternehmerische Konzepte und Managementwissen können die Struktur der Hochschulen umgestalten und neuen Kriterien unterwerfen. Die

---

[65] Dass die Drittmittelforschung zum Indikator für das Messen der Forschungsqualität problematische Effekte, nämlich durch die Unterstützung einer „serielle[n] Routineforschung" erzeugt, zeigt wiederum Münch (2006, S. 457).

[66] Humboldt zufolge „sieht man leicht, dass bei der inneren Organisation der höheren, wissenschaftlichen Anstalten Alles darauf beruht, das Prinzip zu erhalten, die Wissenschaft als etwas noch nicht ganz Gefundenes und nie ganz Aufzufindendes zu betrachten, und unablässig sie als solche zu suchen." (1964 [1809/10])

[67] „Wettbewerb soll sie [die Universitäten, DJW] disziplinieren, und darüber hinaus soll die Vorstellung, dass an allen Universitäten im Prinzip gleichsinnig gehandelt wird, durch eine Struktur von zahlreichen Marktnischen ersetzt werden, die von den jeweiligen Hochschulen in einer Welt monopolistischer Konkurrenz zu behaupten sind." (Kaube 2010, S. 229)

Hinwendung zur unternehmerischen Hochschule bedeutet den wieder einmal proklamierten endgültigen Abschied vom *Mythos Humboldt* (vgl. Ash 2008; Schultheis, Cousin und Roca i Escoda 2008). Was sind die Charakteristika der unternehmerischen Hochschule? Ausweisen lassen sich diese durch eine eindeutige Aufgaben- und Zielorientierung ebenso wie Effizienz und planvolles Vorgehen. Eine Aufgabenorientierung besagt, dass Unternehmen Erkenntnisse generieren und Wissen im Spannungsfeld der Trias von Gesellschaft, Wirtschaft und (reiner) Wissenschaft vermitteln müssen. Die Rede von der unternehmerischen Universität meint zudem, „den Studierenden und Wissenschaftlern frühzeitig unternehmerisches Denken und Handeln zu vermitteln. Es soll der Boden für eine unternehmerische Laufbahn sowohl als Selbständiger als auch als ‚Unternehmer im Unternehmen' bereitet werden." (Berger 2008, S. 41) So spiegelt sich beispielsweise im Hochschulmarketing ein sich veränderndes „Selbstverständnis der Hochschulen: Sie werden *unternehmerischer und wettbewerbsorientierter.*" (Storm 2008, S. 26) Mit Folgen für alle universitären Einrichtungen: In idealtypischer Weise streift die tendenziell eher provinzielle, unbewegliche Massenuniversität ihre Fesseln ab und stellt sich einem immer schärfer werdenden Wettbewerb. Hier dürfte allerdings die Rhetorik mehr Gewicht haben als die faktischen Umsetzungsmöglichkeiten. Denn im Kontext einer solchen Rhetorik wird immer wieder betont, dass nicht alleine der Profit oder der wirtschaftliche Ertrag von Bedeutung für die Hochschulen sei, stattdessen wird „die Wissenschaftlichkeit" (Berger 2008, S. 39) als besonders wichtig hervorgehoben.[68] Oft wird allerdings unter dem Mantel der Wissenschaftlichkeit eine Orientierung an positivistischer und unkritischer Forschung verstanden, die zunehmend auf Verwertbarkeit und Anwendungsbezogenheit schielt.

Die ökonomische Rhetorik setzt sich fort: „Eine unternehmerische Universität in diesem Sinne verfolgt das Unternehmensziel der Wissenschaftlichkeit, sie stellt sich dem Wettbewerb, sucht ein Alleinstellungsmerkmal und setzt auf Wertschöpfung." (ebd., S. 26) Gebraucht werde dementsprechend eine Art ‚Modernisierungs-Agenda für Universitäten' (dahinter steht die Idee einer höheren Leistung und mehr Transparenz), die auf die folgenden Punkte fokussiert: 1. Die ganze Konzentration liegt auf der Attraktivität und Exzellenz der Universitäten, 2. Zugleich geht es um die Implementierung neuer Formen der Selbstregulierung, 3. Ein erhöhtes Einwerben von Spenden (auch Drittmitteln), Fremdfinanzierung (vgl. dazu Masschelein/Maarten-Simons 2010, S. 29ff.). Diese Vorstellungen stehen im Einklang mit der *Lissabon-Strategie*: Diese steht bekanntlich für Mobilisierung, employability und empowerment. Dabei soll eruiert werden, „welche ‚Strategie' für Europa auf Basis der gegenwärtigen Lage der Dinge (der Ressourcen) und in Anbetracht der (als Benchmark betrachteten) Leistungsfähigkeit der Wettbewerber nötig ist" (ebd., S. 27).

Richard Münch konstatiert die Herausbildung eines „*akademischen Kapitalismus*": Bedingt durch Transnationalisierung und Ökonomisierung hätte sich ein solcher „akademischer Kapitalismus" herausgebildet, „in dem Universitäten zu Unternehmen werden, die sich darauf spezialisieren, ihren Namen als symbolisches Kapital zu vermarkten" (Münch 2009,

---

68   Dahinter steckt ganz offensichtlich eine diskursiv verfasste Machtstrategie, die den Schleier der Rhetorik über die faktischen Veränderungen legt (Foucault 1991).

S. 93).[69] Als Leitbild der unternehmerischen Universität dient die „lernende Organisation" (ebd., S. 124) mit dem Ergebnis einer weitreichenden Standardisierung. Zu fragen wäre allerdings, mit welchen Begründungen bestimmte Interessensgruppen aus Wirtschaft und Politik die unternehmerische Universität etablieren möchten. Zwei Argumentationslinien spielen in den diesbezüglichen Diskursen eine zentrale Rolle.

Das Differenzierungsargument[70]

Zum einen wird eine stärkere „Differenzierung der Universitäten" (Berger 2008, S. 38) (hochschul-)politisch gefordert und gefördert – und insofern ist diese auch gewollt. Die Universitätslandschaft werde sich von einem durch relative Homogenität ausgezeichneten Ausgangszustand hin zu einer Situation mit einer deutlichen internen Differenzierung bewegen, so lautet eine der gängigen Argumentationen.[71] Durch das Anheizen der Konkurrenz sollen dementsprechend exzellente Forschungsuniversitäten einerseits, und fast ausschließlich für die Lehre zuständige Universitäten andererseits herausgefiltert werden. Mit der Folge, dass der Unterschied zwischen Universitäten und Fachhochschulen fragwürdiger denn je erscheint. Als eine der auslösenden Ursachen wird nicht nur eine stärkere Orientierung, sondern das Implementieren von Mechanismen des Wettbewerbs angeführt (Zechlin 2006, S. 446). Mit anderen Worten: Der nicht zuletzt medial inszenierte Kampf um Geld und Prestige heizt die Politik durch den Exzellenz-Wettbewerb noch weiter an. So soll die Kür von Elite-Unis die Gleichheitsfiktion endgültig beenden (Schultz 2009). Autoren wie Lothar Zechlin nehmen das Ergebnis des sich im vollen Gang befindlichen Differenzierungsprozesses vorweg: „Die deutschen Universitäten bewegen sich auf eine Differenzierung in mehrere Gruppen hin, die strukturbestimmender sein werden als die klassische Unterscheidung von ‚der' Universität und ‚der' Fachhochschule. Perspektivisch dürfte eine ähnliche Kategorisierung entstehen wie die ‚klassische' Einteilung des amerikanischen Hochschulsystems durch die Carnegie Foundation in den USA." (Zechlin 2006, S. 448)[72]

---

69   Das findet nicht nur auf der Ebene der Universität statt, sondern gilt in gleicher Weise für Fakultäten, Departemente und Institute.

70   Umstritten scheint mir vor allem das Ergebnis dieses Differenzierungsprozesses zu sein. Während das eine Lager von einer „Win-Win"-Situation für alle Universitäten ausgeht, wird das andere Lager nicht müde zu zeigen, inwiefern es zur Verstärkung der faktisch bestehenden Ungleichheit zwischen Universitäten kommt. „Letztlich kulminierten die Kontroversen zur Exzellenzförderung in der zentralen Fragestellung, ob es durch die Konzentration der Förderung auf eine Spitzengruppe gelingen könne, das Gesamtsystem zu stärken, oder ob nicht uneinholbare Wettbewerbsvorteile entstünden, die eine leistungsentkoppelte Sonderstellung der ‚Exzellenzuniversitäten' produzieren würden." (Sondermann 2008, S. 10)

71   Dieser Prozess der Ausdifferenzierung ist schon länger feststellbar, gewinnt aber durch die Zunahme von Fachhochschulen und das Aufkommen privaten Hochschulen an Dynamik.

72   „Founded by Andrew Carnegie in 1905 and chartered in 1906 by an Act of Congress, The Carnegie Foundation for the Advancement of Teaching is an independent policy and research center. Its current mission is to support needed transformations in American education through tighter connections between teaching practice, evidence of student learning, the communication and use of this evidence, and structured opportunities to build knowledge." (Homepage: http://www.carnegiefoundation.org/about-us/about-carnegie)

Das Wirtschaftlichkeitsargument: New Public Management

Bedingt durch die Universitätsreformen, insbesondere durch die Implementierung von Governance-Strukturen, erhofft man sich eine bessere, soll heißen: effizientere Ressourcenver-
teilung (Pelizzari 2001). Das Versprechen, zugleich aber das „Dilemma der ‚unternehmerischen Universität'" (Dörre und Neis 2010) besteht darin, nicht nur den wissenschaftlichen
Output über das Festlegen von Zielvereinbarungen, Bestenauslese und der eindeutigen Orientierung an Elite und Exzellenz zu steigern, sondern insgesamt auch wirtschaftlicher im
Sinne eines effizienten Unternehmens zu agieren (Dörre 2009, S. 79/80). Mit anderen Worten: Mit dem Leitbild der unternehmerischen Universität halten Markt und Wettbewerb endgültig Einzug in die Wissensmärkte. Vom Versprechen zu den ‚erhofften Wirkungen' von
Markt und Wettbewerb schreibt Ingrid Lohmann: „In der modernen Eigentumsgesellschaft,
im Kapitalismus, sind ‚Markt und Wettbewerb', [also] der Ort, wo verschuldete Produzen-
ten um Kaufkontrakte konkurrieren, damit sie ihre Kreditkontakte erfüllen können – und
nicht ein Platz unter dem Kirchturm, wo Gebrauchsgüter die Besitzer wechseln." (2002, S.
96) Für was steht das Projekt einer unternehmerischen Universität heute? Sie verkörpert
in mancherlei Hinsicht ein idealisiertes Zerrbild, das sich als eine in sich widersprüchliche
Kombination aus einer markt- und wettbewerbswirtschaftlichen Freiheitsrhetorik und einer
in mancher Hinsicht totalen Kontrolle fassen lässt. Universitäten treten zunehmend als Unternehmungen mit dem erklärten Ziel auf, möglichst viele in ihr Humankapital investierende
Absolventen zu produzieren. Eine Entscheidung für oder gegen einen Studiengang erweist
sich für alle Beteiligten als wohl zu kalkulierende Investition (Masschelein/Simons 2005).
Nach der Rekonstruktion einer (unvermeidbaren) Kontaminationsgeschichte liegt das ei-
gentliche Problem nicht automatisch in der zunehmenden Dominanz und dem Einfluss von
Seiten der Wirtschaft auf die Universitäten. So gibt es auch Beispiele für eine konstrukti-
ve Zusammenarbeit.[73] Die Gefahr droht von etwas anderem, wie es beispielsweise Bettina Heintz beschrieben hat: Ihr zufolge geht es „um eine Neustrukturierung der Universität
nach dem (Lehrbuch-)Modell der rationalen, an quantitativen Zielgrößen orientierten Organisation, für die prototypisch das Wirtschaftsunternehmen steht" (2008, S. 112). Nirgends
treten die aufgezeigten Entwicklungen deutlicher zu Tage, als bei der nachfolgend genauer
zu analysierenden Exzellenzinitiative.

2.2 Die Exzellenzinitiative: gelobt, umstritten und überschätzt?

> „Wer in diesem Wettbewerb nicht gepunktet hat, muss sich
> sehr anstrengen, wenn er nicht abgehängt werden will."
>
> (Zechlin 2006, S. 447)

Im Folgenden stelle ich die wichtigsten Kennzeichen der Exzellenzinitiative vor und unterzie-
he diese einer kritischen Analyse, in der ich deren Widersprüche und Paradoxien offenlege.
Die Exzellenzinitiative wird hier als (vorläufiger) Endpunkt einer wettbewerbsorientierten

---

73 Universitäten geraten in der Gegenwartsgesellschaft unter stärkeren legitimatorischen Druck, gerade dann,
wenn nach den Kriterien der Effektivität und Effizienz restrukturiert wird.

Verfasstheit von Universitäten vorgestellt, die unter dem dreifachen Diktat einer andauernden Verbesserung (1), einer proaktiven Selbst-Adaption (2) sowie der permanenten Selbst-Mobilisierung (3) stehen (Masschelein/Simons 2010, S. 33). Aus einer allgemeinen Warte beschäftige ich mich mit der Rhetorik der Exzellenz und deren Verbindung zum Eliten-Begriff (2.2.1). Daran anschließend geht es um den ‚Mythos des Leistungsprinzips' (2.2.2) sowie Wettbewerbsaspekte im Speziellen. Den Auswirkungen derselben widmet sich schließlich der letzte Teilabschnitt (2.2.3).

2.2.1   Ziele und Rhetorik der Exzellenz

Der Bund-Länder-Vereinigung vom 23. Juni 2005 zufolge ist es Ziel der Exzellenzinitiative,[74] für eine nachhaltige Stärkung des Wissenschaftsstandorts und für eine Verbesserung seiner internationalen Wettbewerbsfähigkeit zu sorgen. Insgesamt soll zudem die Sichtbarkeit der Spitzenforschung im Universitäts- und Wissenschaftsbereich gewährleistet werden (Zechlin 2006, S. 446).[75] Die Orientierung am meritokratischen Prinzip soll mit dem Begriff der Exzellenz ganz bewusst zum Ausdruck gebracht werden, und nur die möglichst hervorragenden wissenschaftlichen Leistungen sollen im Wettbewerb zählen (Bloch et al. 2008, S. 101). Woraus erklärt sich nun aber die Bedeutsamkeit der Exzellenz? Exzellenz soll „nicht nur der leitende Wert (im Sinne von Ideal) sein, der das Handeln der Wissenschaftler motiviert, sondern auch der Maßstab, mit dem auf dem akademischen Marktplatz der Wert wissenschaftlicher Leistung gemessen wird" (Wagner 2007, S. 8). Dass dieses Bemühen schwierig, wenn nicht gar unmöglich zu realisieren sein dürfte, betont Readings (1996). Dieser macht darauf aufmerksam, dass Exzellenz kein Kriterium für etwas Bestimmtes sein könne, da ihre Bedeutung immer auf eine Beziehung zu etwas anderem angewiesen sei (ebd., S. 24). Das bedeutet, dass es immer wieder sozial konstruierte Kriterien geben muss, die im Sinne Foucaults (1991) auf einem Ausschluss beruhen. Readings bleibt mit diesem Befund nicht alleine: In vergleichbarer Weise stellt Stefan Hornbostel (2008, S. 50) eine „erstaunliche Leere" hinsichtlich des Begriffs und der Programmatik Exzellenz fest. Aber gerade die konstatierte Leere des „Plastikwortes" (Pörksen 2004) Exzellenz bietet auf der anderen Seite den (politischen) Entscheidern auf dem Hochschulbildungsmarkt – das sind die Kulturministerien, die Hochschulrektorenkonferenz etc. – eine Möglichkeit, ‚ihre' Kriterien als relevante darzustellen: Publikationen in hochrangigen internationalen Zeitschriften, das Einwerben von Drittmitteln, globale Vernetzung und internationale Sichtbarkeit.

Wahrscheinlich hat sich im deutschen Sprachraum kein anderer Autor so sehr wie Richard Münch für eine kritische Lesart der Exzellenzinitiative und mit Vehemenz für die Umgestaltung des europäischen Bildungsraums ausgesprochen.[76] Die Rhetorik der Exzellenz, die

---

74 Bund und Länder tragen die Finanzierung von 1,9 Milliarden Euro. In der zweiten Runde, die 2011 vorentschieden worden ist, tragen wiederum Bund und Länder die Finanzierung.

75 Natürlich kann man sich fragen, warum die Geistes- und Sozialwissenschaften zu den großen Verlierern der Exzellenzinitiative gehören. Zwei Gründe lassen sich angeben: Erstens verfügen die Geistes- und Sozialwissenschaften schon traditionell oftmals über keine Lobby in der Politik und in gesellschaftlich einflussreichen Kreisen. Zweitens erzielen sie häufig keine unmittelbare (ökonomische) Verwert- und Anwendbarkeit ihrer Forschungen.

76 Zu nennen sind vor allem die beiden Monographien *Die akademische Elite* (2007) sowie *Globale Eliten, lokale Autoritäten. Bildung und Wissenschaft unter dem Regime von PISA, McKinsey & Co.* (2009).

sich für Münch zudem mit einer „Rhetorik des Standortwettbewerbs" (2007, S. 40) verbindet, verbreite insofern einerseits einen sich selbst legitimierenden „Rationalitätsmythos", der sich weithin von der Darstellung und Konstruktion der Exzellenz in der Öffentlichkeit entfernt habe. Münch legt überzeugend die Ausbildung einer *Diskursformation* dar, „in der sich eine dominante Semantik von Exzellenz, Wettbewerb und Elitebildung, bestimmte Grundannahmen über effektive und effiziente Förderformen, die zentralen Institutionen des akademischen Feldes und dominierende sowie dominierte Diskursfraktionen bzw. Akteursgruppen zu einer Einheit verbinden" (ebd., S. 33). Solche und ähnliche Aussagen sind nicht ohne Gegenreaktion geblieben. Wettbewerbsanalytisch ist der Streit zwischen Richard Münch einerseits und Autoren wie Katrin Auspurg, Thomas Hinz und Jürger Güdler (2008a) von hervorragendem Interesse, da Münch behauptet, dass durch die gängige Forschungsförderung, allen voran durch die Exzellenzinitiative, Kartell-, Monopol- und Oligarchiestrukturen gefördert würden (Münch 2009, S. 453): „Wissenschaft und Forschung werden in Deutschland von Kartell-, Monopol- und Oligarchiestrukturen beherrscht und in ihrer Entfaltung gehemmt. Sie unterdrücken Wettbewerb, Vielfalt, Kreativität und offene Wissensevolution zu Lasten der internationalen Wettbewerbsfähigkeit." (2007, S. 369) Ironischerweise ist die Exzellenzinitiative gerade angetreten, um den Wettbewerb zu fördern. Dieser kann sich aber nicht frei entfalten, da nicht nur die Voraussetzungen zu ungleich verteilt sind, sondern auch vorhandene Macht- und Herrschaftsformationen einschränkend wirken. Als Konsequenz daraus resultiert für Münch eine Zementierung bereits vorhandener Machtstrukturen, wobei sich die Soziologie auf dem Weg zu einer (unkritischen) Affirmationswissenschaft befände (2009b).[77] Dagegen wehren sich wiederum die oben genannten Auspurg, Hinz und Güdler (2009), die sich nicht als naive empirische Sozialforscher bezeichnen lassen wollen (ebd., S. 473).[78] Münch zufolge benötigt *soziologische Aufklärung*[79] eine ausreichende Form der Distanz zu den von ihr untersuchten Objekten. Eine klare Grenzziehung zwischen wissenschaftlichen und „nichtwissenschaftlichen Interessen" seien eine Garantie für eine positive Entwicklung der Soziologie als Fach. Zudem dürften keine Monopolstrukturen den Wissenschaftsdiskurs überlagern und behindern (Münch 2009, S. 461). Münch beschreibt in seiner Arbeit überzeugend Tendenzen, die offensichtlich politisch gewollt und vom Großteil der Universitäten mitgetragen werden. Universitäten haben eigentlich keine Wahl: Sie müssen Mitspielen und Mitkonkurrieren, um im Kampf um zusätzlichen Gelder zu reüssieren. Nur so kann es gelingen, an knappe Ressourcen heranzukommen, aber auch Macht und Einfluss zu gewinnen.

Eine wichtige Verbindung gehen im Kontext des Bildungsmarktes Universität die beiden Begriffe *Exzellenz und Elite* ein. Eine Elite bildet sich durch die dauerhafte Absonderung einer Gruppe. Die Gruppenzugehörigkeit wiederum ist nicht auf eine erbrachte Leis-

---

77 Zugespitzt lautet die Alternative: Soziologie als Disziplin hat die Wahl zwischen einer Affirmationswissenschaft oder einer kritischen Soziologie, die sich in die Tradition der Aufklärung einschreibt.

78 Die Autoren treffen einen wichtigen Punkt: Es geht tatsächlich um die Frage, wie kritische Gesellschaftstheorie und empirische Sozialforschung ein produktives Verhältnis miteinander eingehen können, statt – wie bislang eher mehr als weniger der Fall – arbeitsteilig vorzugehen.

79 Eben an dieser Weichenstellung befinden sich die Wissenschaften insgesamt, nicht nur die Geistes- und Sozialwissenschaften: Verpflichten sie sich auf die Weiterführung einer (ehrwürdigen) soziologischen Aufklärung oder entwickeln sie sich zu „Affirmationswissenschaften" (Münch), die keine kritische Distanz zum Erforschten anstreben und zumindest tendenziell zu reiner Auftragsforschung mutieren (vgl. dazu Wetzel 2012a).

tung im Sinne eines meritokratischen Verdienstes zurückzuführen, sondern auf die soziale Herkunft. Als entscheidend erweist sich in puncto soziale Zugehörigkeit ganz im Sinne des Eliteforschers Michael Hartmann, wie Gruppen- oder Gemeinschaftsmitglieder über Macht und Herrschaft inkludiert respektive exkludiert werden (Hartmann 2002; 2004). Zu dieser Position gibt es mittlerweile empirische Befunde, die sich anführen lassen, vergegenwärtigt man sich das Ergebnis nach der ersten Runde der Exzellenzinitiative. Zur Spitzengruppe zählen ca. 10-20 Universitäten, wobei eine Aufspaltung in zwei Lager immer deutlicher hervortritt. Die Grenzziehung verläuft zwischen dem Trend hin zu den Forschungsuniversitäten einerseits und den Ausbildungsuniversitäten andererseits.[80] Die Frage stellt sich jedoch, ob die dem ganzen Procedere zu Grunde liegende Annahmen, demzufolge ganze Universitäten exzellent sein können, überhaupt zutreffend sind. Empirische Studien erfahrener Bildungsforscher wie Teichler (2005b) und Münch (2008) belegen deutlich, dass nicht ganze Fakultäten oder gar Hochschulen exzellent, sondern dies immer nur einzelne Wissenschaftler sein können.

2.2.2 Wettbewerb, Legitimation und Ungleichheit

War (und ist) die Exzellenzinitiative tatsächlich nicht viel mehr als ein „Pseudowettbewerb" (Münch 2007, S. 57)? Oder steht – ganz im Gegenteil – die Exzellenzinitiative für einen fairen Leistungswettbewerb? Und welche Rolle spielt dabei das Leistungsprinzip, ist es mehr als ein Mythos? Allgemein bekannt und gut erforscht ist der Umstand, demzufolge nicht nur finanzielle Voraussetzungen, sondern auch Tradition und wissenschaftliches Umfeld eine herausragende Rolle bei der Vergabe von Forschungsgeldern spielen (Hartmann 2004; Münch 2008; Sondermann et al. 2008). Durch die Exzellenzinitiative findet eine Verstärkung in Form des Matthäusprinzips statt: ‚Wer hat, dem wird (noch mehr) gegeben'. Die Funktion der Exzellenzinitiative ist dabei eine legitimatorische: Sie „beglaubigt die Existenz von ‚Elite-Universitäten', ‚Spitzenforschung' und exzellenter Nachwuchsförderung: Das wettbewerbliche Auswahlverfahren bescheinigt die Anwendung des Leistungsprinzips. *Qua* Elite und Leistungsprinzip öffnen sich die Universitäten gesellschaftlichen Forderungen nach einer Bewährung am Markt." (Bloch et al. 2008, S. 105) Auf Märkten gibt es aber nicht nur Gewinner, ansonsten würde der Wettbewerbsgedanke gar keinen Sinn ergeben und insofern stellt es keine Überraschung dar, wenn auch bei der Exzellenzinitiative die etablierten Universitäten ungleich stärker bevorzugt behandelt werden als die Schwächeren.[81]

Man müsse endlich Schluss machen mit der „Gleichheitsfiktion", so lautet die Meinung einer zunehmend hegemonial werdenden Position (Mogge-Stubbe 2006). An die Stelle einer staatlich organisierten Verteilung der Mittel tritt der Markt mit seinen Angebots- und Nachfrageprinzipien: Dieser „als sozialstrukturelles Verteilungsregulativ" (Weingart 2004,

---

80 Dass wir uns in Deutschland auf dem Weg zu einer Ausdifferenzierung von Forschungs- und Lehruniversitäten befinden, zeigt Reinhard Kreckel für das Beispiel der Martin-Luther-Universität Halle-Wittenberg (Kreckel 1999).

81 Allerdings ergeben sich auch für die Gewinner Folgeproblem: Länder mit Gewinnern in ihren Reihen werden höhere Kosten haben, denn diese sind zu einer Kostenübernahme von 25 % verpflichtet. Siegreiche Universitäten werden ab 2012 wieder selbst haushalten müssen oder versuchen, erneut bei der zweiten Runde der Exzellenzinitiative zu reüssieren.

S. 64) auftretende Marktmechanismus verdrängt zusehends die Position traditioneller (Verteilungs-)Mechanismen. Nur der Markt wird als gerechtes Verteilungsverfahren anerkannt; andere, beispielsweise soziale und politische Mechanismen, die dem Herstellen von Chancengleichheit oder einer bewussten Bevorzugung der schwächeren Universitäten dienen, gelten unter der Ägide des neoliberalen Markt- und Wettbewerbsregime als ungerecht. Begründet wird dies damit, dass es sich dabei um nicht primär leistungsbezogene Verteilungsmechanismen handelt.

Die nicht nur in diesem Kontext den Takt angebende Wettbewerbsmetapher ist selten so prominent aufgegriffen worden wie in dem Text des ehemaligen DFG-Präsidenten Ernst-Ludwig Winnacker (2006): Dessen Aussagen wiederholen sich, wenn Winnacker betont, man wolle sich dem internationalen Wettbewerb stellen. Weiterhin spricht er auch von einer notwendigen Ausdifferenzierung in Eliteuniversitäten und Nicht-Elite-Universitäten. An dieser Stelle kann man sich fragen, was genau die Gemüter so erregt? Befürchtet wird von vielen Wissenschaftlern, dass es zur Verhärtung von Ungleichheit und von Ungleichgewichten kommt (Hartmann 2006). Ähnlich wie bei den Einkommen droht die Schere der Ungleichheit sich weiter zu öffnen. Zurück bleiben Verlierer, die im wahrsten Sinne des Wortes ‚einfach abgehängt' sind.

Wie lässt sich die hochschulkulturelle Bedeutsamkeit der Exzellenzinitiative zusammenfassen? In der Aufstellung von Albert Berger (2008, S. 39) lauten diese:

1. „Paradigmenwechsel: kompetitiv statt egalitär"
2. „Identifizierung (eigener) Stärken und Schwächen",
3. „Zielfindung als Profilschärfung – Strategiefähigkeit",
4. „Sichtbarkeit der Universitäten, national und international" und
5. „Wettbewerb als Betriebskonzept"

Aus der Exzellenzinitiative folgt unmittelbar, dass die Gewinner-Universitäten an guten (exzellenten) Wissenschaftlern und Studierenden werden zulegen können. Zudem können Eliteuniversitäten künftig mehr Studiengebühren verlangen.[82] Aus einer globalen Perspektive betrachtet kann Deutschland trotz der Exzellenzinitiative nicht im Wettbewerb um Spitzenwissenschaftler in Natur- und Ingenieurswissenschaften mithalten. Die Minderheit der Gewinner wird den Verlust an Forschungskapazität der Verlierer nicht ausgleichen können, intellektuelles Potential geht verloren und die Dynamik der sozialen Selektivität nimmt zu. In aller wünschenswerten Klarheit formulieren dies Sondermann et. al (2008, S. 123): „Auf der Ebene des gesamten Wissenschaftssystems werden die Differenzierungsfolgen zu bilanzieren sein, neben Leistungssteigerungen bei den Geförderten sind dies auch die *Wettbewerbsauswirkungen bei den Nicht-Geförderten*. Bisher ist unklar, wie sich stimulierende Wettbewerbswirkungen und mögliche Verluste von Wettbewerbsfähigkeit zueinander verhalten,

---

82 Hier lohnt sich ein Vergleich mit den USA. Dort ist man diesbezüglich schon weit fortgeschritten, insofern es ein in der öffentlichen Meinung fest verankertes Ranking im Hochschulsystem gibt. Die Gewichtung im Ranking sieht wie folgt aus: (1) Lehre indirekt über Verhältnis Lehrer/ Student – 10 %; (2) Akademische Reputation – 25 %, (3) Finanzielle Ressourcen – (Bezahlung der Hochschullehrer, Ausgaben pro StudentIn, Spendeneinnahmen) – 25 %, (4) Selektivität in Auswahl der StudentInnen – 15 %. Der Trend geht dahin, dass StudentInnen nur noch Studiengänge belegen, die einen hohen Lohn garantieren. Zudem konzentrieren sich die Mittel bei nur wenigen ‚Eliteuniversitäten'.

welchen Stellenwert die Exzellenzinitiative jenseits der öffentlichen Aufmerksamkeit im Gesamtfeld der Forschungsförderungsmaßnahmen hat." (Hervorh. von DJW) Zudem besteht die faktische Gefahr einer *Monopol- und Kartellbildung*: Richard Münchs statistische Analysen bringen ihn zur Einschätzung des Vorhandenseins von bereits zuvor angedeuteten „Kartell- und Monopolstrukturen im akademischen Feld, die Drittmittel und Exzellenzzuschreibung an den Standorten im Zentrum der Macht akkumulieren, d. h. an Standorten mit viel sozialem (Personal) und ökonomischem Kapital (nützliches Wissen), das in symbolisches Kapital in Gestalt von Ausschuss- und Gutachtermacht umgesetzt wird" (2007, S. 263).

Der für Richard Münch zentrale, weil wiederkehrende und provozierende Punkt liegt darin, dass er von der Behauptung ausgeht, dass es gar keinen „offene[n] Wettbewerb" (2007, S. 307) gibt. Obwohl überall die Rede sei von Exzellenz und Leistungsförderung unter Absehung von Herkunft und Tradition, würde u. a. die Exzellenzinitiative genau das Gegenteil von dem Befördern was sie proklamiert, zugespitzt formuliert: bei gleichzeitiger Zunahme einer Rhetorik des Wettbewerbs komme es im Endeffekt zu einer sinkenden internationalen Wettbewerbsfähigkeit (2007, S. 315). Ersichtlich wird, dass Münch auf den (offenen) Wettbewerb setzt, wobei er aber selber einräumt, dass der Wettbewerbsbegriff wertlos wird, wenn keine Chancengleichheit vorhanden ist (ebd., S. 313). Eine solche Vorstellung eines ‚offenen' Wettbewerbs erhält jedoch eine utopische Dimension, insofern die Ausgangsbedingungen und damit verbunden die Chancengleichheit allenfalls kontrafaktisch unterstellt werden können. Insofern erzeugt die Exzellenzinitiative letzten Endes einen paradoxalen Effekt: Der Anspruch auf einen gesteigerten Wettbewerb geht mit einer systematischen Be- und Verhinderung desselben einher. Und das kann niemand wirklich wollen.

Kriteriendiskussion zur Exzellenzinitiative[83]

Stefan Hornbostel (2008) und Bloch et al. (2008) identifizieren die folgenden zentralen Aspekte der Förderlinie: internationale Sichtbarkeit, interdisziplinäre Ausrichtung, Ausbildung von Spitzennachwuchskräften, hohe Qualität der Forschung sowie Gleichbehandlung und -stellung von Männern und Frauen (Hornbostel 2008, S. 58). Nach der Diskussion der Schwierigkeiten bei der Operationalisierung solch vager Zielsetzungen kommt Hornbostel gleichwohl zu folgendem Schluss: Es gebe „sowohl harte wie weiche Kriterien, die fach- und förderprogrammspezifisch genutzt werden können, um die Effekte der Förderung abzuschätzen. Dazu wird es eines etwas längeren Atems bedürfen, der Entwicklung geeigneter Erfassungsinstrumente, eines Methodenmix und einer vergleichenden Perspektive." (2008, S. 62) Dieser (nüchternen) Einschätzung zustimmend, darf jedoch nicht die bereits vorhandene und wahrscheinlich noch deutlich ansteigende *Signalwirkung der Exzellenzinitiative* für das akademische Feld insgesamt unterschätzt werden. Sie strukturiert und beeinflusst sowohl die Marktzugangsvoraussetzungen als auch die Subjektivierungsimperative. Wie sich dies im Einzelnen vollzieht, ist Gegenstand des folgenden Kapitels.

---

83   Dass dabei vor allem Herrschaftseffekte aufgrund des Einsatzes von bibliometrischen Verfahren erzeugt werden, zeigt Rühle (2009). Solche Verfahren setzen Standards, ganz unabhängig davon, ob diese „wahr" oder „gerecht" sind.

3. Zugangsvoraussetzungen und Subjektivierungsimperative

Bevor ich nach den Subjektivierungsimperativen des Bildungsmarktes Universität frage, sollen Zugangsvoraussetzungen geklärt werden, die sowohl auf der gesellschaftlichen, als auch auf der institutionellen und der individuellen Akteursebene berücksichtigt werden müssen, um Chancen auf eine erfolgreiche Teilnahme am Bildungsmarkt Universität zu besitzen. Da die Exzellenzinitiative, wie bereits gezeigt worden ist, an der Speerspitze einer meritokratischen Idee der Universität positioniert wird, besteht ein paradoxer Bezug auf die Dimensionen der ständisch angehauchten Exzellenz. Ein Ziel dieser Bemühungen ist es, das Abstecken eines diskursiv überformten Bereichs vorzunehmen, innerhalb dessen sich Subjektivierungsweisen und soziale Praktiken von Individuen erfassen lassen. Von Bedeutung ist dabei, „dass diese Praktiken uns dazu aufrufen oder – stärker noch – interpellieren, uns selbst als Individuum oder als (Hoch)schule innerhalb dieses Raumes auf eine ganz bestimmte Art und Weise zu begreifen, dass sie uns zu einem ganz bestimmten Verhalten uns selbst gegenüber auffordern" (Masschelein/Simons 2005, S. 13). Anders gesagt: Aus den imperativen Aufforderungen werden auf der Subjektebene Selbstverhältnisse, die zur Ausübung ganz bestimmter sozialer Praktiken und Selbstpraktiken anleiten (vgl. dazu Reckwitz 2003).

3.1 Institutionelle, gesellschaftspolitische und diskursive Voraussetzungen: Output-Orientierung und Steigerung um jeden Preis

Implementierung des Managementdenkens, neue Governance-Strukturen

Eine kaum zu überschätzende Veränderung hat die Implementierung des Managementdenkens an Universitäten bewirkt. Die Geschichte einer solchen Implementierung des Managementdenkens und des Unternehmerischen zeigt der Historiker David Gugerli am Beispiel der ETH Zürich auf (Gugerli 2008).[84] Universitätsleitungen versprechen sich von diesen Maßnahmen eine Entbürokratisierung, eine Verschlankung von Strukturen und in gewisser Hinsicht auch eine ‚Professionalisierung' in der Handhabung der Hochschulen. Insofern scheint es auch gerechtfertigt von einer ‚Organisationswerdung' der Universität zu sprechen: Als deren Leitbegriffe dienen Autonomie, Transparenz, Wettbewerb und Mittelvergabe nach Leistung (Heintz 2008, S. 111). Das allgegenwärtige *New Public Management* (NPM) setzt sich verstärkt in der Gesellschaft, und eben auch an Universitäten durch: „NPM ist das zentrale Instrument der neoliberalen Regierungskunst, die auf Verhaltenssteuerung durch Märkte, Quasi-Märkte, Wettbewerb und Anreize setzt. Dieses Steuerungsmodell muss komplexe Leistungen auf eine überschaubare Zahl von Parametern reduzieren, an denen sich Steue-

---

84   Für die Universität Bern, vgl. die Arbeit von Philippe Saner (2011).

rungsinstanzen (Prinzipale), Gesteuerte (Agenten), Akkreditierungsagenturen und Kunden orientieren können." (Münch 2009, S. 74/75) Seinen Erfolg verdanke diese Form des Managements der Implementierung eines neuen Blicks auf die soziale Praxis. Forschung, Lehre und Verwaltung werden an Universitäten unter der Perspektive der bestmöglichen Effizienz und Effektivität betrachtet. Nicht nur entsteht eine Veränderung in der Zuteilung der Mittel, vor allem verändern sich die Bedingungen für das Nachwachsen kommender Generationen. Faktisch entsteht das, was Michael Power bereits in den späten 1990er Jahren eine „Audit-Society" (1997) nennt: „Auditing can be characterized as a form of ‚control of control' operating at the interface between regulatory and management systems of control. The idea is that control is now exercised in chains (or layers, depending on the guiding metaphor) with each link (layer) in the chain primarily controlling its neighbor by stimulating forms of self organization and control." (1997, S. 10) Bei der aufgezeigten Implementierung von Managementstrukturen spielt der Begriff der *Governance* die Rolle eines Schlüsselbegriffs, der die Führung von Institutionen, Individuen und ganzen Gesellschaften problematisiert.[85] Durch das Einführen des New Public Managements und dem damit paradoxerweise verbundenen Aufblähen des Verwaltungsapparats geraten universitäre Leitungen (Rektorat) unter das Diktat der Effizienz. Sie müssen ‚ihre' Universität möglichst fit machen für den Wettbewerb, wobei sie gleichsam auch intern mit einer Kampfarena konfrontiert sind, denn: Fachbereiche, Fakultäten, Departemente, Institute, Forschergruppen und einzelne Wissenschaftler konkurrieren innerhalb von Universitäten um Gelder und Forschungsmittel.

Beschleunigung, Steigerungslogik und Output

Im Hintergrund der gesellschaftlichen Entwicklung finden Transformationen statt, die Hartmut Rosa (2005, 2009) wiederholt als von Beschleunigung getriebenen Prozess beschrieben hat. Dies zeigt sich besonders nachdrücklich für den Bereich der Bildung, wie jüngst Andreas Dörpinghaus überzeugend argumentiert hat: „Outputorientierte Bildungsstandards versprechen, konzeptionell keine Umstände zu machen, und gehören in den Kontext rationaler Beschleunigungspraxen." (2009, S. 11) Im Verbund mit Beschleunigungsprozessen tritt eine schwer zu bändigende, weil systemisch induzierte Steigerungslogik auf den Plan, wie sie beispielsweise von Gerhard Schulze für westliche Industriegesellschaften mitsamt ihrer kapitalistischen Logik beschrieben worden ist (Schulze 2003).

Die Rolle des CHE (Zentrum für Hochschulentwicklung)

Rankings entwickeln enorme Macht und Einfluss im Hinblick auf Wahrnehmung, Verhaltenssteuerung und Gestaltung von Universitäten. Das Zentrum für Hochschulentwicklung nimmt mit seinen Rankings einen deutlichen Einfluss auf die Frage, wie Universitäten, Fächer und Studiengänge sich in einem Markt zu etablieren beziehungsweise zu behaupten

---

85 Als Alternative bietet sich das Durchleuchten der Prozesse mit dem Begriff der Gouvernementalität an. Beide Begriffe umfassen einen großen, nicht eindeutig definierten Bereich: Während Governance als bewusste Steuerungslehre politischer Prozesse aufgefasst werden kann (Schuppert und Vosskuhle 2008), fokussiert der auf Foucault zurückgehende Begriff der Gouvernementalität auf Folgendes: das Wort ‚gouvernementalité' leitet sich aus ‚gouvernemental' ab, und bezeichnet „je nach Verwendung das Strategiefeld der Machtbeziehungen oder die spezifischen Merkmale der Regierungstätigkeit" (Sennelart 2006, S. 482).

vermögen. Dabei stecken Universitäten faktisch in einem Dilemma: Mitmachen oder Sich-verweigern? Ob bei der Einführung der BA/MA-Studiengänge oder bei der Partizipation an der Exzellenzinitiative, immer stellt sich den Universitäten die Frage, ob sie sich verweigern (und später – wenn auch unter veränderten Bedingungen – nachziehen), oder ob sie an die Speerspitze der neuesten Entwicklungen treten, nicht zuletzt, um möglicherweise einen Wettbewerbsvorteil für sich erzielen zu können.

Last but not least: Bologna

Bologna gibt den Rahmen für die universitäre Entwicklung in den letzten Jahren vor, selbst-verständlich nicht nur für die Lehrenden, sondern gleichfalls für die Studierenden. Für was steht Bologna, der Bologna-Prozess? Immer wieder fallen die gleichen Stichworte: Verbes-serung der Wettbewerbsfähigkeit, Erhöhung der Mobilität von Seiten der Studierenden, hö-here Transparenz, ansteigende Effizienz und allgemein Zunahme der Flexibilität. Einwände gegen solche Vorstellungen sind nur schwer vorzubringen, allerdings muss nach der Umset-zung in die Praxis gefragt werden (Schultheis 2008, S. 189). Unbestritten ist, dass Bologna Auswirkungen auf die unterschiedlichen Gruppen an Universitäten zeitigen. Die Wichtigen werden nachfolgend aufgezeigt.

3.2 Die ProfessorInnen

Wie bereits erwähnt, konkurrieren nicht nur Universitäten als solche miteinander, genau-er sind es vor allem Hochschullehrerinnen und/oder wissenschaftliche Persönlichkeiten, die mit- und gegeneinander um Erkenntnisse und renommierte Positionen ringen. Und nicht zu vergessen: Eliteuniversitäten konkurrieren immer vehementer um die besten Wissenschaft-ler. Um die (vermeintlich) Besten herauszufiltern, benötigen Universitäten, genauer Beru-fungskommissionen, einen Kriterienkatalog.[86] Fragen kann man sich aus einer durchaus wertfreien Perspektive, welcher Typ von Wissenschaftlern durch die geforderte Normierung fabriziert wird. Unverkennbar entwickelt sich der „akademische Unternehmer" immer mehr als ein „dominanter Wissenschaftlertyp" (Huber 2008, S. 286).[87] Für die gegen den Main-stream schwimmenden Wissenschaftler bleibt dann nur noch häufig die Hoffnung auf eine Nischenposition am Bildungsmarkt Universität. Ansonsten droht das Abdriften in die viel-fach beschriebene „akademische Prekarität", die faktisch schon für einen Großteil der Be-schäftigten Realität ist. Masschelein/Simons (2010) beschreiben in idealtypischer Weise die Rolle des Hochschullehrers, wie sie einmal gewesen ist und – normativ ausgedrückt – (ei-gentlich auch wieder) sein sollte: „Der Professor agiert als Parresiastes, also als jemand, der

---

86 Luc Boltanski beschreibt eindrücklich, inwiefern sich das Prestige der Professorenschaft in zunehmender Weise nicht von seinen Lehr- und Forschungsleistungen her bestimmt, sondern vielmehr vom Umfang seiner Aktivitäten, besonders vom Einwerben von Drittmitteln (2007). Um überhaupt aber an solche Stellen zu gelangen, bedarf es das bereits erwähnte Publizieren in hochrangigen internationalen Zeitschriften.

87 In einer interessanten Studie werden jüngst sogar Hochschullehrer mit Bodybuildern vor dem Spiegel ver-glichen: „In some respects, scientists remind us of body-builders who, under the pretext of ‚working out' in gyms and other *salons de musculation*, seem fascinated by their own bodies, reflected in floor-to-ceiling mirrors. Perhaps a ‚narcisstic scientist' is a tautology." (Molinié/Bodenhausen 2010, S. 78)

frei heraus spricht, über eine Frage und im eigenen Namen. Was sich während einer Vorlesung ereignet, ist, dass sein Denken zu einem öffentlichen Denken wird, indem es etwas zum Thema macht." (2010, S. 60) Mit Foucault könne man den Professor als „Wahrheitssager", „Parresiastes" beschreiben: „Professor zu sein bedeutet dann Bekenntnis, *professio*, abzulegen, was nicht einfach heißt, etwas festzustellen, zu konstatieren, wie die Dinge sind, und zu beschreiben, was ist." (ebd., S. 69)[88] Er besitze die „Anmut des Enthusiasten" und „nicht des Experten" (ebd., S. 70). Er sei so etwas wie ein „Amateur", der seine Sache liebe. Dem entgegen steht aber eine fundamental andere Entwicklung: Wissenschaftler werden in immer stärkerem Masse zu Managern und Organisatoren: Sie lassen forschen, kommen aber häufig kaum noch selbst dazu. In den Vordergrund rücken administrative Tätigkeiten und Führungsaufgaben, die gerade nicht nur auf erbrachten wissenschaftlichen Leistungen beruhen, sondern für welche die Professorenschaft meistens nur unzureichend ausgebildet ist. Wie bereits erwähnt, konkurrieren und/oder kooperieren primär nicht Standorte miteinander, vielmehr sind es einzelne Wissenschaftler, bestenfalls noch Forschungsgruppen, was die Möglichkeit für Synergieeffekte und das Ablaufen kreativer Prozesse im Hinblick auf die geforderte Internationalität jenseits von institutionell organisierten Wettbewerben beeinflusst.

3.3 Der akademische Mittelbau

Durch den Bologna-Prozess, die Orientierung am quantitativen Output und nicht zuletzt durch den verschärften Wettbewerb gerät der akademische Mittelbau (die Einordnung erfolgt anhand zweier Kriterien: Angestellter der Universität und gleichzeitig auf einer Qualifizierungsstelle sitzend) unter Druck. Einerseits soll er sich möglichst zügig um die eigene Qualifikation kümmern, andererseits leistet er einen Großteil der Lehre sowie der Antragserstellung, wenn er darüber hinaus nicht gerade in einem zeitlich befristeten Projekt sein Dasein pflegt. Während die Professorenschaft an Leitbildern und an ihren Publikationslisten arbeitet – und nicht selten in der Gremien- und Berufungsarbeit fest steckt – sind es vor allem die Lehrenden und Dozierenden aus dem Mittelbau, die eine große Last des universitären Betriebs schultern.[89] Vorlesungen sind in Deutschland allerdings immer noch in der Hand der Professoren beziehungsweise der Privatdozenten, was durchaus Sinn macht, denn nur so erhalten Studierende die Möglichkeit vom hochqualifizierten Lehrpersonal tatsächlich unterrichtet zu werden.

Für Nachwuchswissenschaftler gilt aber auch die Maxime, besonderen Wert auf die gezielte Verbreitung des eigenen Wissens zu legen. Wie sie zu dem Wissen kommen, steht eher nicht im Vordergrund, meint beispielsweise Alex Demirović (2004, S. 512), was natürlich polemisch formuliert ist und nicht der ganzen Wahrheit entspricht. Die auf spätere Ge-

---

88   Auch Jacques Derrida sieht diesen Zusammenhang zwischen der (unbedingten) Universität und der *profession* beziehungsweise der *confession*, vgl. Derrida (2001, S. 32ff.).

89   Besonders interessant sind in diesem Zusammenhang die (befristeten) ‚lecturer'-Stellen, bei denen qualifizierte WissenschaftlerInnen im Prinzip nur noch für die Lehre eingestellt werden. Die systemisch bedingte Weiterqualifikation kann nicht beziehungsweise nur unter erschwerten Bedingungen erbracht werden. Gerade in diesem Zusammenhang scheint es notwendig zu sein, über neue Formen der Ausbeutung und der Entfremdung nachzudenken (vgl. dazu Jaeggi 2005, Rosa 2009a).

fälligkeiten abzielende Praktik des Zuarbeitens für Professoren beziehungsweise die nicht unproblematische Sitte der Co-Autorenschaft qua Machtpositionen sollte möglichst früh antrainiert und habituell verankert werden. Als Leitlinien des eigenen Handelns manövrieren Nachwuchswissenschaftler zwischen *Konkurrenz* und *Kooperation*. Nicht nur für Richard Münch ist es vor dem Hintergrund dieser Bedingungen „erstaunlich, dass es nicht schon längst den großen Aufstand des akademischen Mittelbaus gegen eine Politik gibt, die Generationen von Nachwuchswissenschaftlern auf dem Altar eines Rationalitätsmythos opfert, hinter dessen Fassade sich die blanke Irrationalität verbirgt" (2007, S. 367). Nicht von ungefähr sprechen kritische Stimmen in Medien, Politik und Wissenschaft von einer drohenden ‚Verschrottung einer Generation' (vgl. dazu Kühne 2004).

3.4 Die Studierenden

Welche Subjektivierungsimperative sehen sich gegenwärtig Studierenden ausgesetzt? Wer ist erfolgreich, aus welchen Gründen? Als langjährig in Forschung und Lehre tätiger Wissenschaftler werden viele Erfahrungen gemacht, vor allem dann, wenn in diese Zeit eine radikale Reform des Hochschulwesens fällt.[90] Mit Bologna hat sich deutlich eine Veränderung hinsichtlich des Anforderungsprofils an Studierende ergeben. Vobruba (2008) vertritt die These, der zufolge Studierende (insbesondere der Geistes- und Sozialwissenschaften) als „transitorische Intellektuelle" (ebd., S. 28), Intellektuelle in einem zeitlichen Übergangsstadium, zu begreifen seien. Damit einher geht der Befund einer teilweise bereits stattfindenden Auslagerung von Intellektualität aus Universitäten, wobei Vobruba vermutet, „dass die Verwissenschaftlichung diverser Berufsfelder im Zuge von Tertiarisierung und Informalisierung der Arbeit zu mehr Möglichkeiten führen wird, zwar nicht Intellektuelle(r) von Beruf, aber in seinem Beruf intellektuell zu sein" (ebd., S. 38). Faktisch ändern sich aber dadurch auf Dauer das Anforderungsprofil und die Erwartungshaltungen der Studierenden. Primär kümmern sich Studierende um die Verbesserung ihres eigenen Humankapitals und begeben sich auf Punktejagd. Fragen, wie die folgenden werden sich selber und anderen gestellt: Lohnt sich ein Studium überhaupt noch? Welche Fächer sind die monetär lukrativsten? Mit welchem Abschluss bekomme ich eine sichere Stelle? Insgesamt fördert dies tendenziell ein instrumentell und lediglich auf den Erwerb von Humankapital zielendes Studienverhalten. Nicht nur, aber hauptsächlich gilt dieser Befund für die ‚verwertbaren' und dem Arbeitsmarkt nahen Fächer. Die Bologna-Reform unterstützt diesen Prozess, was die folgenden Punkte belegen:

a. *Verkürzung der Studienzeiten*: Die bei den Studierenden vermittelte Botschaft ist zumindest in puncto Studienzeit ambivalent: Einerseits sollen sie zügig und möglichst effizient ihre Studien durchlaufen, andererseits kann man den Eindruck gewinnen, dass sie ihr Studium nicht zu ernst nehmen sollen. Vielmehr hat es den Anschein, als sei das Studium eine Art Durchlaufstation auf dem Weg in das „richtige Leben"; Studierende erleben den Verlust einer ganz zentralen Lernerfahrung: „nämlich die freie, auf Inhalte zielende Diskussion mit ihren Kommilitonen" (Demirović 2004, S. 504). Im Vergleich

---

90 Der Autor ist in der glücklichen Lage, vor Bologna seine Studien absolviert zu haben, was ihm ermöglicht, über das alte und das neue System aus teilnehmender Beobachtung heraus berichten zu können.

zu früher kommt es nur noch selten zur Ausbildung von informellen Arbeitszusammen-
hängen, vieles steht unter dem Diktat der Nützlichkeit und eines knappen Zeitregimes.

b. *Auswahl der Studierenden nach Leistungskriterien*: Es herrscht eine zunehmend inter-
    nationale Ausschreibung von Studienplätzen vor, im Fokus steht eindeutig die ‚Eliten-
    bildung'. Der ‚Kampf um die Studierenden', vor allem um die ‚Besten', wird sich durch
    die prognostizierte Abnahme der Studierendenzahlen in Deutschland ab dem Jahr 2015
    weiter verschärfen.

c. *Spitzenförderung I*: So lange alle glauben, dass die von Bourdieu beschriebene ‚Illusio'
    funktioniert, also beispielsweise Exzellenzuniversitäten etwas Besonderes sind, kann
    sich der Effekt der Reputation immer wieder einstellen. Der Druck, zu diesen besonderen
    Universitäten dazugehören zu müssen, erhöht sich ständig.

d. *Spitzenförderung II*: Ein anderer Aspekt betrifft die Organisierbarkeit und Wissensver-
    mittlung im Hinblick auf die bei Studierenden vorherrschenden und weiter geförderten
    unterschiedlichen Leistungspotenziale. Dahinter steckt die Frage nach dem institutio-
    nellen Mit- und Nebeneinander, also wie das Zusammenspiel von herkömmlichen und
    ausgewählten Studierenden aussehen könnte (Demirović 2004, S. 508).

Zur Figur des unternehmerischen Studierenden

Mit Blick auf die Subjektivierungsimperative spielt die Figur des ‚unternehmerischen Studierenden' eine zunehmend wichtige Rolle. Eigene Interessen und Bedürfnisse sollen von Studierenden entdeckt und in den Dienst der Nützlichkeit und des Unternehmerischen gestellt
werden. Zudem werden sie regelrecht von diesem Imperativ aufgefordert, sich als lernende
und motivierte Individuen zu konstituieren. In der übertragenen Logik des Unternehmens
liegt schließlich auch begründet, sich alleine verantwortlich für die getroffenen Entscheidungen zu fühlen und dementsprechend Gelingen und Scheitern als persönlicher Verdienst respektive als eigenes Versagen zu verbuchen.[91] Das lernende Individuum sieht sich geradezu
dazu verpflichtet, mit sich selber in ein produktives Selbstverhältnis im Sinne des Selbstun-
ternehmertums zu treten. Ein besonderes Augenmerk liegt dabei auf der Selbstverantwor-
tung des Individuums, das sich autonom im Wettbewerb zu positionieren vermag. Mit anderen Worten: Nur denjenigen wird es gelingen, im Wettbewerb zu bestehen und begehrte
Positionen in der Berufswelt zu ergattern, die selbstverantwortlich und mit Ressourcen ausgestattet ihr Potenzial entfalten können.

Allerdings wäre es zu einfach und zu einseitig, wenn man der Bologna-Reform ein rein
negatives Zeugnis attestieren würde. Was Bologna für Studierende tatsächlich im positiven
Sinne erreicht hat, liegt darin, mehr Orientierung zu liefern und Verbindlichkeit bei den Stu-
dieninhalten zu schaffen: Eine Klage, die aus den alten Studiengängen kam, bezog sich immer auf die Unverbindlichkeit und eine gewisse Beliebigkeit der Lerninhalte. Vor Bologna
ging man vergleichsweise stärker von der *autonomen Fähigkeit der Studierenden* aus, das
Richtige zu wählen, ohne dabei genauere Vorschriften zu machen. Mit der Einführung von
Bologna kann man den Eindruck gewinnen, dass ein grundsätzliches Misstrauen gegenüber
den Fähigkeiten und vor allem den Selbstdisziplinierungskräften der Studierenden Einzug

---

91 Vgl. für diese für das Individuum notwendige Entdeckung des Selbstinteresses die Arbeit von Hirschman
    (1977).

gehalten hat. Durch verbindliche Studienpläne und eine deutliche Zunahme der Verschulung[92] wurde nicht zuletzt der Arbeitsaufwand und der Leistungsdruck auf die Studierenden erhöht. Gefragt sind zudem auch die Fähigkeiten zur Netzwerkbildung, nicht zuletzt durch Mobilität und Auslandserfahrung. Diese wird aber durch Bologna in vielen Fächern eher verhindert als gefördert (Eßbach 2009, S. 25). Mit den für Deutschland prognostizierten abnehmenden Studierendenzahlen ab dem Jahr 2015 droht der Wettbewerb um eben diese (internationalen) Studierende immer schärfer zu werden (Münch 2009, S. 107). Nach diesen Überlegungen, die insgesamt kein sonderlich positives Bild bezüglich der Subjektivierungsimperative entworfen haben, muss in der Analyse ein weiterer Schritt vollzogen werden. Dabei werden die Bedingungen und Parameter des Konkurrenzkampfes im Feld der Bildung genauer erforscht.

---

92   Vgl. für diese für das Individuum notwendige Entdeckung des Selbstinteresses die Arbeit von Hirschman (1977).

4. Bedingungen und Parameter des Konkurrenzkampfes

4.1 Leistungswettbewerb und Positionierungskämpfe

Insgesamt beruht das akademisch-universitäre Feld auf der von der *scientific community* geteilten Übereinkunft, der zufolge Forschungsmittel, aber auch Reputation nach überprüfbaren Leistungen vergeben werden. Für die chronisch unterfinanzierten deutschen Universitäten kann das in Analogie dazu nur bedeuten, dass eine Verteilung der (knappen) Mittel ausschließlich nach Leistungskriterien erfolgt (Hartmann 2006, S. 456ff.). Vor allem seit der Empfehlung des Wissenschaftsrates aus dem Jahre 1995 findet eine primär leistungsorientierte Mittelvergabe (LOM) statt (vgl. dazu Hornbostel 2008b, S. 260). Um jedoch Leistungen messen zu können, bedarf es der nötigen Indikatoren. Für den Wissensmarkt Universität stellt sich daher die Frage mit einer – auch für Außenstehende – Dringlichkeit: Wie messen wir wissenschaftliche Leistungen heutzutage? Folgen wir Autorinnen wie beispielsweise Bettina Heintz (2008), so fällt die Antwort eindeutig aus: Indem wir die erbrachten Leistungen auf wenige und solche reduzieren, die für einen quantifizierenden Zugriff geeignet sind. Was wiederum unweigerliche Konsequenzen evoziert: „Qualitativ Verschiedenes wird in quantitativ Vergleichbares überführt, und was verglichen und damit sichtbar gemacht wird, stellt nur einen kleinen Ausschnitt dar." (2008, S. 114) Entscheidend ist dabei, dass eben alles und prinzipiell jede/r dieser stupenden „Logik des quantifizierenden Vergleichs" unterworfen wird: Um zwei Universitäten miteinander in einen Vergleich zu setzen, muss man lediglich über diese Indikatoren Bescheid wissen; worin sie sich genau, respektive qualitativ unterscheiden, spielt dann keine Rolle mehr. Der Vorteil einer solchen Vorgehensweise liegt im Folgenden: „Die numerische Repräsentation der Wirklichkeit" stellt „eine enorme Selektions- und Abstraktionsleistung dar, über die immer mehr Bereiche in einen Vergleichszusammenhang gezogen werden." (ebd., S. 115) Und das scheint tatsächlich der zentrale Punkt auch im Hinblick auf eine weltweite Wettbewerbsordnung zu sein: Messung erfordert Vergleichbarkeit, was nichts anderes bedeutet, als das Phänomene überhaupt als vergleichbar eingestuft werden müssen und genau deshalb führt ein quantifizierender Zugriff zu seiner vereinheitlichenden Festlegung. Das aufgrund von Vergleichen betriebene *Benchmarking* fungiert als Referenz nach dem Vorbild der Unternehmen.[93] Die interessante Frage bei jeglicher Messung ist immer, was diese misst und was nicht in die Messung eingeht. Wie sollen quantifizierende Zugriffe, die sich auf Zahlen und Statistiken stützen, beispielsweise die Originalität und Qualität der Arbeiten beurteilen? Inwiefern spielt die Qualität der Lehre eine Rolle, und wie soll diese zuverlässig ermittelt werden? Ist die (zeitintensive) Betreuung der Promovieren-

---

[93] Gefördert durch die Modularisierung des Wissens in Lerneinheiten (Terhart 2007).

den/Studierenden kein Leistungsindikator? Und wenn doch, wie kann man diesen komplexen Betreuungs- und Beratungsprozess messen?

Grundsätzlich kann daher die Frage gestellt werden, ob der Begriff der (quantifizierten) Leistung in diesem Zusammenhang überhaupt Sinn macht. „Ist der Begriff ‚Leistung‘ überhaupt adäquat, wenn man sich mit dem Ertrag geisteswissenschaftlicher Forschung befasst? – Wir wissen in der Regel, ob etwas originell, weiterführend, erhellend ist, ob es solide, perspektivenreich, anschlussfähig ist usw. Aber ist es deswegen eine (messbare) ‚Leistung‘?" (Schmitt 2010, S. 3)[94] Entgegen eines kritischen Räsonierens über die Qualität von Beiträgen hat sich längst in weiten Teilen der Wissenschaft ein standardisiertes Leistungskriterium ‚etabliert‘: der in Fachzeitschriften veröffentlichte und begutachtete Aufsatz. Aber auch diese Form des Peer-Review und der vermeintlichen Objektivierung sieht sich mit Kritik konfrontiert. Neben dem Ausbilden von Seilschaften (in Analogie zu den Zitationskartellen) könnte eine weitere Folge in der Verarmung der Forschung bestehen (Frey 2003). Verursacht ist diese durch eine Orientierung an neuen Messverfahren und sie ist zudem mit dem Versprechen verbesserter Objektivierbarkeit versehen. Dadurch kommt es in den letzten Jahren verstärkt zur Ausbildung sogenannter globaler Positionierungssysteme.

Die Verankerung „globaler Positionierungssysteme"

Autoren wie Masschelein/Simons (2010, S. 34) verzeichnen gegenwärtig die Implementierung der im Englischen sogenannten ‚global positioning systems‘. Im Sog der Globalisierung konkurrieren nicht nur deutsche Wissenschaftler untereinander, sondern durch die Verbreitung und Anerkennung weltweiter Rankings entsteht der Druck zum internationalen Vergleich. „Die Sorge um die räumliche Positionierung und um die Rückmeldungen auf nationalem und europäischem Niveau korreliert eindeutig mit der Explosion internationaler Statistiken über Performanzindikatoren und Benchmarks, die dazu dienen sollen, zum Beispiel die ‚Humankapital- und Innovationslücke‘, die ‚Hochschulabschlüsse‘, den ‚Hochschulzugang‘ und die ‚Forschungsleistung‘ im Vergleich zu anderen Ländern wie den USA, Japan und Kanada zu objektivieren." (ebd., S. 35) Auch Heintz (2008) vertritt die These einer Ausbildung und Installation einer „weltweiten Vergleichsordnung".[95] Dabei handelt es sich ganz offenbar um die (Be-)Gründung einer Ordnung, die sich auf keine Satzung oder verbindliche Regelung zu berufen vermag. Kein (internationales) Gremium habe festgelegt, wer wieso mit wem verglichen werde und dennoch habe „sich dieser ‚Standard‘ durchgesetzt und entfaltet überall auf der Welt seine verhaltenssteuernde Wirkung. Er operiert jedoch im Gegensatz zu offiziellen Standards nicht durch explizite Vorschriften, sondern indirekt über den Mechanismus der Selbststeuerung – über das ‚Governing by Numbers‘." (2008, S. 124/125)

---

94   Mit Sicherheit stellt sich das Problem vor allem in den Geistes- und Sozialwissenschaften. Letztere versuchen sich in manchen Bereichen durch eine anhaltende Mathematisierung den Naturwissenschaften anzunähern, nicht zuletzt, um ‚harte‘ und überprüfbare Kriterien zur Messung der Leistungen einsetzen zu können.

95   Hier bietet sich der Vergleich mit dem Feld des Sport respektive dem Doping an: „Wettkämpfe werden zwar lokal ausgetragen und oft in einem nationalen (oder sogar: nationalistischen) Rahmen interpretiert, faktisch besteht jedoch ein weltweiter Vergleichszusammenhang, der die Sportler in den einzelnen Disziplinen gemäß weltweit gültiger Kriterien einstuft." (Heintz 2008, S. 123) Zur Globalisierung des Sports unter Wettbewerbsbedingungen vgl. auch Werron (2009).

4.2 Beurteilungsinstanzen I: Peer-Review

Durch das Etablieren leistungsorientierter Anreizsysteme in den Wissenschaften hat sich das *Peer-Review-Verfahren*, also die gegenseitige Bewertung von und durch Fachkollegen, weitgehend durchgesetzt (Hirschauer 2004, 2005). Obwohl das Peer-Review-Verfahren unbestritten Vorteile besitzt und es den Wettbewerb prinzipiell befördert, gibt es auch kritische Punkte, die Osterloh/Frey (2009) wie folgt zusammenfassen: „Die Übereinstimmung zwischen Gutachterurteilen ist gering. […] Die Gutachten haben zudem nur eine geringe prognostische Kraft: Das Urteil, das die Gutachter über die Qualität eines Manuskripts abgeben, korreliert nur äußerst schwach mit den späteren Zitationen. Außerdem beurteilen Gutachter Artikel besser, die ihre eigenen Arbeiten zustimmend zitieren." (ebd., S. 66ff.) Mit der Praktik des Peer-Reviews entsteht ein sanfter, mitunter auch starker Druck zur Veränderung des eigenen Manuskripts. Im günstigen Fall gewinnt das Manuskript durch die Korrekturen, allerdings können auch massive Eingriffe (die relativ häufig vorkommen) die Arbeit in ihrer Ausrichtung grundsätzlich verändern. Auf dieses Spiel sich einlassende Autoren müssen sich den Vorwurf der „akademische[n] Prostitution" gefallen lassen (Frey 2009, S. 67). Soll heißen: Entweder passt der Autor seinen Text so an die (inhaltlichen) Vorgaben an, dass die Gutachter zufrieden gestellt werden können, oder er verweigert sich dieser Anpassungsleistung, mit dem Effekt, dass die (eigentlich veröffentlichungsfähige) Publikation nun doch nicht erscheint. Im Hintergrund vollzieht sich eine schleichende Normierung. Während man früher von der realen Alternative eines Publish *or* Perish sprach, sieht die Wirklichkeit der wissenschaftlichen Alltagspraxis heutzutage diese Alternative gar nicht mehr vor, denn die outputorientierte Maxime lautet heute: *Publish (almost) everything, don't perish.* Angesichts weit ausdifferenzierter epistemischer Praktiken könne das Peer-Review-Verfahren nur noch aus dem Konsens über Verfahrensgrundsätze seine Bedeutung beziehen. Wenngleich es sich dabei im Kern nur um Versprechungen handelt, dass die daran Beteiligten sich in ihren Prüfungen bezüglich der Qualität an vereinbarten Standards orientieren. Da ein Manuskript immer diversen Gütekriterien entsprechen sollte, könnte beispielsweise ein alternatives Modell so aussehen: Professionelle Lesende werden so eingeteilt, dass diese – je nach ihrer eigenen Kompetenz – Qualitätsprüfungen durchführen: Zu unterscheiden wären dabei folgende Beurteilungsschritte, wie sie Matthies/Simon/Knie (2004) beispielsweise vorschlagen: „Proof of Principle", „Proof of Concept" und „Proof of Context". Die Peers konzentrieren sich auf den Bereich der wissenschaftlichen Arbeit, während beispielsweise die Bewertung der Anwendbarkeit einem anderen Gremium sowie anderen Akteuren überlassen werden würde (Matthies/Simon/Knie 2004, S. 341). So überzeugend der Vorschlag anmutet, wird er vermutlich doch dem rigiden Zeitregime zum Opfer fallen.[96] Richard Münch äußert gleichfalls Bedenken hinsichtlich der Tauglichkeit von Peer-Review-Verfahren. So weist er darauf hin, dass wiederkehrende Publikationserfolge in hoch gerankten Fachzeitschriften nur unter den folgenden Bedingungen wahrscheinlich werden (2007, S. 179): Als unabdingbar für erfolgreiches Publizieren gilt die Mitgliedschaft des Wissenschaftlers in (mindestens) einem Netzwerk. Dieses Netzwerk sollte möglichst in der Lage sein, für sich Definitionsmacht im Sinne eines ‚*state of the art*' in einem Forschungsgebiet zu reklamieren. Erst dadurch gelangt

---

96   So könnte ein Manko einer solchen Verfahrensweise der enorme Zeitaufwand für potenzielle Gutachtende
      sein. Wer will schon aufwändig begutachten, wenn man zur gleichen Zeit etwas Eigenes publizieren könnte?

der Wissenschaftler in den Genuss, wiederholt in wichtigen Fachzeitschriften veröffentlichen zu können und möglicherweise ebenso Begutachtungen für eben diese Zeitschriften zu erstellen. Somit erzielen Forschende eine privilegierte Position in einer ‚Aufwärtsspirale‘, soll heißen sie erreichen eine ihre Reputation und Einfluss verstärkende Situation. Münch zieht diesbezüglich das folgende Fazit: „Die Konstruktion von Exzellenz mittels Verfahren der Zuweisung von Forschungsmitteln aufgrund von *peer review* verbreitet sich als Rationalitätsmythos, der dadurch am Leben gehalten wird, dass die weniger rationale Praxis des *peer review* von der öffentlichen Darstellung seiner Rationalität entkoppelt wird, weitgehend unbeobachtet bleibt und damit den Rationalitätsmythos nicht beflecken kann." (2007, S. 376) Aus diesen oder ähnlichen Kritiken an den – eher qualitativ ausgerichteten – Peer-Review-Verfahren, denen von verschiedener Seite Befangenheit, subjektive Vorlieben und mangelnde Kompetenz (jenseits der eigenen Spezialisierung) unterstellt wird, haben sich in den letzten Jahren immer stärker quantitative und deshalb ‚objektivere‘ Messverfahren als Beurteilungsverfahren wissenschaftlicher Leistungen etabliert.

4.3 Beurteilungsinstanzen II: Regime der Zahlen, Evaluationen und Rankings

Die entscheidende Frage, die sich immer wieder neu im Kontext von Zuverlässigkeit von Beurteilungsinstanzen beziehungsweise Gutachtern stellt, besteht darin, verlässlich über Qualität und – noch wichtiger – Kriterien der Qualität Auskunft erteilen zu können. Ein ganzes Arsenal an Beurteilungsinstanzen und Messverfahren hat sich über die letzten Jahre an den Hochschulen weitestgehend etabliert (Molinié/Bodenhausen 2010, Taylor/Braddock 2007, Hicks 2004). Doch kritische Fragen bleiben: Wird wirklich die Qualität von Forschung und Lehre gemessen, oder handelt es sich um Artefakte des Messens und des Beurteilens? Welche Aussagekraft haben die erhobenen Beurteilungen? Wie bereits erläutert, haben sich durch das Eintreten für mehr Wettbewerb an Hochschulen Kennziffern und auf Dauer gestellte Evaluationen durchgesetzt. All diesen Verfahren liegt ein (unheimliches) Regime der Zahlen zu Grunde.[97]

Die Macht der Zahlen[98]

Mit dem Siegeszug der Managementtechniken im Bereich der Universitäten sind auch Zahlen, Statistiken und andere, so genannte ‚objektive‘ Messverfahren in den Vordergrund gerückt.[99] Worauf beruht der Erfolg von Zahlen? Kurz gesagt bestechen diese durch ihre Evidenz und durch ihr Potenzial für Vergleiche. Auf Zahlen gestützte Entscheidungen führen

---

97   Unheimlich deshalb, weil eine eigene – und von Individuen nicht kontrollierbare – Macht von diesen Zahlen und ihrer gesellschaftlichen Wirksamkeit ausgeht.

98   Auch auf anderen Feldern/Märkten spielen Zahlen, Mathematik, statistische Berechnungen und technische Abläufe eine immer größere Rolle. Bei den im Rahmen dieser Arbeit analysierten Feld der Liebe sind es beispielsweise die Algorithmen bei den Matchings (den Übereinstimmungen bei der Partnersuche), bei den auf Finanzmärkten zunehmend gehandelten strukturierten Produkten geht es um die Konfiguration unter Berücksichtigung von versicherungsmathematisch berechneten Risikomodellen. Bei den Sportmärkten sind es mathematisch errechnete Grenzwerte (Blutwerte u. a.), die für einen sauberen Sport sorgen sollen.

99   Als Hintergrund für eine gesamtgesellschaftliche Dimension dieser Entwicklung vgl. die Arbeit von Nikolas Rose (1991).

eine Aura des Sachnotwendigen mit sich. Sie präsentieren sich gewissermaßen als Entscheidungen, die keine sind, da sie ohne ein sich entscheidendes Individuum auskommen: „Quantification is a way of making decisions without seeming to decide. Objectivity lends authority to officials who have very little of their own." (Theodore Porter, zitiert nach Schwarz 2006, S. 256) Im Unterschied zum Peer-Review-Verfahren werden hier subjektive Faktoren eliminiert respektive heraus gerechnet und mit einer Quantifizierung der Zitierungen im Social Science Citation Index (SSCI) kombiniert.

Evaluationen: immer, überall und jederzeit

Evaluationen etablieren sich seit einigen Jahren als Bewertungspraktik mit dem Ziel der permanenten Optimierung. Forschungs- und Lehrleistungen werden überprüft, dabei evaluiert in der Tendenz jeder jeden. Der Siegeszug der Evaluation scheint unaufhaltsam zu sein (Matthies et al. 2008). Eine regelrechte „Evaluitis" habe die Wissenschaftssysteme erfasst (ebd., S. 331). Autoren wie Münch verknüpfen das Evaluationsbemühen mit dem Siegeszug der Kontrollgesellschaft (Deleuze 1993): „Die Evaluationsgesellschaft ist auf dem Wege zu einer neuen Form der totalen Überwachung durch Kennziffernsteuerung. Evaluation wird zum Selbstzweck. Es wird nicht mehr geprüft und reflektiert, ob sie zu Verbesserungen führt und welche unerwünschten Nebenfolgen (vergleiche dazu das Beispiel Pisa mit der Anpassung des Lehrplanes an die Tests) sie zeitigt. Man kann hier von einer neuen Entwicklungsstufe der Gouvernementalität sprechen (Foucault 2004). Evaluation scheint die Legitimität zu haben, zur Verbesserung von erwünschten Leistungen beizutragen. Tatsächlich definiert sie selbst die zu prüfenden Leistungen oft unreflektiert in standardisierter Form." (Münch 2007, S. 403/404) Ob von Universitätsleitungen, Politikern oder auch Professoren, Evaluationen werden als „Allzweckwaffe" eingesetzt (Frey 2003, S. 332). Als ‚erfolgreich‘ implementiert kann dieses Verfahren spätestens dann gelten, wenn von Betroffenen, also im vorliegenden Fall den Studierenden selber, Evaluationen ständig eingefordert werden. Insofern stellt ein Fluchtpunkt der Entwicklung die selbst initiierte Dauerevaluation dar. Abgesehen vom Aufwand und den bereits angedeuteten Schwierigkeiten bei der Bestimmung der Kriterien und der Messparameter, scheint der Siegeszug der Evaluationen unaufhaltsam zu sein.

Kritik an diesen Verfahren anzubringen gestaltet sich schwierig angesichts der ernsthaft zu stellenden Frage, ob Forscherinnen und Forscher – als ein an Rationalität glaubendes Individuum – überhaupt gegen Optimierung, Effizienz und dauerhafte Verbesserung sein können? Wohl kaum, die Frage ist aber tatsächlich, was wird mit der Evaluation gemessen und noch viel entscheidender: was nicht? Um noch mehr Orientierung schaffen zu können, stehen mittlerweile den Wissenschaftlern, Studierenden und potentiellen Geldgebern Rankings zur Verfügung. Ob diese allerdings tatsächlich eine Verbesserung schaffen, bleibt umstritten.

Rankings

Van Raan (2005) hat sich in seinen international bekannten Arbeiten zum Ranking beziehungsweise zur Problematik des Rankings mit bibliometrischen Methoden intensiv beschäftigt: Er bezweifelt nicht den Wert bibliometrischer Verfahren an sich, allerdings seien diese oft noch zu wenig entwickelt und würden dennoch angewendet: „The real problem is not the use of bibliometric indicators as such, but the application of less developed bibliometric

measures." (2005, S. 141) Diese (fehlerhafte, weil unterkomplexe) Anwendung führe einge-
standenermaßen zu Messartefakten, die oftmals ein falsches Bild über die Qualität, Produktivität und vor allem bezüglich der Originalität von Universitäten und den damit verbundenen Forschern vermitteln würden.[100] Für Maasen/Weingart (2008) sind es eben genau diese
Rankings, die für das Entfachen des Wettbewerbs verantwortlich zu machen seien. Kritisch
merken sie an, „dass aus der Vielzahl an zur Verfügung stehenden Massen pro Ranking jeweils nur einige benutzt werden, die wiederum in ihrer simplifizierten Form lediglich einen geringen Teil aus der Gesamtheit der Aktivitäten abzubilden vermögen, die innerhalb
der Organisation Universität stattfinden" (ebd., S. 149). Reaktionen der Universitäten würden zeigen, dass Rankings – und das trotz methodischer Einwände – den wettbewerblichen
Geist bereits nachhaltig beeinflussen (vgl. auch van Raan 2005, S. 5). Was leisten also Rankings? Sie dienen der Überführung kontingenter Zustände in Formen zu bewältigender Komplexität – wie dies in anderen Bewertungsverfahren auch der Fall ist. Nicht wenige Autoren
schätzen Evaluationen als eine spezifische Art des Managements von Nicht-Wissen ein. Mit
anderen Worten: Man versucht eigentlich nicht vorhandenes Wissen im Sinne eines wissen-
den Führungsverhaltens zu managen.

Doch worum geht es bei Rankings tatsächlich? Sie sind vor allem ein von Universitäten zunehmend instrumentalisiertes und medial vermitteltes ‚Ereignis', um sich gegenüber
Politik, Geldgebern und Studierenden positionieren und notfalls verteidigen zu können.[101]
Durchaus können diese eine erste Orientierungshilfe schaffen, allerdings hat das Vorgehen
auch seinen Preis, wie Maasen/Weingart deutlich hervorheben: „Während Ratings, Rankings,
Evaluationen und Elite sich als durchaus funktional für den Umbau des Hochschulsystems
erwiesen haben, um es den Erfordernissen der Wissensgesellschaft entsprechend zu diversifizieren und zu dynamisieren, *sind sie ihrerseits selbst der Transparenz bedürftig.*" (2008,
S. 158) Wie kann der Wissenschaftler in dieser gegenwärtigen Situation am besten bestehen?
Bettina Heintz (2008) hat die Auswirkungen des Zahlenfetischismus und der damit einhergehenden Disziplinierung beschrieben: „Wenn nur noch zählt, was gezählt werden kann, und
inhaltliche Bedeutungen irrelevant werden, bietet es sich an, aus einem Ergebnis möglichst
viele Publikationen zu machen, Neues und Unerwartetes zu vermeiden, auf Forschungsfel-
der zu setzen, die nicht riskant sind, und die Prüfungsanforderungen so abzusenken, dass
der Zulauf der Prüflinge möglichst groß ist. Das Ziel ist dann nicht mehr die wissenschaftliche Qualität, sondern der Erfolg im Evaluationsprozess." (2008, S. 122)

Diese (schleichende) Normierung bezüglich Erfolg und Misserfolg der wissenschaftlichen Tätigkeiten kann besonders deutlich an der Signalwirkung des Peer-Review und der
Exzellenzinitiative problematisiert werden. Allen voran hat sich wiederum Richard Münch
mit seinen Arbeiten verdient gemacht.[102] Münch (2007, S. 116) weist entschieden darauf hin,
dass über Rankings festgestellte Leistungsunterschiede oftmals als „bloße Größeneffek-

---

100   Vgl. dazu die Arbeit von Diana Hicks (2004), die in ihrem Beitrag auf in den Sozialwissenschaften unter-
      schiedliche, genauer vier ‚Literaturen' hinweist. Durch das einseitige Berücksichtigen der nur über den
      Social Citation Index erfassten Literatur würde – durch das Ignorieren der anderen drei ‚Literaturen' – ein
      „distorted picture of social science fields" entstehen (ebd., S. 473).

101   Vgl. dazu die Arbeit von Taylor/Braddock (2007).

102   Die Arbeiten Münchs sind nicht unwidersprochen geblieben und insofern Gegenstand wissenschaftlicher
      Auseinandersetzungen geworden (Auspurg et al. 2008, Auspurg et al. 2009).

te und als Ergebnis vermachteter Entscheidungsstrukturen" zu begreifen sind. Am ehesten könne man – wie bereits erwähnt – noch individuelle Forscher und beispielsweise deren Publikationsleistungen in eine Reihung bringen. Ausgehend von seinen Analysen konstatiert Münch eine systematische Einschränkung statt der allenthalben proklamierten Förderung des Wettbewerbs (ebd., S. 204). Die Einschränkung kommt durch das Beschränken auf ausgewählte Kriterien zustande: Anzahl der Publikationen und Impact-Faktor der Zeitschriften, in denen veröffentlicht wird.

4.4 Anerkennungs-, Reputationskämpfe und Prestige

An chronisch unterfinanzierten Universitäten spielt nicht nur die monetäre Entlohnung als ‚klassische' Form der Anerkennung eine herausragende Rolle (Teichler 2005a, 2005b). In der Wissenschaft zählen vor allem auch *nicht-monetäre Formen der Anerkennung*. Osterloh und Frey zufolge sind zwei Formen dabei besonders erwähnenswert: „Die Anerkennung durch die wissenschaftliche Gemeinschaft in Form von Preisen oder Ehrendoktoraten; für die meisten Wissenschaftler sind allerdings Publikationen und Zitationen die relevante Form der Anerkennung." (2009, S. 66) Durch die zuvor beschriebenen Evaluationen und mittels einer von der Wissenschaft selbst induzierten und verstärkten Output-Orientierung geraten Hochschulangehörige auf verschiedenen Ebenen unter Stress, der sich präziser als ‚Reputationsstress' fassen lässt.[103]

Reputationsstress

Im Kampf um Anerkennung evoziert der reputative Stress perfide Formen und Techniken der Selbstvermarktung, wobei Schein und Sein nicht immer so leicht voneinander zu unterscheiden sind. Von dem sprichwörtlichen „Uni-Bluff" (Schulz 2009, S. 18) sind nicht nur die Studierenden betroffen, sondern auch das wissenschaftliche Personal sieht sich zunehmend gezwungen, die eigenen Erfolge anzupreisen und Exzellenz zu vermitteln, wo unter Umständen gar keine vorhanden ist. Richard Utz hat diese Praktik als eine des „Sich-weit-Hinauslehnens" bezeichnet (2001). Im Zweifelsfall werden Erfolge über Gebühr (mehrfach) vermarktet, Misserfolge dagegen werden möglichst verschwiegen.

Warum und wann wird Reputation wichtig? Ist sie immer notwendig? Ganz offensichtlich gelangt Reputation bei Unsicherheit über den erwartbaren Ertrag von Forschung und Lehre zur Geltung, aber auch bei sachlich nicht begründbaren Vergleichen braucht es das, was Richard Münch „sekundäre Entscheidungshilfen" (2007, S. 67) nennt. Dann wird der Einsatz *symbolischen Kapitals* beziehungsweise Reputation wichtig. Beispielsweise spielt bei der Möglichkeit zur erneuten Vorlage von Anträgen die bereits vorhandene Reputation des Forschers sowie dessen Institution eine nachweislich wichtige Rolle. Lässt sich Reputation

---

103 Sowohl die (diffusen) Krankheitsbilder des Burnout als auch des Boreout können mit der Problematik der Anerkennung in Verbindung gebracht werden. Während im ersten Fall die Sucht nach Anerkennung zur Überlastung und einem Ausbrennen führt, ist im zweiten Fall die mangelnde Anerkennung ein zentrales Erklärungsmoment für die „innere Kündigung" aus Unterforderung, Kränkung und Missachtung (vgl. dazu Caduff 2010).

anhäufen, und wenn ja, wie? Hartmut Rosa (2009b) ist Vertreter einer Position, die davon ausgeht, dass Reputation in gegenwärtigen Gesellschaften nicht akkumuliert werden kann, diese sich vielmehr durch eine performative Dimension charakterisieren lassen würde. Mit anderen Worten: Nur wer sich ständig bewährt und sich dementsprechend Bewährungsproben aussetzt, kann seine Position im akademischen Betrieb erhalten. Alles basiert auf Vorläufigkeit. Im Gegensatz dazu weist jedoch Münch (2007, S. 92) zu Recht darauf hin, dass bei einer Preisverleihung häufig nur diejenigen bedacht werden, die sich schon vorher in einer herausragenden Stellung befanden. Hier findet das Kumulationsprinzip noch eine deutliche Anwendung. Insofern spricht einiges für eine Zwischenposition, also zwischen einer immer wieder neu zu bestätigenden Performativität und der zumindest teilweise bedeutsamen Anhäufung von Reputation.

In der bisherigen Argumentation ist eine Einschätzung bezüglich des Zustandes von Universitäten – wenn auch nicht explizit –, jedoch implizit immer schon ein Thema gewesen: In gewisser Hinsicht verkörpern Universitäten ein Überbleibsel eines (scheinbar überwundenen) Privilegiensystems, wie wir es von ständisch organisierten Gesellschaften her kennen (Schott 2010). Nicht nur wird denjenigen gegeben, die schon haben (Matthäus-Effekt), vielmehr müssen ‚Netzwerke der Mächtigen‘ von ambitionierten Nachwuchskräften aufgesucht und gleichsam ‚bespielt‘ werden.[104] So erweist sich die Kooperation mit Forschern als besonders wichtig, die bereits Reputation erworben haben. Nur so kann das knappe Gut Aufmerksamkeit (Franck 1998) auf die eigenen Arbeiten gelenkt werden, mit einem nicht zu unterschätzenden Effekt auf das eigene Erfolgsvermögen: „Im besten Fall wirkt dann die erlangte Beachtung zurück auf das Selbstwertgefühl des Forschers und beflügelt ihn in seiner weiteren Forschung, während die vielen nicht beachteten Forscher verunsichert und in der Entfaltung ihrer Leistung gebremst werden. In diesem Sinn wirken die symbolischen Prozesse der Zuschreibung von Reputation (bzw. ‚Exzellenz‘) als *self-fulfilling prophecy* zurück auf das Objekt der Zuschreibung." (Münch 2007, S. 234) Reputation funktioniert so als sich ständig selbst verstärkender Prozess, auch im Sinne eines auf Dauer gestellten Matthäus-Prinzips: Wer hat, dem wird (aller Voraussicht nach) auch weiterhin gegeben. Und wem gegeben wird, der fühlt sich wieder bestärkt und selbstbestätigt.

Internationale Kämpfe um Prestige durch Leistung und Erfolg?

Aufschlussreiches zum Thema Anerkennung, Reputation und Prestige, genauer bezüglich des akademischen Kastensystems, liefert die Studie von Burris (2004), der darin auf einen wichtigen Punkt hinweist: „The important point, however, is that even the most rigorous application of meritocratic principles in academic hiring still leaves significant room for choice and inevitably calls for subjective judgements of scholarly quality or potential." (2004, S. 245) Wichtig für den vorliegenden Zusammenhang an dieser Einschätzung ist Folgendes: Burris konnte zeigen, dass Reputation eben nicht nur auf Leistung, sondern auch auf dem sozialen Kapital der jeweiligen Departemente beruht. Die Wirkungen solcher Beziehungen ist nicht zuletzt wegen der *Diffusität der Leistungskriterien* möglich: meritokratische Prinzipien sind häufig nicht eindeutig festgelegt und zudem nicht von universeller Geltung (Bur-

---

104 Traditionelle Männerbünde auf der einen, spezielle Netzwerke für Wissenschaftlerinnen auf der anderen Seite suchen dieses Bedürfnis nach Karrierebeschleunigern zu befriedigen.

ris 2004, S. 245). Hinter der scheinbar funktionalen Verteilung von Reputation ist eine bei Bourdieu u. a. im *Homo academicus* (1992) beschriebene Distinktionslogik am Werk. Folgen wir dieser Argumentation, dann wäre die (Leistungs-)Verteilung genau dann angemessen, wenn der mit Reputation bedachte Akademiker nur genau für seine erbrachten Leistungen belohnt werden würde. Es geht aber offensichtlich um anderes, nämlich um das Zementieren von Vorteilen im Wettbewerb, und zwar aufgrund der Verfügbarkeit über Ressourcen. Dies geschieht mit dem nachvollziehbaren Ziel, „Konkurrenten von den prestigeträchtigen Rängen fernzuhalten" (Münch 2009, S. 137). Auf diese – in gewisser Hinsicht unfaire Praktik – trifft man vor allem dann, wenn die Konkurrenten einer anderen Richtung innerhalb der Disziplin angehören. Schulengründungen sind heutzutage sicherlich nicht einfach zu bewerkstelligen, sollen diese aber stattfinden, operieren sie mit – mehr oder weniger sichtbaren – Exklusions-und Distinktionsmechanismen. Beispielsweise trifft dies dann zu, wenn eine Theorietradition innerhalb einer Disziplin (oder auch außerhalb von dieser) einen hegemonialen (Erklärungs-)Anspruch für sich reklamiert.[105]

Qualität und Reputation

Wie kommt jemand zu seiner/ihrer Reputation? Entscheidet tatsächlich die (beste) Qualität beziehungsweise die erbrachte Leistung darüber? Alex Demirović sieht anderes am Werk: „Andere Mechanismen sind bedeutsam: die Zugehörigkeit zu einer Schule, zu einem Netzwerk, zu Zitierkartellen, die besonderen Fähigkeiten, in einem solchen Netzwerk zu agieren, also Kontakte zu knüpfen, Loyalitäten, Einladungs- und Reputationszirkel zu schaffen." (Demirović 2004, S. 511/512) In der Tat scheinen diese Mechanismen viel eher den Erfolg und die Reputation von Forschenden zu erklären, als die tatsächlich erbrachte Leistung, an der es gleichwohl nicht fehlen darf. Ebenso wie Leistungen als solche zugeschrieben werden, verhält es sich mit der Qualität, auch sie wird letztlich von einer (mit Macht und Autorität) versehenen Instanz verliehen. Das kann der renommierte Institutschef ebenso sein wie die über alle Zweifel erhabene Herausgeberin oder Gutachterin einer Zeitschrift. Insofern erscheint es keineswegs überraschend, wenn häufig argumentiert wird, dass jede Form der Qualität auf einem Akt der Zuschreibung beruht, völlig unabhängig davon, ob es sich dabei um mit einem hohen Impact-Faktor bedachte Fachzeitschriften oder Forschungsanträge innerhalb der Exzellenzinitiative handelt. Nach dieser Übersicht zu den Bedingungen und den Parametern des Konkurrenzkampfes werden im Folgenden fünften Abschnitt die Effekte des Wettbewerbs thematisiert und plausibilisiert (vgl. dazu Münch 2007, S. 192ff.).

---

105   In den 1990er Jahren hat sich das für das Fach Soziologie beobachten lassen, als auf Kongressen, Tagungen und in der Publikationslandschaft vor allem die Systemtheorie Luhmann'scher Provenienz einen hegemonialen Status einzunehmen versuchte und dies auch teilweise gelang. Der Drang nach einer „facheinheitlichen Theorie" (Luhmann 1991, S. 7) kann solche Unternehmungen inspirieren, gleichzeitig jedoch Innovationen an den Rand drängen. Normal sind allerdings Konjunkturen von Theorien, die kommen und dann auch wieder gehen.

5. Effekte des (globalisierten) Wettbewerbs

In diesem Abschnitt werden positive, aber auch *dysfunktionale Effekte* diskutiert, die aufgrund einer stärkeren Implementierung von Wettbewerbsmechanismen sowie aus einer oftmals nicht reflektierten „Managerialisierung von Hochschulen" (Maasen/Weingart 2008, S. 143) resultieren. Der Historiker David Gugerli hat die dysfunktionalen Effekte konzise zusammengefasst: „Erstens folgt aus der Managementkultur ein Zwang zur Formalisierung, der Inhalte oft zu einer zweitrangigen Sache werden lässt oder sogar die Wirkung von negativen Anreizen hat. Zweitens beschleicht manche der universitären Manager angesichts der neuen Unübersichtlichkeiten der Hochschule und ihrer kreativen Konsequenzen eine veritable Nervosität. Sie suchen daher nach Ersatzsicherheiten und finden diese in einer nochmals gesteigerten Formalisierung, das heißt in der detaillierten Ausarbeitung von Strategiepapieren, Verfahren, Berichten, Anträgen, Reglementen und den zugehörigen, immer gleich mitgelieferten Evaluationsformularen. Der paradoxe Formalisierungsdruck, den die Flexibilisierung der Verhältnisse erzeugt hat, reduziert damit die Aussichten auf Kreativität und auf erhöhte Entscheidungseffizienz." (Gugerli 2005) Die hier angesprochenen Effekte des Wettbewerbs und der von Gugerli beschriebenen Entwicklungen werden anhand von drei universitären Gruppen (Studierende, Mittelbau und Hochschullehrer) thematisiert (Abschnitt 5.1), bevor zum einen die Kämpfe um die ‚gute' Universität dargestellt werden (Abschnitt 5.2), zum anderen die Ansätze vorgestellt werden, die versuchen, Bildung und Ausbildung jenseits von Markt und Wettbewerb zu denken (Abschnitt 5.3).

5.1 Studierende – Mittelbau – Hochschullehrer (Subjektivierung)

An dieser Stelle möchte ich fragen, wer die Gewinner respektive die Verlierer des Bologna-Prozesses respektive der Umstrukturierung auf der Ebene der Universitäten sein könnten. Welche Subjektivierungseffekte erzeugen die zuvor beschriebenen marktorientierten Veränderungen innerhalb des Hochschulsystems?

Studierende

Folgen wir der klassischen Idee der Universität, müssen die Studierenden in ihrer Gesamtheit eher als Verlierer des Reformprozesses gelten. Dafür sprechen eine zunehmende Verschulung der Lerninhalte, ein mangelhaftes Betreuungsverhältnis und im Allgemeinen weniger Zeit und Raum für eigene Interessen. Die europaweiten Proteste der letzten Jahre können als bestärkendes Indiz dieser These angesehen werden.[106] Völlig unabhängig davon, wie der Wandel bewertet wird, liegt dem doch ein fundamentaler Wandel der Rolle, aber auch des Selbstverständnisses der Studierenden zu Grunde. Studierende haben im akademischen Feld der Universität tendenziell immer weniger Mitspracherechte. Eingebunden und entscheidungsfähig sind sie dort, wo sie häufig interessensbedingt eine marginalisierte Position einnehmen (in Fakultäten, Berufungskommissionen etc.). Anstatt „dessen werden sie zu kalkulierenden (angeblich rationalen) Konsumenten erzogen. Konsumenten allerdings, denen das fehlt, was nach herrschender Marktideologie den Kern der Freiheit eines jeden Christenmenschen und Wirtschaftsbürgers ausmachen sollte: die Wahlfreiheit nämlich" (Krätke 2007, S. 85). Am anderen Ende der Wahlfreiheit lauert die Beliebigkeit beziehungsweise Unverbindlichkeit, die mit Bologna nachweislich abgenommen hat.

Was bedeutet es gegenwärtig, also unter verschärften Wettbewerbsbedingungen ein Studierender zu sein? Es bedeutet für viele primär, sich um sein eigenes Wohl, seine Punkte und seinen privaten Aufstieg zu kümmern. Studierende suchen vermehrt nach einer verlässlichen und leicht zu erarbeitenden Form der Bildung, nicht zuletzt um sich an Veränderungen der eigenen aber auch der an sie herangetragenen Studienwünsche zu adaptieren (Masschelein/ Simons 2010, S. 37). Als Kehrseite davon erleben Studierende eine starke Reglementierung an Universitäten, die sich nicht von ungefähr an die Fortsetzung der Schule mit gleichen Mitteln (Verschulung) denken lassen dürfte. Strategisches Handeln und das ‚Bulimie-Lernen‘ überdecken den eigentlichen Wissenserwerb. Die Mehrzahl der Studierenden wird immer mehr zu Kreditjägern nach ECTS-Punkten, denn nur die Veranstaltung, in der Punkte erworben werden können, wird als solche auch ernst genommen.

Mittelbau

Aus den verschärften Wettbewerbsbedingungen, der Einführung von Management und Kennziffernsteuerung resultiert für den akademischen Mittelbau eine Zunahme der Konkurrenz und der Drucksituation. Kooperationen müssen strategisch ausgewählt werden. Als Leitbild fungiert der unternehmerische Nachwuchswissenschaftler, der sich und seine Erzeugnisse zu vermarkten versteht. Immer wichtiger wird die Frage der Positionierung im Feld. Im schlimmsten Fall kann keine auf Eigeninteresse basierende Forschung mehr stattfinden. Angehörige des Mittelbaus werden zu Erfüllungsgehilfen und Antragstellern nach bereits vorgefertigten Anweisungen, wobei hier der Einfluss von Seiten des Mittelbaus höher ausfallen dürfte als beispielsweise von Münch behauptet (2007, S. 78).[107] Münch stellt allerdings die berechtigte Frage, warum der Mittelbau angesichts seiner prekären Lage nicht zum „revolutionären Subjekt" (Münch 2007, S. 405) wird? Die Antwort fällt leicht: Dies geschieht deshalb nicht, weil es weiterhin viele Profiteure der gegenwärtigen Entwicklung gibt

---

106 Wobei man nicht verschweigen darf, dass sich große Teile der Studierendenschaft nicht an diesen Protesten beteiligt haben. Das war nun aber schon immer so, zudem haben sie in der Konkurrenzsituation einen Wettbewerbsvorteil, wenn sie zügig studieren, und beispielsweise die hochschulpolitische Arbeit anderen überlassen.

107 Münch schätzt in seinen Arbeiten (2007, 2009) die Situation des akademischen Nachwuchses insgesamt als sehr düster ein. Gegen die strukturellen Vorgaben könnte man allerdings einwenden, dass es sehr wohl Gestaltungsspielräume gibt. Diese sind von Universität zu Universität mal mehr oder auch weniger stark vorhanden.

und insofern keine gemeinsame Interessensvertretung besteht. Und selbst dann, wenn eine solche entstünde, dürfte das Veränderungspotenzial eher gering sein, zumal traditionell der Mittelbau über wenig politische Macht an Universitäten verfügt. Zudem muss die Rede von dem einen akademischen Mittelbau als kohärenter Gruppe aus machtanalytischer Perspektive höchst problematisch erscheinen. Entscheidend ist vielmehr, wie die Machtkonstellationen an der jeweiligen Institution tatsächlich beschaffen sind. Generell kann durch gezielte Anpassung und vorauseilenden Gehorsam durchaus gelingen, sich mit den gegenwärtigen Verhältnissen zu arrangieren und Freiräume produktiv zu nutzen.

HochschullehrerInnen

Hier fällt die Analyse bezüglich der Subjektivierungseffekte gespaltener aus: HochschullehrerInnen können durchaus von den Reformen der letzten Jahre profitieren, allerdings nur dann, wenn sie als ‚exzellent‘ eingeschätzt worden sind. Allen anderen bleibt im Grunde genommen nur eines übrig: Selber so schnell wie möglich exzellent zu werden. Professoren müssen unter dem Regime der Exzellenzuniversitäten vor allem als Drittmitteleinwerber brillieren, nicht zuletzt um die Stellen ihrer Mitarbeiter – zumindest vorübergehend – zu sichern. Ebenso notwendig wie aus Sicht der Vielfalt problematisch werden vermehrt Lehrstühle strategisch besetzt. Bei der Umsetzung der ‚Bologna-Reform‘ existieren aus der Sicht der Professorenschaft zwei mögliche einnehmbare Positionen. Entweder man verweigert sich der Entwicklung und protestiert, oder man setzt sich an die Speerspitze der Entwicklung, um allfällige Gestaltungsmöglichkeiten wahrnehmen zu können. Außer ein paar wenigen ‚Querköpfen‘ scheinen sich die Professoren mit der Situation weitestgehend abzufinden.[108]

Profiteure

Wettbewerbsanalytisch betrachtet erzeugt jeder Veränderungsprozess Gewinner und Verlierer. Fragen wir nach den eindeutigen Gewinnern bei der Neugestaltung der Universitäten, dann sind es sicher die – mit Macht und Einfluss ausgestatteten – Akkreditierungsagenturen[109] sowie ein neues Regime der Manager beziehungsweise der Experten, die helfen, Universitäten wie ein Unternehmen zu führen. Mit anderen Worten: Externe Kräfte, die mit der traditionellen Form der Universität nichts zu tun haben, treten auf den Plan, um ihren wachsenden Einfluss geltend zu machen. Vergleichbar mit den Rating-Agenturen, die im Feld der Finanzökonomie immer mehr Einfluss geltend machen konnten, sind es das CHE sowie in gewisser Weise auch die Akkreditierungsanstalten, die eine führende Rolle im Veränderungsprozess einnehmen.

---

108   Widerstand und vehementer Protest von Seiten der Soziologie regt sich aber gegen das CHE-Ranking, vgl. dazu die Homepage der DGS, http://www.soziologie.de.

109   Im Dezember 1998 wurde in Deutschland der sogenannte Akkreditierungsrat eingerichtet, dessen Aufgabe darin besteht, Agenturen zu begutachten beziehungsweise zu akkreditieren. Diese Agenturen akkreditieren die zu den Abschlüssen Bachelor/Bakkalaureus und Master/Magister führenden Studiengänge, welche bekanntlich länderübergreifend im Rahmen des Bologna-Prozesses eingeführt wurden. Im Fall einer positiven Begutachtung tragen sowohl die Agenturen als auch die von ihnen akkreditierten Studiengänge das Qualitätssiegel des Akkreditierungsrates.

5.2 Kämpfe um die Zukunft und die ‚gute' Universität

Nach all den vorgestellten Analysen und Befunden stellt sich die Frage, welche Form der Universität durch die Implementierung von verschärften Wettbewerbsbedingungen gegenwärtig (noch) möglich ist. Der amerikanische Bildungsforscher Bill Readings identifiziert zwei sich gegenüber stehende Positionen, die bezüglich der Orientierung gegenwärtiger Hochschulen diskutiert werden (2010, orig. 1996): Die eine Position steht für eine weitgehend nostalgie-behaftete Rückkehr zu Humboldt mit einer funktional-integrativen Gemeinschaft, die andere, als technokratisch zu klassifizierende Position, möchte die Universität als Unternehmen installieren und so insgesamt effizienter und produktiver machen (ebd., S. 111). Mit der Einführung des *New Public Management* wird die u. a. von Humboldt eingebrachte *Idee der Universität* ersetzt (Humboldt 1964). Dieses Konzept treibe „die *Ökonomisierung der Wissenschaft* voran, wobei man zwischen einer ergebnisorientierten, allein an direkter Verwertbarkeit ausgerichteten, einer inputorientierten, nur am Sparen interessierten und einer prozessorientierten Ökonomisierung unterscheiden kann, die darauf abzielt, das Verhalten der Universität bzw. an der Universität zu rationalisieren" (Huber 2008, S. 282).

Jenseits der Frage einer Rückkehr zu Humboldt oder dem Etablieren der unternehmerischen Universität geht es im Anschluss an Alex Demirović nicht um das (Wieder-)Beschwören „eines idealistischen Bildungskanons, sondern darum, ob die Ausbildung an den Hochschulen selbst gut ist – gut in einem wissenschaftlichen Sinn, mit Blick auf die zukünftige Berufspraxis, auf die habituellen Eigenschaften der Individuen, ihre Reflexivität, ihre Fähigkeit zur Kritik und zur egalitären Teilnahme an einer demokratischen Gesellschaft" (2004, S. 499).[110] Diskursgeschichtlich betrachtet hat sich allerdings eine Verschiebung ergeben, die kurz gefasst als eine Entwicklung von Government zu einer Governance beschreibbar ist.[111] Einer Studie von Schulz-Forberg und Stråth (2010) zufolge hätten sich Repräsentation, Partizipation und Legitimation der Politik zugunsten von Verwaltung, diffusen Netzwerken und unklaren Machtverhältnissen verabschiedet: „Regieren, Kritik, Konflikt und Kontrolle sind von Flexibilisierung, Vermarktung, *Think Tanks*, Wettbewerb und Globalisierungsrhetorik abgelöst worden." (S. 332)[112]

Zur Idee der ‚guten' Universität gehört traditionell die Forderung nach der „Autonomie der Hochschulen" (Storm 2008, S. 17). Dabei hat sich jedoch eine eigentümliche Doppelung herausgebildet. Eigentlich will man die universitäre Autonomie, die ihrerseits als Voraussetzung des Wettbewerbs für sich positionierende Universitäten angesehen werden kann, för-

---

110   Ein besonders düsteres Bild bezüglich des Zustandes heutiger Universitäten entwickelt Burkhard Sievers (2008) mit seiner Vorstellung einer „psychotischen" Universität. Als psychotisch seien Universitäten deshalb zu fassen, weil „the present initiation and implementation of university reform is, to a large extent, inducing defences against psychotic anxieties on the side of the university role holders and thus creating a psychotic organizational dynamic" (2008, S. 240).

111   Governance soll hier als umfassende Regierungs- und Steuerungslehre begriffen werden (vgl. dazu Schuppert/Vosskuhle 2008). Der Begriff selbst ist derartig diffus und vielfältig, dass er zweifellos in die Riege der von Uwe Pörksen beschriebenen Plastikwörter aufgenommen werden könnte (Pörksen 2004).

112   Eine besonders ironische Note erhält dieser unterstellte Wandel von Government zu Governance, wenn man berücksichtigt, dass dieser Text selbst aus der Binnensicht eines (ehemaligen) Mittelbauvertreters des Berner Sozialwissenschaftlichen Departements geschrieben wurde, welches sich ‚Governance' als Leitbild gegeben hat. Ist es mehr als ein Zufall, dass man hier eine zunehmende Verwaltung, diffuse Netzwerke und – last but not least – unklare Machtverhältnisse vorfindet?

dern, gleichzeitig misstraut man aber jeder Form einer „organisatorischen Eigenständigkeit" (Huber 2008, S. 283), die doch im Rahmen der bereits angedeuteten Organisationswerdung der Universität mehr als naheliegen würde. Aus der Warte der Studierenden besteht ein Kriterium für eine gute Universität in der deutlichen Verbesserung der Betreuungsverhältnisse. Dabei könnte das von der *Carnegie Foundation for the Advancement of Teaching* entwickelte Konzept des *Stewardship* eine tragende Rolle spielen: während des Studiums sollen Leitungsfähigkeit und ein vertieftes Grundwissen im Sinne eines Überblicks erworben werden (Krull 2009, S. 205). Gerade durch das Fokussieren auf Überblickskompetenzen könnte der fortschreitenden (und durchaus sinnvollen) Spezialisierung ein breiteres Hintergrundwissen anheimgestellt werden.

Größte Gefahr droht der Idee einer ‚guten' Universität durch das Errichten eines „Schulregimes", wie es bereits Gilles Deleuze beschrieben hat: „[D]ie Formen kontinuierlicher Kontrolle und die Einwirkung der permanenten Weiterbildung auf die Schule, dementsprechend die Preisgabe jeglicher Forschung an der Universität, die Einführung des ‚Unternehmens' auf allen Ebenen des Bildungs- und Ausbildungswesens [...] Beispiele, die jedoch verdeutlichen können, was unter Krise der Institutionen zu verstehen ist, nämlich der fortschreitende und gestreute Aufbau einer neuen Herrschaftsform." (Deleuze 1993, S. 261/262)[113] Überlagert werden diese Diskussionen zunehmend von Fragen der Qualitätssicherung beziehungsweise der Exzellenz.

Noch einmal: Qualität und Exzellenz

„The search for excellence reaffirms its pertinence and closely links it to quality." (Federico Mayor in: Readings (1996, S. 31)) Und dennoch bleibt es umstritten, ob es mit der Exzellenzinitiative gelungen ist, eine Verbesserung der gesamten Hochschullandschaft zu erzielen. Für Autoren wie Stefan Hornbostel ist ein ‚Ruck' durch das akademische Feld gegangen, aber hat sich wirklich die Qualität steigern lassen? Richard Ernst (2010) bezweifelt dies, denn Qualität sei letztendlich nicht messbar, was sicherlich erst einmal richtig ist. Allerdings braucht es einen common sense darüber, was wir als gute und vice versa als schlechte Qualität bewerten. Stattdessen sollten, so Ernst, andere Werte in den Vordergrund rücken: So seien beispielsweise persönliche Beziehungen im Sinne eines persönlichen Kontakts wichtig, um sinnvolle Entscheidungen zu begründen. Eine vergleichbar kritische Einschätzung liefert der ehemalige Dekan des Harvard College Harry R. Lewis, wenn dieser sich in seinem Buch *Excellence without soul* (2007) fragt, was das Streben nach Exzellenz überhaupt bringen soll, wenn ein gemeinsamer Geist nicht mehr zu erkennen ist und die Erfüllung des universitären Grundauftrags, also Forschung und (gute) Lehre den Studierenden zu gewährleisten, nicht mehr verfolgt wird?[114]

---

113 Insofern ist auch die an sich ebenso sinnvolle wie banale Idee des ‚lebenslangen Lernens' nicht in ihrer ideologischen Wirkungsweise zu unterschätzen.

114 „In short, universities have forgotten their larger educational role for college students. They succeed, better than ever, as creators and repositories of knowledge. But they have forgotten that the fundamental job of undergraduate education is to turn eighteen- and nineteen-year-olds into twenty-one and twenty-two-year-olds, to help them grow up, to learn who they are, to search for a larger purpose for their lives, and to leave college as better human beings." (Lewis 2007, S. xiv)

5.3 Bildung und Ausbildung: jenseits von Markt und Wettbewerb?

Lässt sich Bildung gegenwärtig überhaupt noch jenseits von Markt und Wettbewerb denken, ohne in die Gefahr einer ‚Elfenbeinturm'-Diskussion zu geraten? Für Autoren wie Konrad Paul Liessmann ist der Fall klar: „Das Wissen der Wissensgesellschaft definiert sich vorab aus seiner Distanz zur traditionellen Sphäre der Bildung; es gehorcht aber auch nicht mehr den Attitüden der Halbbildung. Das, was sich im Wissen der Wissensgesellschaft realisiert, ist die selbstbewußt gewordene Bildungslosigkeit." (2006, S. 73) Mit anderen Worten: In den Vordergrund rückt ein immer mehr über den Markt gesteuertes Ausbildungsdenken, was den Bildungsbegriff nicht nur verdrängt, sondern in den Geruch der Halbbildung bringt und die „Erziehung zur Mündigkeit" (Adorno 1970) gefährdet.

Wie die *Vermarktlichung der Bildung* funktioniert und Platz greift, findet sich in der harten Diagnose von Ingrid Lohmann (2002) wieder: „Die Transformation der Bildungsprozesse in Eigentumsoperationen mit Wissen als Ware, die unter dem Euphemismus ‚Wissensgesellschaft' verborgen wird, löst die in der Moderne rechtlich garantierten Verfügungsrechte von ihren ökonomischen Fundamenten her auf. Wir befinden uns am geschichtlichen Anfang einer neuen Sklaverei. Die Versklavung geschieht dabei nicht selten mit der Zustimmung der Individuen, nämlich dann, wenn sie sich davon Vorteile in der Konkurrenz um Erwerbspositionen versprechen." (ebd., S. 104) In der Konsequenz wird dann Bildung offensiv als Humankapital verstanden, konzipiert und auch so nachgefragt. Doch was geschieht mit der Bildung, wenn sie unter das Diktat der Ökonomisierung fällt? Es entsteht ein dauerhafter Zwang zur Effizienzsteigerung, wobei das Einrichten einer auf Dauer gestellten Qualitätskontrolle völlig ausreicht, um vom Mainstream abweichende Positionen und auch kritische Sichtweisen zu marginalisieren. Was dann noch bleibt, ist das Hoffen auf das Beziehen einer Nischenposition, die aber im alltäglichen Kampf um Forschungsmittel und Macht dauerhaft benachteiligt ist (Krätke 2007, S. 90).

In seinem flammenden *Plädoyer gegen die Verdummung* kommt Andreas Dörpinghaus zum Schluss, dass ein so verstandener Bildungsbegriff jegliche Form der kritischen Widerständigkeit verliert und noch schlimmer, in Anlehnung an Jacques Rancière, „zum *polizeilichen* Kontrollinstrument" wird. „Unter dem Begriff *Polizei* wird dabei im Anschluss an den französischen Philosophen und Kunsttheoretiker Jacques Rancière die *Logik* der bloßen Verwaltung und Kontrolle des Bildungssystems verstanden." (2009, S. 3)[115] Durch strikte Vorgaben wird das Aneignen von Bildung immer stärker zu einem unter permanenter Zeitnot stattfindenden Prozess, der nicht offen für Irritation ist, sondern im Sinne des Nürnberger Trichters verabreicht und gleich wieder ausgeschieden wird. Bildungs- und Erfahrungsprozesse benötigen aber vor allem Zeit und Raum zur Muße. Bei kritischer Reflexion spielt die „Möglichkeit der Verzögerung der Unmittelbarkeit" (Dörpinghaus 2009, S. 11) eine konstitutive Rolle. Die Bedeutung der Zeitkomponente betont auch der französische Philosoph Jacques Derrida (1933–2004), wenn er sich um die (Un-)Möglichkeiten einer „unbedingten Universität" bemüht.

---

115   Zum Hintergrund der politischen Philosophie und dem Emanzipationsstreben im Werk von Jacques Rancière vgl. die Arbeit von Wetzel/Zielinski (2010).

Jacques Derrida: Die unbedingte Universität (université sans condition)[116]

Derridas „université sans condition" ist der breit diskutierte Versuch einer ‚Er-Öffnung' einer sich zunehmend schließenden und dem Diktat des Ökonomischen unterworfenen Institution. Nicht untypisch für den französischen Philosophen will er auch hier das ‚Un-Mögliche' er-möglichen, was eine neue Form der Universität hervorbringen könnte, denn diese würde u. a. für eine absolut freie Meinungsäußerung im öffentlichen Raum eintreten. Besonders wichtig ist in diesem Zusammenhang der Begriff des ‚Ereignisses', der die verkrusteten Strukturen aufbrechen helfen soll. Der im französischen Denken der Nachkriegszeit wichtige Begriff des ‚Ereignisses' steht als Gegenbegriff zu ‚Struktur' für eine Unterbrechung des Herkömm-lichen. Ein Ereignis hat etwas Unvorhersehbares und kann alte Traditionen und Institutionen von einem Moment zum anderen in Frage stellen und neu ausrichten (Müller-Schöll 2009, S. 141ff.). Um überhaupt über die „université sans condition" nachdenken zu können, muss man laut Derrida das (zu kommende) „Ereignis" akzeptieren. Denn: „Die unbedingte Universität […] ist eine dem Ereignis gegenüber offene." (2001, S. 140) Während nicht wenige Bildungs-forscher herkömmlich davon ausgehen, dass die Universität als Institution in eine Krise gera-ten ist, dreht Derrida in seinen Arbeiten den Spiess in gewisser Weise um, wenn er behaup-tet, dass die Universität überhaupt nur in einem *kritischen Zustand* existieren könne.[117] Was könnte der genuine Ort einer kritischen und sich dauerhaft in der Krise befindenden Univer-sität im 21. Jahrhundert sein? Was müsste eine solche Universität leisten, unökonomischer gefragt: was wären ihre Aufgaben jenseits des Produzierens von Output (Absolventen, Pub-likationen, Innovationen)? Derrida adressiert eine doppelte Forderung an die Universitäten: Zu dem Bewahren und Ausbauen der „professionellen Kompetenz" sowie der „seriöseste[n] Tradition der Universität", tritt zudem das Begehren, mit einem „abgründigen Denken" so weit wie möglich zu gehen (Derrida 2004, S. 92), also beispielsweise bestehende Strukturen zu hinterfragen und alle Möglichkeiten auszuschöpfen.

Öffentlichkeit und Gemeininteresse

Nicht nur für Derrida liegt ein entscheidendes Desiderat im Wiederentdecken des Gemein-samen, des Allgemeinen und im Wiederentdecken einer Verantwortung vor allem gegenüber der Universität im Sinne einer bewahrenswerten Institution: „Es wäre die Verantwortung ei-ner Denkgemeinschaft, für die die Grenze zwischen Grundlagenforschung und zweckorien-tierter Forschung nicht mehr gesichert wäre, jedenfalls nicht mehr unter denselben Bedingun-gen wie zuvor." (Derrida 2004, S. 88) Zu den dringlichsten Aufgaben gehört es folgerichtig zu fragen, wie man die Debatte um die Universität (erneut und beständig) in das Bewusst-sein einer kritischen Öffentlichkeit bringen kann (Masschelein/Simons 2010). Gibt es einen gemeinsamen Ort, an dem über die Belange der Gesellschaft in puncto Wissen und Bildung

---

116 Vgl. dazu die ambitionierten Bände „Unbedingte Universitäten", die den Titel Derridas Vortrag aufgreifen und gleichsam pluralisieren (2010ff.).

117 Mit dieser Einschätzung, der zufolge die Universität nur in einem kritischen Zustand existieren könne, ergibt sich eine interessante Parallele zu den Finanzmärkten (Feld 2). Als ein Resultat der Finanz- und Wirtschafts-krise kann die Erkenntnis gelten, dass der moderne Kapitalismus – und mit ihm die Finanzmärkte – insgesamt krisenhaft verfährt.

entschieden werden könnte? Müsste dieser Ort nicht explizit die Universität sein? Und wie verträgt sich eine solche Form der Universität mit welcher Wettbewerbskultur?

6. Welche Wettbewerbskultur für welche Universität?

6.1 Drei Szenarien[118]

Anhand dreier Szenarien werden abschließend die jeweiligen Subjektivierungsimperative (1), die je spezifische Leistungs-, Erfolgs- und Anerkennungsdimension (2) sowie die gesellschaftliche Dimension der Universitätstypen (3) problematisiert. Folgen wir einer von Michael Huber vorgeschlagenen Differenzierung, dann können wir drei „neue universitäre Monokulturen" im Sinne von „Zukünften einzelner Universitäten" (2008, S. 284) voneinander unterscheiden.[119] Die hier vor allem interessierende Frage ist, wie diese jeweils mit Wettbewerbsformen umgehen und welche Wettbewerbskulturen sich mit dem jeweiligen Szenario verbinden lassen (Abschnitt 6.1). Die sich für den Bildungsmarkt Universität als hegemonialer Typus herauskristallisierende *hyperagonale Wettbewerbskultur* wird am Ende gesondert im Sinne eines Fazits genauer betrachtet (Abschnitt 6.2).

6.1.1 Die lernende Universität (Szenario 1)

1. Aus der Sicht der bereits beschriebenen und vorherrschenden *Subjektivierungsimperative* wird in der ‚lernenden Universität' insofern an das alte System vor Bologna angeknüpft, als man – vergleichsweise noch stärker als heute – von dem autonomen und von einem nach Erkenntnis um der Erkenntnis willen strebenden Individuum ausgeht. Den Studierenden wird insgesamt eine aktive Rolle bei der Gestaltung der Universität eingeräumt. Der Fokus auf Lernen ermöglicht das flexible Einstellen und Anpassen der Organisation an veränderte Bedürfnisse und Erwartungen der unterschiedlich aufgestellten (zahlenden) Kundschaft (Huber 2008, S. 284/285).

2. *Leistung, Erfolg und Anerkennung* dieses Zukunftstyps liegen in der (angeblichen) Wandelfähigkeit bezüglich Innovationen und Veränderungen, sowohl auf der Subjekt- als auch auf der Organisationsebene. In diesem Sinne kommt es hier weniger auf die Vermarktung des Wissens als auf den Umgang mit Wissen an.

3. *Nicht-agonale, auf Kooperation setzende Wettbewerbskultur*: Die ‚lernende Universität' ist nicht so sehr auf den Wettbewerb zwischen den Universitäten erpicht (Huber 2008, S. 285), vielmehr setzt sie auf „Einsicht und Vernunft". Dieses nicht von ungefähr an Humboldt erinnernde Idealbild trifft man vor allem (noch) in den Geistes- und Sozial-

---

118   Selbstverständlich handelt es sich hier um eine idealtypische Unterscheidung, die nicht behauptet, dass es in der Praxis keine Überlappungen geben könnte.

119   Die unternehmerische Universität und die exzellente Universität liegen nah beieinander, d. h. der Fluchtpunkt der unternehmerischen Universität liegt in der Exzellenzuniversität. Daher betrachte ich beide in einem Szenario.

wissenschaften an (Horst et al. 2010). Ist die hier getroffene Diagnose einer zunehmenden Etablierung eines Wettbewerbsdispositivs richtig, mutet ein solches Szenario einer
‚lernenden Universität' in der gegenwärtigen Wissenslandschaft seltsam antiquiert an.

6.1.2   Die interdisziplinäre Universität (Szenario 2)

1. Die interdisziplinäre Universität stellt in gewisser Weise eine Zwischenstufe der lernenden
    Universität einerseits und der unternehmerischen Universität andererseits dar. Diszip-
    linäre Barrieren sollen überwunden werden, womit die „Verwertbarkeit akademischen
    Wissens" (Huber 2008, S. 285) gesteigert werden könne. Eine solche Universität stellt
    prinzipiell hohe Anforderungen an die beteiligten Individuen, da diese sich idealiter
    zumindest in zwei Disziplinen auskennen müssen, um fruchtbare Forschungsperspek-
    tiven gemeinsam entwickeln zu können. Die Gefahr besteht im ‚mehr Schein als Sein'.

2. *Anerkennung, Leistung und Erfolg* werden in diesem Modell in Forschungsverbünden
    erbracht beziehungsweise vergeben. Durch die vor allem seit den 1990er Jahren favori-
    sierte Interdisziplinarität droht – gefördert durch SFBs oder Graduiertenkollegs – eine
    Schwächung der beteiligten Fächer als je eigenständige Disziplin (Huber 2008, S. 285). In
    zahlreichen Forschungsverbünden (vor allem: Sonderforschungsbereiche und Graduier-
    tenschulen) führt interdisziplinäres Arbeiten zur Verwässerung des eigenen Fachprofils.
    Hinzu tritt die zunehmende Erkenntnis, dass die Kämpfe zwischen den Disziplinen um
    Deutungshoheit in den interdisziplinären Projekten eher zu- als abgenommen haben.

3. *Eine positionale Wettbewerbskultur*: Dieser Zukunftstypus stellt sich dem Wettbewerb,
    gleichwohl agieren die Beteiligten zwischen Konkurrenz und Kooperation. Positionie-
    rungskämpfe und Effekte entstehen zwangsläufig, wobei es hier darauf ankommt, die
    Machtpositionen im Kampf und Miteinander der Disziplinen ‚flüssig' zu halten, um
    idealerweise verkrustete Hierarchien zu vermeiden.

6.1.3   Die unternehmerische und die exzellente Universität (Szenario 3)

1. Hier stehen, was die Organisation und Entwicklung anbelangt, Wettbewerb, Verwert-
    barkeit und vor allem *Effizienz* ganz oben auf der Prioritätenliste. Die Kontamination
    zwischen Universität und Ökonomie ist so weit fortgeschritten, das selbst traditionell
    nicht-ökonomische Bereiche von einer ‚Ökonomisierung' betroffen sind. Mit der unter-
    nehmerischen Universität zusammenhängend ist die Idee der *exzellenten Universität*:
    Sie hat sich – nichts anderes resultiert aus dem bislang Dargelegten – gleichsam als
    „hegemonialer Universitätstyp" gesellschaftsweit durchgesetzt (Huber 2008, S. 286).
    Die sich aufdrängende Frage lautet dann allerdings, was mit Universitäten passieren
    soll, die keine Chance auf Exzellenz besitzen – und die sind ja in der Mehrheit. In der
    exzellenten Universität befinden sich die Individuen in ständigen Positionierungs- und
    Reputationskämpfen. Strategisches Kooperationsverhalten, Dauerbeobachtung des Mark-
    tes und ein permanentes Überprüfen und Steigern des eigenen Marktwertes sowie die
    möglichst effektive Performance und Vermarktlichung des eigenen Arbeitens gehören
    zu den schwer ignorierbaren Subjektivierungsimperativen.

2. *Leistung, Erfolg und Anerkennung*: Das Herrschen über die Mitkonkurrenten drückt sich im Willen nach Dominanz, vermittelt über das Medium Anerkennung, aus: „Exzellenz ist immer auch *Dominanz* – die unbedingte Universität neuer Art fühlt sich gewissermaßen nicht wohl unter Gleichen. Der Kampf um Anerkennung, das kann man bei Hegel nachlesen, endet eigentlich erst mit dem Tod eines Gegners – die unbedingte Anerkennung gibt es nicht früher." (Fach 2008, S. 41) Dieses Streben nach Dominanz bedingt einen Konkurrenzkampf, der ganz bestimmte Output-Kriterien (Peer-reviewed-Artikel etc.) als ebenso verbindlichen wie einseitigen Maßstab etabliert.

3. *Positional-agonale Wettbewerbskultur*: „Unternehmerschaft, Effizienz und Elite sind allerdings keine Wertgrundlage für alle Universitäten und Universitätsmitglieder, sondern die *Legitimationsgrundlage der Wettbewerbsgewinner*." (Huber 2008, S. 286, Hervorh. von DJW) Auf nichts anderes als auf das „*Monopol*" richtet sich die Strategie der im Kampf um Exzellenz bereits bewährten Universitäten (Fach 2008, S. 41). Die Verallgemeinerung des Wettbewerbsprinzips (*the winner takes it all,* vgl. dazu Frank/ Cook 1995) führt zu einer deutlichen Differenzierung in der Hochschullandschaft. Was droht, ist eine bewusst in Kauf genommene Spaltung in eine „akademische Zwei-Klassen-Gesellschaft" (Fach 2008, S. 43).

6.2 Von der differentiellen zur positional-agonalen Wettbewerbskultur

Aus einer historischen Dimension der letzten 20-30 Jahre betrachtet, muss das einmal vorherrschende Leitbild eines *differenzierten, moderaten Wettbewerbs* als bereits weithin aufgegeben eingeschätzt werden (Nullmeier 2000, S. 221).[120] Zu konstatieren ist eine Entwicklung von einem differentiellen hin zu einem positional-agonalen Wettbewerbstypus.[121] Entwickelt sich beispielsweise der Wettbewerb um ein möglichst positives Image zu einem Wettbewerb um Status, dann entsteht ein tatsächlicher Wettbewerb. Es geht dabei zum einen um die Stellung der Hochschule im Wettbewerb mit anderen in der gesamten Hochschullandschaft, zum anderen um den bestmöglichen Zugriff auf Finanzen. Dies führt zum bereits angeführten agonalen (d.h. kämpferischen) Charakter, dessen deutlichstes Merkmal darin besteht, eindeutige Gewinner und Verlierer zu produzieren. Gibt es noch neue Spielräume? Es bedarf Instanzen, die den – tendenziell auf Ausschluss und Exklusivität setzenden – Wettbewerb offenhalten. Anders gesagt: Wettbewerb funktioniert ohne die adäquaten Strukturen und Institutionen der Regulierung nur unter Inkaufnahme der angeführten ‚Kollateralschäden'. Bis auf weiteres sind wir von einer angemessenen Form des Wettbewerbs im Feld der Bildung, insbesondere bei den Universitäten noch ein gutes Stück entfernt. Stattdessen sieht sich die

---

120 Die in den 1980er Jahren in verschiedenen europäischen Ländern Platz greifende Doktrin des Neoliberalismus hat mit Deregulierungen, Privatisierungen und einer ansteigenden Finanzialisierung der Gesellschaft den Nährboden für die wettbewerbsorientierten Bildungsmärkte geliefert (vgl. dazu Butterwegge, Lösch, Ptak 2007).

121 Für Münch ist es dann auch nicht verwunderlich, dass ein (hyper-)agonaler Wettbewerb beziehungsweise „ein so unerbittlicher Kampf auch betrügerisches Verhalten hervorbringt, wie wir es von der Ausbreitung des Dopings im kommerzialisierten Sport und der Korruption in der globalisierten Wirtschaft kennen" (2009, S. 192).

deutsche Hochschullandschaft mit verschiedenen Formen des Wettbewerbs konfrontiert, die im Sinne eines Fazits angeführt werden.

Erzwungener Wettbewerb

Ein Zwang im Sinne eines erzwungenen Wettbewerbs kann dann entstehen, wenn es zu einer Entwicklung und Adaptation leistungsorientierter Kennzahlensysteme kommt, und wenn diese eine „fachbereichsüberschreitende Koordination der Abteilungen ermöglichen, etablieren sie über alle Fakultätsgrenzen hinweg einen operativen Zusammenhang von Lehre und Forschung, von Leistung und Leistungsverweigerung und organisieren die finanzielle und symbolische Ressourcenzuweisung durch die die ehemals unabhängigen Bereiche in ein Wettbewerbsverhältnis gezwungen werden" (Huber 2008, S. 287). Anders gesagt: Wettbewerbe sollten dort stattfinden, wo sie ihren sinnvollen Ort haben, ansonsten verkommt der Wettbewerb dazu, was Mathias Binswanger (2010) eindrucksvoll als „sinnlose Wettbewerbe" beschrieben hat.

Inszenierter oder künstlicher Wettbewerb

Durch die Exzellenzinitiative geschürt, geraten prinzipiell alle Universitäten in einen Verdrängungswettbewerb, der insofern als inszeniert charakterisiert werden kann, als ungleiche Ausgangsbedingungen die viel bemühte Chancengleichheit eher als Farce denn als real praktiziert erscheinen lassen. Mitspielen müssen jedoch alle, denn wer sich nicht an den Ausschreibungen von Fördergeldern beteiligt, sich dementsprechend dem Wettbewerb entzieht, hat schon verloren.

Steigerungswettbewerb

Bedingt durch eine verstärkte Orientierung an Output und ein Etablieren quantitativer Kennziffern sowie Zielgrößen geraten Universitäten (Professoren, Mittelbau und Studierende) zunehmend unter das Regime eines Steigerungswettbewerbs. Quantität statt Qualität droht sich zu etablieren, mit kaum abschätzbaren Folgen für Forschung, Lehre und Verwaltung an Universitäten und für ihre Angehörigen.

Feld 2: Ökonomie – Finanzmärkte

> „(Es) kann das berufsmäßige Investment mit jenen Zeitungswettbewerben verglichen werden, bei denen die Teilnehmer die sechs hübschesten Gesichter von hundert Lichtbildern auszuwählen haben, wobei der Preis dem Teilnehmer zugesprochen wird, dessen Wahl am nächsten mit der durchschnittlichen Vorliebe aller Teilnehmer übereinstimmt, so dass jeder Teilnehmer nicht diejenigen Gesichter auszuwählen hat, die er selbst am hübschesten findet, sondern jene, von denen er denkt, dass sie am ehesten die Vorliebe der anderen Teilnehmer gewinnen werden, welche alle das Problem vom gleichen Gesichtspunkt aus betrachten. Es handelt sich nicht darum, jene auszuwählen, die nach dem eigenen Urteil wirklich die hübschesten sind, ja sogar nicht einmal jene, welche die durchschnittliche Meinung wirklich als die hübscheste betrachtet. Wir haben den dritten Grad erreicht, wo wir unsere Intelligenz der Vorwegnahme dessen widmen, was die durchschnittliche Meinung als das Ergebnis der durchschnittlichen Meinung erwartet. Und ich glaube, dass es sogar einige gibt, welche den vierten, fünften und noch höhere Grade ausüben."
>
> (John Maynard Keynes (2000 [1936], S. 132ff.))

1. Einleitung

Im Folgenden analysiere ich die Finanzmärkte im Sinne eines spezifischen Wettbewerbsdispositivs. Als Ausgangspunkt dienen mir die Fragen nach der Strukturlogik, den institutionellen Ordnungen, aber auch nach wichtigen Akteuren und deren systematische Verflechtungen auf den Finanzmärkten. Wie können diese innerhalb einer hier vorgestellten Analyse der *Dispositive des Wettbewerbs*[122] beschrieben und analysiert werden?[123] Explizit wird die Situation von Banken, insbesondere von Groß- und Investmentbanken, zum Gegenstand der soziologischen Betrachtung gemacht. Gezeigt wird, wie in einer globalisierten Ökonomie die Kosten eines globalisierten Wettbewerbs auf bestimmte soziale Gruppen (Kleinanleger, Steuerzahler, Arbeitnehmer) abgewälzt werden.

Die sich im beständigen Wettbewerb befindenden Akteure sehen sich radikal auf sich zurückgeworfen („Unternehmer seiner selbst" (Bröckling 2007), „Arbeitskraftunternehmer" (Voß/Pongratz (1998)). Im Feld der Finanzökonomie befinden sich private Investoren/Rentiers (Deutschmann 2008) in einem Wettbewerb um die besten Kapitalanlagen, der ganz bestimmte Subjektivierungsformen evoziert und gleichzeitig auch spezifische Anerkennungstypen für den Erfolg favorisiert. Der als Subjektform zu verstehende Sozialtypus des Rentiers beziehungsweise des Investors steht hier für die Verfechter eines *erfolgsorientierten, hyperagonalen Wettbewerbs*, der sich zunehmend von einer tatsächlich erbrachten

---

122 Im Rahmen seines Beschleunigungstheorems spricht Hartmut Rosa (2009, S. 116ff.) dem *Wettbewerb als sozialen Mechanismus* und vor allem dem *Aufrechterhalten der Wettbewerbsfähigkeit* zentrale Rollen in spätmodernen Gesellschaften zu. Obwohl diese (allgemeine) Diagnose einleuchtet, bedarf sie einer genaueren Überprüfung im Rahmen der Finanzmärkte. Ich komme darauf zurück, wenn es um ‚Bedingungen und Parameter des Konkurrenzkampfes' geht (Abschnitt 3).

123 Vgl. dazu die instruktive Arbeit von Ramon Reichert, der Finanzmärkte im Sinne eines „mediale[n] Dispositiv[s]" versteht (2009, S. 15). Bernard Stiegler sieht eine neue, Dispositive ausbildende „Verwandlung der staatlichen Biomacht in die Psychomacht des Marktes" (2009, S. 53) am Werk. Ein Wirkungsbereich dieser Psychomacht liegt – vermittelt über Subjektivierungsimperative – im Etablieren eines Wettbewerbsdispositivs.

Leistung abkoppelt. Nicht nur wird in einer solchen „Wettbewerbskultur" (Nullmeier 2002) der Erfolg um jeden Preis gesucht; angetrieben von einer geschürten Marktkonkurrenz der Anbieter etablieren sich – wie die Finanzkrise deutlich gezeigt hat – Formen des ‚ruinösen Wettbewerbs' auf den Finanzmärkten.

In einem ersten Abschnitt beschreibe ich ausgehend von der (anhaltenden) Finanz- und Wirtschaftskrise, die Wettbewerbsdimensionen im Kontext einer zu identifizierenden Strukturlogik der Finanzmärkte. Dabei werden ebenso die Grenzen einer rationalen Markteffizienz wie auch das Erklärungspotential einer Theorie der affektiven Ökonomie thematisiert (Abschnitt 1). Über die Zugangsvoraussetzungen und die Subjektivierungsimperative, denen sich Akteure ausgesetzt sehen, gibt der nächste Abschnitt Auskunft. Drei Akteure auf den Finanzmärkten werden analysiert: zum einen *der Investmentbanker*, zum anderen *der Anleger*, die im Sinne ihrer Komplementarität problematisiert werden. Hinzu kommt die dritte Figur *des Beraters*, der gleichsam eine Scharnierposition zwischen dem Erzeuger/Verwalter des Produkts und dem Nachfrager in der Position des anlagebereiten Kunden verkörpert (Abschnitt 2). Im dritten Teil untersuche ich die Bedingungen und Parameter des Konkurrenzkampfes, wie wir ihn auf den Finanzmärkten vorfinden. Zuerst werden die Leistungsimperative im Bankenfeld, danach die Erfolgsmodelle sowie die Vergütung durch Boni thematisiert. Behandelt werden aber auch Formen der ökonomischen und der nicht-ökonomischen Anerkennung sowie die Bedeutsamkeit der Reputation als einen Wettbewerbsfaktor (Abschnitt 3). Der vierte Teil interessiert sich für die Wettbewerbseffekte; genauer wird danach gefragt, welche Bereiche durch den (verstärkten) Einfluss des Wettbewerbs auf den Finanzmärkten an Bedeutung gewinnen: Wie gelingen die Risikotransfers, wer fungiert als Risikotransformator und wer als Risikoempfänger? Was trägt bei zur (De-)Stabilisierung von Finanzmärkten und welche Aporien lassen sich für das Feld der Finanzmärkte aufzeigen? (Abschnitt 4). Ein abschließendes Fazit gibt Antwort auf die Frage nach der vorherrschenden Wettbewerbskultur auf den Finanzmärkten. Um dies zu beantworten, werden die Erkenntnisse der vorangehenden Kapitel zugespitzt und gebündelt (Abschnitt 5).

1.1 Die Krise im Finanzmarktkapitalismus

> „Wenn man den Erfolg sich gefallen ließ, so musste man auch das Risiko
> sich gefallen lassen; wenn man eine Maschine überheizt, geschieht es bis-
> weilen, dass sie platzt."
>
> (Emile Zola (2009 [1891], S. 490))

Was verbirgt sich hinter der gegenwärtigen Finanz-, Wirtschafts- und Staatsschuldenkrise, wie lässt sie sich erklären? Ist sie das Ergebnis einer von Zola in seinem berühmten Roman *Geld* für das 19. Jahrhundert konstatierten Überhitzung, die sich Luft verschafft? Ein auf Wettbewerb fokussierender Blick kann präziser fragen: „Was, wenn die Krise schlicht die Folge eines mehr als gewollten, also im Grunde erzwungenen Wettbewerbs darum ist, wer eben der beste Kapitalist ist? Dann ist die Gesichtslosigkeit dieser Krise nur mehr als logisch."

(Rabe 2009, S. 9)[124] Um die hier angesprochene Logik des *erzwungenen Wettbewerbs* soll es gehen, und wie diese sich im Feld des Finanzmarktkapitalismus darstellt.[125] An dieser Stelle erfolgt keine Rekonstruktion der Finanz- und Wirtschaftskrise aus dem Geist der Subprime-Krise in den USA (Wetzel/Hofstätter/Flück 2010; Sinn 2009). Im Zuge der Finanz- und Wirtschaftskrise stellt sich jedoch die Frage, inwiefern das ökonomische und gesellschaftlich etablierte Modell des Neoliberalismus an seine Grenzen stößt. Mittlerweile wird kaum noch bestritten, dass die viel beschworenen Krisen zum Kapitalismus gehören. Häufig wird allerdings beschwichtigend hinzugefügt: *This time is different*.[126] Um jedoch die Krise zu verstehen, bedarf es eines analytisch-kritischen Zugriffs: Damit die handelnden Akteure auf der einen Seite, und die systemischen Zusammenhänge und Effekte auf der anderen Seite begriffen werden können.[127] Hier sehen wir wiederum ein Wettbewerbsdispositiv am Werk. Im Folgenden zeigt die Analyse, wie dieses Dispositiv beschaffen ist, welche Akteure und Diskurse es bündelt und welche Konsequenzen daraus erfolgen. Die Chance für eine kritische Sozialwissenschaft besteht genau darin, über die komplexe Funktionsweise von Finanzmärkten zu informieren und aufzuklären (Langenohl 2012). Der von Paul Windolf u. a. beschriebene Finanzmarktkapitalismus (Windolf 2005; Dörre 2009) hat die Grundlagen für eine *Finanzialisierung der Gesellschaft* im Sinne einer Verschiebung beziehungsweise Ausdehnung der Marktgrenzen geschaffen (Kädtler 2009). In der Krise angelangt, zeigt sich, wie fundamental unser aller Leben von Finanz-, Börsen- und eben Bankentätigkeiten abhängig ist. In der Blütezeit des Finanzmarktkapitalismus kommen in gegenwartsdiagnostischen Überlegungen die Prozesse der „Landnahme" (Dörre), der „Beschleunigung" (Rosa) und der „Aktivierung" (Lessenich) zum Tragen (Dörre/Rosa/Lessenich 2009). Klaus Dörre identifiziert in seinem Beitrag drei *Transfermechanismen*, die aus der Sicht eines Wettbewerbsdispositivs von eminenter Bedeutung sind:

1. *Shareholder-Value und marktzentrierte Kontrolle*: Die Orientierung an kurzfristigen Gewinnen breitet sich vermehrt bei Unternehmen aus, wobei sich ein ständiger Wandel der Organisationsstrukturen verzeichnen lässt, eine „Restrukturierung in Permanenz" (Dörre 2009, S. 61). Zur Zielerreichung wird eine mit *Benchmarking, Scorecards* und *Best Practice Sharing* verfahrende Wettbewerbskultur implementiert (ebd.). Das Durchsetzen marktzentrierter Kontrolle, genauer dessen disziplinierende Wirkung kann dazu genutzt werden, tatsächliche „oder simulierte Wettbewerbssituationen" (ebd., S. 63) in Unternehmen zu etablieren.

---

124 Dies geschieht auch deshalb, weil die Verantwortlichkeiten von der einen zur anderen Stelle weitergegeben werden (vgl. dazu Honegger et al. 2010).

125 Im Sport, insbesondere dann, wenn es um Doping geht, darf eine ähnliche Logik vermutet werden. Dieser Logik wird daher auch im Feld 3 der vorliegenden Arbeit besondere Aufmerksamkeit geschenkt, vgl. dazu auch Rabe (2009).

126 Vgl. dazu die empirischen Analysen von Reinhart und Rogoff (2009), die die Finanzkrisen aus mehreren Jahrhunderten unter die Lupe nehmen, um zu dem Schluss zu kommen: „we have been here before" (S. xxviii).

127 Einen solchen Versuch der Erklärung habe ich auf der Konferenz „Philosophy and Social Sciences" in Prag zusammen mit Alexander M. Zielinski unternommen, Wetzel/Zielinski (2009), Financial Agents without Liability. Towards a critical sociology of economy (unveröffentlichtes Manuskript).

2. *Das konkurrenzbasierte Regulationsdispositiv*: Hier kommt ein „neuer Geist des Kapitalismus" (Boltanski/Chiapello 2003)[128] zum Tragen, der das Unternehmertum und die Orientierung an einer ubiquitären Konkurrenz zum Leitbild erhebt (auch beispielsweise der staatlichen Finanzmarktregulierung).

3. *Die Prekarisierung*: Zum einen geht es hier um die Zunahme atypischer Beschäftigungsverhältnisse, zum anderen um die Produktion von ‚Überzähligen' oder von Ausschluss bedrohten Beschäftigten.[129]

---

128 Dieser „neue Geist des Kapitalismus" fokussiert nicht nur auf ökonomische Ressourcen, sondern bedient sich kultureller und künstlerischer Werte (Autonomie, Kreativität, Selbstverwirklichung etc.), die sich im Zuge der Ereignisse um 1968 ausgehend von alternativen Gruppen in den Unternehmen und Organisationen verbreitet haben.

129 Hier stellt sich natürlich die Frage nach Alternativen zum gegenwärtigen Finanzmarktkapitalismus beziehungsweise zu einem wie auch immer unvollkommenen Wettbewerbskapitalismus. Eben daran sind Dörre/Rosa/Lessenich (2009) – bei allen Unterschieden im Detail – interessiert.

2. Das Feld des Finanzmarktes

2.1 Die ‚Architektur der Finanzmärkte': Akteure und systemische Verflechtungen

Schaubild 3: Finanzmärkte: Akteure und systemische Verflechtungen

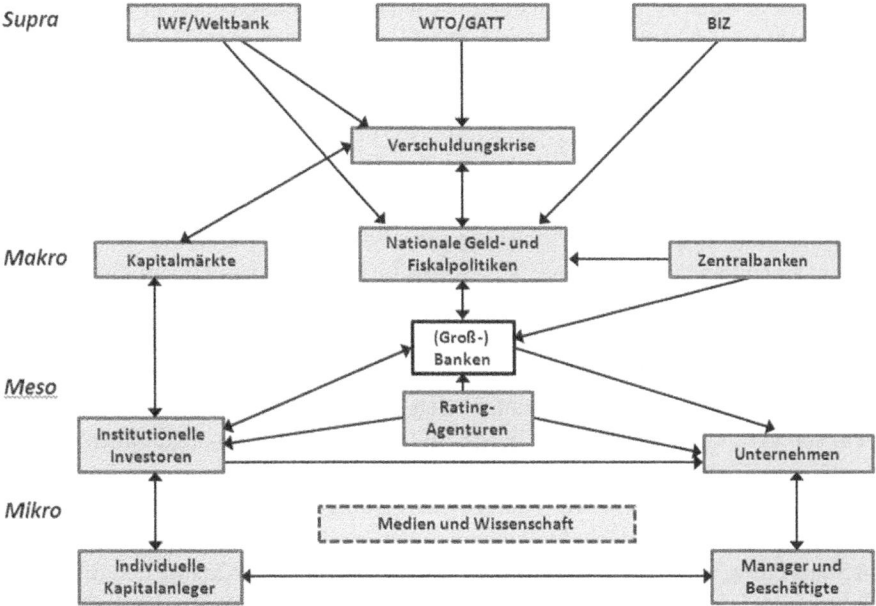

Sowohl im „Finanzmarktkapitalismus" (Windolf 2005; Huffschmid 2002) als auch im von François Chesnais beschriebenen „finanzdominierten Akkumulationsregime" (2004)[130] werden die von Hilferding im *Finanzkapital* (1988, [1910]) bereits im Jahr 1910 beschriebenen Konzentrationsprozesse bei Banken und Finanzakteuren als gravierender als je zuvor aufgefasst. Folgt man diesen Analysen, dann wurden die Konkurrenzverhältnisse nicht nur in-

---

130 „Erstens geht es dabei um die Tendenz zur Homogenisierung in Form der Verstärkung des ‚Weltmarktes', durch die ein gemeinsamer Verwertungsraum geschaffen wird, in dem alle Unternehmen direkt in Konkurrenz miteinander stehen, was wiederum zur Eliminierung von unterlegenen Konzernen und zur eigentlich weltweiten Konzentration führt. Zweitens muss die Wiederkehr der Faktoren zur Differenzierung zwischen Ländern berücksichtigt werden, die zu Verhältnissen führen, die noch stärker durch Asymmetrie und Hierarchie geprägt sind als in der Zeit des Fordismus." (Chesnais 2004, S. 219)

tensiviert, sondern geradezu auf die Spitze getrieben. Auf der anderen Seite kam es jedoch auch zur Ausbildung von Kartellen und zu Fusionen, die die Konkurrenz faktisch ausgeschaltet und das Entstehen von Monopolen begünstigt haben. Konzentrationsprozesse und gewaltige Machtverschiebungen sorgen für eine Führerschaft der großen Investmentbanken, die neben den Global Players die Wirtschaft eines Landes dominieren. Hier interessieren die sogenannten „trickle-down-Effekte"[131] von finanzmarktinduzierten Entwicklungen auf die Investmentbanken und die privaten Anleger. Im Bereich der Finanzmärkte und deren Geschichte sind die folgenden *Akteure* als unabdingbare Bestandteile jeder soziologischen Analyse zu betrachten:[132] Institutionelle Investoren, (Groß-)Banken, Ratingagenturen sowie Finanzanalysten. Auf einer supranationalen Ebene sind es zudem die Weltbank sowie der IWF, die eine bedeutende Rolle spielen. Galt die Weltbankgruppe lange Zeit als ‚lender of last resort', avancierte sie seit den 1970er Jahren durch die Knüpfung von Krediten an wirtschaftspolitische Maßnahmen zu einem nicht zu unterschätzenden Akteur auf der Weltbühne. Im Bereich der Bankenaufsicht spielt die in Basel ansässige *Bank für Internationalen Zahlungsausgleich (BIZ)* eine wichtige Rolle. Diese in der Zwischenkriegszeit für die Regelung der Reparationszahlungen geschaffene Institution übt über das 1974 – also als direkte Folge des Zusammenbruchs des Bretton-Woods-Systems in der Nachfolge der Ölkrise von 1973 – eingerichtete Basel Committee *on Banking Supervision* einen nicht zu unterschätzenden Einfluss auf die europäische Bankenaufsicht aus.[133] Susanne Lütz (2009, S. 81) und Rainer Weinert sprechen in diesem Zusammenhang von einer verstärkten Internationalisierung der Zusammenarbeit zwischen den Nationalbanken, die in der Zunahme der Bedeutung der Bank für Internationalen Zahlungsausgleich gipfelt. Dieser Prozess fördert „die Bildung einer oligarchischen *community of central bankers* auf transnationaler Ebene" (Weinert 2002, S. 346). Durch ihre regelmäßig stattfindenden Ministerkonferenzen – eine der letzten hat Ende November 2009 in Genf stattgefunden – hat auch die WTO (inkl. der GATT/GATS-Abkommen) einen nicht unerheblichen Einfluss auf die Wirtschaftspolitik, u. a. mit Maßnahmen zur Liberalisierung und Deregulierung der Märkte für Finanzdienstleistungen.

Aufgrund ihrer besonderen Stellung im Finanzmarkt/kapitalistischen System – genauer im Sinne eines Finanzmarktdispositivs – stellen *Großbanken* Akteure dar, die andere beeinflussen, aber auch von diesen beeinflusst werden. So unterhalten viele der Großbanken Investmentabteilungen. Im Unterschied zu einer weitgehend undifferenzierten Rede von *der* ‚Bankenmacht' wurde an anderer Stelle gezeigt, inwiefern Großbanken über ganz unterschiedliche Machtformen verfügen, die nach der Krise mindestens ebenso groß sind wie davor (Wetzel/Zielinski 2010b).

Institutionelle Investoren, beispielsweise die von Paul Windolf als „neue Eigentümer" betitelten Investment-Fonds (Windolf 2005, S. 10) verwalten riesige Vermögen. Die Entste-

131 Im Sinne von ‚Durchsickereffekten', die sich ausgehend von der finanzmarktkapitalistischen Ordnung auf die Institutionen und Akteure direkt oder indirekt auswirken.

132 Für eine ausführliche Darstellung der Akteure und der Zusammenhänge auf den Finanzmärkten stütze ich mich auf die eigene Arbeit Wetzel/Zielinski (2010), vgl. Lütz (2008).

133 Susanne Lütz begreift diesen Ausschuss als „internationales Regime [...], denn die im Kreise von Fachleuten erarbeiteten Empfehlungen ohne Rechtscharakter tragen zur Schaffung eines internationalen Ordnungsrahmens insofern bei, als die Beschlüsse des Regimes von den beteiligten Staaten umgesetzt werden und zudem als Vorgaben für die Richtlinien der Europäischen Union in diesem Feld dienen – als solche erfordern sie dann zwingend eine Umsetzung in nationales Recht" (Lütz 2009, S. 81ff.).

hung von Investment-Fonds und deren Bedeutungszunahme lässt sich darauf zurückführen, dass bis 1999 (als Konsequenz des Glass-Steagal-Acts, der nach der Weltwirtschaftskrise in den 1930er Jahren eingeführt wurde, um die Wiederholung solcher Krisen zu verhindern) eine strikte Trennung zwischen Spar- und Investmentbanken herrschte. Betrachtet man jedoch die Liste der zehn größten Hedge Fonds (Stand Juni 2008[134]), so sind einige Namen die gleichen wie die von amerikanischen Großbanken: J. P. Morgan, Paulson, Goldman Sachs, Barclays. Eine undifferenzierte Trennung zwischen Banken und Investment-Fonds erscheint deshalb der Sache nicht angemessen. Großbanken wie beispielsweise die Deutsche Bank haben gerade über ihre Investmentabteilungen Marktmacht konsolidieren und ihre Wettbewerbsfähigkeit erhalten können.[135] Windolf macht hingegen zu Recht darauf aufmerksam, dass es den Banken gelungen sei, die Art der Einflussausübung auf die Unternehmen via den Umweg über die Investment-Fonds umzugestalten: Sie haben die Eigentümer-Funktion professionalisiert, beispielsweise durch eine erfolgreichere Verwaltung als dies etwa Kleinaktionären gelingt. Zudem können die Investment-Fonds – im Unterschied zu Banken – aus laufenden Krediten aussteigen, oder zumindest damit drohen (Exit-Option). Windolf (2005, S. 40) fasst pointiert zusammen: „Investment-Fonds erreichen eine *Konzentration der Kontrolle* bei gleichzeitig breiter *Streuung des Risikos*."

Die *Zentralbanken* besitzen hauptsächlich durch ihre Zinspolitik einen erheblichen Einfluss auf das Wirtschaftsgeschehen und den Wettbewerb zwischen den Großbanken. Hier sind es vor allem zwei Dinge, die erwähnenswert sind: Einerseits die Frage der Unabhängigkeit der Zentralbanken, die seit der Gründung der amerikanischen *Federal Reserve* 1913 ein finanzpolitisches Dogma darstellt, andererseits die Profitmöglichkeit, die sich allen Finanzinstituten bietet, die Geld von der Zentralbank zu günstigen Zinskonditionen beziehen und es an ihre Kunden (Firmen und Privatpersonen) zu höheren Zinsen weitergeben dürfen. Die Tatsache, dass Zentralbanken ihre Unabhängigkeit vom politischen System erkämpfen und dann immer wieder politisch behaupten mussten, hat zur Folge, dass sie auf strategische Bündnispartner (traditionell waren dies die Privatbanken) angewiesen sind. Was die Zinspolitik angeht, so hat es sich – im Unterschied zu früheren Epochen – mittlerweile eingebürgert, dass die Leitzinsen nicht mehr 1:1 den niedrigsten Kreditzinsen entsprechen. Stattdessen gibt es einen Zins für Kreditgeschäfte zwischen Banken (in der EU der Euribor), der täglich als Durchschnitt der tatsächlichen Zinsen ermittelt wird und die Basis für alle Kredite bildet. Für diese werden in der Regel rund 2 % auf den Euribor aufgeschlagen. Es überrascht also nicht, dass niedrige Leitzinsen der Zentralbank in erster Linie für Großbanken attraktiv sind: Sie können zu besten Konditionen große Mengen Geld beziehen und davon ausgehen, dass die für sie anfallenden Zinsen von den Kreditnehmern gezahlt werden. Da es relativ unprofitabel ist, dieses Geld in die Realwirtschaft zu investieren, d.h. zum Beispiel irgendwo Häuser zu bauen oder neue Märkte zu erschließen (nicht zuletzt aufgrund der sehr hohen Marktsättigung in vielen Bereichen der Gesellschaft), wird dieses Geld zur Investition in Finanzprodukte, d.h. zur Spekulation verwendet. Als Ergebnis der (anhaltenden) Finanz- und Wirtschaftskrise ist es den (Groß-)Banken gelungen, die Gunst der Stunde zu nutzen –

---

134 Quelle: http://www.handelsblatt.com/finanzen/boerse-inside/die-zehn-groessten-hedgefonds;2075150 [abgerufen am 30. November 2009]

135 Vgl. dazu die Angaben auf der Homepage der Deutschen Bank (www.deutsche.bank.de).

u. a. durch die Staatshilfe riesigen Ausmaßes –, um die Stärkung ihrer Position und den Ausbau ihrer Macht zu zementieren (Wetzel/Flück/Hofstädter 2010).[136]

Kapital, das nicht bloß im Sekundärmarkt zirkuliert, wird Richard Münch (2009, S. 273) zufolge, durch den „freie[n] Kapitalverkehr und die Entwicklung neuer Finanzinstrumente" sehr mobil. Dadurch wurde es möglich, „dass Kapital viel schneller und in viel größerem Umfang dorthin fließen konnte, wo damit das größte wirtschaftliche Wachstum und somit die höchsten Renditen erzielt wurden, das heißt in die Schwellen- und Transformationsländer" (ebd.). Die folgende Tabelle enthält eine systematische Übersicht zu Akteurskonstellationen, Institutionen und Leitideen.

Tabelle 2:   Nationale Wertpapierordnung (am Beispiel Deutschlands) und internationales Finanzmarktdispositiv im Vergleich[137]

Modelle / Dimensionen	Nationales Modell der Wertpapierordnung in Deutschland	Internationales Modell des Finanzmarkts als Wettbewerbsdispositiv
Leitideen	Öffentliche Verantwortung, Vertrauen, Loyalität	Privatisierte (Eigen-) Verantwortung, Misstrauen, Wettbewerb
Institutionelle Kontrolle	Selbstregulation	Regulierter Wettbewerb
Akteurskonstellationen und Machtverteilung	Loyalitätsbeziehungen, Unterscheidung zwischen In- und Outsidern	Konkurrenz um Marktmacht, Differenzierung zwischen Gewinnern und Verlierern

Leitideen im Sinne eines hegemonialen Projektes

Neben der institutionellen Verordnung des Wettbewerbs gewinnt dieser zudem auf der *semantisch-rhetorischen Ebene* an Vehemenz: Die Wettbewerbsmetapher wird als überall einsetzbares Instrument der Leistungssteigerung und -optimierung propagiert. Für die Kunden und die anlagesuchenden Klienten werden effiziente und kostengünstigere Lösungen angepriesen, die zu ihrem eigenen Vorteil gereichen sollen (Nullmeier 2002, 2001). Spielten vormals die öffentliche Verantwortung und Vertrauen eine große Rolle, so tritt an deren Stelle Eigenverantwortung und eine privatisierte Form der Lebensführung, die sich an einer gesellschaftlich verordneten „Erfolgskultur" (Neckel 2009a) orientieren. Medien und Politik spielen beim Etablieren eines solchen ‚Diskursregimes des Wettbewerbs' eine Gatekeeper- oder Schlüsselrolle.

---

136   Über die Vielfältigkeit der Machtformen und der Einflussnahme von Banken informiert mein Aufsatz „Macht und (Groß-)Banken – soziologische Analysen zum Finanzmarktdispositiv" (Wetzel 2012).

137   In Anlehnung an Münch (2009, S. 281); vgl. Beckmann (2007, S. 35) ergänzend zum ‚nationalen Modell': „Insgesamt waren die nationalen Finanzmärkte gegeneinander abgeschottet. Gleichzeitig war der Wettbewerb zwischen den jeweiligen Marktakteuren auf unterschiedliche Art und Weise beschränkt, entweder durch ein Trennbankensystem oder durch das in Deutschland vorherrschende Prinzip des Gruppenwettbewerbs."

Institutionelle Dimension / Kontrolle

Unbestritten hat das *Wettbewerbsrecht der EU* einen wichtigen Beitrag in puncto Etablierung und Ausbreitung des Finanzmarktkapitalismus in Deutschland beziehungsweise in ganz Europa geleistet. Wettbewerbskommissare (Joaquín Almunia hat im Jahr 2010 Neelie Kroes abgelöst) überwachen mit ihren Abteilungen das Funktionieren und Aufrechterhalten von Wettbewerbsregimen. Sie versuchen Kartellbildungen zu unterbinden und sprechen Strafen aufgrund von Preisabsprachen und unlauterem Wettbewerb aus. Die Idee der Selbstregulation, die im nationalen Modell (im Sinne der unsichtbaren Hand Adam Smiths) favorisiert wurde, wird beim internationalen Modell durch den regulierten Wettbewerb ersetzt. Nicht zuletzt aufgrund der Finanz- und Wirtschaftskrise wird die Regulierung mittels einer staatlichen Wettbewerbsgesetzgebung unterstützt. Inwiefern sich beispielsweise die Banken an die politischen Vorgaben tatsächlich halten, ist damit keineswegs abschließend geklärt. Durch die anhaltende Macht dürften aber vor allem die Großbanken in der Lage sein, Regulierungsbemühungen (Basel II, Basel III) zu unterlaufen.

Akteurskonstellationen und Machtverteilung[138]

Vormals herrschten mit Blick auf Deutschland und den ‚rheinischen Kapitalismus‘ größtenteils *Loyalitätsbeziehungen* zwischen den Banken, der Politik und weiteren wichtigen gesellschaftlichen Akteuren vor. Im derart gestalteten korporatistischen Modell wird verstärkt zwischen mittels Vertrauen eingebundenen Insidern und eher von Beziehungen fern gehaltenen Outsidern unterschieden. An die Stelle dieser überschaubaren Wettbewerbskonstellation tritt eine Konkurrenz um Marktmacht, die stärker als zuvor zwischen Gewinnern und Verlierern unterscheidet. Nach dieser Skizzierung des historischen Übergangs vom nationalen zum internationalen Modell, stellt sich jedoch die Frage, ob *Grenzen, blinde Flecken* und vernachlässigte Dimensionen auch bei der Beschreibung gegenwärtiger Finanzmärkte identifiziert werden können.

2.2 Wettbewerbsdimensionen

Um Missverständnissen vorzubeugen und keiner Apologetik des Wettbewerbs das Wort zu reden, soll an dieser Stelle festgehalten werden, dass die hier verfolgte These darin besteht, dass auf den Finanzmärkten nicht automatisch ein ‚reiner‘ Wettbewerbskapitalismus existiert und ebenso wenig *ein* (vollständig globalisierter) Wettbewerb, wie es teilweise die ökonomische Theorie der Neoklassik vertritt. Ein hier eingenommener diskursanalytisch-kritischer Blick auf Finanzmärkte besticht nun gerade dadurch, *erstens* die unterschiedlichen Formen und Ausdifferenzierungen mit Blick auf das Wettbewerbsgeschehen benennen zu können, und *zweitens* das ‚Andere‘ des Wettbewerbs (Kooperation, Absprachen) quasi als ausgeschlossenes, aber dennoch konstitutives Element mitzudenken.[139] Bevor ich weiter un-

---

138 Eben darüber gibt mein Beitrag (Wetzel 2012b) Auskunft. Entwickelt wird darin eine Machtmatrix mit dem Fokus auf den Großbanken.

139 Das sieht beispielsweise auch Klaus Dörre so: „Um sich im Wettbewerb betätigen zu können, sind bei individuellen wie kollektiven Akteuren jedoch Verhaltensweisen vonnöten, die auf Kooperation, mitunter gar auf

ten die Zugangsvoraussetzungen für Teilnehmende an Wettbewerben innerhalb des Finanzmarktkapitalismus beschreibe, besteht ein erster Schritt darin, die Dimensionen und Formen
des Wettbewerbs auf den Finanzmärkten zu identifizieren. In einem zweiten Teil werden daran anschließend die Strukturlogik und die wichtigsten Akteure analysiert.

Standortwettbewerb, Produkt- und Anlagewettbewerb, systemischer Wettbewerb

Die Rede vom Standortwettbewerb zwischen den Finanzplätzen hat sich mittlerweile im politischen, aber auch im sozialwissenschaftlichen Diskurs etabliert (Brugger/Rigassi 2005).[140]
Dahinter steckt die Frage nach den Differenzierungen, die mit der Konzentration im Finanzwesen einhergehen. Die von Taylor et al. (2009, S. 7) veröffentlichte Studie steht für „pre-
liminary analyses of headquarter locations for both the leading 75 financial services firms
(banks and insurances) and for the largest 2000 firms (from all sectors) as defined by the For-
bes Global 2000." Mit Bezug auf die Finanzinstitutionen kommen sie dabei zum Schluss:
„this command function is highly concentrated with only thirty-five cities featured and all
but six in North America and Europe. New York stands out as the dominant city but Western Europe is the most dominant world region in financial command-and-control centres."
(2009, S. 8) Diese Ergebnisse stellen insofern eine Ergänzung zu den bereits von Hilferding
festgestellten Konzentrationsprozessen im Bankenwesen dar,[141] als sie in der Lage sind zu
zeigen, dass diese Konzentration nicht nur horizontal verläuft. Genauer ist das so gedacht,
dass nicht nur immer weniger Privatbanken immer mehr Menschen und Unternehmen mit
Krediten bedienen und ihre Vermögen verwalten, sondern diese sich auch vertikal geogra-
phisch verdichten. Mit anderen Worten: Die nach dem Schrumpfungsprozess übrig geblie-
benen Finanzinstitute konzentrieren sich im Sinne von Zentrum und Peripherie auf einige
wenige Regionen weltweit.

   Aus einer erfolgszentrierten Sicht haben sich Derivate und andere strukturierte Produkte im Wettbewerb um die beste Anlageform bei den Anlegern etabliert, zumindest bis zum
Finanzcrash. Insofern scheint es aus der Sicht einer Wettbewerbsanalyse nur konsequent,
dass sich Banken sowie deren Investmentbanken im Verbund mit Investmentfonds auf diese nur von wenigen verstandenen Produkte konzentrieren. Hohe Renditen und kurzfristige
Gewinnmitnahmen sind die Wettbewerbsvorteile, die die neuen Finanzderivate für sich in
Anspruch nehmen können.[142]

   Schließlich darf auf einer weiteren Ebene der *systemisch bedingte Wettbewerb* der Fi-
nanzmarktakteure untereinander nicht ignoriert werden. Der von Prozessen der Globalisierung geschürte und gleichzeitig kritisierte Finanzmarktkapitalismus setzt die Akteure auf

---

Solidarität beruhen und damit in gewisser Weise das Gegenteil marktvermittelter Konkurrenz voraussetzen
(Dörre 2009, S. 28).

140   Joachim Hirsch spricht in seiner Arbeit von einem „nationalen Wettbewerbsstaat", der sich darauf kapriziert,
      einem global „agierende[n] Kapital in Konkurrenz mit anderen Staaten günstige Verwertungsvoraussetzungen
      zu schaffen" (1996, S. 103).

141   Hilferding geht von einer Verschmelzung des Bank- und Industriekapitals zum Finanzkapital unter der
      Hegemonie der Banken aus.

142   Obwohl diese Produkte spätestens seit der Finanzkrise 2007 in der Kritik stehen, gelingt es den Investment-
      banken mit eben diesen Produkten weiterhin riesige Gewinne einzufahren. Dies wird vor allem durch die
      Hebelwirkung (Leverage-Effekt) ermöglicht.

den Finanzmärkten nicht von ungefähr unter erhöhten Druck (Hansen 2008). Vor allem die Banken werden im Wettbewerb um „möglichst günstige Kredit- oder Guthabenkonditionen" (Lütz 2009, S. 73) dazu gebracht, immer größere (Geschäfts-)Risiken einzugehen. Ihre Aktionen sind über Rücklagen nicht mehr gedeckt, teilweise besteht sogar die Gefahr eines „tendenziell eher *ruinösen*" (ebd.) Wettbewerbs, indem sich beispielsweise das Eingehen hoher Risiken mit tiefen Deckungsgraden verbinden.

2.3 Grenzen der (Finanz-)Markteffizienz und ‚affektive Ökonomie'

Prominent kommt in der (neo-)liberalen Vorstellung der Markteffizienz zum Ausdruck, dass Individuen und Unternehmen Informationen stets effizient verarbeiten und sie folglich nicht nur ihre Erwartungen rational bilden, sondern auch über feste Präferenzen verfügen würden. Wäre dem so, dann würde Olaf Storbeck zufolge Wirtschaftspolitik ihre Bedeutung verlieren, denn „Akteure, die rationale Erwartungen bilden und in perfekten Märkten agieren, antizipieren die Folgen staatlicher Handlungen und stellen ihr Verhalten darauf ein" (Storbeck 2009, S. 159). Soweit die Theorie, aber ist sie auch richtig? Kaum, denn in der Forschung ist hinlänglich gezeigt worden, dass Menschen häufig nicht rational handeln, auch bilden sich Erwartungen nicht immer rational aus. Verhaltensorientierte Wirtschaftsforscher wie beispielsweise Axel Ockenfels haben in empirischen Studien gezeigt, dass wir uns bei Entscheidungen häufig an einfachen Grundsätzen orientieren (Erfahrungswissen) und häufig – mit wachsendem Alter – eher träge auf neue Informationen reagieren (Ockenfels 1999). Eine Theorie der effizienten Finanzmärkte hat mehr denn je ausgedient. Investoren handeln nicht als rationale homines oeconomici, sondern folgen vielmehr einem mitunter desaströsen Herdentrieb (vgl. dazu Abschnitt 3)

Auch die politische Re-Regulierung der Finanzmärkte kann den Druck nicht verhindern, der Banken und andere Finanzakteure dazu getrieben hat, immer noch riskantere Strategien zu favorisieren. Doch woher kommt dieser Druck überhaupt? Für Jörg Huffschmid, aber auch für Christoph Deutschmann (2008a, 2008b) ist es der Druck der Anleger, deren Finanzvermögen ständig ansteigt und die zugleich immer höhere Renditen erwarten.[143] Diese jedoch auf dem herkömmlichen Weg der Produktion von Wert und Mehrwert zu erzielen wird tatsächlich immer schwieriger, weil die produktiven Investitionsmöglichkeiten langsamer wachsen als das Finanzvermögen. Und genau in dieser Situation treten die Finanzinvestoren auf den Plan: Sie versprechen den Anlegern, ihr steigendes Finanzvermögen gewinnbringend anzulegen. Diese Investoren konkurrieren also um das Geld der Eigentümer, und sie gelten faktisch als umso erfolgreicher, desto höhere Renditen sie zu erzielen vermögen. Politische Eingriffe, die nicht selten auf der rhetorischen Ebene verhallen und wenig nachhaltige Wirkungen erzeugen, sind als defizitär zu bewerten, solange es kein klares Bild über die komplexen Vorgänge an Finanzmärkten gibt. Um dies jedoch leisten zu können, wäre eine Korrektur der rein rationalen Konzeption der (Finanz-)Ökonomie notwendig. Der gegenwärtig wieder einmal unter Beschuss geratene homo oeconomicus erweist sich – ähn-

---

143 Deutschmann (2008a) weist in seiner Arbeit auf die bei den Anlegern verbreitete Vorstellung eines ‚Naturrechts' auf Rendite hin.

lich wie der Kapitalismus insgesamt – als äußerst resistent. Doch die Kritik nimmt auch aus den eigenen Reihen zu.

Denn es entstehen in Teilen der Wirtschaftswissenschaften Konturen einer „affektiven" Ökonomie,[144] wie sie vor allem Robert J. Shiller und George A. Akerlof in ihrem Werk *Animal Spirits* (2009) in Anlehnung an die Arbeiten von John M. Keynes beschrieben haben. Dieser hatte bereits das Verhalten in der Krise 1936 in seinem Hauptwerk *General Theory of Employment, Interest and Money* mit den sogenannten „Animal Spirits" erklärt. Nicht nur Rationalität, sondern vielmehr tief liegende Instinkte und ein Auf und Ab von Gefühlen treiben die Entscheidungen von Konsumenten wie Unternehmern an. Und davon hänge ab, ob Menschen viel oder wenig sparen würden, ob Unternehmen nicht oder viel investierten. Psychologische und emotionale Faktoren bestimmen unser wirtschaftliches Verhalten häufig stärker als rationale Kosten-Nutzen-Kalküle. Im Rahmen ihrer Theorie zeigen Akerlof und Shiller, in welcher Weise „Animal Spirits" das ökonomische Verhalten beeinflussen: nämlich genau dann, wenn es um Fragen des Vertrauens und der Vertrauensmultiplikatoren (1), der Fairness (2), der Korruption und der Arglist (3), der Geldillusion (4) und schließlich um den Einfluss von Geschichten und Narrativen geht (5). Genau genommen beeinflussen uns Affekte die ganze Zeit. Im hier interessierenden Zusammenhang ist es beispielsweise der Investor, der nicht (nur) rational agiert, sondern in einem Stimmungsfeld zwischen Vertrauen, Gier und Angst hin und her pendelt (Gray 2009). An die Stelle des homo oeconomicus tritt der *homo ovinus* (Dittli 2009), also der Mensch als Schaf, als Herdentier, das mit teilweise fatalen Folgen der vorherrschenden Meinung der Masse beziehungsweise der Berater folgt (vgl. dazu den Abschnitt 2.3).

Nach dieser ersten Beschreibung des Wettbewerbsdispositivs auf den Finanzmärkten geht es nunmehr um die Zugangsbedingungen und die damit zusammenhängenden Subjektivierungsimperative. Mit anderen Worten: Welche Subjektdispositionen müssen Marktteilnehmer mitbringen, wenn sie im Wettbewerb bestehen wollen, und welche Bedingungen beziehungsweise welche Voraussetzungen müssen sie als möglichst erfolgreiche Wettbewerbsteilnehmer erfüllen?

---

144 Für das Folgende orientiere ich mich an meiner eigenen Darstellung in: Wetzel (2010b). Vgl. dazu auch den bei Simmel (1995, [1903]) und Deutschmann (2000) thematisierte Wandel von Geld vom Mittel zum Endzweck, was eine entgrenzende Wirkung erzeugt – und als Geiz, Gier oder Rausch auftritt.

3. Zugangsvoraussetzungen und Subjektivierungsimperative[145]

Dieser Abschnitt beschäftigt sich mit den Zugangsbedingungen und den damit zusammenhängenden Subjektivierungsimperativen, die auf Finanzmärkten Platz greifen. Aus einer Akteurperspektive heraus werden die Zugangsvoraussetzungen für eine erfolgreiche Teilnahme an solchen Märkten geprüft. Rating-Agenturen spielen in Fragen der Bewertung von Produkten und Anlagestrategien eine herausragende Rolle, sowohl für die Anbieter als auch für die Nachfrager auf solchen Märkten. Aber auch die Einführung des Shareholder-Values und die Bereitschaft zu einer immensen Staatsverschuldung werden (kritisch) unter dem Aspekt des Wettbewerbs diskutiert (Abschnitt 3.1). In einem zweiten Schritt wird herausgearbeitet, welche Subjektivierungsimperative im Finanzmarktdispositiv vorherrschend sind (Stiglitz 2010). Anhand der drei Figuren des Investmentbankers, der Anlageberaterin und des Anlegers/Rentiers werden wichtige soziale Mechanismen rund um das Thema der Konkurrenz identifiziert (Abschnitt 3.2, 3.3 und 3.4).[146]

3.1 Zugangsvoraussetzungen für Akteure und deren Produkte

Rating-Agenturen und die riskante Bewertung von Risiken

Um am Markt erfolgreich agieren und Produkte lancieren zu können, greift die Finanzbranche seit längerem auf die Dienste von Rating-Agenturen zurück.[147] Diese beurteilen – mit Bewertungen, die von AAA bis zu D reichen – die Zahlungsfähigkeit von Unternehmen, die am Finanzmarkt Anleihen aufgenommen haben. Ratingagenturen sind für die grenzüberschreitende Anlegertätigkeit von grundlegender Bedeutung, da ihr Versprechen darin besteht, *Informationsasymmetrien* zu verringern (Klagge 2009). Weltweit gibt es nur drei große Rating-Agenturen (Moody's Investors Service, Standard & Poor's und Fitch Rating). Früher wurde vermutet, dass die Rating-Agenturen kein direktes ökonomisches Interesse an den Unternehmen hätten (Windolf 2005). Das war ein fundamentaler Irrtum. Ratings sind ein sogenannter Anbietermarkt, d. h., es sind die Unternehmen und eben nicht die Rating-Agenturen, die sich um eine möglichst günstige Beurteilung durch die Agenturen bemühen. Diese Ratings sollen Unternehmen prinzipiell vergleichbar machen und stellen insofern Wissen den Banken und den Investmentfonds zur Verfügung. Dabei handelt es sich um Wissen, dass

---

145 Empirisches Anschauungsmaterial entnehme ich dem unter eigener Mitarbeit erstellten Band von Honegger et al. (2010).

146 Komplementär im Sinne der Marktlogik, die Anbieter und Nachfragende zusammenbringt.

147 Die Geschichte der Rating-Agenturen nimmt ihren Ausgang zu Beginn des 20. Jahrhunderts, und zwar mit der im Jahr 1909 gegründeten Agentur von John Moody. Eine umfassende Soziologie der Rating-Agenturen steht meines Wissens noch aus.

größtenteils auf finanziellen Kennzahlen wie Cash Flow etc. basiert. Ratingagenturen werden aber zunehmend kritisch betrachtet, denn mit der Vergabe teilweise unrealistisch guter Ratings, oft sogar mit der Bestnote AAA bewertete verbriefte Wertpapiere, signalisierten sie den Marktteilnehmern ein zu niedriges Risiko und dadurch haben sie den Finanzmärkten einen falschen Anreiz geschaffen (Münch 2009). Dies ist vor allem deshalb gravierend, weil institutionelle Anleger wie z. B. Pensionsfonds gesetzlich verpflichtet sind, nur in ,sichere' Anlagen, d. h. eben solche mit Top-Ratings, zu investieren. Viele Kreditinstitute haben weltweit in Subprime-Bestände nur wegen des ,Triple-A'-Ratings investiert und diese Bestnoten unkritisch als objektiv gegeben akzeptiert. Die Glaubwürdigkeit der Rating-Agenturen bzw. die Aussagekraft der von ihnen vergebenen Ratings wird spätestens seit dem Ausbruch der Subprime-Krise in Frage gestellt. Dies spiegelt sich auch in den Anleihe-Kursen wider, die keineswegs automatisch den dazu gehörigen Ratings entsprechen. Insbesondere stehen die Ratingagenturen in der Kritik, weil sie von ihren Auftraggebern bezahlt werden, deren Finanzprodukte sie doch eigentlich möglichst neutral bewerten sollen.[148] Kurz vor dem Ausbruch der Finanzkrise 2007 haben die Ratingagenturen die Risiken der verbrieften Subprime-Kredite als relativ niedrig, und demnach falsch eingeschätzt,[149] damit – und das ist wichtig – die Investitionstätigkeit im Sinne falscher Anreize noch befördert und Investoren, die sich ja auf die Bewertungen verlassen haben, über die tatsächlich vorhandenen Risiken getäuscht.[150] Rating-Agenturen verfügen mittels Vergabe von Bewertungen über eine wichtige Machtposition in der Gesellschaft. Gerade auch Banken, insbesondere die Investmentbanken, sind extrem von den Ratings abhängig. Durch die Monopolisierung und Konzentration des Ratings auf drei relevante Agenturen entstand ein Oligopol (Europäische Kommission 2004), das für einen verzerrten Wettbewerb gesorgt hat. Jedoch weist Richard Münch (2009, S. 299) darauf hin, dass ein „intensivierter Wettbewerb (…) noch mehr zu Gefälligkeitsurteilen über die Auftraggeber verleiten [würde], wenn diese ihr Rating wie bisher zu bezahlen hätten. Eine staatliche oder zwischenstaatliche Rating-Agentur würde Interessenkonflikte vermeiden. Es würden sich aber mangels Konkurrenz viel leichter einseitige Maßstäbe durchsetzen, die sich mit der Zeit überleben" (ebd.).

Wettbewerbsversprechen und Shareholder Value

Neben den Rating-Agenturen, die u. a. den Bewertungs- und Evaluationsdiskurs in der Gesellschaft salonfähig gemacht haben, muss als weitere Voraussetzung für das Etablieren eines Wettbewerbsdispositivs auf den Finanzmärkten das weitgehend unkritische Übernehmen einer (amerikanischen) Shareholder-Value-Kultur angeführt werden. Die stärkere Betonung des Wettbewerbsgedankens ist auch hier kaum Zufall, denn vom Wettbewerb werden Optimierungsleistungen erwartet, die dem ,Endverbraucher' dienen sollen, und gerade durch diese lukrative Nutzenorientierung war das Modell des Shareholder Values im Kampf um Vor-

---

148   Die Anfälligkeit für korrupte Praktiken im Sinne von Gefälligkeitsurteilen liegt in diesem Fall nahe.

149   Dieselben Ratingagenturen, die durch falsche Risikoeinschätzungen die Finanzkrise mit verursacht haben, setzen nun die Ratings von krisengebeutelten Staaten nach unten, wodurch sich deren Kreditaufwendungen und damit die Möglichkeit der Krise zu begegnen, verteuern.

150   Die EU hat mittlerweile beschlossen, Rating-Agenturen unter die Aufsicht des Staates zu stellen; nachdem man sich viele Jahre just gegen solche staatlichen Interventionen gewehrt hatte. Dahinter steckt die brisante Frage: Wer bewertet/kontrolliert die Bewerter?

herrschaft siegreich (Münch 2009, S. 287).[151] Man möchte anfügen, nicht nur im diskursiven Kampf, sondern ebenso in der ökonomischen Realität vieler (großer) Unternehmen. Mit anderen Worten: Als Zugangsvoraussetzung für ein erfolgreiches Auftreten am Markt fungiert mehr denn je die Implementierung von kurzfristigen Gewinnorientierungen.[152]

Die Bereitschaft zur Staatsverschuldung und die Rolle der Banken

Gelder und Investitionen entstehen auch in hochvirtuellen Finanzmärkten nicht aus dem Nichts. Vielmehr stehen hinter dieser Entwicklung das Leben auf Pump respektive der „Pumpkapitalismus", wie ihn Ralf Dahrendorf (2009) in einer seiner letzten Arbeiten eindrücklich beschrieben hat. Mittlerweile wird sogar aus Bankenkreisen diese Entwicklung skeptisch beurteilt: „Aber der Selbstbetrug, dass die Verschuldung immer weiter wachsen kann, diesen Exzess würde ich kritisieren. Meine Befürchtung ist, dass die westlichen Länder seit einer Dekade über ihre Verhältnisse leben und mit steigenden Staatsschulden und billigem Geld die unweigerliche Anpassungskrise immer weiter hinausschieben, aber nicht verhindern können." (Der Investmentbanker Leonhard Fischer, in: *Die Zeit* vom 28.01.2010, S. 22)[153] Nur über Finanzspritzen, welche die Steuerzahler aufbringen, konnten und können Banken ihre Wettbewerbsfähigkeit und damit ihr Überleben am Markt sichern.

Auf der anderen Seite konnte es erst durch das Anhäufen von Vermögen, was im zunehmenden Maße auch vererbtes Vermögen darstellt, zu gewaltigen Liquiditätsüberschüssen auf den Finanzmärkten kommen. Wie Dirk Baecker (2008, S. 165) feststellt, geht es um die „Platzierungsmöglichkeiten im Primärgeschäft und die Handelskapazität im Sekundärgeschäft", beides Faktoren, die zu den zentralen Voraussetzungen hinsichtlich der Wettbewerbsfähigkeit von Banken zählen. Die Banken selbst sind insofern zentral am Wettbewerbsdispositiv beteiligt, als sie im Sinne einer Drehscheibe die Anlagebedürfnisse von professionellen, aber auch privaten Investoren erfüllen (sollen) und gleichzeitig auf eigene Gewinne aus sind. Insofern erscheint es für den vorliegenden Erklärungszusammenhang ebenso sinnvoll wie notwendig, drei Hauptakteure auf den Finanzmärkten genauer zu beleuchten.

3.2 Investmentbanker (Subjektivierungsimperativ I)[154]

Seit Beginn der Finanzkrise 2007 mussten viele renommierte Investmentbanken wie Lehman Brothers, Merrill Lynch und auch Bear Stearns aufgeben, beziehungsweise wurden diese an Mitkonkurrenten veräußert. Dass es sich bei den – zumindest vorübergehend von

---

151 Der Endverbraucher ist in diesem Modell der Aktionär beziehungsweise der Investor, dazu und zum Shareholder-Value vgl. Rappaport (1999).

152 Im Hintergrund verläuft die kontrovers geführte Diskussion bezüglich einer ‚Amerikanisierung' deutscher (europäischer) Produktionsmodelle und Managementkonzepte, vgl. dazu Hilger (2005).

153 Es war bereits im Jahre 1921 Walter Benjamin, der in diesem Zusammenhang in seiner kurzen, aber ebenso faszinierenden Schrift „Kapitalismus als Religion" feststellte: „Der Kapitalismus ist vermutlich der erste Fall einer nicht entsühnenden, sondern verschuldenden Kultur." (1991, S. 100)

154 Kaum ein Zufall, dass es sich beim Investmentbanking herkömmlich um eine Männerdomäne handelt, die mittlerweile – primär aus erfolgsstrategischen Überlegungen heraus – Frauen vor allem im direkten Kundengeschäft einsetzt. Umso interessanter erscheint daher der Bericht einer Frau aus der Binnensicht dieser Branche (Anne T. 2009).

Arbeitslosigkeit – betroffenen Investmentbankern um eine besondere Spezies handelt, zeigen Insiderberichte, Gespräche und Portraits (Knee 2007; Anne T. 2009; Honegger et al. 2010). Während man früher im Erscheinungsbild „auf Exklusivität, Integrität und Konservatismus" (Knee 2007, S. 18) Wert legte, hat sich spätestens seit den 1990er Jahren die Unternehmenskultur der Investmentbanken grundsätzlich gewandelt: Eine gegenüber dem Klienten auf Langfristigkeit setzende Beziehung und ein auf traditionellen Werten beruhendes Geschäftsmodell wurde „durch ein aggressiveres, opportunistischeres und auf die Transaktionsabwicklung fixiertes Modell" (ebd. S. 20) ersetzt. Nüchtern betrachtet stellt das Investmentbanking eine wichtige Dienstleistung von Investmentbanken beziehungsweise von Investmentabteilungen der Privatbanken dar: Sie kümmern sich konkret um funktionierende Kapitalmärkte, den Handel mit Wertpapieren, den Risikotransfer und zumindest teilweise auch um die Vermögensverwaltung ihrer Kunden. Auch bei Börsengängen unterstützen sie Unternehmen bei Fragen der Kapitalaufnahme. Zudem betreiben sie aber auch den Handel auf eigene Rechnung (sogenannter Eigenhandel). Dieser taucht nicht oder oftmals kaschiert in den Bilanzen der Banken auf.

Aber was machen Investmentbanker eigentlich? Letzten Endes geht es beim Investment Banking bei aller Effekthascherei und Geheimniskrämerei um das Verkaufen (Knee 2007, S. 116). Hinter dieser schlicht anmutenden Geschäftspraktik verbirgt sich allerdings eine – nicht nur für Außenstehende – bizarre Welt. Als Frau und Insiderin in der Branche schildert Anne T. (2009) eine ebenso zynische, arrogante wie rücksichtslose Welt, in der ständig sich selbst überschätzende Investmentbanker geradezu ‚wettbewerbswild' (Katzensteiner et al. 2009) agieren. Ihr ganzes Auftreten ist mit ‚infantilen' Praktiken und einem scheinbar unbändigen Spieltrieb gepaart, der wiederum sekundenschnell in tödlichen Ernst umschlagen kann. Sehr schön beschreibt Andreas Zielcke das Treiben der Investmentbanker: „Wie ein Jongleur, der im Zirkus ein Dutzend Bälle in der Luft herumwirbelt und in atemloser Konzentration seine Umgebung völlig vergisst, so lassen die Virtuosen der Investmentbanken zahllose Wertpapiertitel gleichzeitig im schwerelosen Raum der Kurstabellen tanzen, um sie bei Ausnutzung winziger Kursschwankungen in schwindelerregender Geschwindigkeit laufend neu zu sortieren." (Zielke 2009) Vielleicht zeigt sich gerade darin – also im Umschalten von archaisch-infantilen Spielen auf eine schnelle, rationale Handlungslogik – die Professionalität der Investmentbanker? Auf der Handlungsebene dominiert die Orientierung an der Konkurrenz, vor allem mit dem Ziel, sich im Wettbewerb nicht schlechter zu stellen als die Konkurrenten. „Der interne Wettbewerb führte zu den seltsamsten Spielchen: Hatte man keine Informationen, dachte man sich eben etwas über ein Unternehmen aus, sogenannte Non-Events, nichtssagende Fakten." (Anne T. 2009, S. 24) Hier findet insofern eine Art auf Dauer gestellter und *inszenierter Wettbewerb* statt. Diese Form des Wettbewerbs zeichnet sich dadurch aus, den Rivalen in einer Art Schaukampf hinter sich zu lassen. Demzufolge riskiert ein Banker seine eigene Entlassung, wenn er beispielsweise nachhaltig und zum Wohle des Kunden agiert, gleichzeitig aber die für seinen persönlichen Karriereverlauf wichtigen Ergebnisse seiner Bemühungen (Gewinne für die Bank) mit den weitaus aggressiveren Mitbewerbern nicht mehr mithalten können. Die Orientierung am Wettbewerb und das Aufrechterhalten der Wettbewerbsfähigkeit dienen einerseits als Ansporn, andererseits im Sinne einer auf Dauer gestellten Drohung innerhalb eines angsterzeugenden Regimes, um so den Erhalt des eigenen Arbeitsplatzes zu sichern.

Eigentlich sind die Investmentbanker angetreten, die Risiken zu minimieren, wie dies etwa Jakob Arnoldi (2009, S. 27) eindrücklich beschrieben hat: „Denn die Wertpapiere und Derivate, die die Investmentbanken entwickelt hatten, hätten (wiederum theoretisch) das Kreditrisiko (das Risiko, dass Hausbesitzer ihre Hypotheken nicht bedienen können) unter den Teilnehmern des globalen Finanzmarktes aufteilen sollen." Ziel war insofern eine Art Risikostreuung, die ex post betrachtet negativ verlief.[155] Um dies zu verstehen, bedarf es eines kurzen Exkurses in die Sphären des Risikomanagements.

Exkurs: Risikomanagement[156]

Das Finanzwesen ist in den letzten Jahren insgesamt zu einer Märkte erzeugenden Branche geworden. Herbert Kalthoff (2007) thematisiert innerhalb seines „konstitutionstheoretisch-konstruktivistischen" (ebd., S. 153) Forschungsprogramms die Funktionsweise des Risikomanagements am Beispiel der Bankwirtschaft. Für ihn fungiert „die ökonomische Zeit von Märkten und Investitionen" als das „zentrale epistemische Objekt in der Bankwirtschaft und auf den Finanzmärkten" (ebd., S. 158). Auf diesen Märkten werden Risiken gestückelt, verpackt und anschließend gehandelt. Arnoldi (2009) weist darauf hin, dass der Begriff des Risikos mindestens zwei verschiedene Verwendungsweisen erfährt: Für Investmentbanker und Finanzanalysten bedeuten Risiken so etwas wie *kalkulierbare* Ereignisse. Dagegen definiert beispielsweise Ulrich Beck Risiken als *unvorhersehbare* und damit *unkalkulierbare* Ereignisse (ebd., S. 43). Wenn nun beispielsweise Banker ihre eingegangenen Risiken auf den Finanzmärkten als kalkulierbar – im Sinne von überschaubar und (stochastisch) berechenbar – darstellen und verkaufen, dann kann sich explizit herausstellen, dass sich diese ursprünglich kalkulierbaren Unsicherheiten als unkalkulierbare entpuppen, was insofern einen Irrglauben darstellt. „Die Essenz des Laborgeldes ist es, Risiken in Handelsgut zu verwandeln. Das geschieht, indem man die Risiken kalkulierbar und damit Wetten zugänglich macht: strukturierte Produkte sind strukturierte Wetten." (Zielcke 2009) Und Wetten sind in ihrem Ausgang – abgesehen von unlauteren Absprachen – stets hinreichend offen.

Vermeidbare und unvermeidbare Risiken: Banker und insbesondere Investmentbanker haben Risiken definitiv falsch eingeschätzt und gleichzeitig haben sie mit zu hohen Kreditvolumina gearbeitet. Der Anreiz ihrer Tätigkeit besteht immer noch konkret darin, dass Geschäfte mit hohen Risiken die höchsten Gewinnperspektiven er-

---

155   „Das Bankgewerbe, dessen Charakteristikum einst die schlaue Übervorsicht und die Übersicherung seiner Anlagengeschäfte war, trat die Vorsicht an eine Mathematik ab, die es nicht kapierte, und ließ sich durch den Voodoo-Zauber komplexer Gleichungen verdummen." (Zielcke 2009)

156   Dirk Baecker (2008: 140) bezeichnet als Risikomanagement jedes Verfahren, „mit dem sich eine Organisation (Bank oder Unternehmung) derart in der über Beobachtung des Marktes identifizierten Risikostrukturen der Wirtschaft positioniert, daß sie Optionen des Zugriffs auf und des Einsatzes von Risikoinstrumenten gewinnt und sich erhält", vgl. dazu auch die Rolle von für die Identifikation von Risiken wichtigen „frames" (Rahmen) in den Arbeiten von Michel Callon (2007b) und Callon/Caliskan (2009).

möglichen. Allerdings gibt es auch systemisch bedingte Risiken, denn der (Finanz-markt-)Kapitalismus mit seiner Leitfigur des Unternehmers fordert gerade dazu auf, innovativ zu sein und Risiken einzugehen. Der Clou dabei liegt im folgenden Zusammenhang begründet: Je strenger Wettbewerb und Konkurrenz untereinander ausfallen, desto mehr Risiken müssen Banker eingehen, um am Markt überhaupt bestehen zu können (Beckmann 2007, S. 40ff.). Können wir auf diese Risikojongleure in der Gestalt von Investmentbankern verzichten? Die Banken können es offenbar nicht.[157]

3.3   Die Bank-Anlageberaterin (Subjektivierungsimperativ II)[158]

Den Bank-Anlageberaterinnen kommt in dem Geschehen rund um die Finanzmärkte eine wichtige Mittlerfunktion zu. Sie geben nicht nur die von Investmentbankern gehandelten Produkte, sondern auch den auf den Märkten erzeugten Wettbewerbsdruck weiter – und zwar nach unten, am besten „bis ins letzte Wohnzimmer hinein" (Anne T. 2009, S. 75). Unter dem Deckmantel eines ‚Classic Zertifikats' oder einer ‚kapitalgarantierten Anleihe' veräußern der „nette Herr Meier oder die seriöse Frau Müller von der Anlageberatung einer Hausbank" hochriskante strukturierte Produkte „selbstverständlich als sichere und profitable Anlage" (ebd., S. 107). Im Zuge dessen erleben wir eine Delegation der Verantwortung, so dass entweder der ‚böse', weil gierige Investmentbanker oder der ‚Raubtierkapitalismus' mit seinen Auswüchsen für die Malaise einstehen müssen. Die von Investmentfonds gehandelten Papiere müssen einen Abnehmer finden und oft sind es Landes- oder Regionalbanken, die diese Papiere in den Depots ihrer Kunden unterzubringen versuchen. In Gesprächen mit Bankberatern fällt sofort die Abgrenzung zu den vermeintlich ‚bösen' Investmentbankern auf, d. h. es kommt häufig zu einer Inszenierung der Bankberater als „anständige Banker".[159] Aus dem Blick der vorherrschenden Subjektivierungsimperative fallen sofort die Beratung und – noch wichtiger – das Verkaufen von Anlageformen ins Gewicht. Aus der Sicht der Berater erscheint es rational, Produkte an den Mann oder an die Frau zu bringen, die möglichst hohe Provisionen erzielen, und gleichzeitig den Kunden im Glauben lassen, gut beraten worden zu sein.[160] Es ist kein Zufall, dass im Lauf der Krise häufig wieder von der Figur des ‚ehrbaren Kaufmanns' die Rede war, also der notwendigen Rückkehr der Verlässlichkeit, Ehrlichkeit und Vertrauenswürdigkeit des Bankers. In diesem Sinne soll eine ethisch motivierte Rück-verwandlung des „Banksters"[161] in den ‚guten Banker' stattfinden. In den Ausbildungsgän-

---

157   „Im ersten Quartal 2009 verdiente die US-Investmentbank Goldman Sachs umgerechnet 1,3 Milliarden Euro, die Deutsche Bank – bei der die Investmentbanker über Jahre den Großteil des Gewinns heranschafften – 1,2 Milliarden Euro. Dafür haben die Institute auch den Eigenhandel mit Wertpapieren wieder hochgefahren und das Risiko erhöht." (Katzensteiner et al. 2009)

158   Hier ist die weibliche Form kein Zufall, da in diesem Bereich – im Unterschied zum Investmentbanking – Frauen ebenso häufig vertreten sind wie Männer.

159   Vgl. dazu Honegger et al. (Hrsg) (2010). Vgl. zur Inszenierungsstrategie eines moralischen Selbst bei (Bank-)Managern Wetzel (2003).

160   Dass sich die Anleger darin ganz offensichtlich täuschen, zeigt der jüngste Bericht der Stiftung Warentest (07/2010), bei dem die allermeisten Banken durch schlechte bis miserable Beratung auffielen.

161   Eine Persiflage davon findet sich in der amerikanischen Fernsehserie ‚Sopranos': Ein Kundenberater wird von Mafiosi (die die Abteilung kontrollieren) verprügelt, weil er den Kunden alternative (anstelle der von

gen der Business Schools sollen wieder vermehrt ‚ethische Werte' (Anständigkeit, Fairness, etc.) vermittelt werden. Doch damit ist es nicht getan, denn Bankberater stecken offenbar in einem moralischen Dilemma, welches darin besteht, auf der einen Seite dem Verkaufsdruck der Arbeit gebenden Bank, auf der anderen Seite der Maxime eines für den Kunden verantwortlichen Anlegens gerecht zu werden. Durch die bankinterne Konkurrenzsituation finden sich die Anleger in einer schwächeren Position wieder, obwohl ihnen das Gegenteil mitunter suggeriert wird. Als ein Ergebnis der Krise müssen nunmehr Anlageberatungsgespräche schriftlich festgehalten werden, so dass der Kunde im Zweifelsfall über die Möglichkeit verfügt, bei schlechter Beratung Forderungen an die Bank zu stellen. Aber wie muss man sich den Anleger vorstellen? Welchen Subjektivierungsimperativen unterliegt er?

3.4 Vom einfachen Anleger zum Rentier (Subjektivierungsimperativ III)

Die Komplementärfigur zum Investmentbanker, aber vor allem zum Bankberater ist der Anleger beziehungsweise der Rentier, so wie ihn Christoph Deutschmann (2008) beschrieben hat. Dieser befindet sich in einem Zustand zwischen suggestiver Beeinflussung und dem Anspruch auf Anlageoptimierung. Vor dem Hintergrund des Anhäufens und des Vererbens riesiger Vermögen in den letzten Jahren, sind in Deutschland gewaltige Geldmengen freigesetzt und in Umlauf gebracht worden.[162] Diese bedürfen einer optimierten Anlageform. Hartmut Rosa spricht in puncto Anlageverhalten von einem „wachsenden Druck zur ständigen performativen Überwachung und Neubewertung" (2009, S. 112) von Seiten der Anleger. Dabei stellt sich die Frage, wer überhaupt – intellektuell und ressourcentechnisch – in der Lage ist, diese Überwachung und Neubewertung durchzuführen. Hier scheinen mir zwei Probleme gravierender Art vorzuliegen. *Erstens* die Frage nach dem Informationszugang. Dadurch dass der Anleger im Normalfall über kein Insiderwissen verfügt, ist er im Zweifelsfalle immer schon zu spät, weil er – qua zeitlicher Verschiebung – nicht am Puls des Marktes sein kann. *Zweitens* arbeiten Bankberaterinnen häufig mit Suggestionspraktiken und dem Nichtbeziehungsweise Halbwissen der Anlagesuchenden.[163] Dem steht das Idealbild eines mündigen Finanzbürgers diametral gegenüber, der faktisch und nüchtern betrachtet „das letzte Glied in der Risikogeldschöpfungskette bildet" (Zielcke 2009). Auch dieser Umstand gehört in den Kontext einer weiter oben skizzierten „affektiven Ökonomie" (Akerlof/Shiller 2009). Im Unterschied zu einer nur auf der bewussten Ebene ansetzenden Erklärung für ökonomische Abläufe kann so auch auf semi-bewusste Effekte geachtet und deren Anteil herausgearbeitet werden. Bekanntlich ist es zudem der Massen erfassende Herdentrieb, der beim Anlegen durchschlägt, und so häufig zu irrationalen Entscheidungen führt (Stäheli 2006). Allerdings wäre es verfehlt, den Anleger nur als Opfer der Finanzmarktaktivitäten darzustellen. Schließlich existiert eine Mitverantwortung des Anlegers/privaten Investors. Diese besteht darin, dass Kunden mit ihrem Verhalten immer eine bestimmte Form der Nachfra-

---

der Mafia verlangten) Anlagemöglichkeiten anpreist.

162   Vgl. zur soziologisch relevanten Tatsache des „Unverdienten Vermögens" der Erbengeneration die gleichnamige Studie von Jens Beckert (2004).

163   Urs Stäheli hat das Prozessieren der Suggestionspraktiken im Kontext der Spekulation eingehend beschrieben (2007).

ge erzeugen: „Der Kunde beeinflusst durch sein Nachfrageverhalten die in Aussicht gestellte Rendite. Wenn er hohe Rendite will, dann wird die Bank zu liefern versuchen, unter Umständen auch unter Inkaufnahme höherer Risiken." (Junker in: Hesse 2009) Ebenso spielt die
gegenwärtig breit diskutierte Gier der Anleger eine erklärende Rolle:[164] „Die Leute waren
selbst schuld, wenn sie auf der Jagd nach hohen Zinsen und Gewinnen die Risiken aus den
Augen verloren. Wer will schon sein Geld auf dem Sparbuch lassen, wenn ‚sichere' Produkte
zwei, drei Prozent mehr Zinseinnahmen versprechen?" (Anne T. 2009, S. 12) Die Schuldfra-
ge stellt sich allerdings komplexer dar, zumal die oben angeführten suggestiven und manipu-
lativen Praktiken nicht bei einem selbstbewussten (und damit verantwortlichen) Individuum
ansetzen. Die Praktiken der Anleger sind nicht immer durch eine klare Handlungsanweisung
motiviert. Vielmehr stecken sie in einem diskursiven Korsett, das sie dazu zwingt, verschiedene Optionen zu prüfen und aus diesen die für sie besten auszuwählen. Sicher sind die Anleger in ihrem Verhalten dadurch motiviert, dass sie die für sich beste Renditemöglichkeit
erzielen wollen (Deutschmann 2008). Aber völlig der Gier unterliegt ein solches Vorgehen
in den seltensten Fällen, zumal der öffentliche Diskurs bezüglich Altersvorsorge genau ein
Verhalten der privaten Vorsorge unterstützt und fördert. Es sollen möglichst maximale Erträge erzielt werden – weil diese nur ausreichen, um die Defizite in der obligatorischen Vorsorge auszugleichen. Der damit verbundene Präventionsdiskurs hat inzwischen die gesamte Gesellschaft erfasst. Als weiteres wichtiges Motiv ist der Gruppendruck gepaart mit der
suggestiven Kraft der Anlageberater zu nennen. Am Finanzmarkt interessierte Affektfor-
scher gehen davon aus, dass sich Privatanleger nur schwerlich gesellschaftlichen Trends entziehen können und diesem Trend zufolge bietet sich eine von den Anlageberaterinnen ange-
priesene Anlage in Aktien und Fonds als beste Form geradezu an (vgl. dazu Stäheli 2007a).

---

164 Allerdings wäre es verfehlt, weil reduktionistisch, würde man nur die proklamierte Gier der Anleger oder
     die Gier der Banker für die Krise verantwortlich machen.

4. Bedingungen und Parameter des Konkurrenzkampfes

Einer auf der einen Seite unbestreitbaren Leistungssteigerung des Finanzsystems, die verursacht ist durch das Beschleunigen der Finanzströme, Innovationen und gewaltiges Kapitalwachstum, steht auf der anderen Seite die Öffnung des Spekulationsraums gegenüber. Das entspricht insgesamt einer positiven, liberalen Lesart der Entwicklung hin zum Finanzmarktkapitalismus. Rosa (2009, S. 111) sieht allerdings einen Wechsel von „positionalen" zu „performativen Wettbewerbsverhältnissen" am Werk: „In der Spätmoderne [...] wandeln sich die Wettbewerbs- und Anerkennungskämpfe vom Positionskampf, der das Erreichen und Sichern von stufenförmig angeordneten Wettbewerbs- und Anerkennungsniveaus erlaubte, zum ununterbrochenen performativen Kampf." (ebd.) Um diese These zu prüfen, werden als erstes die vorherrschenden Leistungsimperative im Bankenfeld problematisiert (4.1), anschließend daran die Erfolgsmodelle und die Vergütung durch Boni analysiert (4.2) sowie über Formen der nicht-ökonomischen Anerkennung Auskunft erteilt (4.3). Am Ende wird Reputation als Wettbewerbsfaktor thematisiert und mit der Diagnose einer Umstellung auf Performativität (Rosa) konfrontiert.

4.1 Leistungsimperative und ökonomische Anerkennung

Für eine bestimmte erbrachte Leistung erwartet man gemeinhin einen Lohn. Die individuellen Leistungen und Erfolge der Investmentbanker und der Anlageberater schlagen sich am deutlichsten in den variablen Gehaltsbestandteilen nieder. Je höher die Position und die Verantwortung, desto grösser wird der variable Teil beim Gehalt. Wie oben thematisiert wurde, geht es dem Investmentbanker nicht primär um seine Leistung, sondern um den Erfolg am Markt. Man kann an dieser Stelle die Frage aufwerfen, ob es zu einer Art Kontaminierung des traditionellen Bankangestellten (und auch des Beraters) durch den Druck der Investmentbanken und eine Finanzelite gekommen ist. Münch (2009, S. 284) beantwortet diese Frage eindeutig positiv, da er den einfachen Bankangestellten als mit den Renditezielen und Idealen einer global aufgestellten Managerelite infiziert begreift. Das war gleichzeitig zum einen der fruchtbare Boden für das Eingehen von unkontrollierbaren Risiken, zum anderen verschob sich das Gewicht zwischen dem, was Kornwachs (2009, S. 29) „*Entlohnungssysteme*" einerseits und „*Belohnungssysteme*" andererseits nennt. Im Normalfall verpflichtet sich ein Nachfragender für eine bestimmte Leistung eine Entlohnung zu bezahlen, wohingegen es für die Belohnung keine solche Verpflichtung gibt (Kornwachs 2009, S. 85). Während der Leistungsimperativ für den Investmentbanker darin besteht, möglichst viele Verkäufe zu tätigen und dadurch Gewinne für die Bank zu erzielen, gestaltet sich die Situation bei der Anlageberaterin scheinbar ambivalenter. Doch auch hier geht es um *Provisi-*

onen. Anders als der Kunde glaubt, kostet ihn jede Beratung etwas – auch ohne Rechnung des Beraters: „Geld verdient er erst, wenn der Kunde einen Fonds kauft oder eine Versicherung abschließt. Doch welcher Anleger weiß schon, dass ein Berater beim Kauf eines Fonds nicht nur den Ausgabeaufschlag, sondern jährlich noch rund die Hälfte der Managementgebühr erhält?" (Hoffmann/Mühlauer 2009)

So führt das Vergütungssystem der Branche, also die Entlohnung auf Provisionsbasis, dazu, dass die Anlageberaterin mehr am Verkauf von Produkten als an einer für den Kunden guten Beratung interessiert ist. Auch deshalb, weil ihre Leistungsbilanz an den Provisionen gemessen wird. Allerdings könnte alternativ ein weiterer Leistungsimperativ genau darin bestehen, ‚gute und faire Beratung' dem Kunden angedeihen zu lassen.[165] Erschwerend kommt jedoch für die Anlageberaterin der nicht zu unterschätzende Konkurrenzkampf um die Anlagegelder der Kunden hinzu.

Als Beispiel einer erfolgsorientierten Zielvorgabe kann der *25 % Rendite-Diskurs* von Josef Ackermann (Deutsche Bank) fungieren. Die Erzielung einer möglichst hohen Eigenkapitalrendite wird zum Maßstab schlechthin. Wem nützen diese hohen Renditen? Sicherlich den Unternehmen bei der Positionierung am Markt, aber eben auch den beteiligten Managern, die so hohe Boni einstreichen können. Gleichzeitig muss die Deutsche Bank, will sie dieses ehrgeizige Ziel erreichen, hohe Risiken eingehen. Im Zweifelsfall werden die Risiken auf die einfachen Angestellten (durch Entlassung) oder auf die Kunden abgewälzt. Insofern wäre an dieser Stelle zu fragen, ob wir seit einiger Zeit eine *Verdrängung des Leistungsprinzips* bei gleichzeitiger *Blüte eines spezifischen Erfolgsdenkens* erleben. Für Sighard Neckel kam es – wie bereits angeführt – zu einer spezifischen Umdefinition der Erfolgskategorie: „Erfolg mutierte zu einer reinen Wettbewerbskategorie, bei der es auch in ökonomischer Hinsicht nicht auf Wertverwirklichung ankam, wenn nur die Bilanzen im persönlichen Geltungskampf fortwährend nach oben getrieben werden konnten." (Neckel 2010, S. 74) Unterstützt wird dies von einem „chronischen Erfolgshunger" (Knee 2007, S. 271), der sich bei den Investmentbankern habituell verankert hat.

4.2 Erfolgsmodelle und die Vergütung mittels Boni[166]

Wer etwas Verkaufen und damit Erfolge am Markt erzielen will, muss über ein geeignetes Produkt verfügen. Derivate und andere strukturierte Produkte haben klassische Anlageformen wie Obligationen und Aktien, auch bei gemeinhin konservativen Anlegern, vom Markt gedrängt – zumindest bis zur Krise. Warum konnte das geschehen? Sagenhafte Renditen stecken als Versprechungen dahinter. Zu dem Erfolgsmodell gehört aber gerade auch bei den Investmentbanken die Geheimniskrämerei einer undurchsichtigen Welt: „Nicht diskret, sondern rätselhaft. Vor allem den innersten und heißesten Kern des Kapitalmarkts der letzten zwanzig Jahre, das Erzeugen und Handeln mit Derivaten und ‚strukturierten Produkten',

---

165   Eben diese – schon fast verloren geglaubten Werte – werden im Zuge der Finanz- und Wirtschaftskrise von den Banken ‚neu' entdeckt.

166   Mit der bis vor kurzem tabuisierten Frage der „angemessenen und gerechten Vergütung" in deutschen Unternehmen habe ich mich gesondert beschäftigt in: Wetzel (2008).

umgab selbst in den Augen der übrigen Bankenwelt eine enigmatische Aura." (Zielke 2009) Als vielversprechend hat sich für Investmentbanker die rein am Erfolg orientierte Strategie des „Sich-weit-Hinauslehnens" (Utz 2001) erwiesen: Mehr Schein als Sein bestimmt die Logik dieser Praktik.[167]

Zudem hat sich eine bereits beschriebene Gewinner/Verlierer-Logik etabliert: Des einen Erfolg ist des anderen Verlust (Nullsummenspiel): „Natürlich galt das Programm in erster Linie für uns Investment-Banker und für die Anlageberater: Die Verlierer waren deren Kunden. Denn sie hatten nicht nur in eine unverzinste Anleihe investiert, sie hatten auch von uns völlig überteuert eine Aktienwette auf die globalen Aktienmärkte gekauft." (Anne T. 2009, S. 78ff.)

Vereinfachend gesagt unterliegen Banken insofern einer spezifischen Firmenkultur, als sie stark auf kurzfristiges Denken ausgerichtet sind und sich meist an finanziellen Erfolgsgrößen orientieren. In diesen Kulturen wird dann auch die materielle Vergütung zur einzigen Form der Anerkennung. Was wiederum dem entspricht, was Beobachter der Bankenbranche so beschreiben, „dass Leistung und Veränderung fast nur über finanzielle Hebel herbeigeführt würden" (Hesse 2009). Damit aber Anerkennung überhaupt gegeben werden kann, muss die belohnende Instanz bereits über eine bestimmte Machtstellung in dem für den zu belohnenden relevanten Bereich (das kann der Arbeitsplatz, aber auch die häufig damit verbundene Privatsphäre sein) verfügen, so dass der Belohnte nicht nur Anerkennung erhält, sondern auf der emotionalen Ebene ein Gefühl der Anerkennung empfinden kann.

Die Vergütung durch Boni

Vorab einige kurze Bemerkungen zur Genealogie der Bonus-Kultur. Die Boni entstammen der amerikanischen Finanzindustrie, ganz besonders von den Investmentbanken. „Indem die Berater den Kunden möglichst teure Anlageprodukte ins Depot legen, können sie den Gewinn für die Bank – und oft auch ihren Bonus – maximieren. Bankiers alter Schule beklagen, die Bonus-Kultur habe aus Kundenberatern Produkteverkäufer gemacht." (Städeli 2010) Andererseits zeichnen aber gerade die Boni für eine hohe Motivation innerhalb der Banken verantwortlich, risikoreichere Geschäfte mit ständig wachsenden Summen und Volumen einzugehen, was niemandem weiter auffiel (vgl. Anne T. 2009).

Insbesondere Klaus Kornwachs (2009) hat sich mit den Boni und anderen „falschen Belohnungssystemen"[168] auseinandergesetzt. „Die Bonuszahlungen gehören zu dem Anteil der variablen Vergütungen, und sie waren ursprünglich als leistungsabhängig gedacht. Nun sind sie in Verruf geraten, denn eine Kopplung an tatsächlich erbrachte Leistungen ist gerade in der Finanzwirtschaft in den bekanntgewordenen Fällen nicht zu erkennen. [...] Sieht man sich die ursprüngliche Form von leistungsabhängigen Anteilen an der Entlohnung an, so ist ihr Werkvertragscharakter primär – sie honoriert den Erfolg, nicht die Anstrengung. Da nichts erfolgreicher ist als der Erfolg, wird er selbstverständlich und damit die Bonuszah-

---

167 Vgl. dazu den Bericht von Anne T. (2009, S. 37f).

168 „Wenn amerikanische Banken, die in der Finanzkrise durch Steuergelder von der Insolvenz gerettet wurden, danach in Summe mehr Boni an ihre Manager auszahlen, als sie Gewinn nachweisen können, dann kann man sich des Verdachts nicht erwehren, dass sich hier ein Belohnungssystem verselbständigt hat, das ein ganz bestimmtes wirtschaftliches Verhalten massiv bevorzugt." (Kornwachs 2009, S. 22/23)

lung ebenso." (2009, S. 65) Bekanntlich wurden und werden auch belegbare Misserfolge mit Boni vergütet. Mittlerweile ist die kritische Diskussion um die Boni in aller Munde. Mooslechner und Schürz (2010, S. 83) identifizieren drei Argumentationsstränge, wenn es um die Kritik an den Boni geht: „(1) Die Boni liefern Fehlanreize zu exzessivem Risiko, und dies beeinträchtigt die Finanzstabilität, (2) Die Boni stellen eine ungerechtfertigte Leistungsgratifikation durch das Unternehmen dar und schädigen somit die Aktionäre, (3) Die Boni repräsentieren das eine Extrem einer enormen Einkommensungleichheit und weisen auf die Notwendigkeit von Umverteilung hin."

Boni fungieren bei Investmentbankern als Kriterium für gute Leistungen. Binswanger (2010, S. 135) merkt dazu kritisch die Einführung „leistungsgerechter Entlohnungssysteme" an, so dass ein regelrechtes Wettrennen um möglichst hohe Boni stattfand, auch mit dem klaren Ziel, Anerkennung bei den Kollegen – und nicht nur bei ihnen – zu erheischen. Der Kampf um möglichst hohe Boni erklärt sich auch durch den Kampf um soziale Anerkennung bei den Managern.

4.3 Nicht-ökonomische Formen der Anerkennung

Obwohl es im Bankenfeld primär für alle Beteiligten (Investmentbanker, Anlageberater, Anleger usw.) um ökonomische Formen der Anerkennung geht – ‚mehr Geld machen‘, lautet die Maxime – hängen diese mit anderen Anerkennungsformen teilweise zusammen. (1) *Soziale Anerkennung* in der Form von Wertschätzung erwirbt sich der Banker, der die ‚dicksten Fische‘ an Land zieht, die riskantesten Deals unter Dach und Fach bringt: „Boni sind nicht nur Einkommen, sondern auch das Maß für gute Leistung und damit Anerkennung bei Kollegen und in der Öffentlichkeit. Da auch Managern soziale Anerkennung wichtig ist, kämpfen sie hart für überhöhte Boni." (Eichenberger 2010) Die „Ellbogengesellschaft" (Thureau-Dangin 1998) findet ihren deutlichen Ausdruck im Kampf des „Jeder gegen jeden" (Hofert 2006), den die Welt der Investmentbanker zum einen charakterisiert. Gleichzeitig benötigen Investmentbanker funktionierende Netzwerke, die ihnen helfen, Kontakte mit strategischen Verbündeten zu schmieden und an Insider-Informationen zu gelangen. Durch den Wettbewerb sind die Ressourcen für soziale Anerkennung immer schon begrenzt. Der Bankberaterin geht es ähnlich, denn auch hier sorgt die leistungsorientierte Verteilung der Provisionen für soziale Anerkennung bei den Kolleginnen und Kollegen. In der Kundenbeziehung scheint dies dagegen zweitrangig, zumal das Interesse sich beim Kunden auf die ehrliche und bestmögliche Anlageberatung konzentriert. (2) Dagegen spielt die *moralische Anerkennung als Person* eine gewichtige Rolle in der Berater-Kunden-Beziehung. Das überzeugende Auftreten als integre und umsichtige Persönlichkeit kann die Zweifel an dem einen oder anderen riskanten Geschäft ausräumen helfen. Vertrauen wird gegeben und im Gegenzug wird Optimierung der ökonomischen Rendite erwartet. Beim Investmentbanking ist es genau umgekehrt: Diese männerdominierte Welt zeigt offensichtlich keinerlei Interesse an moralischen Formen der Anerkennung. Das an archaischen Ritualen und (vorgeblich) ohne Moral auskommende Verhalten (Honegger et al. 2010) wird als Gütezeichen gefeiert und der sozialdarwinistischen Form der Konkurrenz freien Lauf gelassen. Bei den Anlageberatern spielen Integrität und moralische Anerkennung dagegen durchaus eine wichtige Rolle.

Gleichzeitig stellen im harten Konkurrenzkampf *Vertrauen, Fairness und Ehrlichkeit* hohe und bewahrenswerte Güter dar, die sich der Anlageberater und noch mehr der traditionelle Banker auf die Fahne schreiben. Realisiert der Anleger den Missbrauch seines einmal gegebenen Vertrauens, wird er sich hüten, ein weiteres Mal einfach Vertrauen ohne Garantien zu geben.

4.4 Reputation als Wettbewerbsfaktor

Als weiterer, nicht zu unterschätzender Gesichtspunkt kommt die Reputation der Marktteilnehmer zum Tragen. Bedingt durch die Krise geraten neben Marketingaspekten auch wieder ethische Gesichtspunkte in den Fokus. Vor allem gegenseitiges Vertrauen und das Verfügen über symbolisches Kapital spielen hier eine entscheidende Rolle. Dabei stehen Banken – wie Brugger/Rigassi (2005) bemerken – in einem kritischen Spannungsfeld zwischen kurzfristiger Rendite einerseits und *nachhaltiger Reputationssicherung* andererseits: „So lukrativ die Verwaltung ‚grauer Vermögen' sein mag, so verheerend kann die Reputationsschädigung sein. Die Ziele einer kurzfristigen Optimierung stehen jenen einer langfristigen Wettbewerbsfähigkeit und Reputation entgegen. Dabei sind die Reputationsrisiken nicht überall gleich. Durch ihre Exponiertheit sind große Institute besonders gefordert, ein professionelles Risikomanagement zu etablieren und zu sichern." (2005, S. 6) Das Zusammenbrechen der Finanzmärkte in den Jahren 2008/2009 hat zu riesigen Verlusten sowohl für die Investmentbanker als auch für die privaten Anleger geführt. Ich möchte einen solchen Sachverhalt ‚schwarze Form der Anerkennung' nennen, wenn Anerkennung als Erfolg gegeben wird, die sich ex post als falsche, ungute und fehlerhafte Form der Anerkennung erweisen sollte. Nicht umsonst wird über die verbindliche Einführung von Malus-Systemen nachgedacht.

Die an Status und Erfolg orientierte Gruppe der Investmentbanker (‚Die Gier war grenzenlos') definiert sich durch den ‚Wahnsinnsjob' über den beruflichen beziehungsweise den ökonomischen Erfolg. Doch worauf beruhte dieser Erfolg? Es zählte nicht unbedingt die tatsächlich erbrachte Leistung, sondern im wahrsten Sinne des Wortes die beste ‚Performance' am Markt und beim Kunden. Hier erleben wir also tatsächlich das, was Rosa als das Umstellen auf eine performative Wettbewerbskultur beschrieben hat (Rosa 2009). Allerdings bleibt diese Performativität nicht im luftleeren Raum hängen, sondern sie erzeugt Rückwirkungen auf die Reputation, beispielsweise einer Bank. Sieht sich der Anleger getäuscht, was er im Nachhinein durchaus in Erfahrung bringen kann, dann wird er die vormals ehrenhaft und mit Reputation versehene Bank meiden.[169]

---

169 Einen solchen Reputationsverlust hat die in der Schweiz verwurzelte Großbank UBS erlitten, die seit Beginn der Krise mehrere Milliarden an Kundengeldern verloren hat.

5. Effekte des Wettbewerbs

5.1 Risikotransformatoren und Risikoempfänger

Betrachtet man die Finanzmärkte, dann lassen sich diese vor allem durch riesige Kapitaltransfers und durch die Weitergabe der Risiken charakterisieren (Arnoldi 2009). Ebenso wie beispielsweise die Investment-Fonds (Windolf 2005) sind die Banken als Risikotransformatoren zu verstehen. Die auf den Finanzmärkten stattfindenden Risikotransfers sind von zentraler Bedeutung, besonders mit dem Blick auf die Banken, denn „Banken sind risikoscheu, Banken meiden Risiken, wo immer sie sie antreffen […]" (Baecker 2008, S. 117). Bedingt durch den gestiegenen Wettbewerb wurden gleichzeitig die Risikoanfälligkeit und die Bereitschaft, höhere Risiken einzugehen nicht reduziert, sondern angeheizt. Dabei handelt es sich teilweise um systemisch bedingten Wettbewerb, auf den der Finanzmarktkapitalismus aufbaut, zumal auch positive Effekte – in Form von Effizienzsteigerung – zu verzeichnen sind.[170] Den Banken fällt in dem Prozess der Produktion von Risiken eine besondere Rolle zu: „Nur wenn man sich diese Produktion von Risiken durch das ganz alltägliche Bankgeschäft vor Augen hält, wird deutlich, wie attraktiv es für eine Bank sein muß, statt auf eigene Risiken sich auf die Produktion von Risiken für Kunden zu kaprizieren und diesen gegen ergebnisunabhängige Kommissionen Vermögensanlagechancen zu verkaufen." (Baecker 2008, S. iv) Präziser formuliert: Ihre Risikoverarbeitung erzielen Banken gerade durch den Einsatz von Finanzierungsinstrumenten der Geld- und Kapitalmärkte (ebd., S. 19). Dabei rekurrieren die Banken teilweise bewusst auf Verschleierungstaktiken und undurchsichtige Praktiken, indem sie Produkte lancieren, von denen sie – aber auch der Kunde – nicht nur wenig verstehen, sondern vor allem eine Stückelung von Risiken derart vornehmen, dass niemand mehr deren Verlauf nachprüfen kann. „Letztendes würde niemand mehr in der Lage sein, nachzuverfolgen, welchen Weg die Risiken genommen hatten." (Anne T. 2009, S. 110)

Im Wesentlichen verfolgen die Banken zwei Strategien der Transformation von Risiken auf Akteure, die sich als ‚Risikoempfänger' bezeichnen lassen: (1) *Abwälzung auf die Privatanleger*: Durch (gezielt) falsche Beratungen und ‚Anlagetipps' haben es die Anlageberater neuen Typs geschafft, die eigenen Risiken in der täglichen Geschäftspraxis zu minimieren, beziehungsweise an den Kunden weiter zu geben. Dies erkannte bereits Niklas Luhmann: „Stattdessen tendieren die Banken eher dazu, Risiken in Anlageformen einzubauen, zu diversifizieren – und wieder zu verkaufen." (in: Baecker 2008, S. 11) Dass die Banken dadurch zumindest – vielleicht sogar gegen ihre eigenen Intentionen – zur Verschuldung von priva-

---

170 Vergleiche dazu die Arbeit von Fiorentino und Herrmann (2009), die den Zusammenhang zwischen Effizienz und Wettbewerb für den deutschen Bankensektor untersuchen. Bedingt durch die Finanzmarktkrise und durch eine Verstärkung des Wettbewerbs könnte „die Unterscheidung in die „klassischen" drei Säulen fragwürdiger" (ebd., S. 14) werden, vgl. dazu auch den Literaturbericht von Carol Ann Northcott (2004).

ten Haushalten mit beitragen, ist nur ein weiterer Nebeneffekt. (2) *Abwälzung auf den Staat*: Im Zuge der Krise wurde der Staat als handlungsmächtiger Akteur gerade von den Akteuren auf den Finanzmärkten, insbesondere von den Banken wieder entdeckt. Als Retter in der Not müssen ganze Staaten vor der Gefahr eines Bankrotts (Island, Lettland, Griechenland usw.) in Schutz genommen werden.

Mit anderen Worten: Man kann auch im ,Wer-trägt-die-Risiken-Wettbewerb' scheitern. Das Scheitern droht auf mehreren Ebenen Platz zu greifen. Strukturlogisch betrachtet handelt es sich um die andere Seite der Wettbewerbsteilnahme, in gewisser Weise um einen staatlichen und institutionell geförderten Wettbewerbseffekt. Sowohl auf der staatlichen, der institutionellen und der individuellen Ebene können Akteure zahlungsunfähig werden. Besonders tabuisiert ist immer noch das Scheitern, das offene Eingeständnis auf der individuellen Ebene. Ist der Investmentbanker, der seinen Job oder seine Bank verloren hat, tatsächlich gescheitert, wenn er gleichzeitig Millionen zur Seite legen konnte? Schon wenige Monate nach der Krise scheinen wieder die Investmentbanker die ersten Profiteure einer sich ankündigenden Wirtschaftserholung zu sein.

5.2 Finanzmarktregulierung und Wettbewerb – zwischen Destabilisierung und (Re-)Stabilisierung

Gerade wurde gezeigt, dass Wettbewerber Risiken eingehen müssen, unabhängig davon, ob es sich um den Unternehmer, den Banker oder den privaten Investor handelt. Sie riskieren, ihren Einsatz zu verlieren, günstigenfalls aber zu vermehren. Welche Effekte erzeugt dies auf der gesellschaftlichen Ebene? Wie konnte es zu den destabilisierenden Effekten auf den Finanzmärkten überhaupt kommen? Thesenhaft formuliert: Als entscheidend erweist sich der Handel mit Risiken und die weitgehend unkalkulierbaren Effekte kollektiven Handelns, beispielsweise in der Form von Ungewissheit (Crozier/Friedberg 1979). Obwohl Banken das Handeln mit Risiken eigentlich zu ihrem Kerngeschäft zählen, müssen sie doch konzedieren, dass sie die Risiken oftmals falsch einschätzten, beziehungsweise die Risiken als Risiken gar nicht identifizieren konnten (vergleiche die Interviews in: Honegger et al. 2010). Kontrollmöglichkeiten werden suggeriert und Unsicherheiten ausgeblendet. Investmentbanken und Fonds handeln aber unter Ungewissheit, die auch durch mathematische Berechnungen nur scheinbar kontrolliert werden kann. Insofern liegt ein wesentliches Gewicht bei den Investmentbanken, die – wie oben beschrieben – als Risiko-Transformatoren agieren, diese Risiken gerade nicht offen kommunizieren, sondern mit Vertrauen dafür Sorge tragen, dass der Anleger diese Risiken ,vergisst' beziehungsweise verdrängt (vgl. dazu Windolf 2005). Mit seinem Nachfrageverhalten beeinflusst der Kunde die Jagd auf die in Aussicht gestellte Rendite. Wenn der Kunde eine hohe Rendite erzielen will, dann wird die Bank zu liefern versuchen, unter Umständen auch unter Inkaufnahme höherer Risiken.

Wenn die Krise Anlegern, Banken und Wirtschaftspolitiker etwas gelehrt hat, dann ist es die Einsicht, dass Finanzmärkte keinen perfekten Markt bilden (Fox 2009) und weder effizient noch stabil sind. Sie streben auch nicht – zumindest kurz- bis mittelfristig – nach einem natürlichen Gleichgewicht. Aber warum sind Finanzmärkte inhärent instabil? Mit dieser

Frage hat sich vor allem der gegenwärtig eine Renaissance erlebende Hyman P. Minsky in seiner Arbeit *Stabilizing an Unstable Economy* (1986) auseinandergesetzt. Gerade in Wirtschaftssystemen mit hochentwickelten Finanzmärkten entstehen Minsky zufolge Krisen von ‚innen'. Unsere Wirtschaft sei nicht instabil aufgrund von Öl, Kriegen oder monetären Überraschungen, also externen Faktoren, sondern aufgrund *ihrer eigenen Natur* (Minsky 1986, S. 100). Man könne das so erklären, dass Erfolg auf Märkten immer zu größeren Wagnissen und dem Eingehen von Risiken führe. Anders gesagt: Funktioniert etwas und erweist sich etwas als erfolgreich, dann machen Menschen gemeinhin so lange weiter, bis es nicht mehr funktioniert, und eben deshalb führe die immer trügerische Phase der Stabilität notwendig zu Instabilität. Worin liegen die Konsequenzen einer solchen Position im Hinblick auf die Rationalität und das Funktionieren von Märkten? Bestand einmal wie der Kulturwissenschaftler Joseph Vogl darlegt, „die Idylle des Marktes in der Hoffnung, dass das eigensinnige Verhalten ökonomischer Akteure wie durch eine unsichtbare Hand die Rationalität des Systems hervorbringen kann, so produziert nun der Vollzug ökonomischer Rationalität das Ungewisse, d. h. das Irrationale schlechthin". Zugleich lege „die Perplexität ökonomischer Lehrmeinungen [...] den Schluss nahe, dass die Finanzmärkte gerade als effiziente chaotisch, als allwissend ignorant und als regelhafte ganz und gar aleatorisch operieren" (Vogl 2009). Kurzum: Der lange ersehnte Traum stabiler Finanzmärkte weicht der Erkenntnis der – systemisch bedingten – inhärenten Unstabilität von Finanzmärkten.

5.3 Aporie/n der Finanzmärkte

1. Aporie: Strukturelle Unvermeidbarkeit und Nicht-Beherrschbarkeit von Risiken

Der deregulierte und flexibilisierte Finanzmarktkapitalismus kann sich den drei nachfolgend erläuterten Aporien nicht erwehren.[171] Von Interesse sind diese Aporien hier deshalb, weil sie – zumindest teilweise – aus der Dynamisierung der Wettbewerbslogik resultieren. Inwiefern? Der Finanzmarktkapitalismus kann auf den Wettbewerb und die Verschärfung der Konkurrenz nicht verzichten, um möglichst adäquate und beste Lösungen zu erwirken. Besonders deutlich wird dies im Zusammenhang mit Risiken. Derjenige, der auf wettbewerbsorientierten Märkten agiert, setzt sich Risiken aus. Ideale und gleiche Bedingungen sind eher die Ausnahme als die Regel. So trägt beispielsweise jeder Käufer strukturierter Produkte das Risiko, dass sich sein Kauf am Markt nicht bewähren wird, er also Verluste verbuchen muss. Und jeder Verkäufer muss damit rechnen, dass sein Produkt keinen Absatz findet, beziehungsweise nur zu einem niedrigeren Preis als ursprünglich gedacht. Soll heißen: Das Eingehen von Risiken – und fast noch wichtiger: die „Zurechnung von Risiken" (Baecker 2008, S. 130) sind unvermeidbar; daher stellt sich nur die binär codierte Frage der Ablehnung oder der Übernahme von Risiken (wobei eine Ablehnung selbst ein Risiko darstellen kann). Baecker setzt nicht von ungefähr auf die Unterscheidung, sondern auf die „Identifizierung" des Risikos. „Man löst das Problem nicht, sondern man benutzt es." (2008, S. 123) Eine von politischer Seite vorgeschlagene Lösung der gegenwärtigen Krise

---

171 Aporien werden hier im Sinne von ‚Weglosigkeiten' verstanden, die auf ein unauflösbares theoretisches und/ oder praktisches Problem hindeuten.

könnte also nicht alleine darin bestehen, neue und vermeintlich bessere Modelle zu kreieren, sondern deren Nützlichkeit und Transparenz in den Vordergrund zu rücken. Dies bleibt jedoch insofern problematisch, als neue zusätzliche Berechnungen weitere Unberechenbarkeiten erzeugen. „Komplexe, hochentwickelte Finanzmärkte wie der für strukturierte Wertpapiere oder der für den außerbörslichen Handel mit Derivaten, auf denen die Preisbildung stark von Modellen und Theorien abhängt, geraten in Schwierigkeiten, wenn Zweifel an der Zuverlässigkeit der Modelle und der entsprechenden Theorien aufkommen." (Arnoldi 2009, S. 69) Und genau das ist geschehen.

Ein weiterer kritischer Punkt resultiert aus der prinzipiellen Nicht-Beherrschbarkeit von (systemischen) Risiken, die auf Finanzmärkten – durch die Lancierung neuer Finanzprodukte, neuer Institute etc. – stets neu erzeugt werden und die für Krisen mit verantwortlich sind. Systemische Risiken werden durch den Einsatz von Finanzinstrumenten (Aktien, Derivaten etc.) ebenso erzeugt wie von Finanzmärkten (außerbörslicher Handel sowie Börse) und von Finanzinstituten (Banken, Investmentbanken, Pensionsfonds und Wertpapierhändler) (BIZ 2009, S. 148).[172] Ein völlig krisenfreies Finanzsystem erweise sich laut BIZ als Illusion, denn ohne die Innovationen würde es kaum einen Fortschritt geben und zudem würden wir bei der „Komplexität der dezentralisierten Finanzwelt" permanent auf die „Grenzen der menschlichen Vorstellungskraft" (ebd.) stoßen.

2. Aporie: Unkontrollierte Auswirkungen auf andere Bereiche (Spill-Over-Effekte)

Eine zweite Aporie besteht genuin darin, dass ständig von den Finanzmärkten ausgehende, letztlich unkontrollierbare Entwicklungen und Innovationen Spill-Over-Effekte in anderen Bereichen erzeugen, beispielsweise durch die Undurchsichtigkeit der Anlageprodukte wie das vermehrte Setzen auf strukturierte Produkte. Die Auswirkungen der Finanzmärkte in ganz unterschiedliche Bereiche hinein, vor allem natürlich in die Realwirtschaft (Arnoldi 2009, S. 62ff.), wurden bislang zu wenig analysiert. Der oben beschriebene systemische Wettbewerb und die zunehmende Konkurrenz der Banken untereinander führen nicht nur zu einem Kampf um Marktanteile und um Kunden, und damit auch zu einer ‚Marktbereinigung', sondern auch zu einem zunehmenden Regulierungsbedarf von politischer Seite. Staatliche Eingriffe sorgen mit ihren – im Hinblick auf die Finanzmarktstabilität durchaus sinnvollen – Rettungspaketen für wettbewerbsverzerrende Konzentrationsprozesse. Die BIZ schreibt dazu in ihrem Jahresbericht (2009, S. 141): „Ungeachtet der fast überall gehegten Bedenken hinsichtlich von Instituten, die allein aufgrund ihrer Größe systemkritisch (,too big to fail') sind, erhöhen die kurzfristigen staatlichen Eingriffe die Konzentration im Finanzsektor und somit das Systemrisiko." Durch Konzentrationsprozesse und hegemoniale Tendenzen sind einige Banken so mächtig geworden,[173] dass die Politik sie aufgrund ihrer Systemrelevanz nicht kaputt gehen lassen konnte. Auch eine noch so perfide Bankenregulierung wird diese

---

172   Ein „aktuelles Beispiel" liefert für Samuel Weber „das sogenannte ‚short-selling', bei dem Spekulanten Wertpapiere verkaufen, um den Kurs nach unten zu treiben, um sie wenig später zu einem geringeren Preis wieder ‚zurück' zu kaufen; dieser Vorgang wird daraufhin wiederholt. Wahrscheinlich ist diese Praxis zumindest teilweise verantwortlich für die extreme Unsicherheit, die in der letzten Zeit die weltweiten Aktienmärkte prägt." (2009, S. 30ff.)

173   Eben das interessiert mich im Beitrag „Macht und (Groß-)Banken – soziologische Analysen zum Finanzmarktdispositiv" (Wetzel 2012b).

Spill-Over-Effekte zwischen virtuellen Finanzmärkten und der Realwirtschaft nicht in den Griff bekommen. Banken fungieren aber herkömmlich gerade als Vermittler zwischen diesen beiden Welten.

3. Aporie: Zeit und Geld in einer unbestimmten Zukunft

Eine dritte Aporie erscheint im Horizont offener Zeitstrukturen. Zeit ist nicht nur Geld, sondern Geld wiederum ist auch Zeit. Inwiefern? „Geld nimmt, ebenso wie Kauf und Verkauf, Zeit in Anspruch, weil der Warentausch niemals unmittelbar stattfindet. Der Tausch ist ein Prozess, der Zeit kostet, selbst wenn, wie beim direkten Tauschhandel,[174] Geld dabei noch keine Rolle spielt." (Weber 2009, S. 10) Der Umgang mit der Zeit, genauer die Akzeptanz struktureller offener Zeithorizonte, ist der wesentliche Faktor, der in Finanzmärkten Einflüsse auf die Märkte, Institutionen und Akteure ausübt. Im Finanzwesen dreht sich im Prinzip alles um „die Zukunft, um die Berechnung zukünftiger Risiken, um Investitionen in diese Zukunft, um Spekulationen mit ihr und unsichere Wetten auf sie" (Arnoldi 2009, S. 50). Ebenso betont Baecker (2008) in seiner Arbeit explizit den Zeitaspekt, denn Banken handeln dezidiert mit Versprechen, „genauer: mit Zahlungsversprechen" (2008, S. iii). Durch die Ungewissheit hinsichtlich der Einlösung dieser Zahlungsversprechen entsteht eine strukturelle Offenheit in Finanz- und Bankgeschäften, die nur begrenzt versichert werden kann.[175]

---

174   Dies wird auch beim Transaktionskostenansatz berücksichtigt.
175   Für erste Versuche, den Zusammenhang von Finanzmärkten und Zeitstrukturen zu untersuchen vgl. Langenohl (2007); sehr anregend dazu auch Vogl (2010).

6. Fazit: Finanzmärkte und Wettbewerbskultur/en

> „Für jede Wettbewerbsarena gelten also eigene Spielregeln für das Konkurrieren."
>
> (Reinhold Hedtke 2008, S. 233)

(1) Gewinner und Verlierer in der Logik der Subjektivierungsimperative

Die hier skizzierte kritische Soziologie der Finanzmärkte zeichnet sich durch flexible Wechselkurse, eine Internationalisierung der Märkte und – seit den 1980er Jahren – durch den Einsatz neuer Finanzprodukte wie beispielsweise den Derivaten aus; zum vollzogenen Wandel gehören zudem die gängige Praxis der Umwandlung von Krediten in Wertpapiere und ihre Verbriefung (Securitization). Es konnte gezeigt werden, dass die neue Architektur der Finanz- und Kapitalmärkte nicht ohne Auswirkung auf die Subjektivierungs- und Machtimperative geblieben ist, denen sich Akteure wie die Investmentbanken, die Anlageberaterin und der Privatanleger/Rentier ausgesetzt sehen. Wenn auch kein Automatismus damit verbunden ist, so hat sich ausgehend von den Finanzmärkten ein steigender Wettbewerbsdruck in der Form von Psychomacht (Stiegler 2009), die die (Konkurrenz-)Praktiken der Individuen affiziert, feststellen lassen. Der beschriebene, nur als fundamental zu bezeichnende Wandel erzeugt in der Logik des Wettbewerbskapitalismus – gleich ob gewollt oder nicht – immer Gewinner und Verlierer. Als Profiteure oder *Gewinner* des Übergangs von einem „embedded liberalism" zu einem System globaler Finanzbeziehungen (Beckmann 2007, S. 31) konnten sich die Investmentbanken profilieren. Aber auch die institutionellen Anleger (Pensionsfonds), die Rating-Agenturen und einige der Großbanken profitierten von den jüngsten Entwicklungen (Wetzel 2012b).[176] Nicht vergessen darf man auf der Seite der positiven Bilanz die Anlageberater. Diese profitierten u. a. davon, dass in Zertifikaten versteckte Provisionen nicht deutlich ausgewiesen werden mussten, und insofern Grauzonen des Rechts ausgenutzt werden konnten (Mühlauer 2010). In der Reihe der Risikotransformatoren kommt den Beratern eine interessante und lukrative Vermittlungsposition zwischen den Investmentbankern und den Privatanlegern zu. Der von den Investmentbankern, institutionellen Anlegern und Anlageberatern praktizierten Form der Risikoabwälzung stehen auf der anderen Seite die Risikoempfänger entgegen.

Zu den *Verlierern* zählen die (kleineren) Geschäftsbanken, aber auch die Anleger, die als Steuerzahler sozusagen doppelt zur Kasse gebeten werden.[177] Zum einen bezahlen sie – nach den Kursstürzen an den Kapital- und Aktienmärkten – ihr riskantes Anlageverhalten

---

176   Dabei darf freilich nicht vergessen werden, dass auch Investmentbanken und institutionelle Anleger bedingt durch die Finanz- und Wirtschaftskrise vom Markt verschwunden sind, beziehungsweise hohe Einbußen zu verzeichnen haben. Gleichzeitig mehren sich gegenwärtig (Frühjahr 2010) die Anzeichen für erfolgreiche Marktbehauptungen und das erneute Erzielen von Gewinnen.

177   Im Zuge der Finanz- und Wirtschaftskrise ist es zu einer Marktbereinigung gekommen, die den kleineren Geschäftsbanken zukünftig wieder bessere Chancen am Markt bieten dürfte.

mit enormen Einbußen in ihren Portfolios. Anleger benötigten, wie die FAZ (vom 24.04.2007) meinte, geradezu „seherische Fähigkeiten", damit Marktphasen, „auf die die Wetten der strukturierten Produkte laufen" (Anne T. 2009, S. 82), richtig vorhersehbar gewesen wäre. Zum anderen wurden (und werden) Steuerzahler für die ‚Rettungspakete' von der Politik in die Pflicht genommen. Damit komme ich zu einem weiteren Verlierer, der sich selbst bislang der Gewinner-Verlierer-Logik entzogen glaubte: Es ist der Staat, der durch die Anhäufung gigantischer Schuldenberge bestenfalls handlungseingeschränkt, schlimmstenfalls von der Insolvenz in den Bankrott getrieben wird.[178] Da fällt es kaum noch ins Gewicht, dass als Folge der wettbewerbsbedingten Konzentrationsprozesse viele der kleineren Banken im Nachhinein eben gerade nicht wie die Großbanken ‚too big to fail', sondern ‚too small to survive' waren. Weitere durch den Wettbewerb ausgelöste Konzentrationsprozesse und Verschlankungsbemühungen dürften gerade auch im Bankensektor nicht länger vor der traditionell in Deutschland verankerten Drei-Säulen-Struktur halt machen (Fiorentino/ Herrmann 2009, S. 14).

(2) Leistung, Erfolg und Anerkennung

Der von institutioneller Seite geförderte und geforderte regulierte Wettbewerb (Münch 2009, S. 281) verändert das Zusammenspiel zwischen Leistung, Erfolg und Anerkennung. Wenn es um die Anerkennung und Belohnung erbrachter Leistungen geht, erscheint das Wettbewerbsprinzip immer noch als am besten geeignet: „Wettbewerb ist ein dynamisches Verfahren der Leistungsauslese, d. h. dass derjenige der Konkurrenten sein Ziel erreicht, der aus der Sicht der Umworbenen die beste Leistung liefert. Der Wettbewerb findet zwischen Rivalen statt, die das gleiche Ziel verfolgen, nämlich außen stehende Dritte zu einer ganz bestimmten Handlung zu veranlassen." (Hedtke 2008, S. 225) Nach dem weiter oben Dargelegten muss das in puncto Leistung als eine idealistische Beschreibung gelten, die allenfalls noch dadurch ihre Bestätigung erhält, dass Investmentbanker und Berater daran gemessen werden wollen, woran sie sich selber orientieren: an *„Leistung aus Leidenschaft"* (Slogan der Deutschen Bank). Allerdings darf nach dem Dargelegten bezweifelt werden, dass es tatsächlich (nur) um Leistung geht: Haben empirische Studien nicht gezeigt, dass sich das Verhältnis zwischen Leistung und Erfolg in Richtung Erfolg verschoben hat? (Neckel 2009a) Dieser Einschätzung folgend betonen auch Mooslechner und Schürz: „Gälte die individualistische Leistungsideologie tatsächlich, dann könnte das individuelle Versagen zum Einklagen sozialer Gerechtigkeitsansprüche führen. Bei der Entlohnung der Bankmanager ging es aber nie um Leistung, sondern um Erfolg – und der winkt schon in der nächsten Aktienhausse, in der nächsten Vermögensblase." (2010, S. 87) Analog zu Bonussystemen müssten Malussysteme systematisch in Unternehmen verankert werden. Verweigerte Anerkennung für nicht erbrachte Leistungen wäre die logische Konsequenz. In Übereinstimmung mit der Arbeit von Kornwachs (2009) wurde gezeigt, dass im Fall der Boni ein Hauptproblem dadurch entstand, dass in der Finanzbranche sukzessive von Entlohnungs- auf Belohnungssysteme umgestellt worden ist. Während der klassische Banker für seine Tätigkeit entlohnt wurde, sind Investmentbanker und Bankberater auf das Kassieren von Boni und Provisionen geeicht. In-

---

178 (Hyper-)Inflation beziehungsweise Deflation sind die Gespenster, die uns über kurz oder lang heimsuchen könnten.

sofern besteht tatsächlich eine falsche Anreizkultur, die nicht zur Entschuldigung individueller Praktiken führt, aber doch den übersubjektiven Charakter der Problematik verdeutlicht.

Anzeichen für eine Umstellung von einer *positionalen zu einer performativen Wettbewerbskultur* (Rosa 2009b, S. 47), auch und gerade mit Blick auf die Anerkennungsverhältnisse haben sich für die Finanzbranche bestätigt, allerdings wäre es voreilig von einer Ersetzung auszugehen. Vielmehr verliert die positionale Verankerung in gegenwärtigen (post-)industriellen und spätmodernen Gesellschaften an Kraft – die grassierende Bonikultur kann hier als Beispiel gelten –, aber dennoch können Reputation, Prestige und soziale Wertschätzung akkumuliert werden und für weitere Anerkennung sehr nützlich sein (wir sind weit davon entfernt uns vom sogenannten Matthäus-Prinzip zu verabschieden). Was sich jedoch ändert, auch beschleunigt (Rosa 2009a), ist die Reversibilität und Vorläufigkeit verschiedener Zuweisungen von Anerkennung, wobei es Unterschiede zwischen dem Investmentbanker und dem Bankberater gibt. Ersterer gerät viel schneller in den Strudel performativer Anerkennungsverhältnisse; belohnt wird er dafür mit hohen Verdienstmöglichkeiten (Boni). Beim Berater finden wir eine stärkere Mischung aus positionaler und performativer Anerkennung vor. Ohne eine solche positionale Verankerung und das allmähliche Anhäufen von Prestige und Ehre läuft hier die performative Wettbewerbskultur mit ihren (prinzipiell jederzeit revidierbaren) Anerkennungszuweisungen ins Leere.

(3) Hyperagonale (und performative) Wettbewerbskulturen

Die in der Arbeit insgesamt unternommene Zuordnung zu Wettbewerbskulturen resultiert aus vielen Faktoren und Analysen, die sich zu einem Gesamtbild im Sinne einer ‚dichten Beschreibung' (Clifford Geertz) fügen. Notgedrungen weist eine solche Beschreibung und Interpretation einen relativ hohen Abstraktionsgrad auf. Mit den in den einzelnen Abschnitten durchgeführten Analysen habe ich die essentiellen Punkte herauszupräparieren versucht; dies geschah anhand der Beschäftigung mit Akteuren, Institutionen und systemischen Zusammenhängen auf den Finanzmärkten. In diesem als *Finanzmarktdispositiv* ausgewiesenen Feld haben sich deutliche Verschiebungen und Veränderungen seit den 1980er Jahre ergeben, die sich gerafft folgendermaßen darstellen: „Insgesamt gewinnen ab den achtziger Jahren unter den Bedingungen eines über Liberalisierung und Deregulierung verschärften Wettbewerbs zwischen unterschiedlichen Finanzunternehmen und eines stärkeren Drucks von Geldvermögensbesitzern auf höhere Verzinsung zunehmend Finanzanlagen jenseits der Sparanlage an Bedeutung. Gleichzeitig bietet die Verbriefung von Krediten den Gläubigern den Vorteil, das Ausfallrisiko zu minimieren." (Beckmann 2007, S. 45)

Die pauschale Diagnose eines verschärften Wettbewerbs wird durchgehend von allen Akteuren bestätigt, da der Wettbewerb nunmehr als globalisierter abläuft (Brugger/Rigassi 2005). In Anlehnung an das von Nullmeier (2002) eingeführte Schema liegt es deshalb nahe, von Zügen eines hyperagonalen Wettbewerbs zu sprechen, der *aggressiv-positional* verfährt und mitunter in einen ‚ruinösen Wettbewerb' mündet. Hyperagonal ist dieser Wettbewerb genau insofern, als mit der Vernichtung des Rivalen ebenso gerechnet wird, wie mit der Eigenen. Allerdings verlangt dieser Befund nach einer weiteren Differenzierung. Wir treffen auf den Finanzmärkten auf eine (hyperagonale) Wettbewerbskultur, die entsprechend der in der Leitung unternommenen Differenzierung nach verschiedenen Wettbewerbskulturen und

Konkurrenzpraktiken in verschiedenen Dimensionen eingeteilt werden muss. So ergibt sich in Anlehnung und Weiterführung mit Beckmann (2007, S. 45) eine Verschärfung der Konkurrenz in mindestens dreierlei Hinsicht:

1. *Zunahme der Konkurrenz zwischen Akteuren*

    Unterschiedliche Finanzunternehmen wie Investmentbanken, Pensions- und Investmentfonds, Versicherungen und auch Geschäftsbanken konkurrieren mittlerweile „ohne Beschränkung des Marktzutritts untereinander" (Beckmann 2007, S. 45). Eine Sicherung der Wettbewerbsfähigkeit erziel(t)en Banken oftmals durch ein Vernachlässigen der Eigenkapitalbildung, „zumal Konkurrenten oft mit geringem Eigenkapital den Markt betreten" (Baecker 2008, S. 149). Andererseits kann jedoch gerade eine hohe Eigenkapitalquote die Wettbewerbschancen erhöhen, da dadurch Sicherheit in den Geschäftspraktiken gewährleistet und Vertrauen beim Kunden erzeugt werden kann. Eine mangelnde Ausstattung mit Eigenkapital wurde in der Vergangenheit mit Basel I und II, und wird in der Zukunft mit Basel III von der politischen Seite zu unterbinden versucht.

2. *Zunahme der Konkurrenz durch die Finanzmarkt getriebene Globalisierung*

    Die finanzielle Globalisierung hat die „grenzüberschreitende Konkurrenz verstärkt" (Beckmann 2007, S. 45). Dieser Wettbewerbsdruck, den die Akteure aufzufangen hatten, beschleunigte die Zusammenlegungen und die Konzentrationsbemühungen auf den Finanzmärkten. Hierbei handelt es sich vornehmlich um einen *erzwungenen Wettbewerb*, dem die Marktakteure (Investmentbanker und Banker) unterliegen, indem sie als Profitmaximierer die Besten und Erfolgreichsten am Markt zu sein trachten (Stiglitz 2010).

3. *Zunahme der internen Konkurrenz und der strategischen Kooperation*

    In der vorliegenden Analyse wurde vor allem auf die Großbanken und die Investmentbanken als zentrale Akteure im Finanzmarktdispositiv fokussiert. Nicht zuletzt der Hang zu Fusionen (aber auch die feindliche Übernahme der Dresdner Bank durch die Commerzbank) legt Zeugnis von einer Konzentration und von hegemonialen Bestrebungen ab. Abenteuerliche Renditeerwartungen werden ausgesprochen (Beispiel: Deutsche Bank) und vom Markt mit einer Zunahme der Gewinne belohnt. Andererseits besteht die ‚wahre Kunst' der Wettbewerber oftmals darin, sich dem Wettbewerb zu entziehen, um möglichst schadlos agieren zu können. Durch eine Mischung aus Konkurrenz und Kooperation könnte dann auch – im Gegensatz zu einer hyperagonalen Wettbewerbskultur – vielleicht das von der BIZ (2009, S. 141) ausgegebene Ziel erreicht werden, also ein „System mit funktionierendem Wettbewerb" zu gewährleisten.

Feld 3: Sport – Hochleistungssport

1. Einleitung

> „Doping ist ja eine Form der Selbstoptimierung, und weil es eine gesellschaftlich wirkende Logik ist, ist es auch so schwer, den Verantwortlichen, der das anordnet, zu finden."
>
> Diedrich Diederichsen (2008, S. 110)

> „In der Leichtathletik war früher eine differenzierte Leistungsbewertung üblich. Seit einigen Jahren hat sich dagegen das Prinzip durchgesetzt: Nur der Sieger zählt. Alle anderen sind Loser; sie zählen nicht, egal, wie bedeutend ihre Leistung ist. Das ist eine Wahrnehmungsweise, die sich in allen Bereichen gesellschaftlicher und wirtschaftlicher Konkurrenz durchgesetzt hat."
>
> Gunter Gebauer, *Frankfurter Rundschau* (19.08.2009)

1.1 Die Glaubwürdigkeitskrise des Sports – Hauptverursacher: Doping

Ein kritischer Beobachter könnte zur Einschätzung gelangen, dass der (Hochleistungs-)Sport seit einigen Jahren in der Krise steckt. Dass und inwiefern es sich dabei um eine Glaubwürdigkeitskrise handelt, möchte ich zu Beginn dieses Kapitels erläutern. Der hier unterstellte Zusammenhang zwischen Doping und Wettbewerb, trägt zu dieser Glaubwürdigkeitskrise, so die These, Entscheidendes bei.[179] Dazu lohnt sich ein kurzer Rückgriff auf die Geschichte des Sports. Betrachten wir diesen, dann müssen zwei fundamentale Dinge analytisch auseinandergehalten werden, obwohl sie auch wieder insofern zusammen gehören, als sie den Kerngedanken des Sports verkörpern. Zum einen geht es um die *Ideale des Sports* (Fairness,[180] Gerechtigkeit, Chancengleichheit),[181] zum anderen um die *gelebte Praxis* des Wettkampfes (inklusive Doping und anderen Betrugsmitteln).[182] Faktisch existiert eine Erwartungshaltung

---

[179] Konstatiert werden kann eine auf Dauer gestellte Glaubwürdigkeitskrise insofern, als der „Wettlauf zwischen den innovativen Kräften im Dopingmarkt und den Kontrolleuren zwangsläufig in eine Dauerkrise aus Sicht desjenigen, der einen sauberen Sport möchte, mündet" (Emrich/Pitsch 2009, S. 13).

[180] Hans Lenk beschreibt diese Fairness im heutigen Wettkampfsport, allerdings „unter Systemzwängen" (2010, S. 635): 1. Einhalten der wesentlichen Spielregeln, 2. Einhalten der Spielregeln innerhalb des Spiels, 3. Akzeptieren des Schiedsrichterurteils, 4. Festhalten am Ideal der „Chancengleichberechtigung" und 5. (Be-)Achtung des Mitspielers/Konkurrenten (ebd., S. 367/368).

[181] Am besten verkörpert durch den von Coubertin für die modernen olympischen Spiele ins Leben gerufenen und zentralen Gedanken: „Dabei sein ist alles".

[182] Man könnte auch von einer Feld strukturierenden Doppelmoral im Leistungssport sprechen: die „traditionelle Sportmoral" unterscheidet anhand der Differenz von gut/schlecht. Dem entgegen steht eine „subversive Untergrundmoral", die das herkömmliche Moralschema nicht nur unterläuft, sondern denjenigen feiert, dem es gelingt, „Erfolge einzuheimsen und seinen Dopinggebrauch zu verheimlichen" (Bette 2010, S. 31).

von Seiten des Publikums, dass es einen ehrlichen Wettbewerb, beispielsweise einen fairen Zweikampf im Sport gibt. Das ist aber nur ein Teil der Wahrheit. So finden wir von Anfang an eine spannungsgeladene, ambivalente Situation vor: Einerseits erleben wir die Etablierung einer Gewinner-Verlierer-Logik, andererseits ergeht der (moralische) Appel an Fairness und ein gleichfalls moralisch unterfüttertes Drängen auf Einhaltung der Regeln: „Der sportliche Fairnessbegriff erscheint angesichts dessen als das semantische Surrogat eines Systems, das die eigenen Mitglieder anhand des Sieg/Niederlage-Codes unter Leistungs- und Konkurrenzdruck setzt und eine entsprechende Moral benötigt, um etwaige Entgleisungen auf der Handlungsebene zu verhindern." (Bette 2010, S. 97) Mit anderen Worten: Ohne die Fiktion eines fairen Mit- und Gegeneinanders würde der Sport seine Legitimation aufs Spiel setzen, er würde zu einem (agonalen) Kampffeld, in dem ökonomische Interessen eindeutig dominieren und der einzelne Sportler nur noch zu einem (mit wenigen Ausnahmen) ersetzbaren Glied in der Verwertungskette degenerieren würde.

Nun könnte man behaupten, dass der Sport in unserer Gesellschaft gar keine so wichtige Rolle spielt. Dass dies jedoch einer Fehleinschätzung gleich käme, wird sich im Lauf des Kapitels zeigen.[183] Ganz im Gegensatz dazu soll hier die Behauptung aufgestellt werden, der zufolge Sport ein Trendsetter mit Signalwirkung für die Gesellschaft ist – und nirgends wird diese Wirkung deutlicher als beim Thema Doping. Der Sport erfüllt mindestens vier kaum zu unterschätzende gesellschaftliche Funktionen, was ihn auch für die soziologische Analyse interessant macht (vgl. dazu Werron 2010).

1.   Sport trägt – wenn er außerhalb des Leistungssports stattfindet – zur Körperertüchtigung und dem Erhalt der Gesundheit bei. Konträr dazu unterstützt die Unkalkulierbarkeit des Dopings und dessen Auswirkungen auf Körper und Psyche des Athleten nicht unwesentlich die „Futurisierung der Schadenserwartungen" (Bette/ Schimank 2006a, S. 123). Entstehende Risiken werden – wie noch gezeigt wird – in einer ganz bestimmten Art und Weise gehandhabt.

2.   Der Sport strukturiert zudem die Lebensführung im Sinne der Vorgabe einer Rhythmisierung des Alltags für viele Menschen, insofern dieser aktiv betrieben wird. Kaum zufällig wird er häufig als die ‚wichtigste Nebensache der Welt' bezeichnet.

3.   Für spät- oder postmoderne Gesellschaften ist nicht unwichtig, dass sportliche Betätigung, aber auch das Zuschauen beim Sport zur Affektregulation (Bette 2010, S. 106ff.) und zu einem Gemeinschaftserlebnis beitragen, was einen Ersatz für verlorene Gemeinschaftsformen (Familienverbände, Religion) bedeutet.

4.   Und schließlich und für den vorliegenden Zusammenhang am bedeutsamsten: Im Sport erleben Individuen einen – gesellschaftlich anerkannten, akzeptierten, sogar erwünschten – Vergleich mit anderen, sozusagen im Sinne eines Einübens in die Gepflogenheiten des Wettbewerbs und in das faire Konkurrieren (vgl. dazu Ehrenberg 1991, S. 30ff.). Insofern erfüllt der Sport auch eine wichtige Sozialisationsfunktion.[184]

---

183   Auch die Sportsoziologie, bislang eine geradezu klassische Bindestrichsoziologie, scheint seit einiger Zeit wieder an Einfluss innerhalb der Sozialwissenschaften zu gewinnen (Bette 2010; Gebauer/Faure/Suaud (Hrsg) (2009)).

184   „In short, sport is not a pristine activity in a utopia but rather one that occurs in a society where only the fittest survive. The doctrine of ‚winning is the only thing' means that the end justifies the means." (Eitzen 1988: 197)

Für den Philosophen und Sportsoziologen Gunter Gebauer liegt das Drama des modernen Sports darin begründet, dass dieser zu sehr an Bedeutung gewonnen habe, „um auf Topniveau noch unschuldig betrieben werden zu können" (Gebauer 2010). Mit anderen Worten: Zu viel an ökonomischem, sozialem, kulturellem und symbolischem Kapital steht auf dem Spiel, um es einem (fairen) Wettkampf mit offenem Ausgang überlassen zu können. Die von Gebauer zu Recht konstatierte Bedeutsamkeit wird auch durch die riesigen, sich im Umlauf befindenden Geldmengen belegt.[185]

Als interessant erweist sich zudem der Konnex zwischen Sport und Biopolitik,[186] der für Gegenwartsgesellschaften charakteristisch ist (Gamper 2000, Diederichsen 2008). Aus einer sozialtheoretischen Sicht liefert Michael Gamper bezüglich der Biomacht eine zutreffende Einschätzung: „Der Sport ist […] die wohl wichtigste Sozialtechnologie des 20. Jahrhunderts, die mit dem positiven Lebensbegriff der Bio-Macht Disziplin und Leistungsbereitschaft gefördert und die Bevölkerung von der Naturnotwendigkeit von Hierarchie und dem Selbstwert gratifikationsloser Leistung überzeugt hat." (Gamper 2000, S. 59) Man könnte also sagen: Die Leistungs- und Erfolgsgesellschaft ist geradezu auf die Unterstützung durch den Sport angewiesen, weil die Individuen mit ihm und durch ihn ,freiwillig' und unbewusst in die Wertvorstellungen disziplinorientierter Kontrollgesellschaften sozialisiert werden. Dass dabei Biopolitik/Biomacht eine besondere Rolle zukommt, wird weiter unten nochmals aufgegriffen.

1.2 Sportliche Wettbewerbe, Hybris und Leistungssport als Beruf[187]

Es ist nicht nur die Lust am sportlichen Wettkampf beziehungsweise das Interesse am Vergleichen, was den Sport so zentral für moderne Gesellschaften werden lässt. Dessen Bedeutsamkeit hängt auch mit der (alten) Hoffnung des Menschen zusammen, „ein Übermensch zu sein" (Faber 1974, S. 22). Mit anderen Worten: In der Natur des Menschen begründete körper-

---

185 Sportökonomen der Friedrich-Schiller-Universität Jena halten dazu auf ihrer Homepage fest: Bereits im Jahr 1998 betrug „der Anteil des Sports am Bruttoinlandsprodukt in Deutschland 1,4 % und mehr als 783.000 Erwerbstätige waren im Sportsektor beschäftigt (Meyer/Ahlert 2000). Die große Bedeutung des Sports wird weiterhin darin ersichtlich, daß die Pro-Kopf-Ausgaben für Sportgüter und -produkte zwischen 1990 und 1994 von rund 460 DM auf 800 DM zunahmen (Brandmaier/Schimany 1998: S. 29). Ähnliche Entwicklungen lassen sich für alle Bereiche des Sports finden: Die Ausgaben der Unternehmer für Sponsoring sind zwischen 1985 und 1997 von 77 Mio. Euro auf mehr als 1,2 Mrd. Euro auf dem Gebiet der alten Bundesrepublik gestiegen (Büch/Frick 1999, 110). Betrachtet man das Gebiet der gesamten Bundesrepublik stieg das Sponsoringvolumen weiter auf 1,5 Mrd. Euro im Jahr 2000 und wird für das Jahr 2008 auf 2,7 Mrd. Euro prognostiziert (Krüger/Baacher 2007: 4). Während das IOC für die TV-Rechte der Sommerspiele 1960 in Rom 0,9 Mio. Euro erlöste, erbrachten 11 Olympiaden später die Spiele in Athen (2004) mit 1,1 Mrd. Euro mehr als die tausendfache Summe (IOC 2006: 46)." (Quelle: http://www.uni-jena.de/Sportoekonomie_p_3293.html)

186 Vgl. zur Bio-Politik die von Michel Foucault am Collège de France gehaltenen Vorlesungen 1978-1979 (2006). „Mit der Bio-Politik tritt das Leben als biologischer Faktor in die Geschichte ein und fordert verstärkt politische und ökonomische Lösungen. Die Gesetze und Mechanismen des Lebens rücken zu einem zentralen Bestandteil des Macht-Wissens auf." (Ruoff 2007, S. 84)

187 Die Eingrenzung auf den Berufssport ist für den vorliegenden Zusammenhang wichtig, da dieser im Unterschied zum spielerischen Wettkampf eine existenzielle Dimension annimmt: „Der Berufssport ist eigentlich kein Spiel, weil die Sportler dort Löhne beziehen und somit im Existenzkampf stehen. [Huizinga schreibt]: ,Um Lohn spielt man nicht, um Lohn arbeitet man'." (Faber 1974, S. 117)

liche und psychische Grenzen sollen möglichst nicht länger ein Hindernis darstellen.[188] Der Mensch nähert sich immer mehr der Maschine an, um zum einen den eigenen Schöpfungsakt lancieren und zum anderen eine Optimierung des eigenen Leistungsvermögens erzielen zu können. So entsteht, wie es beispielsweise Andreas Hoetzel rekonstruiert, die „Maschine Mensch", *„L'Homme Machine"* (1987): „Die Optimierung der Leistung als sinnstiftende Maxime des ‚Apparates Spitzensport' verlangt die Unterordnung von Material, Gerät, Trainingsprozeß und Athlet unter das gemeinsame Ziel. Tendenziell muß daher der Mensch auf seine Funktion reduziert werden, muß durchschaubar, berechenbar, planbar werden, er wird zu einem kalkulierbaren Bestandteil des Funktionszusammenhanges." (ebd., S. 70)

Zu fragen ist, auf welche Wettbewerbsverhältnisse dieser an die Schnittstelle ‚Maschine/ Mensch' (im Sinne des Apparats Spitzensport) angedockte Hochleistungssportler trifft. Prinzipiell muss zwischen einem *sportlichen* und einem *wirtschaftlichen Wettbewerb* unterschieden werden. Zum sportlichen Wettbewerb können zwei Formen gerechnet werden:

1. *Sportler stehen in einem Wettbewerb untereinander*: Die Tätigkeit des Radrennfahrers kann als Wettbewerbshandeln oder Konkurrenzpraktik gekennzeichnet werden. In einem reglementierten und häufig von Dritten (Schiedsrichter) überwachten Wettkampf werden Sieger und Verlierer ermittelt beziehungsweise Platzierungen je nach Sportart vergeben.

2. Ein sportlicher Wettbewerb, der nicht auf rein wirtschaftliche Aspekte reduziert werden kann, ist der Wettkampf selber, beispielsweise die Tour de France, dem – ebenso wie Olympia – eine abstrakte und hehre Zielsetzung zu Grunde liegt: die Förderung des Sports im Allgemeinen (Faber 1974, S. 106).

Davon zu unterscheiden ist der *wirtschaftliche Wettbewerb*: Diesen treffen wir auf verschiedenen Ebenen an. Im Fall des Radfahrens herrscht zwischen den Fahrern, die Radfahren als Berufssport ausüben, ein wirtschaftliches Wettbewerbsverhältnis vor, und zwar insofern, als diese ganz konkret und direkt um Verträge, Preisgelder, Startlizenzen etc. konkurrieren. Aber auch das Agieren der Sponsoren, die sich Werbeeffekte erhoffen, muss als ein Beispiel einer (ökonomischen) Wettbewerbshandlung verstanden werden. Zudem stehen die (nationalen) Sportverbände in einem ökonomischen Wettbewerbsverhältnis, wenn es beispielsweise um die Vergabe der Austragungsorte von Weltmeisterschaften oder Olympiaden geht.[189]

Bevor ich mich im weiteren Verlauf dem Doping als diskursiv aufbereitete und soziale Praktik widme, möchte ich wichtige *strukturelle Merkmale des Sportwettkampfs* anführen, die gleichsam das Feld entscheidend strukturieren; mindestens drei solcher Merkmale spielen eine herausragende Rolle:

1. *Wenige Sieger, viele Verlierer*: Ein sportlicher Wettbewerb zielt nicht zuletzt darauf ab, eine möglichst plausible Legitimation für die Einteilung in wenige Gewinner und viele Verlierer zu geben. Die Aufteilung in Sieger und Verlierer fällt – im Vergleich zur anderen „Inszenierung sozialer Konkurrenz" – deutlich härter und eindeutiger

---

188   „Human beings have been using natural substances to enhance their ability to work, travel, fight, and compete in sport for millennia. These substances, primarily plants, were believed to and often did increase strength and endurance, eliminate or delay feelings of fatigue and hunger, generate a sensation of euphoria, and otherwise stimulate physical and mental capacities." (Thompson 2006, S. 225)

189   Hier gibt es die beklagenswerte Tendenz durch Absprachen und Gefälligkeiten den Wettbewerb als solchen erst gar nicht stattfinden zu lassen. Jüngstes Beispiel dafür sind die Vergabe der Fußballweltmeisterschaften durch die FIFA an Russland (2018) und Katar (2022).

aus (Bette 2010, S. 91). Dabei erfährt die Unterteilung in Gewinner und Verlierer – ein fairer Wettbewerb vorausgesetzt – hohe soziale Akzeptanz. Als Leitspruch fungiert in diesem Zusammenhang das altbekannte Prinzip: „The winner takes it all" (Dresen 2010, S. 353).[190]

2. *Ergebnisoffenheit*: Bemerkenswert ist die (prinzipielle) Unvorhersehbarkeit des Ausgangs des Wettbewerbsgeschehens, was nicht unwesentlich zum Reiz des Sports – nicht zuletzt aus der Perspektive des Publikums – insgesamt beiträgt. Und eben hier scheint das Doping insofern eine problematische, sogar illegitime Praktik zu verkörpern, weil es den angestammten „Sieg/Niederlage-Code", den offenen Wettbewerb, subvertiert. Idealerweise erhält der Sport einen Großteil seiner Sinnhaftigkeit (und auch seiner Legitimation) gerade durch diese Ergebnisoffenheit.

3. *Dominanz eines Siegescodes*: Eine historisch gewachsene Verabsolutierung des Siegescodes „überführt eine graduelle, sachliche Leistungsdifferenz – ein Athlet springt fünf Zentimeter höher als ein anderer – in eine soziale Polarisierung und Hierarchie" (Bette 2010, S. 90). Im Lauf des 20. Jahrhunderts gerät nun diese Zuteilung nach dem Siegescode in gewisser Hinsicht zunehmend unter Druck. Nicht mehr alleine die mit den Regeln in Übereinstimmung stehende sportliche Leistungen werden in puncto Sieg oder Niederlage entscheidend, sondern „externe Medien und Technologien wie Geld, Macht, Wissen, Liebe oder *chemische Substanzen*" (ebd., S. 95) entscheiden über Sieg oder Niederlage und verstärken damit die Dominanz des Siegescodes. Zugespitzt im Hinblick auf Doping wäre zu konstatieren, dass ein „chemischer Maximalismus" (Geipel 2008, S. 7) stattfindet, der nicht nur im Einklang mit einer Verabsolutierung des Siegescodes steht, sondern diesen zusätzlich verstärkt.

1.3 Was ist Doping?

> „Aber jeder Sportsmann, dessen Kenntnisse auch nur ein wenig das Kulissendunkel durchdringen, weiss, mit welchen Giften, nicht nur alkoholischen, ein ängstlicher Mann zum Match gebracht wird, weiss, wie manche sensationelle Bestleistung zustande kommt. Was schert's, dass der Sieger unter dem Lorbeerkranz zusammenbricht, dieses leuchtende Beispiel der Körperkultur durch die Leistung seinen Körper vernichtet hat."
>
> (Egon Kisch 1928, in: Gamper 2000, S. 53)

Mich interessiert bei der Feldanalyse der Dopingmärkte vor allem dreierlei: zum einen, wie die *diskursive Strukturierung* in diesem Feld aussieht, welche Akteure auftreten und in welchen (Interessens-)Verhältnissen diese zueinander stehen. Darüber hinaus soll im Anschluss an Bette/Schimank Doping in seiner ‚strukturellen Bedingtheit' in Verbindung mit Wettbewerbsdiskursen und -praktiken analysiert werden. Betrachtet man die anhaltenden Doping-Diskurse und auch diejenigen der letzten 20 Jahre näher, dann fällt vor allem auf, dass der soziologische Diskursstrang eine eher marginalisierte Position im Konzert der Stimmen einnimmt, vergleicht man ihn vor allem mit dem Anteil der medizinischen, rechtswissenschaftlichen, pädagogischen, ökonomischen und philosophischen Studien. Bei dem öffent-

---

190 Dass es nicht nur im Sport den „winner-takes-it-all"-Mechanismus gibt, zeigen Frank/Cook (1995).

lichkeitswirksamen Thema Doping sind auch die populärwissenschaftlichen und journalistischen (Aufklärungs-)Arbeiten nicht zu vergessen, etwa das FOLIO-Heft der Neuen Zürcher Zeitung (NZZ 2010). Aufgrund der im Konzert der Stimmen eher vernachlässigten soziologischen Herangehensweise erscheint eine solche dringend nötig; diese wird hier im Kontext einer wettbewerbssoziologischen Analyse unternommen. Spezifischer haben mich indessen vor allem zwei Zugänge interessiert, die helfen sollen zu verstehen, was im Doping in einer wettbewerbsanalytischen Perspektive vor sich geht. Zum einen kann ein an Foucault angelehnter machtsoziologischer Zugriff wichtige Einsichten liefern, wie ihn vor allem Gamper (2000) und auch Dresen (2010) in ihren aktuellen Arbeiten vorgelegt haben. Zum anderen schließen die vorgestellten Überlegungen an die von Karl-Heinrich Bette und Uwe Schimank in zahlreichen Publikationen (1996, 2006a, 2006b) entwickelte „Konstellationsanalyse" an, wobei die beiden Autoren Doping im Zusammengang mit Theorien abweichenden Verhaltens begreifen.[191]

Im Anschluss an Eitzen u. a. ist zu zeigen, „[how] sport is a microcosm of society and how the origins of deviance in sport are structural" (Eitzen 1988, S. 201).[192] Interessant ist vor allem, inwiefern abweichendes Verhalten strukturell im Sport verankert ist, oder ob es sich doch um Ausnahmefälle handelt. Bette/Schimank argumentieren, dass es sich beim Doping „in einem doppelten Sinne" um „eine soziale Instrumentalisierung des Athletenkörpers" (2006a, S. 10) handelt: *Erstens* entscheiden sich Menschen aus sozialen Kontexten heraus, wenn es um die Manipulation ihres eigenen Körpers geht, *zweitens* „liegen dem Doping als sozialem Handeln sozial geprägte Zielsetzungen zu Grunde" (ebd.). Doping verläuft nicht ziellos, sondern muss als eine explizit zielgerichtete Praxis verstanden werden,[193] die einen sowohl materiellen als auch immateriellen Nutzen, und zwar nicht nur ausschließlich für Leistungssportler, stiftet (vgl. dazu Daumann 2009, S. 63).

---

191 Deviante Gruppen beziehungsweise Individuen unterstützen den Leistungssportler nicht nur beim direkten Doping, sondern auch dann, wenn es darum geht, den Sportler von Medien und Zuschauern abzuschotten (Bette/Schimank 2006, S. 195ff.).

192 Diese strukturelle Analyse grenzt sich von einer Etikettierung des Dopings im Sinne einer individuellen Devianz ab. Dass und inwiefern ein solches Vorgehen „den Einsatz komplexer Problemlösungsstrategien" verhindert und letztlich Doping sogar begünstig, zeigen beispielsweise Singler/Treutlein (2006). Hoberman and Møller verfolgen ein ähnliches Ziel: „Structural analysis requires, in other words, a political sociology of the doping system and its adversaries that describes the relevant interest groups, conflicts and alliances." (2004, S. 11)

193 Über die (vermutete) Häufigkeit des Dopings im deutschen Spitzensport gibt die empirische Studie von Maats/ Emrich/Pitsch (2009) Auskunft. Systematisch unterschätzt wird von Sportlern das Ausmaß der Dopingverbreitung, die ‚Anregung' zum Doping kommt angeblich mehr aus dem Familien- und Freundeskreis als von Seiten der Trainer und Doping finde häufiger auf einem nationalen anstatt auf einem internationalen Niveau statt. Die Begründung dafür lautet, dass ein auf internationaler Bühne auftretenden Sportler viel mehr an Renommee verlieren kann als ein auf nationaler Ebene agierender Sportler. Kritisch einzuwenden wäre, dass bei einem internationalen Sportler vielmehr Interesse von verschiedenen Akteuren bestehen könnte, Doping zu vertuschen beziehungsweise unsichtbar zu machen.

Definitionsversuche: Was ist Doping?[194] (WADA-Definition)[195]

„Der Begriff ‚Doping‘ [...] gehört zu jenen Worten, deren Semantik Geschichten erzählt." (Franke 1994, S. 69)[196] Wie lässt sich diese überschießende Semantik handhaben und was verstehen wir unter Doping: Eine vorläufige Antwort, die wir von Foucault lernen und im Sinne eines ‚Werkzeugs‘ benutzen können, lautet, Doping ist zweierlei: erstens eine *soziale* und zweitens eine *diskursive Praktik*. Praktiken (und Wissensformen) stehen aber bei Foucault immer in einer Verbindung zur Macht, sie können nicht davon losgelöst analysiert werden (Wetzel 2004). Michael Gamper zufolge handelt es sich bei Doping um eine der Bio-Macht sich entziehende soziale Praktik, was an dessen Interpretation der Biomacht zu liegen scheint. Doping basiere „auf einer extremen Verinnerlichung des Lebensprinzips, auf einem Willen zur grösstmöglichen Steigerung der körperlichen Leistungskraft" (2000, S. 48). Dieser Einschätzung kann zugestimmt werden, problematischer wird es, wenn dann im Text von Gamper behauptet wird, Doping sei „eine vorbewusste Überschreitung der Normen und wird so zur Negation der von der Bio-Macht propagierten Werte der Natürlichkeit und Ursprünglichkeit" (ebd.). Das ist genau betrachtet nur eine mögliche Interpretation. Doping kann – und das wäre insofern meine alternative Lesart – genauso überzeugend als eine dezidiert getroffene Entscheidung von Seiten der Leistungssportler begriffen werden. Folgerichtig stände dann Doping aber an der Speerspitze der biopolitischen Organisation gegenwärtiger Gesellschaften, und zwar im Sinne einer am ‚Leben‘ orientierten Optimierung des menschlichen Leistungsvermögens.[197] Diese letzte Lesart erscheint mir plausibler, denn der dopende Sportler negiert ja gerade seine ‚natürlichen‘ Leistungsgrenzen. Unbenommen von

---

194 Die Genealogie des Wortes Doping ist nicht immer ganz eindeutig. Einige Quellen geben an, dass das Wort dopen ganz offensichtlich aus dem Niederländischen stammt. Das Verb „doopen" bedeutet so viel wie tauchen oder taufen (Faber 1974, S. 21). „Unter Doping darf also nicht alleine eine Massnahme verstanden werden, mit der die Leistung verbessert werden soll. Doping kann genauso gut eine Handlung sein, die darauf abzielt, die Leistung herabzusetzen." (Faber 1974, S. 26) Alternativ: „Das Wort ‚dope‘ lässt sich auf einen in Südafrika gesprochenen Dialekt zurückführen. Es handelt sich um einen hochprozentigen, selbstgebrauten Schnaps, der bei Kulthandlungen als Stimulanz diente." (Court/Hollmann 1998, S. 98, vgl. dazu Dresen 2010, S. 17)

195 Seit dem 1.1.2004 gilt die Doping-Definition der Welt Anti-Doping Agentur (WADA), womit das bisherige Reglement des IOC erweitert wurde. Die verschiedenen Abschnitte der Definition sind im Artikel 1 und 2 des *World Anti-Doping Codes* zusammen gefasst: Artikel 1: Definition von Doping: Doping ist definiert als ein ein- oder mehrmaliger Verstoß gegen die Anti-Doping-Regeln wie sie in Artikel 2.1 bis 2.8 ausgewiesen sind. Artikel 2: Verstöße gegen die Anti-Doping-Regeln. Die folgenden Artikel stellen Verstöße gegen die Anti-Doping-Regeln: 2.1 Die Anwesenheit einer verbotenen Substanz, deren Metaboliten oder eines Markers in einer dem Athleten entnommenen Probe (Anmerkung des Verfassers: z. B. Urinprobe des Athleten); 2.2 Die Anwendung bzw. der Versuch der Anwendung einer verbotenen Substanz oder einer verbotenen Methode; 2.3 Verweigerung oder Nichterfüllung (ohne ausreichende Begründung) der Abgabe einer Probe nach Aufforderung zur Dopingkontrolle entsprechend der Autorisierung durch die Anti-Doping-Regeln; 2.4 Verhinderung der Verfügbarkeit bei Kontrollen außerhalb des Wettkampfes einschließlich des Unterlassens der Aufenthaltsmeldepflicht; 2.5 Betrug oder der Versuch eines Betruges bei der Dopingkontrolle; 2.6 Besitz von verbotenen Substanzen oder verbotenen Methoden; 2.7 Weitergabe jeglicher verbotenen Substanz oder verbotenen Methode; 2.8 Anstiftung, Mitbeteiligung, Unterstützung oder Ermutigung zur Anwendung oder zum Versuch einer Anwendung einer verbotenen Substanz oder verbotenen Methode oder jegliche Art der Beteiligung an einem Verstoß gegen die Anti-Doping Regeln (aus www.dopinginfo.de).

196 Hier kann es nicht um eine historische Rekonstruktion des Dopings gehen (vgl. dazu Prokop 1972, Dresen 2010), vielmehr wird eine systematisch-strukturelle Lesart angestrebt.

197 Kaum zufällig weist Philipp Sarasin darauf hin, dass Biopolitik „zur Kennzeichnung jenes sich in der Moderne besonders ausformenden Machttyps" dient, „der auf das „Leben" und dessen „Steigerung" ausgerichtet ist (2005, S. 166).

dieser abweichenden Interpretation ist jedoch Gampers vollkommen zutreffende allgemeine Diagnose zuzustimmen, wenn dieser den Sport als die wohl wichtigste Sozialtechnologie des 20. Jahrhunderts begreift (ebd. 59).[198]

Im Folgenden möchte ich plausibilisieren, warum es aus einer *ethisch-moralischen Perspektive*, die sich mit einer pädagogischen verbindet, gelingen muss, Sport und Doping als letztlich unvereinbare Gegensätze diskursiv anzulegen (Gamper 2002, S. 57). Der Clou dabei ist, dass durch eine rein diskursive Anwendung und Ausübung der Moral die sozialen Praktiken sozusagen unberührt bleiben (sollen). Mit anderen Worten: Durch das ständige Moralisieren, Skandalisieren und Beschwichtigen entsteht ein vielfältiger Entlastungsdiskurs, der von einer Veränderung sozialer Praktiken ablenkt. Kontroll- und Repressionsmaßnahmen legen zwar Zeugnis von einigem Irritationsvermögen bezüglich der Dopingpraxis ab, was jedoch lediglich bedeutet, dass die Rhetorik (und Logik) der Diskurse rund um Doping nur auf eine andere Stufe gehoben werden. Für eine moralisierende Perspektive auf das Phänomen Doping stehen natürlich vor allem die Massenmedien. Sie sind für einen wesentlichen Teil der von Bette (2010, S. 23) u. a. verzeichneten *Personalisierung, Singularisierung* und eben *Moralisierung* verantwortlich. Mit der „Personalisierung als Diskursstrategie" (Bette/ Schimank 2006a, S. 20ff.) gerät der einzelne Sportler in den Fokus und eben nicht die Struktur beziehungsweise die damit verbundenen Akteurskonstellationen. Singularisierung steht im Doping für die Absicht, einzelne Sündenböcke, sogenannte ‚Dopingsünder', an den Pranger zu stellen und damit gleichzeitig die Unschuld der großen Masse medienwirksam zu inszenieren (Dresen 2010, S. 28).[199]

Argumente gegen Doping[200]

Rechtlich betrachtet stellt Doping eine Betrugspraktik dar, die nicht nur eine wettbewerbsverzerrende Wirkung erzeugt, sondern zur Schädigung der Mitkonkurrenten in mehrfacher Hinsicht führt. Dies auch deshalb, weil der für den Sport zentrale Wert der Chancengleichheit in Bezug auf die Teilnahme an einem fairen, regelorientierten Wettkampf unterminiert wird. Vor allem die *„spielsinnfunktionale Fairneß gegen andere"* müsse „zum entscheidenden moralischen Argument gegen das Doping gemacht" (Court/Hollmann 1998, S. 101) werden. Verstoßen einzelne Wettkampfteilnehmer gegen das regelorientierte und faire Miteinander, was auch unter Einnahme einer prinzipiellen Konkurrenzhaltung möglich sein muss, dann verliert die Auseinandersetzung letztlich ihren Sinn. Neben den gesundheitlichen Risiken, die weder von den Sportlern selbst noch von den Ärzten einzuschätzen sind – vor allem nicht bezüglich der Langzeitwirkungen – wird häufig der Verlust des selbstbestimmten Handelns im Sinne einer gelingenden Lebensführung gegen das Doping ins Feld geführt. „Mit dem Doping vereitelt der Sportler all das, was der Sport idealerweise bietet: die Möglichkeit

---

198   Auch Asmuth (2010, S. 93) betont, dass Doping erst durch „die Rahmenbedingungen des modernen Hochleistungssports" hervorgebracht wurde.

199   Bette/Schimank fassen zusammen: „Indem die Sportverbände täterorientiert reagieren, die Medien skandal- und menschenzentriert berichten, Pädagogen personale Interventionen empfehlen und das Rechtssystem von der Handlungsautonomie der Subjekte ausgeht, um sanktionieren zu können, ist es zu einer strukturellen Kopplung gekommen, die man als soziologischer Beobachter nur als ruinös bezeichnen kann." (2006a, S. 35)

200   Vgl. dazu die Beiträge im NZZ Folio (2010).

zu selbstbestimmtem Handeln, zur Selbstverwirklichung" (Szostak 2009, S. 210). Durch das Abhängig-Machen beziehungsweise Abhängig-Werden von chemischen Hilfsmitteln verlieren Sportler ihre souveräne Handlungsposition. Von Szostak wird insofern auch überzeugend argumentiert, „dass Hochleistungssport bereits Grenzen des Menschenmöglichen erreicht hat, so dass der *interne Zwang zu weiteren Steigerungsformen* per se auf die Manipulation der menschlichen Natur zielen muss, solange im Sport das Fortschrittsdenken fortlebt" (ebd., S. 212). Ein wichtiger Antrieb für dieses Fortschrittsdenken ist dann eben der Wettbewerb.

Übersicht zu den einzelnen Kapiteln

Im ersten Kapitel wurden sowohl die Glaubwürdigkeitskrise im Sport als auch die Bedeutsamkeit des Spitzensports für die Gesellschaft rekonstruiert. In einer thematischen Hinführung zum Thema Doping und Wettbewerb wurde erläutert, was offizielle Definitionen des Dopings sind und wie Doping als soziale und diskursive Praktik mit der Thematik der Biopolitik zusammenhängt. In dem folgenden zweiten Kapitel geht es um die Zugangsvoraussetzungen für Akteure auf dem Feld der Dopingmärkte. Gefragt wird danach, welche strukturellen, aber auch individuellen Bedingungen im Feld des Sports gegeben sein müssen, damit Wettbewerbe erfolgreich bestritten werden können. Eine vorab erläuterte Übersicht über wichtige Akteure und Konstellationen soll die Komplexität der Thematik veranschaulichen, Abhängigkeiten beschreiben und in puncto Machtverhältnisse explizieren. Daran schließt sich die Betrachtung von Subjektivierungsimperativen an, die im Zusammenhang mit Konkurrenzpraktiken eingehend analysiert werden. In diesem Zusammenhang interessiert besonders die Welt-Anti-Doping-Agentur (WADA), die als Subjektivierungsgenerator mit ambivalenter Wirkung interpretiert wird. Mit den Bedingungen und Parametern des Wettbewerbs beschäftigt sich das dritte Kapitel. Das Zusammenspiel zwischen Leistung, Erfolg und Anerkennung steht dabei im Zentrum der Analyse. Im vierten Kapitel kommen Wettbewerbseffekte zur Sprache, vor allem mit dem Fokus auf stabilisierende und destabilisierende Momente, die das Sportgeschehen durch den vermehrten Einsatz von Dopingpraktiken erfährt. Thematisiert wird zudem, inwieweit eine normalisierende Wirkung durch den Einsatz von Doping gesellschaftsweit erzeugt wird und inwiefern es sich dabei um eine Art Testfall für die Schnittstelle Mensch-Maschine handelt. Im letzten Kapitel wird der Versuch einer Zuordnung zu einer ganz bestimmten Wettbewerbskultur unternommen. Im Sinne einer Zusammenschau werden zudem die auf verschiedenen Ebenen angesiedelten Konkurrenzpraktiken beschrieben. Schließlich fasst eine tabellarische Aufstellung die Abhängigkeit von wichtigen Akteuren über die im Feld vorherrschenden Subjektivierungsimperative, die Modi der Anerkennung und die Konkurrenzbeziehungen zusammen.

2. Das Feld des Leistungssports

2.1 Zentrale Akteure, Einflüsse und Konstellationen: Schema/Übersicht

Was leistet ein unten angeführtes Schema, das einen synchronen Blick auf die Akteure ermöglicht, aber nichts über deren genealogische Entwicklung aussagt? Mindestens zweierlei, so möchte ich im Folgenden argumentieren. *Erstens* verdeutlicht es die Komplexität der
Thematik im Hinblick auf die Akteure und deren Konstellationen zueinander. Einfache oder
einseitige Erklärungen zum Doping werden dadurch schon im Ansatz in ihren Defiziten
deutlich. Gerade pädagogische oder auch populärwissenschaftliche Diskurse bezeugen die
Gefahr einer Vereinfachung und moralisierenden Beschäftigung im Sinne von „ineffektiven
Verteufelungsstrategien" (Sehling 1987, S. 139). *Zweitens* führt das Schema zu einer *Ent-
Personalisierung*,[201] will sagen: De-Zentrierung des Leistungssportlers/der Leistungssport-
lerin bei der Beschäftigung mit der Dopingproblematik. Andere – und überaus bedeutsame
– Akteure, die im Dopingfeld entscheidende Funktionen einnehmen, können identifiziert
und ihre Doping unterstützende, tolerierende und (offiziell) ablehnende Haltung analysiert
werden.[202] Dieses Vorgehen erscheint nicht nur angemessen, sondern geradezu notwendig
zu sein, denn wie Hoberman und Møller (2004, S. 8) schreiben: „Doping practices are embedded in a complex network of institutions and personal relationships that connect the ath-
lete to many other actors in the doping system." Die wichtigsten der auf vier Ebenen angesiedelten Akteurskonstellationen werden nachfolgend beschrieben.

Akteure auf den verschiedenen Ebenen

Auf der *Mikroebene* finden sich der Manager, der Arzt und der Trainer des Leistungssportlers wieder. Alle drei Akteure besitzen ein vitales Interesse am Erfolg ‚ihres' Athleten. Dabei können sie durchaus in Konflikt miteinander geraten, beispielsweise dann, wenn der Arzt
gesundheitliche Bedenken im Hinblick auf den Konsum von Dopingmitteln geltend macht,
Manager und Trainer deren Gebrauch aus Erfolgsgründen jedoch befürworten. Alle drei Akteure unterstützen den Leistungssportler – mental, physisch und ökonomisch[203] – im Wettbewerb, aber eben nicht nur da, sondern auch unter Umständen bei der aktiven Anwendung von
Dopingpraktiken. Herkömmlich verfügen sie alle über gute Kontakte zu den Akteuren auf
der Meso-Ebene (Dopinglabors, Verbände und Funktionäre sowie Sponsoren). Eine Sonder-

---

201 Eine falsche „Personenfixierung", die häufig im Verbund mit „Kontroll-, Sanktions- und Ethikprogrammen"
     auftritt, thematisieren Feiden/Blasius (2008, S. 61).
202 Deutlich wird mit dem Schema folgendes: Dass „ein stiller Grundkonsens unter den Verantwortungsträgern
     darüber [herrscht], dass der artifizielle Treibstoff für die große Muskelshow erhalten bleiben muss. Denn
     der Hochleistungssport ist ein global operierendes, supranationales Unternehmen" (Kistner 2000, S. 239).
203 Vor allem der Manager sorgt für lukrative Verträge, zudem kümmert er sich um Sponsoren.

stellung innerhalb des Schemas fällt – kaum verwunderlich – dem Leistungssportler selbst
zu. Er befindet sich in vielfältigen Abhängigkeitsbeziehungen, die sich auf alle vier Ebenen
erstrecken.[204] Deutlich wird dadurch zum einen die Vielfältigkeit der Druckkonstellationen,
denen er sich (potentiell) ausgesetzt sieht, zum anderen zeigt sich die bereits erwähnte De-
Zentrierung seines Entscheidungs- und Verantwortlichkeitsspektrums.

Wichtige Akteure auf der *Meso-Ebene* treten in der Gestalt der Funktionäre als Reprä-
sentanten der Verbände sowie der Sponsoren auf. Verbände und vor allem auch Sponsoren
stehen in einem Wettbewerbsverhältnis, was verdeutlicht, dass diese beiden Akteure kein
wirkliches Interesse an der Unterbindung von Doping haben (Kistner 2000). Dies, obwohl sie
beispielsweise durchaus empfindlich und sanktionierend auf Dopingenthüllungen reagieren.
Was zählt, ist der Erfolg, der sich vor allem ökonomisch auszahlen soll. Dabei muss jedoch
berücksichtigt werden, dass bei einer möglichst erfolgreichen Vermarktung die Vorbildfunktion der Sportler sowie der Glaube an die Idee der Fairness eine weiterhin entscheidende Rolle spielen. Eine besondere (Doppel-)Rolle fällt beim Dopinggeschehen den Dopinglabors zu.
Sie sind zum einen ständig damit beschäftigt, ihr Angebot für den Leistungssportler nicht nur
zu optimieren, sondern fortlaufend an neuen ‚Bedürfnissen' zu orientieren. Es geht dabei um
‚Pionier-, beziehungsweise Innovationsgewinne, die dem Athleten helfen sollen, Kontrollen
zu unterlaufen. Zum anderen wird aber gerade von Dopinglabors nicht nur die Dopingsub-
stanz, sondern häufig auch die Nachweisanalytik entwickelt. Daraus resultiert ein mitunter
auf Zirkularität setzendes lukratives Geschäft.

Auf der *Makro-Ebene* treffen wir auf die staatlichen Förderungsinstitutionen, die ebenso wie die Verbände ein oftmals patriotisch beziehungsweise nationalistisch motiviertes Interesse am Erfolg der unterstützten Athleten an den Tag legen. Bleibt der Erfolg aus, müssen
diese mit Kürzungen oder dem vollständigen Ausbleiben der Finanzierung rechnen. Mit der
nationalen, aber auch mit der internationalen Anti-Doping-Agentur (NADA bzw. WADA)
treffen wir auf den institutionalisierten Dopinggegner par excellence. Ihre Legitimation erhalten diese Institutionen gerade dadurch, dass sie möglichst effektiv Dopingpraktiken ent-
larven und für einen sauberen Sport sorgen sollen.[205] Auf der Makroebene müssen zudem
zwei wichtige Akteure näher betrachtet werden. Das Publikum und die interessierte Sportöffentlichkeit, die eine nicht eindeutige Position einnehmen: Auf der einen Seite herrscht
ein Interesse am sauberen, hehren Sportideal (Fairness, Chancengleichheit), auf der anderen
Seite will dieses Publikum in seiner Mehrheit Erfolge, Rekorde und Bestleistungen erleben,
was den Anreiz zu einer permanenten Verschiebung der ‚natürlichen' Leistungsgrenzen des
Sportlers zumindest unterstützt (Bette/Schimank 1996, S. 430). In einer ähnlich ‚gespaltenen'
Lage befinden sich die Massenmedien. Sie lancieren nicht selten eine Doppelmoral, indem sie
– vergleichbar mit dem Zuschauer – einerseits den fairen Charakter des Sportwettkampfes
betonen und an diesen appellieren. Andererseits möchten sie von Erfolgen, außergewöhnli-
chen Leistungen (oder auch Niederlagen) berichten und so zur Mythenbildung der modernen
(Sport-)Heroen beitragen. An den Leistungssportler ergeht von diesen Akteuren somit eine

---

204 Ein wenig erinnert die Darstellung an das Marionettentheater, dabei zieht längst nicht mehr nur der Leistungssportler an den Strippen.

205 Weiter unten gehe ich auf die meines Erachtens ambivalente Rolle der WADA ein. Auf dem Papier und in
ihren Verlautbarungen ein eindeutiger Gegner des Dopings, sieht die Realität etwas komplizierter aus.

doppelte, in sich widersprüchliche Botschaft: Sei erfolgreich, aber bitte mit fairen Mitteln. Der Widerspruch ergibt sich durch grassierende Dopingpraktiken. Derjenige, der sich dem Doping entzieht, muss befürchten, abgehängt zu werden und keine Erfolge mehr feiern zu können. Insofern existiert eine zumindest indirekte Verbindung zwischen den Massenmedien und der Dopingindustrie: Durch den Druck, den die Massenmedien auf den Leistungssportler aufbauen, erhöhen sie wiederum dessen Bereitschaft mittels Doping für auffallende und berichtenswerte Ereignisse zu sorgen. Und die somit geschürte Nachfrage nach Dopingmitteln stellt die weltweit agierende Dopingindustrie zur Verfügung.

Auf der *Supraebene* befinden sich neben der gesondert zu betrachtenden WADA die internationalen Sportverbände, im Fallbeispiel des Radsports die Union Cycliste International (UCI). Die Verbände stehen häufig in kritischer Auseinandersetzung mit den Anti-Doping-Agenturen, weil sie als Verband die Interessen ihrer Sportler vertreten müssen und auch um deren Freiheit besorgt sind, gerade dann, wenn NADA und WADA rigide Kontrollprogramme etablieren wollen. Ein weitgehend undurchsichtiger Akteur stellt die global agierende Dopingindustrie dar. Im Sinne der Angebots- und Nachfragetheorie bedient sie einen ständig wachsenden Markt, der sowohl von den Leistungssportlern selbst als auch von praktisch allen Akteuren bis hin zu den Massenmedien zumindest toleriert wird.[206] Die nachfolgende Übersicht dient der Veranschaulichung der bezüglich der Akteure unternommenen Zuschreibungen.

Schaubild 4:   Dopingmärkte: Akteure und Konstellationen

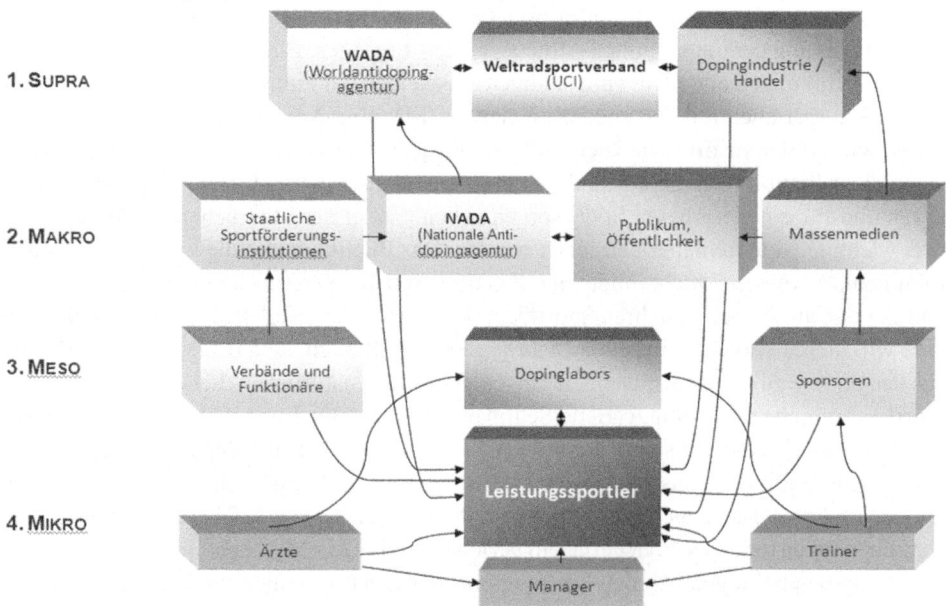

---

206   Es sei denn, man benötigt wieder einmal einen Sündenbock, wie es im Herbst 2012 der ‚Fall' Lance Armstrong nahe zu legen scheint. Kluge Stimmen verweisen dabei auf die Vertuschungs- und Skandalisierungsgefahr, die das Gesamtübel nicht an der Wurzel packen lässt, sondern einzelne ‚Schuldige' dingfest zu machen versucht.

2.2 Fallbeispiel Radsport / Tour de France

Schon zu Beginn der 1970er Jahre stellt Alexander Faber nicht ohne Wehmut fest: „Leider ist es im Berufsradrennsport so weit gekommen, dass der einzelne Sportler einen gedopten Gegner im Wettkampf toleriert, ja dass er sogar in Kauf nimmt, von seinem Konkurrenten besiegt zu werden, der seine gute Leistung der Einnahme wirksamer Pharmaka verdankt." (1974, S. 201) Warum fällt die Wahl gerade auf den Radsport mit einer weiteren Fokussierung auf das Großereignis Tour de France? Zum einen liegt es schlicht am Assoziationshof des Wortes Doping. Wer denkt dabei nicht an Radsport? Ein weiterer Grund liegt in der Güte des empirischen Materials: So gibt es Erfahrungsberichte (Wagner 2000, Thomson 2006), Dokumente und Enthüllungsrecherchen von Journalisten (beispielsweise von Thomas Kistner). Zudem liegen auch einige soziologische Analysen vor, auf die sich eine weitergehende Interpretation stützen kann. Die Tour de France stellt meines Erachtens ein (zeitliches und räumliches) Verdichtungsereignis dar, an dem sich exemplarisch die Dopingproblematik skizzieren lässt. Der Mythos der Tour de France, die selbst im Jahr 1903 „aus der Auseinandersetzung um Marktanteile konkurrierender Zeitungen" (Komm 2008, S. 112) hervorgegangen war, eignet sich hervorragend für (tragische) Heldengeschichten, eine Analyse des Wettbewerbsgeschehens und der daran beteiligten Akteure (sinnvoll erscheint mir das Konstellationsmanagement nach Bette/Schimank 2006b).

Ich konzentriere mich vorerst auf Roland Barthes' soziologisch-literarischen Text „Die Tour de France als Epos" aus den *Mythen des Alltags* (1957),[207] in dem vor allem zwei wichtige Punkte angesprochen werden: das Doping und die „zwiespältige Moral" der Tour. Man muss dazu wissen, dass sich bis weit in die 1960er Jahre niemand rund um die Tour am Doping gestört hatte.[208] Lesen wir also Barthes, wenn dieser bezüglich des „jump", den er als eine Art Elektrifizierung versteht, schreibt: „Es gibt eine abstoßende Parodie des *jump*: das Doping. Den Rennfahrer aufzuputschen ist ebenso verbrecherisch, ebenso ruchlos wie der Versuch, Gott nachzuahmen: Doping heißt, Gott das Privileg des Funkens zu stehlen. Gott weiß sich übrigens zu rächen: wovon der arme Malléjac [ein in den 1950er Jahren aktiver französischer Radfahrer, DJW] ein Lied singen kann, den ein frevelhaftes Doping an die Pforten des Wahn-sinns geführt hat (Bestrafung der Feuerdiebe)." (2010, S. 148) Und wenig später heißt es im Text und im Einklang mit dem weiter oben bereits konstatierten Dilemma: „Die Tour hat eine zwiespältige Moral: Ritterliche Gebote vermischen sich ständig mit brutalen Appellen an das pure Erfolgsstreben." (ebd., S. 150)

Heute heißt es lapidar: „*Epo statt Epos*" (Moll 2007). Von der Entzauberung des Mythos ist die Rede und von einer innigen Verflechtung zwischen Radsport und Dopingpraktiken. Ich möchte in diesem Zusammenhang auf den amerikanischen Sportsoziologen John Hoberman hinweisen, der die Radsportler treffend als Lohnarbeiter bezeichnet, die klassisches Arbeitsplatz-Doping betreiben, wie es in Schwer- und Ausdauer-Bereichen der Arbeitswelt ebenso üblich ist, wie im sogenannten Kreativ-Bereich, der sich mit Aufputschmitteln aufnahmebereiter machen will (2005). Es existiert also eine (fast schon) zwingende Verquickung von Doping und Radsport. „Radsport […] ist Doping. Diese beiden Praktiken sind

---

207 Die übrigens gerade in einer erweiterten Fassung auf Deutsch in neuer Übersetzung erschienen ist.

208 Zur Geschichte der Tour de France (Welter und Timpe 2008).

eine innige historische, kulturelle und strukturelle Verbindung eingegangen, die so einfach nicht zu trennen ist. Die richtige Präparierung in jeder Hinsicht ist essenzieller Bestandteil, der sich auch auf renntaktische Belange auswirkt und schon immer die Dramatik der Wettbewerbe mitgestaltete." (Gamper 2006, S. 65)

Man kann sich fragen, warum Doping im Radsport überhaupt so verbreitet ist? Es liegt vor allem an den zu erwartenden positiven Wettbewerbseffekten, die sich nachweislich mit dem Einsatz von leistungssteigernden Substanzen erzielen lassen. Nach jahrelangen Experimenten mit Anabolika und Amphetaminen zeigen sich seit einigen Jahren die Praktiken des Eigenblutdopings[209] als neue Qualität des Dopings im Radsport. Diedrich Diederichsen begreift Eigenblutdoping als „Radikalisierung des Selbstoptimierung" (2008, S. 113) und als auf die Spitze getriebene neoliberale Biopolitik: nämlich das Dopen mit dem eigenen Blut, das ‚Material' sind dabei die Menschen selbst. Die ganze Dopinggeschichte – nicht nur im Radsport – ist aber auch ein Kampf um Grenzwerte. Wo liegen die Grenzen und wer bestimmt diese? Insofern erscheint die Frage nach den Normwerten dringlich zu sein, denn dahinter verbirgt sich der „Kampf um das Erlaubte" (Diederichsen 2008, S. 115). Die Definitionsmacht hat in den letzten Jahren vor allem die WADA übernommen.

---

209 Beim Eigenblutdoping wird zunächst Blut entnommen und mit roten Blutkörperchen angereichert. Dieses angereicherte Blut wird dann wieder injiziert.

3. Zugangsvoraussetzungen und Subjektivierungsimperative

Zur Wettbewerbsanalyse, wie ich sie bei allen Feldern durchgeführt habe, gehören hauptsächlich drei zentrale Dimensionen. Neben den Subjektivierungsimperativen (,was sollen Subjekte wollen'), die sich in sozialen (und diskursiven) Praktiken niederschlagen, interessiert mich vor allem der Zusammenhang zwischen Leistung, Erfolg und Anerkennung, die in meiner Analyse als Parameter des Wettbewerbs fungieren. Auf einer übergreifenden Ebene betrachte ich stabilisierende und destabilisierende Momente/Effekte, die im vorliegenden Fall durch Doping, sowohl auf der diskursiven als auch auf der Ebene von Praktiken verursacht werden. Im Anschluss an Elk Franke lässt sich der Wettkampfsport übergreifend als strukturell gespalten charakterisieren: „Ein wesentliches ethisches Konstitutionsmerkmal wettkampfsportlicher Eigenwelt ist das *agonale Prinzip*. Es zeigt sich als *Paradoxon* zwischen *Überbietungsgebot* (mit Sieg-Postulat) und *Gleichheitsgebot* (mit dem Postulat Chancengleichheit)." (Franke 1994, S. 77)

3.1 Subjektivierungsimperative und soziale (Konkurrenz-)Praktiken

Im Folgenden wird die Ausgangssituation geschildert, in der sich Hochleistungssportlerinnen und -sportler befinden. Was sind die Kräfte und die Mächte, die im Sinne von Subjektivierungsimperativen auf die Sportler einwirken? Bette identifiziert mit Blick auf die Historie des Sports in seinen Arbeiten die „Entfesselung eines Siegescodes" (Bette 2010, S. 29); es habe sich die Herrschaft einer binären Sieg/Niederlage-Logik etabliert. Das Sportpublikum und die Massenmedien erzeugen einen ungeheuren Erwartungsdruck, der die Berufssportler zu Helden, Mitläufern oder eben Versagern stilisiert. Auch Wirtschaft und Politik, speziell durch die staatliche Förderungspolitik und die (stets knappe) Vergabe von Werbeverträgen, bringen die Sportler unter Zugzwang. Nehmen wir diese vielfältigen Einflüsse von außen und die komplexe Drucksituation ernst, dann scheint es nicht übertrieben, diese Spitzensportler als in einer „*biografischen Falle*" (Bette/Schimank 2006, S. 117ff.) sitzend zu begreifen. Worin besteht diese Falle für den Radsportler? Dope ich nicht, dann besteht die Gefahr, gegenüber den anderen Radsportlern zurückzufallen. Dope ich, dann muss ich damit rechnen *erstens* erwischt zu werden, dass *zweitens* moralische Bedenken auftreten und ich *drittens* meine Gesundheit ruiniere. Anschaulich berichtet dies ein *anonymer Radrennfahrer:* „Anfänglich war es kein Problem, dass ich mit Epo nichts zu tun haben wollte. Aber irgendwann blieben die Resultate aus – und der Druck wurde größer. Von überall her war er spürbar: einerseits von mir selber, andererseits von der Mannschaftsleitung her [...] irgendwann akzeptierte ich, dass Doping zu meinem Beruf gehört. Und weil ich vermutete, dass alle andern genau gleich handelten, verflog das schlechte Gewissen [...] Bis zur Tour de

France 1998 galt es als Fairplay (sic!), sich zu dopen, weil das alle andern auch taten." (Wagner 2000, S. 37) Den ‚normalen' Gebrauch von Medikamenten inklusive Doping beschreibt der Stundenrekordler auf dem Rad, Roger Rivière, aus dem Jahr 1958 wie folgt: „It's not a secret, racers who want to have a long career follow the advice of a doctor who knows them and only gives them that which suits their temperament. It has been said of me that I was a *‚laboratory' racer* whose performances [were] ‚brought along' by a very precise preparation. I would happily take that as a compliment, since it proves that I know what I want and what to do to achieve it." (in: Thompson 2006, S. 228, Hervorh. von DJW) Doping und der Einsatz von Medikamenten müssen wir als eine (rationale) Strategie begreifen, denn der Sportler steht vor der schier übermächtigen Aufgabe, zwischen den ständig steigenden Ansprüchen und dem steigenden Druck von außen vermitteln zu müssen. Mit der Hilfe von technischen oder eben auch medikamentösen Eingriffen soll diese Kluft überwunden werden (Bette 2010, S. 29). Bette (2010) geht davon aus, dass sich alle Sportler in derselben Lage befinden und so gar nicht in der Lage seien, beabsichtigte Wettbewerbsvorteile realisieren zu können, da auch sogenannte ‚Pioniergewinne' nur von kurzer Dauer seien. Dagegen würde ich die These formulieren, dass gerade durch diese ‚Pioniergewinne' zweierlei Dinge – um in der Logik des Dopings zu bleiben – erreicht werden. Zum einen gelingt es den Dopinglabors mit ihren Ärzten in diesem ‚Hase-Igel-Spiel' meistens knapp vor den Kontrolleuren zu bleiben (werden Substanzen als gebotswidrig entdeckt, muss der findige Arzt und Sportler bereits andere Substanzen in anderen, nicht-nachweisbaren Zusammensetzungen konsumieren).[210] Zum anderen sind aber genau diese Dopinglabors Teil der staatlich organisierten Kontrolle. Durch die Einnahme unerlaubter Substanzen wird der Sportler zumindest potentiell in die Lage versetzt, mitzuhalten (also nicht gegenüber den ‚innovatorischen Leistungen' zurückzubleiben) und auf kurzfristige Effekte zu hoffen.

Radikalisierte Selbstoptimierung

Gerade im Radsport hat sich mit der Praktik des Eigenblutdopings eine nochmals verschärfte „Radikalisierung der Selbstoptimierung" (Diederichsen 2008, S. 113) ergeben. Der Hochleistungssportler, genauer sein Körper, wird gleichsam – wie bereits im Kontext der Biopolitik beschrieben wurde – zu seinem eigenen und gleichzeitig aber auch fremden Experimentierfeld. Die Grenzen des Erlaubten sind nicht immer eindeutig festgelegt, sondern umstritten. Ein weiterer Schritt in Sachen Optimierung bietet das Gendoping, was aus mindestens zwei Gründen für Leistungssportler interessant sein könnte: Beim Gendoping A findet eine körpereigene Stimulation der Synthese von Hormonen wie z. B. Erythropoietin (Epo) oder von anderen anabolen Wirkstoffen statt. Beim Gendoping B geht es um das Ausbilden von mehr Muskelmasse beziehungsweise von schnelleren Muskelfasern, aber auch um das Beeinflussen der Gene zur Leistungsverbesserung (Lahrtz 2010).[211] Gegenwärtig erscheint es aus so-

---

210   Rasante Innovationsraten stellen, wie beispielsweise Mühlethaler konstatiert, in diesem Zusammenhang ein fundamentales Problem dar: „Kaum haben die damit beauftragten Laboratorien Wege gefunden, die Einnahme unerlaubter und daher bekannter Substanzen nachzuweisen, kommen neue, leistungsfördernde Produkte auf den Markt." (Mühlethaler 2000, S. 219)

211   Hier könnte der Vergleich zwischen einem Gendoping im Sport mit den Praktiken des Gelddopings, wie wir sie durch staatliche Interventionen auf Finanzmärkten vorfinden, angestellt werden. Während durch das Gendoping eine weitere (verheimlichte, weil verbotene) Optimierung des Leistungsvermögens angestrebt

ziologischer, aber auch aus medizinischer Sicht verfrüht, über die tatsächlichen Wirkungen beziehungsweise Effekte des Gendopings Auskunft geben zu können. Mir scheint Gendoping jedoch eine logisch konsequente Weiterentwicklung auf dem Gebiet des Dopings darzustellen; weitere ‚Innovationen' dürften folgen.

Totalisierung der Rolle des Leistungssportlers

Ein dem Sportler relativ früh eingeimpfter Subjektivierungsimperativ lautet: Ordne möglichst alles deiner Rolle als Leistungssportler unter. Nur so wirst Du Erfolg haben. Das eben meint ‚Totalisierung': eine Spezialisierung und Vereinseitigung auch im Hinblick auf das Ausbilden einer Identität. Bestärkt wird der Leistungssportler in dieser Haltung durch seine Trainer, Manager und Sponsoren, die ihm diese Rolle nahe legen, weil sonst der Erfolg ausbleiben könnte und Optimierungspotenziale ungenutzt blieben.

Lautet die Diagnose also Konkurrenzpraktiken und Erfolgsimperative allerorten? Das wäre eine einseitige Rekonstruktion und Sicht auf die Geschichte des Radsports, denn *Chancengleichheit* und *Fairness* gehören gleichfalls zum festen Wertekanon. Die historische Erkenntnis diesbezüglich lautet: Damit der Sport nicht völlig zu einem sozialdarwinistischen ‚struggle for life' und ‚survival of the fittest' verkommt, hat man mit dem Prinzip Fairness eine Art „ethische Rückkopplung" (Gamper 2000, S. 51) zu installieren versucht. Mit dem Versuch des Implementierens dieses Chancengleichheits-Diskurses habe die Sportwelt zeigen wollen, „dass sich ‚Wettbewerb' zu einem Prinzip formalisieren lässt, das gerechte Entscheidungen produziert" (ebd., S. 59).[212] Die Rolle des Beschwörens der Fairness kommt den Medien, aber auch den Sportverbänden zu. Sie versuchen gleichsam den vergifteten Diskurs des Dopings zu ‚reinigen'. Weil das jedoch nicht ausreicht, haben sich nationale und internationale Kontrollagenturen herausgebildet.

3.2 WADA: Vom Kontrolleur zum Subjektivierungsgenerator[213]

Die aufgrund der im Jahr 1998 dopingverseuchten Tour de France ins Leben gerufene *WADA* stellt einen im Foucault'schen Sinne fassbaren Subjektivierungsgenerator par excellence dar, keineswegs nur für die Sportler, sondern auch für die Verbände. Sportverbände haben genügend Anreize, die Vorgaben der WADA zu unterlaufen. Sie tun dies, indem sie ihnen einfach nicht nachkommen. Sie haben kein genuines Interesse an der Durchsetzung von Dopingrichtlinien, weil sich Höchstleistungen „aufmerksamkeitssteigernd" auswirken und weil

---

wird, dient das Gelddoping dem Wiederherstellen der Funktionsfähigkeit der Finanzmärkte. Ganz legal, aber zu Lasten der Staatsbürger.

212 Im Übrigen liefert das auch eine Begründung, weshalb hier der Sport als Feld der Wettbewerbsanalyse ausgewählt worden ist.

213 Doping kann als Epiphänomen einer Verberuflichung, einer Verwissenschaftlichung und auch des gestiegenen Medieninteresses betrachtet werden. Die Einführung der WADA könnte als Ausfluss einer allgemeinen Professionalisierung nicht nur im Umgang mit Dopingkontrollen, sondern des Sports insgesamt verstanden werden (vgl. dazu Fischer 1986). Schwierig ist vor allem aber die Akzeptanz und Implementierung in den internationalen Sportverbänden (Houlihan 2004, S. 29). Ob und inwiefern hier das Subsidiaritätsprinzip von Nutzen sein könnte, diskutieren Senkel/Emrich/Momsen (2009).

positive Dopingkontrollen etwas (unangenehm) „Selbstdiffamierendes" an sich haben (können) (Senkel et al. 2009, S. 152). Wie man sich leicht vorstellen kann, beeinträchtigen Do-
ping-Kontrollen die Freiheit der Athleten stark. So besteht dem WADA-Code zufolge für
Sportler „eine dauernde Meldepflicht seines jeweiligen Aufenthalts im Voraus, um für die
Kontrolleure stets erreichbar zu sein. Die Entnahme von Blut und Urin unterliegt strenger
Kontrolle durch Dritte zur Verhinderung von Manipulationen. Eine weitere Einschränkung
der Persönlichkeitsrechte besteht in der Speicherung von Gesundheitsdaten und Kontroller-
gebnissen über einen längeren Zeitraum sowie die Lagerung von Proben der Körperflüssig-
keiten" (Feiden und Blasius 2008, S. 61).[214] Nicht wenige Autoren und Kommentatoren sehen
darin eine Verletzung der Menschenwürde. Einigkeit herrscht auch darüber, dass der WADA-
Kodex gegen geltendes EU-Recht verstoße, hauptsächlich gegen die Richtlinien des Daten-
schutzes.[215] Durch den Einsatz der Kontrollpraktiken geht es gar nicht nur um die Sportler,
„nicht nur um die Frage, ob das Kontrollsystem gegen den Datenschutz und gegen Artikel
8 der europäischen Menschenrechtskonvention sowie andere Gesetze zum Persönlichkeits-
schutz und gegen das Arbeitsrecht verstößt, es geht auch um Sinn und Selbstverständnis des
Sports, um die Sportidee selbst, die von zwei Seiten stranguliert wird: vom Doping – und
von den Praktiken des Anti-Doping-Kampfes" (Eder 2009). Die WADA ist ein (typischer)
Akteur der sich ständig ausbreitenden Kontrollgesellschaft (Deleuze 1992, 1993).[216] Sportler
werden ständig überwacht, zu ihrem eigenen Wohl, aber auch im Hinblick auf die Fairness
gegenüber den Mitkonkurrenten. Dabei bewegen sich die Praktiken der (unangemeldeten)
Kontrollen zwischen Unterwerfung/Disziplinierung einerseits und dem Erzeugen einer neu-
en Subjektivität, mit der eine Befreiung vom Übel des Dopings versprochen wird. Eben aus
diesem Grund begreife ich die WADA als ambivalent in ihren Wirkungen: einerseits sind die
Sportler einschneidenden Kontrollen unterworfen, die ihre Freiheit teilweise erheblich einschränken. Andererseits können durch das Aufdecken von Dopingfällen neue Freiheits- und
Autonomiegewinne dadurch entstehen, dass die Abhängigkeit von Dopingpraktiken deutlich gemacht und kritisiert wird. Der Leistungssportler lernt sich und seinen Körper ‚selbst
zu führen', was interessante Effekte auf die Subjektivität der Athleten erzeugt, denn diese
wird zunehmend „ins Plasma verlagert" (Diederichsen 2008, S. 110).

---

214 Kritisch wäre allerdings zu hinterfragen, warum sich gerade der Fußball vehement gegen die Kontrollen –
     und offensichtlich sehr erfolgreich – zur Wehr setzt.

215 Eine eigens eingerichtete EU-Datenschutz-Arbeitsgruppe „Artikel 29" beschäftigt sich mit dem WADA-
     Kodex und mahnt ständig Nachbesserungen an.

216 „Das Wesentliche der Kontrollgesellschaften ist dagegen nicht mehr eine Unterschrift oder eine Matri-
     kelnummer, sondern eine Zahl – die Zahl ist *Losungswort*, während die Disziplinargesellschaften durch
     Parolen geregelt wurden [...]. Die Sprache der Kontrolle besteht aus Zahlen, die entweder den Zugang zur
     Information oder deren Verweigerung markieren." (Deleuze 1992, S. 183) Genau in diesem Sinne operiert
     die WADA: Festlegen von Uhrzeiten im Sinne von ganz bestimmten Kontrollzeiten, die Vorgabe bestimmter
     Grenzwerte etc.

4. Bedingungen und Parameter des Konkurrenzkampfes

4.1 Ausgangsbedingungen

Gestiegene Professionalisierung

Ein anderer Blick auf Wettkämpfe, auf die Art und vor allem die Bedingungen des Konkurrierens entstand im Sport durch eine intensivere Form des Professionalismus. Dabei sind die Verberuflichung, die Verwissenschaftlichung und das öffentliche Interesse die wichtigsten Aspekte der Professionalisierung: „Die rechtlichen Rahmenbedingungen, die spezifische Zielsetzung, hauptamtliches Management, langfristige Planung, Interessensvertretung der Organisation nach außen, Verwissenschaftlichung und Perfektionierung des sportlichen Handlungsgefüges – all dies sind Teilbereiche im Professionalisierungsprozess, die die professionellen Voraussetzungen für die Tätigkeit der Sportler schaffen." (Fischer 1986, S. 164) Diese gestiegene Professionalisierung zählt zu den (Rahmen-)Bedingungen, die den Konkurrenzkampf wesentlich beeinflussen. Er hat für eine Intensivierung der Trainingszeiten gesorgt und für die Rundumbetreuung (inklusive Kontrolle) der Leistungssportler. Das ist die positive Seite der Entwicklung, problematisch dagegen ist das In-Gang-Setzen eines nochmals verschärften Konkurrenzprinzips, was durch den Professionalismus im Sport zu einer radikalen Orientierung am Gewinnen-Müssen für die Spitzensportler führt, wodurch der wichtige Aspekt der Fairness zunehmend in Vergessenheit gerät (Gamper 2000, S. 52). Mit anderen Worten: Die Professionalisierung hat dazu beigetragen, dass mittlerweile zu viel auf dem Spiel steht, um das Ergebnis des Wettbewerbs (und damit verbunden der Erfolg) dem rein sportlichen Wettkampf zu überlassen.

Die Erwartungshaltung der beteiligten Akteure: Zuschauer, Medien, Sponsoren etc.

Zu den Bedingungen für das möglichst kunstgerechte ‚Inszenieren' des Konkurrenzkampfes zählt die gestiegene Erwartungshaltung von Seiten der Medien und der Zuschauer.[217] Der Druck auf die Spitzensportler wird in der einschlägigen Literatur als extrem beschrieben (Bette 2010, S. 26, Feiden/ Blasius 2008, S. 58ff.). Die interessierte Öffentlichkeit ist ständig auf der Suche nach Helden, nach guten ‚stories'. Damit spielen diese (vermeintlich unschuldigen) Akteure eine nicht unwesentliche Rolle, wenn die Frage des (Nicht-)Einsatzes von Dopingpraktiken ansteht. Für eine Verschärfung des Konkurrenzprinzips sorgen insbesondere die – selber im Wettbewerb miteinander stehenden – Sponsoren. Nur der erfolgreiche,

---

217 Alfermann und Strauß (2001, S. 107) bestreiten, dass Zuschauer „einen erheblichen (und dann auch einen leistungsförderlichen) Einfluß besitzen." Das kann durchaus im Hinblick auf die tatsächlich erbrachte Leistung sein, allerdings geht es hier um die Beeinflussung des Verhaltens durch eine ganz bestimmte Erwartungshaltung.

aufmerksamkeitserzeugende Leistungssportler kann die Erwartungshaltungen dieser Sponsoren monetär befriedigen.[218] Somit tragen diese vielfältig artikulierten Erwartungen zur Strukturierung der (Rahmen-)Bedingungen des Konkurrenzgeschehens entscheidend bei.

Die Vorbildfunktion des Sports und dessen Signalwirkung

Nicht zu unterschätzen ist die Vorbildfunktion, die der Sport für die gesamte Gesellschaft darstellt (‚preparation for the battle of life‘). Schichtenübergreifend können sich viele mit (großen) Sportereignissen und kunstvoll inszenierten Wettbewerben identifizieren. Vor allem das sozialdarwinistische Diktum des ‚survival of the fittest‘ findet im Sport seine gesellschaftlich akzeptierte Verwirklichungsbühne. Hier sollen die Besten aufeinander treffen, sich miteinander messen, damit eine gerechte Platzierung erfolgen kann. Der entscheidende Punkt an dieser Stelle lautet: Diese historische gewachsene Vorstellung bleibt nicht in der Sphäre des Sports, sondern wirkt auch gleichsam auf andere Sphären der Gesellschaft ein, vor allem aber wird das Konkurrenzprinzip gesellschaftsfähig gemacht und als machtvolles Instrument eingesetzt. Beispielsweise wurde im 19. Jahrhundert auch eine „ethic of competition" oder „fair competition" als wesentliche „Ursache des Wohlstands und der Weltmachtstellung Englands angesehen" (Krüger 1998, S. 617).

4.2 Leistung und Erfolg: Betrugspraktiken (Doping) als Antwort?

> „Insbesondere der Leistungssport ist durch seine rigorose Ausrichtung auf Steigerung,
> Wettbewerb, Erfolg und Technik in besonderer Weise ‚modern‘."
>
> (Bette 2010, S. 128)

Das menschliche Leistungsvermögen besteht aus einer subjektiven und einer objektiven Komponente. Die Leistungsfähigkeit, fassbar als die objektive Komponente, ist von den physischen Fähigkeiten des Sportlers abhängig. Betreffen kann das das Muskelvolumen, den Gesamthämoglobingehalt des Blutes, die Bewegungskoordinationsfähigkeit etc. Die sogenannte Leistungsbereitschaft, verstehbar als die subjektive Komponente, bestimmt sich wesentlich durch die psychischen Fähigkeiten des Sportlers, d. h. von seinen Persönlichkeitsmerkmalen und Eigenschaften (Gruppe 1998, S. 332). Die Fiktion (und das Glaubensbekenntnis) des modernen Leistungssports bestehen darin, dass Spitzensportler ihre Leistungen nur durch ihr eigenes Vermögen, ihre persönliche Begabung und durch ihren Einsatz erreichen. Andere Faktoren dürfen idealerweise nicht den Wettbewerb verzerren (Emrich/Pitsch 2009, S. 12). Beide Komponenten der Leistung sind – vor allem im Zusammenspiel – wichtig und können über Dopingpraktiken manipuliert werden. Beide unterliegen der Vorstellung einer Optimierung beziehungsweise der permanenten Überbietung (neue Rekorde, Bestmarken, besseres Konzentrationsvermögen). Das gemeinsam verfolgte Ziel besteht im Erreichen eines „neuen Pump-Level[s]" (Geipel 2008, S. 16).[219] Wie Gunter Gebauer bereits in den 1970er

---

218 Dass Aufmerksamkeit in der Gegenwartsgesellschaft als knappe Ressource gelten muss, zeigt die Studie von Georg Franck (1998).

219 Hierbei handelt es sich ganz offensichtlich um eine bislang unentdeckte Form des von Dahrendorf beschriebenen „Pumpkapitalismus" (2009).

Jahren gezeigt hat, gründet aller Leistungssport auf einem spezifischen „„Leistungsprinzip'
der Überbietung" (1972, S. 197). Was leistet nun dieser Leistungsbegriff? Grundsätzlich ermöglicht das „Zuweisungsprinzip der ‚Leistung' das Herstellen „einer ‚gerechten' Rang-
ordnung, deren Anerkennung durch die Mitglieder der Gesellschaft als sicher gelten kann"
(ebd., S. 187/188). Und genau diese Utopie betrachten viele im Sport als zumindest teilweise
verwirklicht und insofern stellt der ‚Leistungssport' tatsächlich das dar, was Gesellschaften
aus einer idealen Perspektive heraus sein könnten, nämlich eine rein auf meritokratischen
und fairen Grundlagen basierende Versammlung von Individuen.

Eine wichtige Rolle im Berufssport spielt der ‚*Leistungsindividualismus*', der dafür
steht, dass nur ein ganz spezifisches Merkmal die Individualität einer Person dominiert. „Im
Mittelpunkt der eigenen Selbstsicht und -bewertung steht die eigene Sportlerrolle und die
in Wettkämpfen bewiesene Überlegenheit gegenüber Konkurrenten […] Einzigartigkeit erwächst in sportlichen Konkurrenzsituationen als Ergebnis komparativer Differenzierung."
(Bette/Schimank 2006a, S. 50) Diese *komparative Differenzierung* gibt uns auch erste Hinweise auf die das Sportfeld strukturierende Wettbewerbskultur (vgl. dazu Nullmeier 2000).

Aber der Erfolg, der sich als Belohnung für die erbrachte Leistung einstellen soll, ist nicht
unerheblich von Risiken bedroht. Aus der Sicht des Hochleistungssportlers stellt sich vor allem die Frage, welche *Risikofaktoren* im Lauf seiner Karriere eine Rolle spielen und wie er
mit diesen umgeht.[220] Bette identifiziert solche Risikofaktoren in Leistungssportlerkarrieren
(Bette 2008). So besteht das intuitiv einleuchtende Hauptrisiko darin, keinen Erfolg während
der Karriere zu erzielen. Erfolglosigkeit kann verschiedene Ursachen haben, Fakt ist jedoch,
dass Misserfolg „das erwartbare Ergebnis der spezifischen Wettbewerbs- und Konkurrenzorientierung des Spitzensports" darstellt (ebd.). Das vergisst man vielleicht zu leicht, gerade
weil uns die Medien immer wieder die Sieger, die Helden und Heldinnen präsentieren. Eine
Schlüsselrolle spielt dabei der (möglichst rationale) Umgang der AthletInnen mit dem real
existierenden Risiko: „Die bewusste Grenzüberschreitung des Dopers zur Vorteilsgewin-
nung lässt sich ja als eine Form der Minimierung des ‚Scheiternrisikos' auffassen. Der Doper erweist sich als Technokrat und reiner Ökonomist in Sachen Risikoumgang." (Szostak
2009, S. 214) Das Risiko alles zu geben und doch zu verlieren gehört für den Autor zu den
Kernelementen des Sports: Würden wir auf dieses Moment, auf dieses Ethos verzichten oder
es eliminieren und mit einem „rein erfolgstechnokratischen Verhältnis zum sportlichen Risiko" ersetzen, dann käme der Sport zunehmend einem Alltagsverständnis gleich, „in dem
Vorsicht, Umsicht und Kalkül herrschten" (ebd., 216). Aber auch dann verschwinden die Risiken weder aus dem Alltagsleben noch aus dem des Sportlers, die Frage stellt sich vielmehr,
wohin und auf wen die Risiken verschoben werden. Die vorgeführte Akteurs- und Konstellationsanalyse liefert eine eindeutige Antwort: auf die Mikroebene des einzelnen Sportlers.
Eine Risikoabwälzung vollzieht sich bislang erfolgreich nach unten und zum Nachteil des
einzelnen Sportlers, Risiken tauchen also vor allem auf der Mikroebene auf und müssen dort
individualbiographisch bewältigt werden (vgl. dazu Bette 2008, S. 12).

---

220 Da der Sportler in einem bereits beschriebenen Interessengeflecht festhängt, befindet er sich in der von Bette/
     Schimank (2006a) konstatierten „Dopingfalle".

Betrugspraktiken als Antwort?

Eine durchaus rationale Reaktion auf die beim Leistungssportler prinzipiell vorhandenen biografischen Risiken kann nun tatsächlich das Doping sein. Doping stellt nur eine, wenn auch eine äußerst wirksame Betrugspraktik für den Hochleistungssportler dar. Zugespitzt formuliert: Der Wettbewerb findet dann nicht mehr primär in der sportlichen Auseinandersetzung statt, sondern über den Zugriff (beziehungsweise den Nicht-Zugriff) auf wirksamere und den Kontrolleuren (noch) nicht bekannte Dopingmittel. Im Prinzip gibt es zwei Möglichkeiten:

1. *Der Einsatz verbotener Mittel zur eigenen Leistungssteigerung*: Mit unlauteren Machenschaften wird ein besseres Resultat erreicht, als man herkömmlicherweise in der Lage wäre zu erbringen: „Wer klammheimlich verbotene Mittel und Verfahren einsetzt, um sich einen Wettbewerbsvorteil zu verschaffen, betrügt seine Mitkonkurrenten und hintertreibt die normative Ordnung des Sports in einer illegitimen Weise." (Bette/Schimank 2006a, S. 28) Dabei handelt es sich nicht nur um eine ,wettkampfinterne Regelverletzung‘, sondern gravierender um eine ,Vertragsverletzung‘. So verstanden verändert Doping die kompletten Grundlagen von sportlichen Wettkämpfen, mit der Konsequenz, dass „*dieses andere Spiel dann kein Wettkampfsport mehr*" (Franke 1994, S. 93) ist.[221]

2. *Die Schwächung des Gegners durch Manipulation*: Man hindert den Gegner am Erreichen eines guten oder besseren Ergebnisses (vgl. dazu Faber 1974, S. 25). Dies kann durch das (heimliche) Verabreichen von leistungshemmenden Substanzen am Sportler selbst vorgenommen werden, beziehungsweise durch den schädigenden Eingriff in sein Material. Bislang sind allerdings eher Einzelfälle bekannt geworden, die auf eine systematische Schwächung des Gegners zielen.

Dass die Entscheidung für Doping und damit für das Betrügen fällt, liegt nicht zuletzt am steigenden Wettbewerbs- und Erfolgsdruck, dem sich Leistungssportler ausgesetzt sehen. Eine Akteurs- und Konstellationsanalyse kann das Geflecht verdeutlichen, in dem sich diese Leistungssportler wiederfinden. Dementsprechend wäre es verfehlt ihn alleine für den Missbrauch verantwortlich machen zu wollen. Ohne ein funktionierendes Umfeld, ohne Mitwisser und Helfer, die beispielsweise die Dopingmedikamente besorgen und zugänglich machen, könnte Doping als wirkmächtige und *wettbewerbsverzerrende Macht* gar nicht Platz greifen.

4.3 Dimensionen der Anerkennung

Erfolg und Anerkennung hängen auf spezifische Weise beim Leistungssportler zusammen. Im Unterschied zu anderen gesellschaftlichen Bereichen, ist der Sportler stärker, wie oben bereits beschrieben, dem Risiko des ausbleibenden Erfolgs ausgesetzt (Bette/Schimank 2006a, S. 66). Von zentraler Bedeutung ist die *performative Wiederholung* von Erfolgen, um im Gedächtnis der Zuschauer, der Medien und der Sponsoren haften zu bleiben. Die Performativität bewegt sich dabei auf zwei Ebenen: die Notwendigkeit der Wiederholung konkreter Erfolge in Wettkämpfen sowie im Sinne einer Nacherzählung in den Medien. Reputation kann

---

221 Wer sich mittels Doping einen unlauteren Vorteil gegenüber seinen Konkurrenten verschafft, handelt im Prinzip genauso wie ein Investmentbanker, der Insiderinformationen benutzt, um seine wirtschaftliche Position im Unternehmen oder am Markt zu stärken.

im Spitzensport relativ schnell verloren gehen, beziehungsweise in Vergessenheit geraten, wenn diese nicht bestätigt wird. Eben noch der Held, morgen schon der gescheiterte Held, übermorgen der ‚Dopingsünder'. Die Reihenfolge kann sich auch ändern.

Basale Anerkennung

Für den Sportler zentral ist die prinzipielle Achtung beziehungsweise die Anerkennung des Gegners (Eitzen 1988, S. 196ff.). Erst auf der Grundlage einer solchen intersubjektiven (reziproken) Anerkennung entsteht überhaupt eine Orientierung an Fairness und gerechter Auseinandersetzung. Aber wie soll ein solcher Leistungssportler seine Konkurrenten anerkennen, wenn er ständig damit rechnen muss, von diesen betrogen zu werden? Das Doping, so die hier vertretende These, zerstört die Grundlagen nicht nur des fairen Wettbewerbs, sondern gerade auch diese basale Form der Anerkennung. Dies scheint für den einzelnen Sportler mittlerweile jedoch nicht mehr allzu wichtig zu sein, zählen doch vor allem die (monetäre) Anerkennung durch die Veranstalter von Sportevents und die symbolische Wertschätzung von Seiten des Publikums, was wiederum die Voraussetzung für lukrative Werbeverträge darstellt.

Anerkennung und Bestleistungen

In Zeiten des konstatierten Konkurrenzkampfes stellt sich die Frage, wofür ein Sportler überhaupt Anerkennung erfährt. Trainer, Manager und Sponsoren werden ihn nur anerkennen, wenn dementsprechende Leistungen erbracht werden. Die mit Eigeninteressen ausgestatteten Akteure stehen unter einem enormen Erfolgszwang. Von Seiten der Zuschauer besteht ein Erwartungsdruck, der sich primär darin äußert, dass die Meisten Höchstleistungen bewundern wollen – und der Leistungssportler hat diese dann auch zu liefern. Dabei spiegelt sich hier aus einer anerkennungstheoretischen Perspektive das Dilemma wieder, in dem sich Leistungssportler strukturell befinden: Um Erfolg zu haben und dadurch Anerkennung zu erlangen, kann nur schwerlich auf Doping verzichtet werden.[222] Ein beliebtes Gedankenspiel geht der Frage nach, was passieren würde, wenn alle auf Doping verzichten würden und quasi ein formaler (Chancen-)Gleichheitszustand am Ausgang des Wettbewerbs stünde. Aufgrund des weit verbreiteten Misstrauens zwischen den Konkurrenten scheint ein solcher Zustand nicht nur unrealistisch, sondern auch reichlich naiv, zumal andere Möglichkeiten weiter bestehen, sich (unerlaubte) Vorteile zu verschaffen, beispielsweise über die Ausrüstung, neue Trainingsmethoden etc. Wohingegen früher die Anerkennung im vielsagenden ‚Dabeisein ist alles' bestand, steht heute vermehrt das agonale Prinzip des Gewinnen-Müssens. Dieses Prinzip wird durch die gegebene Bewunderung für die Leistung eines anderen abgemildert.

---

222 Ein außergewöhnliches Talent dürfte bei der Leistungsdichte in vielen Sportarten, allen voran im Radsport, nur bedingt als Gegenargument herhalten können. Wurde nicht Jan Ullrich als Jahrhunderttalent gepriesen, das dann doch nicht ohne Doping auskommen konnte? Dass es grundsätzlich nicht einfach ist zu bestimmen, was Talent konkret bedeutet, zeigt die folgende ‚Definition' von Joch: „Talent besitzt oder ein Talent ist, wer auf der Grundlage von Dispositionen, Leistungsbereitschaft und den Möglichkeiten der realen Lebensumwelt über dem Altersdurchschnitt liegende (möglichst im Wettkampf nachgewiesene) entwicklungsfähige Leistungsresultate erzielt, die das Ergebnis eines aktiven, pädagogisch begleiteten und intentional durch Training gesteuerten Veränderungsprozess darstellen, der auf ein später zu erreichendes hohes (sportliches) Leistungsniveau zielstrebig ausgerichtet ist." (zitiert in: Kayser 1998, S. 550).

Eine schwache und problematische Form der Anerkennung kann als Verständnis und Mitleid dem Verlierer gegeben werden.

Die skizzierte und aufgrund verschärfter Wettbewerbs- und Erfolgsbedingungen veränderte Anerkennungssituation unterstützt – idealtypisch betrachtet – das Hervorbringen von zwei komplementären Sozialfiguren, nämlich die des *ehrlichen Verlierers* und die des *listigen Gewinners*. Der listige Gewinner setzt Dopingpraktiken nicht nur gewinnbringend ein, sondern ihm gelingt es auch, diese zu vertuschen.[223] Dem ehrlichen Verlierer bleibt ‚nur' das Bewusstsein, die moralischen Standards eingehalten und den Sport als solchen nicht verraten zu haben. Die damit verbundene Selbstanerkennung findet beim Sportpublikum und bei den Medien wenig Berücksichtigung, will sagen: Sie wird häufig gar nicht als solche wahrgenommen und schon gar nicht gewürdigt.

---

223   Bis vor kurzem war Lance Armstrong sicher die ‚beste' Verkörperung dieses Typs.

5. Effekte des Wettbewerbs

5.1 Stabilisierende und destabilisierende Effekte des Dopings im Leistungssport

Nachfolgend werden Wettbewerbseffekte skizziert, die aus dem bislang Dargelegten resultieren. Von Interesse ist bei einer Beschäftigung mit Wettbewerbseffekten, inwiefern Doping als soziale und diskursive Praktik für Stabilisierung beziehungsweise Destabilisierung auf Sportmärkten sorgt. Meine hier vertretene These lautet: Doping hält die ganze Maschinerie am Laufen (zu viele Interessenten profitieren). Entscheidend ist dabei der systemische Aspekt: „Doping ist zum System selber geworden: keine Trainingsphase ohne Chemie, im Giftköcher so ziemlich alles, was den Muskel animieren könnte, und die drei großen Dopingären – Steroide, Blutdoping und Gentechnik – simultan in einem einzigen Körper vereint." (Geipel 2008, S. 103) Gestört wird dieser auf ‚Normalisierung' (vgl. dazu Kap. 5.2.) zielende Betrieb allenfalls durch Unterbrüche, Skandale und Beschwichtigungsrituale. Um diesen Konnex zu verdeutlichen, möchte ich kurz auf den Sündenbock-Mechanismus eingehen, der im Sport zumeist in Verbindung mit *Skandalisierungspraktiken* (Hondrich 2002) auftritt. Durch den Aufbau und das spätere Demontieren von Stars kann in den Medien kurzzeitig ein Skandal- und Aufmerksamkeitseffekt erzeugt werden, der sich auch meist wieder schnell verflüchtigt. Denken wir beispielsweise an das medienwirksame Durchsuchen von Mannschaftsquartieren während der Tour de France in den späten 1990er Jahren. Der interessierten Sportöffentlichkeit sollte signalisiert werden, dass der Staat und die Sportverbände, letztlich sogar der gesamte Radsport, nicht machtlos gegenüber dem grassierenden Doping sind, sondern mit Kontroll- und Überwachungsmaßnahmen jederzeit eingreifend präsent sein können und dergestalt für einen fairen, d. h. dopingfreien Radsport sorgen. Und dennoch verbirgt sich dahinter noch eine weitere Bedeutung beziehungsweise Intention, die mir nicht weniger wichtig erscheint. Diese besteht darin, von den vielen anderen abzulenken, d. h. es werden (binäre) Oppositionen aufgebaut: viele unschuldige Fahrer und Mannschaften auf der einen, einige schwarze Schafe auf der anderen Seite. Damit wird diskursiv befestigt und in gewisser Weise bestritten, dass es so etwas wie flächendeckendes und system(at)isches Doping gibt oder geben könnte. Ein solches Vorgehen trägt zur Stabilisierung des Sportmarktes und des Geschäftes insgesamt bei. Aus einer machtanalytischen Perspektive muss dies zudem als ein *Ablenkungsmanöver* interpretiert werden, und zwar als Ablenken von anderen, noch mächtigeren Sportarten oder Sportereignissen, bei denen noch mehr Geld fließt. Deutlich wird das beim Fußball. So ist es längstens bekannt, dass Fußballer – übrigens nicht nur in Italien – gedopt haben (Kistner 2007). Nur einzelne Sportler wurden an den Pranger gestellt und kurze Zeit darauf – zumindest im Fußball – schon wieder rehabilitiert.[224] Wenn

---

224   Beispielsweise so berühmte (ehemalige) Fußballprofis wie Zinedine Zidane und Pep Guardiola.

sich aber Medien, Sportverbände und Ministerien auf die Suche nach Schuldigen im Do-
pingsumpf begeben, dann sind es eben doch einzelne Sportler, auf die gerne zurückgegrif-
fen wird. An ihnen manifestiert sich vermeintlich ein Fehlverhalten am deutlichsten, was
auch von den Zuschauern – medial gesteuert – so wahrgenommen wird. „Nicht nur, dass die
Sportler die möglichen, teilweise äußerst gravierenden Gesundheitsgefährdungen des Dopings auf sich nehmen müssen, sie sind auch die Sündenböcke, die im Fall ihrer Entlarvung
auf dem Altar hochgehaltener Werte geopfert und mit dem ganzen Inventar sozialer Degra-
dierungszeremonien sanktioniert und diffamiert werden." (Bette 2008, S. 12) Durch *neue
Innovationen* auf dem Dopingmarkt kann das Fahrergefüge kurzfristig durcheinander geraten und insofern instabil werden. Interessanterweise findet sich jedoch im Radsport eine relative kleine Gruppe an Spitzenfahrern in der Weltelite.[225]

Durch die von Bette/Schimank eindrücklich beschriebene und hier gleichfalls betriebene *Konstellationsanalyse*, kann erklärt werden, dass und inwiefern Doping – auf der Ebene der Praktiken und der Diskurse – eine stabilisierende Wirkung für das Sportgeschehen
insgesamt erzeugt, zumindest solange nicht über systemische Aspekte konsequent nachgedacht wird. Die Begründung dafür lautet: Wenn möglichst viele am Doping verdienen und
davon auch im Wettbewerb profitieren, dann trägt Doping paradoxerweise zur Aufrechterhaltung des Systems bei, obwohl es gleichzeitig auch für dessen (meist kurzfristigen) Destabilisierung sorgen kann. Es obliegt primär den (inter-)nationalen Kontrollinstanzen (NADA
und WADA) und nicht zuletzt auch den Medien, gelegentlich für eine diskursive Alarmstim-
mung, dann jedoch wieder für Entwarnung zu sorgen, so dass sich insgesamt weder auf der
Ebene der Praktiken noch auf der Ebene der Diskurse Entscheidendes verändert. Insofern
wird deutlich, warum ein ‚erfolgreiches Konstellationsmanagement' nur unter erschwerten
Bedingungen stattfinden kann, nämlich deshalb, weil „diverse Teilgruppen von Akteuren
[…] untereinander in schärfsten Konkurrenzbeziehungen stehen und nicht alle am gleichen
Strang ziehen" (Bette 2008, S. 10).[226] Würden alle Akteure auf das Doping verzichten (wofür es gute Gründe gibt), dann hätten wir wieder ‚normale' Verhältnisse im Sinne eines nicht
verzerrten, nicht ruinösen Wettbewerbs. Das Risiko einzugehen, dass sich aber nur einer der
Sportler nicht an diese Abrede hält, ist jedoch zu groß, so dass wir keine Rückkehr zu ‚normalen' erleben, sondern vielmehr ‚normalisierte' Verhältnisse vorfinden werden.

---

225 Eine plausible Erklärung fällt nicht schwer, da der mit mehr an ökonomischem Kapital ausgestattete Fahrer
auch vermeintlich leichter – durch Unterstützung von Trainern, Managern und Dopinglabors – an unerlaubte Substanzen gelangen kann als der weniger Bemittelte. Die Bourdieu'schen Kapitalsorten dürften hier
verstärkend und im Verbund auftreten und für besonders komfortable Positionen auf Seiten von wenigen
Spitzensportlern sorgen.

226 Belegt wird diese Konkurrenz am Beispiel der Tour de France 2007. Kaum waren die öffentlich-rechtlichen
Sender aus der Berichterstattung – wegen nicht mehr zu leugnenden Dopingmissbrauchs in mehreren Fällen
– ausgestiegen, waren private Sender schon einen Tag später zur Stelle.

5.2 Normalisierung (Doping als Leistungssteigerung)[227]

Im Kontext einer auf die Effekte ausgerichtete Wettbewerbsanalyse stößt eine weitergehende Analyse auf den interessanten Aspekt einer *‚Subjektivierung durch Normalisierung'*: Gemeint ist damit, „das In-bezug-Setzen von Subjekten zu den nur in artifizieller Form manifestierbaren Massenprozessen in modernen Gesellschaften, mit dem Ziel, auf Dauer stellbare Weltverhältnisse zu etablieren, die weitgehend selbsttätig Orientierung an der sich permanent wandelnden Wirklichkeit der modernen Gesellschaft gewährleisten" (Schrage 2006, S. 4126). Eine solche ‚Orientierungsfunktion' nimmt im Leistungssport das Doping ein. Bestehen im Wettbewerb (sportlicher und wirtschaftlicher Art) kann nur derjenige, der sich an die Einnahme der Dopingmedikamente ebenso ‚gewöhnt' hat wie an die dazu gehörigen Kontrollsysteme der NADA beziehungsweise der WADA. Sie bilden gesamthaft betrachtet ein interdependentes System von Abhängigkeiten aus. Mit anderen Worten: Das Programm einer *Subjektivierung durch Normalisierung* steht sowohl für ein mittels Dopingpraktiken unterworfenes Subjekt (eine wirkliche Wahlmöglichkeit besteht nicht, außer man programmiert sein eigenes Scheitern vor) als auch ein gleichzeitig durch die disziplinierenden Praktiken der Kontrollakteure erzeugtes Subjekt.[228] Doping verändert also entscheidend die Art und Weise, in der (post)moderne Leistungssportler ‚gemacht' werden. Keineswegs vollzieht sich dieser Konstitutionsprozess nur auf der Ebene der Praktiken, sondern ebenso auf der Ebene von (medialen) Diskursen. Von einer besonderen Form der Normalisierung (des Dopingdiskurses) berichtet das *Centre National de la Recherche Scientifique* (*CNRS*) in Paris. Einer durchgeführten Studie zufolge gehen Kinder in Frankreich davon aus, dass eine Leistungssteigerung durch Medikamente bzw. Drogen ganz selbstverständlich zum Sport gehört: „Children of six years find it just as legitimate to take drugs to improve sporting performance as it is to take them to cure a sickness." (zitiert nach Hobermann/Møller 2004, S. 14) Eben darauf zielt Normalisierung, auf den Gewöhnungseffekt in der (durchschnittlichen) Bevölkerung, so dass es immer schwieriger wird festzulegen, was noch als ‚normal' und was als ‚unnormal' betrachtet werden muss. Irgendwann könnte Doping als ‚normalisierte' Praktik die zukünftige Gesellschaft entscheidend beeinflussen – wenn das nicht schon längstens der Fall sein sollte. Dass das Doping dabei als eine Art Testfeld in unterschiedlichen gesellschaftlichen Bereichen fungiert, möchte ich nun verdeutlichen.

5.3 Doping als Testfeld: Auswirkungen auf die Gesellschaft

Durch die gesellschaftliche Akzeptanz des Wettbewerbs, der sich – wie gezeigt wurde – intensiviert hat, kann das Doping als eine Art Experimentierfeld betrachtet werden. Viele Ak-

---

227 Vgl. zur Unterscheidung zwischen ‚Normal', ‚Normalität' und ‚Normalisierung' die grundlegende Studie von Jürgen Link (1999).

228 Im Anschluss an die Arbeiten Foucaults weist Judith Butler auf diesen doppelten Aspekt, vor allem mit dem Begriff ‚Subjektivation', einer zwischen Unterwerfung und Produktion stattfindenden Subjektwerdung: „Der Ausdruck ‚Subjektivation' birgt bereits das Paradox in sich: *assujettissement* bezeichnet sowohl das Werden des Subjekts wie den Prozeß der Unterwerfung – die Figur der Autonomie bewohnt man nur, indem man einer Macht unterworfen wird, eine Subjektivation, die eine radikale Abhängigkeit impliziert." (Butler 2001, S. 81)

teure sind daran beteiligt und möglichst alle wollen profitieren. Vor allen Dingen staatliche Interessen sind vertreten, wenn es um das ‚Machen' von Champions geht: „The ‚manufacturing of champions' is no longer a craft but an industry, calling on specialized laboratories, research institutes, training camps and experimental sport centers." (Eitzen 1988, S. 199) Worin bestehen nun die Auswirkungen auf die Gesellschaft? Damit komme ich nochmals auf die bereits angesprochene biopolitische Dimension des Dopings zurück (Diederichsen 2008). Es gibt, so die These, zunehmend Hinweise darauf, dass wir uns auf dem Weg in eine gedopte beziehungsweise dem Doping gegenüber sehr aufgeschlossene Gesellschaft befinden (Dany 2008).[229] Treffend hat dies der Kulturwissenschaftler Hartmut Böhme in einem Interview formuliert: „Wir sind längst unsere eigenen Biopolitiker geworden. Darin überwiegen die Angst, den Leistungsanforderungen nicht mehr zu genügen, und der Wunsch nach Selbststeigerung bei weitem das löbliche Interesse an Gesundheit. Denn Gesundheit ist dabei kein Ziel, sondern ein Mittel. Der Spitzensport bringt dies nur auf den Punkt. Der Unterschied zum multiplen Doping im Alltag besteht nur darin, dass dieser überhaupt nicht und jener zu wenig kontrolliert wird." (zit. in Dresen 2010, S. 355) Dieser Einschätzung folgend, gehe ich kurz auf drei Bereiche näher ein.

Neuro-Enhancement als Wettbewerbsvorteil

Das Versprechen des Neuro-Enhancement ist eindeutig, es geht um Wettbewerbsvorteile, zumindest um die Aussicht auf solche Vorteile: „Hirngedopte Konkurrenten werden schneller denken, länger arbeiten, energischer auftreten. Sie werden an ungedopten vorbeiziehen." (Financial Times) Umstritten sind zwar die tatsächlichen Möglichkeiten eines solchen Einsatzes, aber schon alleine das Versprechen reicht aus, um den Einsatz von stimulierenden Mitteln zu rechtfertigen: „In der globalen Wirtschaft muss ein Unternehmen, das seine Effizienz mittels Gehirnscanning und Neuroceuticals steigern kann, solche Technologien einfach einsetzen. Und wenn ein Unternehmen erst einmal damit anfängt, gerät die Konkurrenz unter Druck." (Zack Lynch in: Geipel 2008, S. 2)

Das Ignorieren moralischer Standards

Mit dem sanften (manchmal unsanften) (Erfolgs-)Druck werden Leistungssportler dazu motiviert, moralische Standards zu ignorieren, genauso übrigens wie auch Bankangestellte beziehungsweise Börsianer, die ‚interne Informationen' zu ihrem eigenen Vorteil nutzen oder korrupte Politiker (Bette/Schimank 1996, S. 426). Der Bankangestellte sichert sich mit diesem unlauteren Vorgehen nicht nur die Boni, sondern womöglich auch – im direkten Vergleich mit seinen Konkurrenten am Arbeitsplatz – den Verbleib im Job. Je stärker wir uns in einer moralisierenden Gesellschaft wiederfinden, die moralische Werte und ethische Grundhaltungen propagiert, desto stärker besteht die Gefahr tatsächlich auf moralfreie Räume zu stoßen (Ulrich 1999).

---

229 Diese Zunahme des Dopings wird längst nicht mehr nur im Sportbereich diskutiert, sondern auch im Kontext von Bildung und Arbeit.

Grenzwert(-Überschreitungen)

Asmuth (2010) stellt in puncto Doping heraus, dass die Grenzen zwischen leistungssteigernden Trainingsmethoden (beispielsweise Höhentraining), spezifischer Ernährung und mentalem Training fließend sind zum Doping. Die Leistungssportler werden strukturell dazu gezwungen, an Grenzen zu gehen und diese bewusst immer wieder hinauszuschieben. Unterstützt werden sie dabei von Ärzten und Dopinglaboren, die ihre Innovationskraft u. a. darauf lenken, möglichst neue Dopingmittel bereit zu stellen beziehungsweise Überschreitungen von kritischen Grenzwerten zu verhindern. Dass es sich bei der Festlegung von diesen Grenzwerten um einen „politischen Akt" (Krüger 2000, S. 18) handelt, sieht man an der Tatsache, dass die Definition von Doping von Verband zu Verband unterschiedlich gehandhabt wird. In einer kulturtheoretischen Sicht geht es aber auch um die Grenzen des Humanen, wie Christopher S. Thompson in Bezug auf die Tour de France am Ende seiner Arbeit festhält: „the Tour is likely to be part of a global conversation about an even more fundamental question: what does it mean to be human?" (2006, S. 265) Damit betritt man endgültig den Bereich des Transhumanen.

6. Welche Wettbewerbskultur?

6.1 Dimensionen der Wettbewerbsanalyse

Tabelle 3: Dopingmärkte: Akteure und Wettbewerbsdimensionen

(diskursive) Praktiken / Akteure	Subjektivierungs-imperative	Modi der Anerkennung	Konkurrenz-orientierung
Leistungssportler	(Selbst-)Optimierung von Körper und Psyche (Bio-politik) „Erfolg um jeden Preis"	Reputativ-Performativ	Positional-vergleichend
Verbände	Fördern und Schützen ≠ Erfolgsorientierung	Reputation	Agonal
Ärzte	Unterstützen, Leistungs-steigerung, Testen der Grenzen	Reputation	Differenzierend (Bsp. Fuentes)
Dopinglabors	Innovation, Herstellung von neuen (unbekannten) Mitteln	Qualität	Vergleichend
Manager	Erfolgsermöglichung, Verträge	Reputation und Position im Markt	Positional

Subjektivierungsimperative

Wie bereits aufgezeigt wurde, befindet sich der Leistungssportler seit geraumer Zeit in einer schwierigen, um nicht zu sagen tendenziell aporetischen Situation.[230] Von seinem professio-nellen und sozialen Umfeld (Ärzte, Manager, Sponsoren, Freunde etc.), den Medien und den Zuschauern sieht er sich zur (Selbst-)Optimierung von Körper und Psyche im Sinne biopoli-tischer Maßnahmen gedrängt. Als Handlungsmaxime ist er dem Imperativ ‚*Habe Erfolg um*

---

230 Als aporetisch möchte ich diese Situation in zweifacher Hinsicht qualifizieren. Variante 1: Dopt der Leistungssportler und wird dadurch den eigenen und den fremden Ansprüchen gerecht, dann setzt er sich der
Gefahr des Entdeckt-Werdens und/oder gesundheitlichen Risiken aus (hinzu kommen unter Umständen
moralische Skrupel, die an dieser Stelle als nicht ausschlaggebend bewertet werden). Variante 2: Dopt er
nicht, so droht der Misserfolg, das Abgehängt-Werden von den Mitkonkurrenten.

jeden Preis' nicht nur ausgesetzt, sondern geradezu gezwungen diesen zu verinnerlichen. Die nur als ambivalent[231] zu bezeichnende Unterstützung erfährt er dabei von Verbänden, Ärzten und Managern, die in einer durchaus vergleichbaren Weise dem Diktat des Erfolgs unterliegen. Allerdings verfügen diese Akteure über einen Vorteil gegenüber dem einzelnen Sportler. Ist dieser – aus welchen Gründen auch immer – nicht (mehr) erfolgreich beziehungsweise verweigert dieser sein Mittun beim (Doping-)Spiel, können Ärzte und Manager vergleichsweise leichter zu anderen Sportlern wechseln (oder zumindest damit drohen). Sie verfügen insofern über (Interaktions-)Macht im Sinne des Aufbaus von Drohungen (Paris 1998, S. 13ff.). Da das Sportfeld zumindest im (Hoch-)Leistungsbereich über eine agonale Wettbewerbs- und Erfolgsorientierung strukturiert ist, ist es ein leichtes, solche Sportler zu finden, die sich diesem Diktat – aus welchen Gründen auch immer – unterwerfen. Dem Arzt fällt zumindest eine unterstützende Funktion zu, wenn es um das Verabreichen legitimer und illegitimer Mittel der Leistungssteigerung geht. Er prüft die Verträglichkeit der dem Leistungssportler verabreichten Mittel und lotet somit dessen Grenzen aus – nicht ohne Risiko in puncto Gesundheitsschädigung. Der Manager wiederum sorgt für die Ermöglichung des Erfolgs in anderer Hinsicht: Er schließt möglichst lukrative Verträge ab und sorgt so u. a. für die finanzielle Basis und kümmert sich um die Kontakte zu den Medien. Obwohl er auf den (ökonomischen) Erfolg qua Jobdefinition fixiert ist, muss ihm gleichwohl an der Gesundheit beziehungsweise an der Befindlichkeit des von ihm betreuten Leistungssportlers gelegen sein – zumindest solange er mit diesem in einem vertraglichen Verhältnis steht. Eine zwielichtige Stellung nehmen die Dopinglabors ein. Diese Dopinglabors und die darin tätigen Mediziner oder Chemiker lassen sich dadurch charakterisieren, dass sie sich mit dem Herstellen von neuen (und für Nachweisverfahren unbekannten) Mitteln um ständige Innovationen auf dem Dopingmarkt bemühen. Auch hier herrscht dementsprechend ein Wettbewerb um innovative Dopingmedikamente. Als innovativ dürfen solche Produkte gelten, die für eine deutliche Leistungssteigerung sorgen und möglichst schlecht nachzuweisen sind. Deutlich wird gleichfalls die Zwickmühle, in der die Verbände stecken, wenn diese auf der einen Seite die Funktion bekleiden, die Sportler zu schützen und zu fördern. Auf der anderen Seite liegt bei ihnen aber auch eine eindeutige Erfolgsorientierung vor, nicht zuletzt auch deshalb, weil sie in einem Wettbewerb mit anderen Verbänden (um Gelder, Aufmerksamkeit etc.) stehen. Den dadurch erzeugten Druck geben sie teilweise an ihre Leistungssportler weiter, indem sie ihn bei ausbleibenden Erfolgen (in-)direkt zur Einnahme leistungssteigernder Mittel motivieren.

Leistung, Erfolg und Anerkennung

Entscheidend ist im Leistungssport nicht mehr länger, wie die Leistung zu Stande kommt, sondern es zählt die (tatsächlich) erbrachte Leistung, kurzum man verhält sich ergebnisorientiert. Wichtig ist der Erfolg, die Platzierung (möglichst unter den ersten drei). Nicht die den Sport inhärent strukturierende Erfolgs- beziehungsweise Wettbewerbsorientierung an sich

---

231 Als ambivalent möchte ich diese Unterstützung deshalb fassen, weil Manager, Trainer und Ärzte einerseits tatsächlich ihren jeweiligen Schützling unterstützen beziehungsweise protegieren. Andererseits schlägt aber auch deutlich das jeweilige Eigeninteresse zu Buche, was zu Zielkonflikten führen kann. Bei anhaltendem Misserfolg können die Unterstützungsleistungen nicht nur ausbleiben, sondern den Konsum von leistungsfördernden Mitteln mit verursachen.

stellt das Hauptproblem dar, sondern vielmehr deren Verabsolutierung. Um das rechte Maß des Wettbewerbseifers im Blick zu haben braucht es Szostak zufolge *nicht rationalisierbare Motive des Sports* in Gestalt von Scham und Recht. „Das Wort [Scham, DJW] deutet im antiken Selbstverständnis immer auch die Grenzen menschlicher Zwecksetzungen und gerade in diesem Sinn lässt sich der Bezug auf den Sport und den problematischen Gehalt des Dopingproblems verdeutlichen, insbesondere im Blick auf die Frage nach dem rechten Maß der Erfolgsorientierung." (Szostak 2009, S. 219) Anerkennung bekommt der Leistungssportler nur dann, wenn er diese Erfolgsorientierung verinnerlicht und die geforderte Leistung erbringt. Das Ziel, nicht die Mittel sind das Grundlegende seines Tuns. Zwar kann Reputation vom Sportler angehäuft werden, er verliert diese aber auch wieder ziemlich schnell, wenn er nicht für Bestätigung im Sinne von weiteren Erfolgen sorgt. Infolgedessen wird beim Leistungssportler die *performative Dimension der Anerkennung* stärker gewichtet als beispielsweise beim Handwerker oder Fließbandarbeiter, die sich Anerkennung in der Form akkumulierter Reputation verdienen. Das bedeutet, dass sich die meisten Sportler ständig neu beweisen müssen, ansonsten droht ihnen der Verlust der Anerkennung (und der damit verbundenen Einnahmen). Ausgenommen davon sind jedoch die Stars beziehungsweise die anerkannten Superkönner. In einer ähnlichen Weise prozessieren auch die Verbände, die Ärzte und der Manager über das Anhäufen von Reputation. Anerkennung wird vor allem über die Position, also die Stellung im Markt verliehen. Durch das Aufdecken von Dopingmissbrauch kann die erworbene Reputation allerdings auch wieder verloren gehen. Bei den *Dopinglabors* spielt natürlich auch die Reputation eine bestimmende Rolle. Diese Reputation beruht vor allem auf der Qualität der erzeugten Produkte und der Fähigkeit im Verborgenen zu agieren, also nicht von den Medien oder der WADA genauer unter die Lupe genommen zu werden.

Konkurrenzorientierung und -praktiken: Intensität, Dimensionen und (In-)Transparenz

Die *Konkurrenzintensitäten* variieren sehr stark je nach Sportart. Der hier näher betrachtete Radsport erweist sich als außerordentlich konkurrenzintensiv, besonders seitdem er auch zum olympischen Wettkampfprogramm zählt (bei den Profis seit 1996) und dadurch zusätzlich an Attraktivität beim Publikum, Medien und Sponsoren gewonnen hat. Ebenso trägt die globale Dimension des Wettbewerbs dazu bei, dass „schärfste Konkurrenzbedingungen" (Bette/ Schimank 2006a, S. 93) vorherrschen, die den einen Radfahrer für den anderen zu einem starken „biographischen Risiko" (ebd.) werden lassen. Eine relationale (Erfolgs-) Abhängigkeit besteht dadurch, dass der Sieg des einen die Niederlage des anderen unweigerlich nach sich zieht.

Konkurrenz findet aus der Sicht des Radsportlers auf mindestens zwei Ebenen statt. Zum einen geht es im konkreten sportlichen Wettkampf um das Durchsetzen gegenüber den Konkurrenten, indem man sich dem Sieg-Niederlage-Code unterwirft. Diese Wettkampfform kann wiederum in zwei Konkurrenzverhältnisse unterteilt werden. Die Konkurrenz mit Sportlern aus einem anderen Team muss von der Konkurrenz innerhalb des Teams unterschieden werden. Gerade der steigende Konkurrenzdruck innerhalb eines Teams kann den Dopingkonsum als solchen motivieren (Daumann 2009, S. 69). Es gibt aber noch eine andere Wettbewerbsbeziehung, die für die Leistungssportler von fundamentaler Bedeutung ist: nämlich der Wettbewerb um stets knappe Fördermittel, Zutritts- und Startchancen. Dass beide zusammenhängen liegt auf der Hand. Mit anderen Worten: Nur der erfolgreiche Ge-winnertyp kann damit rechnen, in den Genuss von Fördermitteln zu gelangen und dement-sprechend Startplätze in lukrativen Rennen für sich reklamieren.

Intransparente Konkurrenzbeziehungen: Zusammen mit dem Einsatz des Dopings ver-hindert die Intransparenz in puncto Konkurrenzbeziehungen, dass „sich jeder der Wettbe-werber ein Wissen über die Nichtdevianz der anderen verschaffen kann" (Bette/Schimank 2006a, S. 102). Das wiederum führt zur bereits beschriebenen Praktik des ‚defensiven Do-pings'. Man dopt, um möglichst nicht hinter die anderen Konkurrenten zurückzufallen. Die aus Erfahrung bekannte Devianz von Gruppen macht – gerade im Fall des Radsports – ein solches Vorgehen mehr als plausibel. Alle machen mit dem Doping weiter, weil niemand ge-nau weiß, ob alle damit aufhören oder eben nicht: Dem Doping fällt dann die Rolle zu, „for-male Gleichheit in dopingimprägnierten Disziplinen herzustellen" (ebd., S. 124). Nicht zu unterschätzen ist in diesem Zusammenhang, dass der einzelne Wettkämpfer immer wieder auf neue Konkurrenten trifft, wodurch sich die Verhaltenserwartbarkeit der jeweils anderen deutlich reduziert (Daumann 2009).

6.2 Wettbewerbskultur

Im sportlichen Wettkampf treffen wir in Anlehnung an Nullmeiers Kategorisierung auf ei-nen *differenzbetonenden Wettbewerb* beziehungsweise einen durch „komparative Differen-zierung" geprägten Wettkampf (Bette/Schimank 2006a, S. 50), was natürlich etwas harmlo-ser klingt als es faktisch ist. Anders gesagt: Folgen wir der Idee beziehungsweise dem Ideal des Sports, dann können wir diese Form der Differenzbetonung feststellen. Ein anderes Bild zeigt sich, wenn wir die gegenwärtige Wettbewerbskultur, beispielsweise im Radsport, etwas genauer anschauen. Sie trägt – aus der Perspektive des Leistungssportlers betrachtet – ein-deutige Züge eines agonalen Wettbewerbsgeschehens.[232] Die Metapher des ‚ruinösen Wett-bewerbs' (im Hinblick auf die Athleten, aber ebenso mit Blick auf die Vermarktlichung und das Verkaufen des Sports in den Medien) oder auch von Radprofis häufig als ‚gnadenlos' be-schriebene ‚Verdrängungswettbewerbe' können analytisch besser beschreiben, was eigent-lich gemeint ist. Aus der Sicht der Subjektivierungsimperative, den Modi der Anerkennung und den sich Radsportler stellenden sozialen Konkurrenzpraktiken sowie den damit verbun-denen Handlungsoptionen, ergeben sich streng genommen nur zwei mögliche Handlungsal-ternativen: Entweder der Radsportler verweigert sich dem Doping mit der Konsequenz eines Wettbewerbsnachteils (real oder nur imaginär) und dem Einschlagen einer mangels Erfolg bedingten Exit-Strategie, oder er schwimmt mit im Strom der dopingwilligen Sportler und

---

232 An dieser Stelle besteht die Möglichkeit auf (tatsächlich vorhandene) Errungenschaften der Spieltheorie einzugehen, die sich auch mit dem Doping beschäftigt, aber eben auch häufig über Banalitäten nicht hin-auskommt. Ein Beispiel: „Offensichtlich befindet sich der Radsport [...] derzeit in einem ‚high-level equi-librium' des Dopings. Die gute Nachricht für den Radsport ist indes, dass soziale Prozesse, die zu solchen kollektiven Gleichgewichten führen, nicht irreversibel sind, sondern vielmehr durch exogene Impulse in die Gegenrichtung angestoßen werden können. Die Lehre, die aus diesen Modellen zu ziehen ist, lautet daher: Wehret den Anfängen! Denn ein normativer Verhaltenskodex verliert durch Missbrauch schnell an bindender Wirkung und ist nur unter hohen Kosten wieder herzustellen." (Vöpel 2006, S. 8)

kann zumindest potenziell auf gleicher Augenhöhe konkurrieren. Der Preis dafür ist unter Umständen sehr hoch. So besteht die Gefahr des Entdeckt-Werdens in Dopingkontrollen ebenso wie das Inkaufnehmen unabsehbarer Folgen für die eigene Gesundheit. Der Druck, der von außen durch die in der (soziologischen) *Konstellationsanalyse* (Bette/Schimank) aufgezeigten Akteure (Zuschauer, Medien, Sponsoren, Trainer, Manager etc.) erzeugt wird, lässt das Phänomen Doping nicht mit einer vereinfachten Personalisierungs- und Moralisierungsstrategie erklärbar erscheinen, sondern weist auf die in der Organisation des Dopingmarktes selbst liegende Problematik hin. Ändert sich nichts an diesen Interessenlagen, dürfte es schwierig sein, dieses Geflecht zu entwirren und für einen möglichst dopingfreien Leistungssport zu sorgen: „A major cause of our own doping problem is the unwillingness of sports officials and others to openly acknowledge the often brutal demands of high-performance sport and the often unattractive medical consequences of subjecting athletes to these ordeals." (Hobermann und Møller 2004, S. 14)

Feld 4: Liebe – Onlineplattformen

„Auch das Eingehen emotionaler Beziehungen wird zunehmend nach dem Vorbild von Marktverhältnis-
sen organisiert. Das Verfahren basiert darauf, dass die Leute sich selbst zur Ware machen: Für die Partnersuche im Internet und über Vermittlungsagenturen präsentieren sie sich als Ware, indem sie ihre Vorzüge auflisten und Fotos ins Netz stellen. Hier fehlt das, was Freud den ‚einzigen Zug‘ genannt hat, der
einzigartige Impuls, der sofort entscheidet, ob ich jemanden sympathisch finde oder nicht. Liebe ist eine
Wahl, die als Unumgänglichkeit erfahren wird. An einem bestimmten Punkt ist man überwältigt von
dem Gefühl, zu lieben und gar nicht anders zu können. Die Vorzüge von Kandidaten zu vergleichen und
sich dann zu entscheiden, in wen man sich verlieben will, kann also per definitionem nicht Liebe sein.
Deshalb sind Partneragenturen Liebestöter par excellence.“

(Slavoj Žižek 2010: Le Monde diplomatique)

„Die Gesellschaft als ganze ist auch ein Paarungswettbewerb oder ein Paarlaufwettbewerb. Da wird das Zueinanderpassen als wettbewerbsfähige Größe öffentlich gemacht.“

(Peter Sloterdijk in: FOCUS Magazin Nr. 52 (2000))

1. Einleitung

1.1 Problemaufriss, Thesen und Überblick

Sind (Online-)Partneragenturen wie Slavoj Žižek in dem Eingangszitat vermutet tatsächlich
„Liebestöter par excellence“? Wie steht es um die Liebe und deren ‚Vermittlung‘ im Zeitalter
des Internets? Der von Peter Sloterdijk konstatierte Paarungswettbewerb, in dem so ziemlich
alles berechnet, verglichen und geprüft wird, gehört zunehmend zum Alltag postmoderner
Individuen. Der Paarungswettbewerb wird sogar durch die Möglichkeiten des Onlinedatings
verstärkt und zu einem, volkswirtschaftlich betrachtet, relevanten Faktor. Vor allem die Anbieter der Online-Portale profitieren, der Markt wächst stetig (Bruschewski 2007; Bühler-
Ilieva 2006). Der „mentale Kapitalismus“ (Georg Franck)[233] dringt in alle Bereiche unseres
Lebens ein. Wie wir alle wissen, macht er auch nicht vor der Liebe halt. Und das Internet
nimmt dabei eine immer wichtigere Rolle ein. Onlinedating scheint sich von einer margi-
nalen zu einer „mainstream social practice“ (Valkenburg/Peter 2007, S. 850) spätmoderner
Gesellschaften entwickelt zu haben.[234] Die ebenso faszinierende wie irritierende Verbindung
von Kapitalismus und Liebe hat die Soziologin Eva Illouz in zwei ihrer Bücher eindrucksvoll
zum Thema gemacht (2003, 2006). Diskursgeschichtlich betrachtet hat der Einsatz des von
Illouz beschriebenen „emotionalen Kapitalismus“ den Begriff der emotionalen Intelligenz
überhaupt erst geschaffen. Und eben dieser Einsatz emotionaler Intelligenz scheint – neben
Aussehen und Rechtschreibkenntnissen u. a. – einer der Schlüssel zu sein, um auf dem Online-Liebesmarkt reüssieren zu können. Der Hintergrund der gegenwärtigen Diskussion um

---

233 Georg Franck entwickelt dieses Konzept im Rahmen einer politischen Ökonomie des Geistes (2005).

234 Durch die ständig ansteigende Verbreitung des Internets ähnelt die Online-Bevölkerung immer mehr der
Offline-Bevölkerung. Das macht das Onlinedating für das Erforschen in soziologischer Absicht besonders
interessant und relevant (Valkenburg/Peter 2007, S. 852).

den Status der Liebe bildet dabei der emotionale Kapitalismus, der die emotionalen Kulturen neu geordnet hat, indem er das ökonomische Selbst emotionaler und die Emotionen instrumenteller gemacht hat (Illouz 2006, S. 41). Erst dadurch konnte die Vorstellung entstehen, „dass Emotionen ins Selbst gesperrte separate Entitäten sind, die durch Verschriftlichung zu fixierbaren, vom Selbst ablösbaren Entitäten werden, denen mit Beobachtung, Manipulation und Kontrolle beizukommen ist" (Illouz 2006, S. 55/56). Unzulänglich, verkürzt gesagt, sehen sich westliche Gesellschaften, übrigens nicht erst seit dem neuerlichen Börsencrash, einer parallelen Entwicklung ausgesetzt: Zum einen werden Emotionen zu einem wesentlichen Bestandteil ökonomischen Verhaltens gemacht und erklärt (die dazu verfasste Ratgeberliteratur nimmt ständig zu), zum anderen wird unser emotionales Leben vermehrt der Logik ökonomischer Tauschbeziehungen (‚Vernutzung') sowie dem Gesetz von Angebot und Nachfrage unterworfen. An Vorteilen bringen diese Entwicklungen, die ohne die Unterstützung technischer Innovationen überhaupt nicht möglich gewesen wären,[235] einiges: Erleichtert wird im Netz (so wiederum übereinstimmend die einschlägige Literatur) der Akt des Sich-kennen-Lernens, Vorauswahl inklusive, was zu einer Homogenisierung der Zielgruppen und einer tendenziellen Abschließung untereinander führt, so dass sich das selbstkritische Individuum hin und wieder fragt: In welcher ‚Liga' spiele ich eigentlich?[236]

Im Folgenden werden verschiedene Facetten des Onlinedatings beleuchtet und in den Kontext einer *Soziologie des Wettbewerbs* gestellt. Vor einer inhaltlichen Analyse geht es darum, sich Gedanken über das Feld der Liebe zu machen, und zwar unter dem Aspekt des nicht nur, aber eben auch durch das Internet beeinflussten „emotionalen Kapitalismus" (Illouz 2006). Gleichfalls soll die Strukturlogik des Online-Liebesmarktes mit seinen Akteuren aufgezeigt werden, und zwar im Hinblick auf die Angebote der Wettbewerb strukturierenden Internetportale. Zudem spielt der Unterschied zwischen Online- und Offline-Beziehungen für die weitere Argumentation eine tragende Rolle (Kapitel 2). In einem weiteren Schritt beschäftige ich mich dann mit den Zugangsvoraussetzungen und den Subjektivierungsimperativen, genauer analysiere ich die damit verbundenen Subjektivierungsprogramme als Optimierungsdiskurse, die die potenziellen Onlinedater und Onlinedaterinnen möglichst ‚fit' für den Markt machen sollen. Was sind die Anforderungsprofile an das Selbst und wie hängen diese mit den Affekten/Emotionen zusammen? In Erweiterung der Thematik behandle ich anschließend die ‚Affektivität ökonomischer Prozesse'. Einige Thesen zum Zusammenspiel zwischen Affekten, Ereignissen und Subjektivierung präsentierend, geht der nächste Abschnitt detaillierter auf Fragen der affektdurchzogenen Persönlichkeit sowie auf die Logik von Ereignissen und Erregungsintensitäten ein. Vorgestellt werden dabei drei *Subjektivierungsprogramme*: ‚Entdeckung des Selbstinteresses' (1), ‚Sich-Ausdrücken oder das ‚kreative Subjekt" (2) und ‚Wiederholung und Differenz' (3) (Kapitel 3). Im darauffolgenden Kapitel analysiere ich die Bedingungen und Parameter des Konkurrenzkampfes. Leistungs- und Erfolgskriterien, die im Paarlaufwettbewerb zentrale Bedeutung erlangen, werden thematisiert, zudem werden für den Online-Liebesmarkt spezifische Anerkennungsmodalitäten genauer

---

235 Über die vielfältigen Zusammenhänge bezüglich des Zusammenspiels zwischen Internet und Gesellschaft informiert das sozialtheoretisch angelegte Buch von Christian Fuchs (2008).

236 „In a representative survey conducted by Innofact in Düsseldorf (2003), it has been found that 66 percent of the population think that Internet channels provide ‚good chances' to find an adequate partner." (Geser 2007, S. 2)

durchleuchtet (Kapitel 4). Daran anschließend frage ich nach den Effekten des Wettbewerbs, und zwar mit Blick auf die zuvor beschriebenen Subjektivierungsprozesse, die spezifischen Leistungs- und Erfolgskriterien und die Formen der Destabilisierung beziehungsweise Re-stabilisierung (Kapitel 5). Ein Fazit in drei Punkten skizziert die wichtigsten Ergebnisse und gibt Auskunft über die aus den Analysen heraus präparierte Wettbewerbskultur (Kapitel 6).

2. Das Feld der Liebe

„Die Liebe rechnet nicht ..."
(Das Hohe Lied der Liebe)

2.1 Liebe in Zeiten des Internets: Online- und Offline-Beziehungen

Liebe und Internet, das schien bis vor kurzem ein Widerspruch zu sein. Auch deshalb, weil das *Internet* als entemotionalisierter und entemotionalisierender Raum galt, da – so die gängige Argumentation – die technikvermittelte Kommunikation durch die drastische Kanalreduzierung geradezu entmenschlicht und ohne den Anteil von Emotionen ablaufen würde (Bruschewski 2007, S. 92). Der (eigene) Umgang mit dem Internet – und die Ergebnisse der Onlineforschung – haben die Sozialforscherinnen und Sozialforscher eines besseren belehrt, denn Internet-Kommunikation und die darin enthaltenen Botschaften können – so die gegenwärtig häufig vertretene These – sehr emotional, erotisiert und sogar romantisiert sein (Lea und Spears 1995, S. 216). Döring (2003, S. 3) stellt einen bemerkenswerten Wandel in der Einschätzung bezüglich Emotionen im Netz fest: „Imaginativ aufgeladen, hochgradig *romantisiert und erotisiert* gefährdeten Netzkontakte auf der Basis mehrdeutiger digitaler Botschaften das seelische Gleichgewicht der Beteiligten und brächten allzu schnell ihr geregeltes Ehe- und Familienleben durcheinander." Trotz einer auf den ersten Blick reduzierten Sprache (d. h. schriftlicher Text), können im Netz spontan Emotionen ausgedrückt werden: so genannte ‚Emoticons' (grafische Symbole, die emotionale Zustände ausdrücken) oder Inflektive (*knutsch*) finden ihren Einsatz. „Sie ersetzen die Mimik und Gestik des herkömmlichen Face-to-Face-Kontakts. Auch auditive Emotionen können durch ‚Sound- und Aktionswörter' (*freuuuuuu*) transportiert werden." (Bruschewski 2007, S. 93) Es liegt insofern nahe, von einer neuen Form der „Codierung der natürlichen Emotionen" (ebd.) durch das Medium Internet zu sprechen. Allerdings begünstigt der Gebrauch von Emotionen ebenso ‚inszenierte Formen' von Intimität. Da es sich beispielsweise – zumindest bei der ersten Kontaktaufnahme – um weitgehend Unbekannte beim Onlinedating im Netz handelt, kann es relativ schnell zu einer enthemmten Darstellung des eigenen Selbst und zu beschleunigter Selbstoffenbarung kommen, und eben auch zu einer verstärkten wechselseitigen Idealisierung. Gerade dieser Umstand kann das Erleben von Intimität, Leidenschaft und Emotionen/Affekten quasi durch das Medium bedingt fördern (vgl. Kapitel 3).

Vor einer weitergehenden Betrachtung des Online-Liebesmarktes und der Online-Börsen, ziehe ich an dieser Stelle einen (ersten) Vergleich von *Offline-Beziehungen* zu *Online-Beziehungen*, der diese gesamte Feldbeschreibung mit strukturiert: Faktisch besitzen Onlinedatings einige Vorteile gegenüber Offlinedatings und face-to-face entstandenen Beziehungen (Döring 2003).

1. *Verfügbarkeit*: Es ist prinzipiell einfacher, online neue Datingpartner kennen zu lernen. Das Internet ist weitaus offener als herkömmliche Kontaktorte, bei denen von Anfang an eine soziale Selektion im Spiel ist.

2. *Selektivität*: Man kann zudem relativ schnell eine Auswahl bezüglich der Menschen treffen, die eine ähnliche Form der emotionalen Beziehung aufbauen wollen.

3. *Anonymität*: Der Grad der Anonymität der Situation und der Akteure sowie die Tendenzen zur Selbstenthüllung sind im Netz deutlich höher als offline. Dadurch ist es einfacher, verfügbare und ‚korrespondierende' Partner zu identifizieren (Ben Ze'ev 2004).

4. *Raum- und Zeitunabhängigkeit*: Zudem herrscht eine weitgehende Unabhängigkeit von Zeit und Raum in puncto Onlinedating vor. Mit einem Laptop oder Smartphone ausgestattet sind heute schon, aber vor allem zukünftig, einem Onlinedater praktisch keine Grenzen bezüglich Zeit und Raum gesetzt.

5. *Ressourceneffizienz*: Schließlich gestaltet sich der Ressourceneinsatz zwischen Online- und Offline-Beziehungen unterschiedlich: Online-Beziehungen benötigen weniger physischen Ressourceneinsatz, dafür aber größere Investitionen in mentale Ressourcen, da sich diese Beziehungen oftmals durch eine hohe emotionale Intensität auszeichnen.

Zusammengefasst lautet dementsprechend das Fazit von Ben Ze'ev (2004, S. 191): „[I]n comparison to offline relationships, online relationships usually involve greater intimacy and emotional intensity, but less commitment. Since intimacy and emotional intensity were found to be the best predictors of satisfaction, it is likely that romantic relationships in cyberspace provide greater satisfaction." Insgesamt entsprechen Internetkontaktbörsen dem Ideal eines „friktionslosen Heiratsmarktes" (Skopek et al. 2009, S. 195) ziemlich genau. Ben Ze'ev (2004, S. 33) prognostiziert für die nahe Zukunft eine weitere Annäherung zwischen Online- und Offline-Beziehungen insofern, als zukünftig auch taktile, olfaktorische und andere sinnliche Informationen einbezogen werden könnten. Dies erscheint wenig verwunderlich, zumal der interaktive Charakter sowohl bei Offline- als auch bei Online-Beziehungen einen besonderen Reiz ausmacht. Aufgrund der gleichen, zur Verfügung stehenden Geräte (Computer, Tastatur und Bildschirm) und der Tatsache, dass alle Interaktion auf freiwilligem kommunikativen Austausch beruhen, tendieren Online-Interaktionen zu mehr Symmetrie im Vergleich zu Offline-Interaktionen.

Schließlich stellt sich die Frage, warum immer mehr Menschen in der gegenwärtigen Zeit überhaupt am Onlinedating als Form der Partnerschaftssuche Gefallen finden (vgl. dazu Dombrowski 2011, S. 8ff.). Danach gefragt, geben OnlinedaterInnen an, dass sie auf der Suche nach speziellen Fantasien und Wünschen sind, die so in Offline-Beziehungen nicht erfüllt werden konnten. Hinzu kommt die ubiquitäre Wertschätzung der Effizienz und der Geschwindigkeit (‚bloß keine Zeit verlieren') (Rosa 2005).[237] Kurzum: angepriesen und wertgeschätzt wird die vermeintliche Optimierung der Partnerwahl. Mit und durch den Wettbewerb sollen Angebot und Nachfrage zu einem möglichst stabilen Gleichgewicht führen. Moderne Kommunikationsformen, zu denen das Internet zweifellos zählt, bieten über Onlinebörsen schnell und effizient Informationen über mögliche Partnerinnen beziehungsweise Partner an. Nicht unterschätzt werden darf die Exit-Option, die in Online-Beziehungen prinzipiell jederzeit

---

237 Speed-Dating ist eine relativ neue Erfindung, die diesem Bedürfnis Rechnung trägt – allerdings handelt es sich dabei um eine Offline-Praktik.

gezogen werden kann: „While the partners are careful to keep up a mood of sincerity vis-à-vis each other as well as vis-à-vis themselves, they always leave an easy exit option open in the background: because ‚after all, it has just been a play'." (Geser 2007, S. 26)[238] Trotz dieser Schwierigkeiten lautet die Prognose: Traditionelle Heiratsmärkte werden im Wettbewerb um die bestmögliche Partnersuche weiter Terrain gegenüber Online-Portalen verlieren.

2.2 Akteure und die Internetplattform als Wettbewerbsanordnung

Die folgende Grafik gibt einen stark vereinfachten Überblick über die Akteurskonstellationen und die Verflechtung der Akteure untereinander als auch deren Verbindung mit den Online-Portalen.

Schaubild 5:   Online-Liebesmärkte: Akteure und Konstellationen

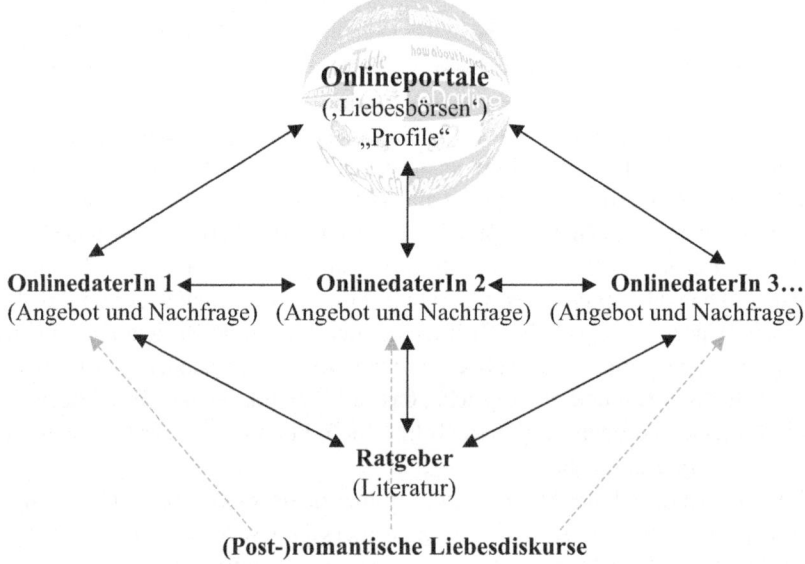

Das besondere des Liebes-Feldes besteht darin, dass die Onlinedater auf diesem Markt sowohl als Anbietende und als Nachfragende auftreten, und zwar prinzipiell gleichzeitig. Informationen über das richtige Verhalten auf diesen ‚Liebesbörsen' erhalten die Onlinedater

---

238 Allerdings ist die Exit-Option auch vom Stand der Beziehung beziehungsweise von der Erreichbarkeit des Gegenübers abhängig. Obwohl ein Ausstieg prinzipiell immer möglich ist, dürfte sich der Ausstieg dann schwierig gestalten, wenn Offline-Kontakte bereits stattgefunden haben und der/die andere sich prinzipiell in Reichweite befindet.

u. a. über die Ratgeberliteratur (und durch den Rat von Freundinnen und Freunden). Orientierung und Irritation verschaffen aber auch *(post-)romantische Liebesdiskurse*, die das Verhalten der Onlinedater sowohl online als auch offline mit strukturieren. Der Begriff (post-) romantisch bezeichnet den Umstand, dass die meisten Liebesuchenden zwar nach wie vor (trotz erlebter Enttäuschungen) von der romantischen Liebe träumen,[239] durch ihr faktisches Verhalten im Internet diesem Versprechen der Romantik gegenüber aber tendenziell Misstrauen ausdrücken (Illouz 2004).[240]

Mit den Internetplattformen wiederum erleben wir einen boomenden Markt, der besonders seit den Jahren 2004/2005 stetig über wachsende Zahlen berichten kann (Bruschewski 2007, S. 46, Skopek et al. 2009, S. 185). Diese ‚Liebesmärkte‘ spielen sich in vorgegebenen Rahmen ab, d. h. sie sind – und das haben sie mit anderen Märkten gemeinsam – eingebettet in soziale und kulturelle Rahmen (Granovetter 2000); hinzu kommen beim Internet technische Vorgaben, die je nach Plattform unterschiedlich stark die Auswahlmöglichkeiten sowie die Darstellungsoptionen der Online-User beeinflussen. So können beispielsweise „die Chat-Anbieter die kommunikativen Handlungsspielräume der Nutzer mehr oder minder stark vorstrukturieren (z. B. durch die Möglichkeit zum Einrichten privater Chat-Séparées, zur Selbstpräsentation durch Fotos oder Grafiken, zur Festlegung von Verhaltensregeln und Sanktionen)" (Döring 2003).

Gefragt wird im Folgenden nach der Strukturlogik, die diesem Feld des Online-Liebesmarktes zu Grunde liegt. Der Fokus liegt dabei auf der Wettbewerbslogik respektive der damit verbundenen Wettbewerbskultur. Insbesondere die *Singlebörsen* beziehungsweise die *Online-Kontaktbörsen*,[241] auf die ich mich im Folgenden konzentriere, haben sich erstaunlich entwickelt und stellen mit einem Marktanteil von knapp 60 % am Gesamtumsatz von Online-Börsen das dominierende Marktsegment dar (Döring 2003, S. 50). Für Deutschland ergeben sich für das Jahr 2007 ca. 6.2 Millionen Nutzer, Tendenz steigend. Somit sind es die Singlebörsen, die bezogen auf die Zahl der Onlinedating-Portale mit über 1200 von etwa 2000

---

239 Zum ‚Zustand‘ der romantischen Liebe bemerkt Karl Otto Hondrich: „In rund 90 Prozent aller Gesellschaften, über die ethnologische Berichte vorliegen, lassen sich Anzeichen romantischer Liebe erkennen." (2004, S. 13) Hondrich vertritt im Zusammenhang mit angeblich sich auflösenden Paarbeziehungen die folgende überzeugende These: „Die sich auflösenden individuellen Liebes- oder Ehebindungen verwandeln sich, in den Köpfen der Beteiligten, in kollektive Bindungen an den Wert von Liebe und Ehe. Der Wert der Liebe ebenso wie der Wert der Ehe werden bestärkt dadurch, daß individuelle Liebes- und Ehebindungen aufgelöst werden." (ebd., 55)

240 Illouz bemerkt sehr treffend zur – wie sie es nennt – „postmodernen Lage der Liebe" (2004, S. 251): „Das heutige romantische Ich zeichnet sich durch seinen fortwährenden, sisyphusgleichen Versuch aus, die lokal begrenzte und flüchtige Intensität der Liebesaffäre innerhalb langfristiger, globaler Liebeserzählungen (wie etwa der Ehe) heraufzubeschwören, ein übergreifendes Narrativ dauerhafter Liebe mit der fragmentarischen Intensität der Affären zu versöhnen." (ebd., 257)

241 Mit dem Begriff der Online-Kontaktbörsen sind spezialisierte Internetseiten gemeint, „auf denen Personen sich mit einem Steckbrief (Nutzerprofil mit Foto, soziodemographischen Angaben und Selbstbeschreibungstexten) präsentieren, aktiv nach anderen Profilen suchen und über ein seiteninternes E-Mail-System miteinander in Kontakt treten können" (Skopek et al. 2009, S. 185). Allgemein unterscheidet man zwischen „pull and push platforms", wobei die institutionelle Auswahl („push model") mit der Unterstützung von Matching-Programmen und psychologischen Tests erfolgt. Hingegen wird es bei der individuellen Auswahl („pull model") dem/der Einzelnen überlassen nach geeigneten Partnern zu suchen. Im Folgenden konzentriert sich dieser Beitrag stärker auf das „push model", wobei es allerdings nicht unplausibel erscheint, dass das Internet zu einer stärkeren dezentralisierten und deprofessionalisierten Struktur beiträgt (Geser 2007, S. 9), die weitgehend im „pull model" ihre Entsprechung findet.

Anbietern, „das grösste und wettbewerbsintensivste Marktsegment" darstellen (Bruschew-ski 2007, S. 51).[242] Geser (2007) gibt sogar für den deutschsprachigen Raum ca. 2700 (!) Da-tingportale an. Worin besteht das Versprechen dieser Internetplattformen? Genau darin, eine gezielte Vorauswahl bei einer gleichzeitig möglichst großen Offenheit für einen optimierten Wettbewerb unter den Onlinedatern zu liefern. In gewisser Hinsicht ersetzen oder besser ge-sagt, ergänzen diese Online-Liebesmärkte die alten Annoncen und die schon seit längerem bekannten Heiratsmärkte (Nauck 2007). Anbieter von Singlebörsen und Partnerschaftsver-mittlungen reagieren auf die Bedürfnisse einer Gesellschaft, die aus einer wachsenden Zahl von Singles beziehungsweise von Beziehungssuchenden besteht. Genauer betrachtet nehmen die Schwierigkeiten in spät- oder postmodernen Gesellschaften zu, langfristige Beziehungen erfolgreich zu gestalten, da gesellschaftliche und individuelle Veränderungen an Dynamik zulegen (Hradil 1995; Rosa 2005). Die Internetplattformen sind trotz ihrer hohen Diversität strukturell dadurch gekennzeichnet, dass „die Akteure auf diesen Börsen ihre Partner selbst aktiv auswählen, also eine starke Eigeninitiative an den Tag legen müssen, um mit anderen Teilnehmern in Kontakt zu treten" (Skopek et al. 2009, S. 192).

Durch massive Werbeaktionen und mittels unterstützender Berichte in den Medien sug-gerieren die Internetplattformen eine hohe Verfügbarkeit von möglichen Beziehungspartne-rInnen.[243] Internetplattformen bieten dabei ihren Nutzern häufig stark vorstrukturierte und kategorisierte Onlinedating-Profile an, nicht zuletzt, um die Suche nach potenziellen Partne-rinnen und Partnern zu erleichtern. Der große Vorteil solcher Märkte liegt darin, dass sie für einen geregelten Heirats- und Beziehungsmarkt sorgen können. Allerdings hat sich bislang die Hoffnung auf eine soziale Öffnung dieser Liebesmärkte bedingt durch das Internet als nicht gerechtfertigt erwiesen. Skopek et al. (2009) halten dies für „erstaunlich, da das Inter-net im Allgemeinen und Internetkontaktbörsen im Speziellen weit weniger durch objektive Zugangsbarrieren oder institutionelle Gegebenheiten sozial vorstrukturiert sind als klassi-sche Treffpunkte des Kennenlernens wie beispielsweise das Bildungssystem oder Nachbar-schaften" (ebd., S. 205). Der (Anbieter-)Markt für Onlineportale hat insofern wiederum ge-nau auf diese Nicht-Öffnung reagiert, als eine enorme Ausdifferenzierung stattgefunden hat und weiter voranschreitet: Liebesbörsen für die akademische Elite, Seitensprungportale für zahlungskräftiges Publikum, spezielle Börsen für religiöse Gruppierungen etc.

Wo Angebot und Nachfrage so marktförmig aufeinandertreffen, stellt sich unmittelbar die Frage nach der Vermittlung, konkret gefragt: Wie gelingt es Internetportalen, möglichst übereinstimmende Passungsverhältnisse im Sinne von psychologisch fundierten ‚Matchings' herzustellen? Die Antwort lautet: Mit Unterstützung von Zahlen, Algorithmen und statis-tischen Berechnungen. Unter Zuhilfenahme von mathematischen Berechnungen (Algorith-men) wird dem Prozess der Partnerwahl der Charakter eines Matching-Prozesses verliehen, mit dem es gelingen soll, in wiederholender Art und Weise Onlinedater mit vergleichbaren Partnerwerten zusammenzubringen.[244] Zahlen bezüglich der Erfolgsquote im Hinblick auf

---

242   Für weitere aktuelle Zahlen vgl. unter: http://www.singleboersenvergleich.de/

243   Selbstverständlich unterliegen auch die Internetportale im Zuge einer Ausdifferenzierung des Angebots einem wachsenden Konkurrenzdruck.

244   Nüchtern beschreibt Reinhard Landwehr dieses Vorgehen folgendermaßen: „Der Träumer muss seine Part-nerschaftsfantasie operationalisieren, er muss seinen Traumpartner so klar definieren, dass diese Suchaufgabe in einen binären Code übersetzt und dann bearbeitet werden kann." (Landwehr o. J.)

Vermittlung von Onlinebörsen sind nicht einfach zu eruieren, zumal die Internetportalanbieter mit großer Wahrscheinlichkeit, nicht zuletzt aus Werbegründen, eher zu hohe Vermittlungszahlen auf ihren eigenen Portalen angeben. Hier besteht unbestritten weiter Bedarf an (quantitativ und qualitativ erhobener) Empirie in einem sehr interessanten Gebiet der Sozialforschung für die nächsten Jahre. Doch der Fokus der vorliegenden Beschäftigung liegt hier nicht auf eigenen empirischen Erhebungen, sondern auf der sozialtheoretischen Frage nach den Affekten und Emotionen beim Onlinedating, und zwar unter dem die gesamte Arbeit leitenden Gesichtspunkt eines intensivierten Wettbewerbsgeschehens. Um dies leisten zu können, werden im weiteren Fortgang bestehende Studien sekundäranalytisch ausgewertet und Ratgeberliteratur analytisch untersucht.

3. Zugangsvoraussetzungen und Subjektivierungsimperative

3.1 Der Online-Liebesmarkt und die Anforderungen an das Selbst

> „Instead of ‚face-to-face‘, interaction occurs ‚brain to brain‘, and interaction partners are ‚soul mates‘ in a more perfect sense that has ever been possible before."
>
> (Geser 2007, S. 21)

Märkte, neben der Ware einer der größten sozialen Institutionen mit Fetischcharakter – und der Liebesmarkt gehört dazu –, zielen in ihrer neoklassischen Lesart bekanntlich auf eine möglichst hohe Transparenz bezüglich Angebot und Nachfrage sowie auf ein Gleichgewichtsoptimum (Kurnitzky 1994). Diese – wie inzwischen mehrfach gezeigt wurde – ideale Verfasstheit des Marktes kann aber durch Dinge ‚verunreinigt‘, kontaminiert oder ganz allgemein gestört werden, die im Bereich des Nicht-Ökonomischen liegen (Stäheli 2007).[245] Eben für solche Phänomene interessiert sich ein Zugriff, der zugleich diskurstheoretisch und kritisch verfährt. Dabei untersucht ein solcher Ansatz genauer die Funktion von Leerstellen, Brüchen und Kontaminationen, um neue und realistischere Aussagen über das Geschehen auf sozialen Feldern respektive auf den Wettbewerbsmärkten treffen zu können.[246]

Mit der Fokussierung auf den hier interessierenden Online-Liebesmarkt geraten Emotionen und vor allem Affekte als das rationale Marktgeschehen ‚verunreinigende‘ und störende Dinge in den Blick. Affekte, die als das scheinbar andere der Ratio und des homo oeconomicus die Strategien und Taktiken der Subjekte bei der Partnerwahl beeinflussen und ‚kontaminieren‘, müssen in deren Funktionsweise und Bedeutsamkeit für Märkte beschrieben werden. Vorab sei aber nochmals kurz an die Analysen von Eva Illouz erinnert, bei der aus potenziellen BeziehungspartnerInnen kognitive Objekte werden, die sich miteinander vergleichen lassen und die für Kosten-Nutzen-Analysen zugänglich sind: die Optimierungsspirale im Hinblick auf die am ‚besten‘ Zueinanderpassenden läuft und läuft (Illouz 2003, 2006).[247] Diesem durchaus rationalen Vorgehen – unter gezieltem Einsatz der Emotionen –

---

245 Für eine Verbindung von Wirtschaftssoziologie und Poststrukturalismus vgl. Stäheli (2000, S. 71).

246 Interessanterweise haben sich die Wirtschaftswissenschaften bislang sehr einseitig um das Verstehen des Funktionierens von Märkten bemüht. Aufschlussreicher sind dagegen die Arbeiten von Abolafia (2001) zu einer „Ethnographie von Märkten" sowie die Arbeit von Callon (1998) im Rahmen einer Akteur-Netzwerk-Theorie.

247 Kognitive Objekte existieren für den Onlinedater nur im virtuellen Raum, und erhalten dabei so etwas wie einen Warencharakter, bei dem die jeweiligen Vorzüge und Nachteile innerhalb einer Präferenzlogik Entscheidungen ‚rationaler‘ machen sollen. Das Eingehen einer Online-Beziehung will wohl überlegt sein und gerät somit in das Fahrwasser kalkulatorischer Überlegungen des Einzelnen: „How calculating and trivial such considerations are in contrast to my enthusiastic casual beach love that survives only a few weeks of holiday adventure – or to my party flirts based on momentaneous leisure moods and high levels of ethanol." (Geser 2007, S. 15)

folgend, liegt letzten Endes das einzige (vermeintliche) Hindernis für eine/n OnlinedaterIn in der Überschätzung des eigenen Marktwertes – von dem der Therapeut oder der beste Freund beziehungsweise andere meist mehr wissen als die Partnerschaftssuchenden.

Die *Ratgeberliteratur*, neben den Internetplattformen das hier berücksichtigte Materi-al, steckt voller Handlungsanweisungen, wie über bestimmte Strategien des Erfolgs der oder die Richtige gefunden, respektive erobert werden kann. Die Botschaft an das Selbst lautet: Optimierung ist durch den geschürten und organisierten Wettbewerb nicht nur möglich – sondern geradezu geboten (Katz 2003; Schäfgen 2003). *Imperativisch* formuliert: Du sollst Dich und Deine Partnersuche optimieren. Dies verbündet sich mit dem Versprechen, das so möglichst passende Partner gezielt gefunden werden können.

Aber handelt es sich hier überhaupt um eine Form des Wettbewerbs? Der immer noch weit verbreitete romantische Gedanke, demzufolge nicht nach dem Besten, sondern nach dem (einzigen) Richtigen gesucht wird, scheint dem zu widersprechen, denn durch das Betonen der Einzigartigkeit, so lautet an dieser Stelle das Argument, werde der Wettbewerb gerade-wegs ausgesetzt. Das romantisch verklärte Warten auf den Prinzen oder die Prinzessin wi-derspricht jedoch fundamental einer auf Aktivität und Machbarkeit aufgebauten Gesellschaft.

Insofern möchte ich zeigen, dass der von Sloterdijk konstatierte Paarlaufwettbewerb durch die Inanspruchnahme von Online-Liebesbörsen unterstützt, intensiviert und beschleu-nigt wird:[248] Im Wettbewerb geht es tatsächlich um die Suche nach dem Besten, nämlich den am besten Passenden, und zwar durchaus im Sinne einer dabei aufgebotenen Präferenzlo-gik. Der Clou liegt aber im Folgenden: Das weithin gepflegte romantische Ideal bleibt davon unberührt, denn wieso soll der/die vermeintlich Beste nicht der/die Einzige und damit der oder die Richtige sein (Kaufmann 2002)? In der faktisch beobachtbaren Beziehungspraxis stellen sich aber vermehrt komparative Kosten-Nutzen-Analysen zugunsten des einen oder anderen Partners ein. Eben darin liegt der von Internetplattformen ausgenutzte Vorteil ge-genüber herkömmlichen Partnervermittlungsdiensten und ebenso einer klassischen Suche nach Partnern (Arbeitsplatz, Disko, Fitnessstudio etc.). Allerdings bleiben Fragen zu beant-worten: Wie genau funktioniert die Partnersuche und Vermittlung auf den Online-Liebes-börsen? Und was kann oder besser gesagt muss das einzelne Individuum dazu beitragen?

Als zentral erweist sich für das am Onlinedating partizipierende Individuum das Ent-decken der eigenen Interessen und der damit einhergehenden Präferenzen (vgl. dazu Kapitel 3.3.1). Keine klassische Psychoanalyse seiner selbst, aber immerhin ein Durchleuchten der eigenen Persönlichkeit mit Hilfe von Ratgebern oder von psychologischen Tests, die manche Internetportale anbieten, steht am erfolgsversprechenden Anfang der Bemühungen um einen neuen Liebespartner bzw. Liebespartnerin. Ein hoher Grad an Introspektion ist von Vorteil. Bereits bevor sich das suchende Individuum online auf den Liebesmarkt begibt, sollte bei ihm möglichst Klarheit darüber herrschen, wer es eigentlich ist und was es will. So heißt es in einem Ratgeber: „Liebesstrategien, also unbewusste Verhaltens- und Entscheidungsmus-ter, nach denen wir unsere Partner auswählen und unsere Beziehungen leben, spielen dabei eine entscheidende Rolle." (Schäfgen 2003, S. 66) In Abwandlung von Freuds berühmtem

---

248 Das sogenannte *Speed-Dating* ist nur eine besonders intensive und konsequente Form, die dem generellen Anspruch der Moderne nach Beschleunigung, Steigerung und Optimierung auch auf den Liebesmärkten gerecht zu werden versucht, vgl. zum Hintergrund dieses Prozesses die Arbeiten von Hartmut Rosa, insbe-sondere (2005, 2006).

Diktum könnte man sagen: Wo unbewusste, triebgesteuerte Wesen waren, sollen möglich selbsttransparente und bewusste Onlinedater werden.

Eine Ökonomie der Fülle des Angebots bei gleichzeitiger ‚Absenz in der Präsenz' (Derrida),[249] hier zu verstehen als anfänglichen Ausschluss alles Leiblichen bei gleichzeitiger Diskursivierung desselben, verlangen nach möglichst ausgeklügelten Strategien der Effizienzkontrolle in der Partnersuche. Der Einsatz von Matching-Algorithmen soll eine möglichst ‚rationale' Partnerwahl gewährleisten. Was verspricht Erfolg am Online-Liebesmarkt? Ein möglichst ehrliches und authentisches Auftreten wird als Voraussetzung für ein erfolgreiches Dating beschrieben. Auf der Suche nach einer hohen Anzahl von Matching-Punkten zwischen zwei potenziellen Partnern, was den Erfolg quasi automatisch garantieren soll, verläuft der Wettbewerb um den Partner oder die Partnerin keineswegs so offen wie es die Onlineportale gerne suggerieren. Die jeweils spezifischen Zugriffsmöglichkeiten und der aktive Umgang mit den eigenen Emotionen und dem Eingriff auf fremde Emotionen führen zu neuen Formen der Klassifikation und zu einer weiteren Ausdifferenzierung der Partnerschaftssuchenden (Fuchs 2008, S. 189ff.).[250] Das sind Befunde, die sich in empirischen Studien wiederholen und die an sich schon für Soziologinnen und Soziologen interessant sind. Darauf werde ich hier allerdings nicht eingehen, umso entschiedener allerdings auf den oftmals unterschätzten Anteil der die bewusste Steuerung unseres Selbst unterlaufenden Affekte/Emotionen.

Das sich auf dem Markt positionierende Selbst kann in seiner Verfasstheit doppelt beschrieben werden: Auf der einen Seite begegnen wir dem Idealbild eines hyperrationalen, sich-selbst-gegenwärtigen Individuums, das in der Lage sein muss, sich auf dem Markt zu präsentieren und zu verkaufen. Erfolg hat, wer marktkonform aufzutreten versteht und über ein hohes Maß an Introspektion und Empathie verfügt. Hinzu kommen als erklärende Faktoren für den Erfolg der soziale Status und das Einkommen. Aber das Allerwichtigste sei es, authentisch und ehrlich aufzutreten (Katz 2003, S. 167).[251] Einer solch gezielten Inszenierung des eigenen Selbst steht die Vorstellung eines ‚nicht-bewussten Selbst' (Wilson 2002) entgegen. Dabei treffen wir auf ein unbewusstes Selbst, das vor allem, aber nicht nur, in der realen Begegnung in Erscheinung tritt, was nicht selten ‚fatal' endet, da es zu einem ‚mismatch' zwischen eigener, bewusster Präsentation, unbewusster Inszenierung und der Wahrnehmung durch andere kommt. Manche Ratgeber ahnen das daraus resultierende Dilemma voraus, wenn darin zu lesen ist: „Es ist nämlich fast immer das gleiche Verhaltensmuster, das uns wieder und wieder in unglückliche Situationen bringt, egal ob online oder im direkten Umgang mit Freundinnen, Freunden oder im Arbeitsleben." (Schäfgen 2003, S. 24) Rou-

---

249   Derrida erläutert diese Denkfigur im Rahmen seiner Philosophie der différance (1993).

250   So gibt es mittlerweile Online-Liebesmärkte für Frauen ab 50, Akademiker (Elite-Partner), diverse Seitensprungagenturen usw.

251   Ironischerweise ist aber die Anonymität im Internet gleichzeitig Stärke und Schwäche des Mediums, wenn es um die Suche nach dem Liebespartner geht. Von Vorteil sind die anonyme Kontaktaufnahme und die Möglichkeit einer gewissen Vorauswahl. Nachteilig erweist sich aber, dass wohl nirgendwo sonst der ‚fake' (die bewusste Täuschung) so verbreitet sein dürfte wie im Internet. Folgen wir Döring (2003) dann gibt es einen Wechsel von der „Wahrheits-Maxime" hin zu einer „*Stimulationsmaschine*". Im Sinne von Goffmans Rahmenanalyse fände eine strategische Täuschung des Gegenübers in guter Absicht statt: „Nutzer akzeptieren gemäß dieser Maxime die wechselseitigen Selbstdarstellungen, sofern sie diese interessant und erregend finden – und zwar ganz unabhängig vom Realitätsbezug." (ebd.)

tinen und Persönlichkeitsmerkmals zu erkennen ist das Eine, sie dann auch noch zu verändern das andere. So wie man in der Literatur von einem misreading/Fehllektüren spricht, die ja auch produktiv genutzt werden können, so könnte man hier von einem ‚mis-acting‘, einer Art fehlerhaften Handelns, sprechen. Mit anderen Worten: Die Interaktionen sind mit der stets präsenten Androhung von Sanktionen von Seiten des Gegenübers versehen, das die Kommunikation online jederzeit abbrechen kann. Worauf es mir für die weitere Argumentation dabei ankommt: Ein Teil des dargebotenen Selbst entzieht sich einem bewussten Zugriff und dadurch zeigt es sich gleichsam als veränderungsresistent. Im Zusammenhang eines sich selbst darstellenden Selbst und den dabei im Spiel befindlichen Grenzen stellt sich die Frage nach Unterschieden bei den Geschlechtern.

Geschlechterdifferenzen, geschlechtsspezifische Mechanismen und Anforderungsprofile

Gendereffekte sind auch auf den Liebesmärkten im Internet zu beobachten.[252] So tendieren heterosexuelle Frauen im Allgemeinen dazu, mehr als heterosexuelle Männer auf Gespräche und geteilte emotionale Einstellungen auch online Wert zu legen. Sie suchen im Netz zwischenmenschliche Beziehungen und ziehen daraus Bestätigung. Männer nutzen das Internet primär zur über Bilder transportierten Unterhaltung und Freizeitgestaltung. Ben Ze'ev stellt in seiner Arbeit fest: „men were more likely to prefer visual erotica (50 % men to 23 % women) while women preferred chat rooms (49 % women to 23 % men) where they can ‚get to know‘ men. More often, it is the woman who will try to transform online sexual relationship to an offline relationship. These findings are compatible with the fact that the sexual fantasies of women tend to be more verbal and interactive, while those of men are more visual" (2004, S. 196). Im Auswahlprozess zeigen sich auch durch die Geschlechterdifferenz bedingte Unterschiede: Während Männer ganz offensichtlich ihre potenziellen Partnerinnen vergleichsweise stärker nach dem Gesichtspunkt der Attraktivität (Fotos) auswählen, achten Frauen bei ihrer Wahl auf eher objektiv feststellbare Statuskriterien, d. h. eine Rolle spielen das vorhandene ökonomische oder auch kulturelle Kapital (Abschlüsse, Diplome etc.). Durch gute Werte in diesem Bereich gewinnen die Männer an Anziehungskraft, wohingegen Frauen durch hohe Bildung und Karriereorientierung weniger oder sogar einen negativen Einfluss in Kauf nehmen müssen (vgl. dazu Geser 2007, S. 12).

Während Männer gerne ‚nach unten‘ kontaktieren, also Frauen mit einem geringeren sozialen Status und Bildungsniveau bevorzugen, sehen Frauen ein solches ‚downgrading‘ in ihren eigenen Kontaktwünschen nicht als erstrebenswert an, „da sie mit steigender Bildung gemäß der Tauschtheorie eher einen Partner auf Augenhöhe bevorzugen" (Skopek et al. 2009, S. 201). Insofern zeigen sich bei der Online-Partnerwahl vergleichbare Ergebnisse wie in Offline-Beziehungen.

---

252 Gerade die Online-Singlebörsen sind nach geschlechtsspezifischen Unterschieden segregiert. Spezielle Seiten für homosexuelle Männer und Frauen sind in kurzer Zeit entstanden und bedürften einer gesonderten Betrachtung.

3.2 Affekte und Emotionen im Kontext von Online-Liebesbörsen

In diesem Kapitel gehe ich auf die Frage ein, wie sich Affekte und Emotionen sinnvollerweise voneinander abgrenzen lassen, mit dem weitergehenden Ziel, genauere Aussagen über deren Einfluss auf das Onlinedating treffen zu können. Wie erfahren Affekte/Emotionen in der Literatur Verwendung und welche Schwierigkeiten tauchen dabei auf? Welche Rolle spielen Affekte und Emotionen beim Prozess des Onlinedatings im Detail? Wie beeinflussen sie den Paarlaufwettbewerb um möglichst passende Partner?

Eine erste thesenartige Aussage diesbezüglich lautet, dass sich Affekte – obwohl sie bemerkt und a posteriori beschrieben werden können – der Kontrolle per Definition entziehen (Massumi 1996). Sie kontaminieren und verändern durch ihre Nichtkontrollierbarkeit die Erfolgsbedingungen am Markt, obgleich die Illusion der Machbarkeit weiterhin durch den Einsatz von Psycho- und Sozialtechniken (Therapien, Ratgeber etc.) unterstützt und suggeriert wird. Affekte fallen vor allem dann ins Gewicht, wenn aus einer Online-Beziehung eine Offline-Beziehung im Entstehen begriffen ist. Fast immer bedeutet die reale face-to-face Begegnung den ‚wahren‘ Test für die Möglichkeit einer potenziellen Liebesbeziehung. Und in dieser, einem Krisenexperiment vergleichbaren Begegnung rücken Affekte, aber auch der Körper vehement ins Zentrum des Beziehungsgeschehens. Ebenso leuchtet es unmittelbar ein, dass das Untersuchen der individuell zurechenbaren Emotionen wichtig ist. Nur so können Verhaltensweisen plausibler erklärt werden, die sich jenseits von rationalen Mustern bewegen (das Verhalten an der Börse, der Umgang mit Kunden etc.). Jedoch erweist sich dies – wie noch zu zeigen sein wird – als nicht ausreichend für ein Erfassen dessen, was beim Onlinedating geschieht, denn: die affektiven Begehrensströme zeichnen sich gerade durch ihren nicht an einzelne Subjekte gebundenen und daher überindividuellen Charakter aus.[253]

Affekte/Emotionen

Bei der Konzeptualisierung von Affekten und Emotionen – und bei einer Abgrenzung der beiden Begriffe – entstehen Schwierigkeiten, die aufgrund einer teilweisen synonymen Verwendung der beiden Begriffe in anderen Sprachen, zu Stande kommt.[254] Ein Blick in die soziologische Literatur verdeutlicht, dass mindestens drei mögliche Hindernisse (Alternativen) existieren (vgl. zum Folgenden Stäheli 2007, S. 507/508).

- *Affekte werden häufig essentialisiert* und einer dualistischen Logik folgend der rationalen Ökonomie gegenüber gestellt. Das Begehren soll dabei von Zwängen, vor allem von ökonomischen losgelöst werden. Man findet solche Vorstellungen etwa bei Michel

---

253   An dieser Stelle taucht eine Parallele zu einem im Rahmen dieser Arbeit behandelten Feld auf, genauer geht es um die Rolle der Affekte bei dem Geschehen auf den Finanzmärkten und den daran Beteiligten, vgl. dazu die Analyse des Feldes Ökonomie/Finanzmärkte, insbesondere S. 118ff.

254   Begriffe wie *Emotionen, Gefühle, Affekte* und *Stimmungen* haben in unterschiedlichen Sprachen verschiedene „Bedeutungshöfe" (Reuser et al. 2006, S. 99), welche nicht nur in der Fachliteratur uneinheitlich, sondern auch innerhalb einer Sprache verschieden verwendet werden. Insgesamt werden Affekte als eher impulsiv und reaktiv verstanden; Emotionen seien dagegen „milder in ihrer Intensität und deutlicher von Lernen und Erfahrung beeinflusst" (ebd.). Der Begriff „Emotionen" betont von seiner lateinischen Wurzel „movere" (bewegen) her stärker den Aspekt des Bewegtseins. Auch der Begriff der „Affekte" ist vieldeutig; sein Ursprung liegt in dem Verb „afficere" („anmachen", „anrühren") begründet und bedeutet auch „von etwas ergriffen sein" (ebd.).

Maffesioli im Kontext seiner Überlegungen zum Dionysischen, zum Orgiasmus und zur Gemeinschaft (Maffesioli 1986, S. 24). Affekte erhalten bei einer solchen Vorstellung eine positive (Über-)Bewertung, sie werden gleichsam der rationalistischen Ökonomie als unversöhnlich entgegen gestellt.

- *Affekte in der Form von Konstrukten*: Ein solches Verständnis von Affekten etabliert beispielsweise Sighard Neckel bei seiner wiederholten Analyse von Neid- und Schamsemantiken (1991, 2009); ein als kultursoziologisch/konstruktivistisch zu qualifizierender Blick auf Affekte liefert interessante Einsichten, beispielsweise mittels phänomenologischen Beschreibungen in ihren feinen Verästelungen. Allerdings bleibt dabei die konstitutive Rolle von Affekten für das temporär und räumlich bedingte ‚Sich-Ereignen' beziehungsweise für die Funktionsweise von Diskursen weitgehend ausgespart.

- *Ein instrumentell verkürzter Gebrauch von Affekten (ohne explizite Differenzierung zwischen Affekten und Emotionen)*: Als paradigmatisch gelten hier inzwischen die empirisch fundierten Arbeiten von Arlie Russel Hochschild (1991): Hochschild geht in ihren Analysen davon aus, dass Affekte (besser: Emotionen) in vielen Berufen authentisch vorgelebt werden müssen, was sich beispielsweise in der Zunahme von Emotionsarbeit (‚emotional labour') beim Flugpersonal belegen lässt.[255] Stäheli moniert aber zu Recht: „Affekte geraten nur als private und individuelle Emotionen in den Blick – und die Ökonomie ausschließlich als Instanz der Affektkontrolle und -manipulation" (2007, S. 508).

Ein Problem, dass für alle drei angeführten Punkte gilt, besteht darin, dass die Grenzen zwischen Emotionen und Affekten nicht eindeutig gezogen werden. Während Affekte etwas vage als das allgemeine Gefühl aufgefasst werden, steht der Begriff der Emotionen für Gefühlszustände, die konkret und individuell zurechenbar sind. Wie kann es hier in konzeptioneller Absicht gelingen, Affekte eindeutiger von Emotionen abzugrenzen?

Emotionen zeichnen sich durch einen hohen Intensitätsgrad, eine mehr oder wenig lange Dauer und durch ihre prinzipielle Herstell- und Manipulierbarkeit aus.[256] Dabei geht ein jeder Emotion ein Affiziert-Werden voraus. Irgendetwas, sei es ein Ereignis, eine andere Person oder eine Erinnerung, muss uns zu einer Emotion motivieren. Insofern gibt es eine notwendige Verbindung zwischen Affekten und Emotionen. *Affekte* sind dagegen häufiger weniger intensiv, von der Dauer her unbestimmt und sie entziehen sich gerade jeglicher Herstell- und Manipulierbarkeit (vgl. dazu Seyfert 2011). In ihrem übersubjektiven Charakter durchziehen sie menschliche Körper und treffen auf keinen willentlich gesteuerten *point de résistance*. Gilles Deleuze und Felix Guattari haben in ihrer Arbeit *Was ist Philosophie?* (1996) im Anschluss an Spinoza Affekte nicht sehr spezifisch als die Fähigkeit beschrieben, jemanden zu affizieren und umgekehrt auch von jemandem affiziert zu werden, „sie sind keine Gefühle oder Affektionen mehr, sie übersteigen die Kräfte derer, durch die sie hindurchgehen" (1996, S. 191). Durch diesen übersubjektiven Charakter und mit ihrer nicht eindeutig Individuen zuzurechnenden Eigenschaft unterscheiden sie sich von Emotionen, die bis zu einem gewissen Grad handhabbar sind oder teilweise zumindest handhabbar gemacht werden können.

---

255 Auch Bankmanager/Berater müssen in Beratungs- und Verkaufsgesprächen mit emotionalen Kompetenzen ausgestattet sein, um möglichst überzeugend ihre Produkte an die Kunden zu bringen (vgl. dazu die Feldbeschreibung zu den Finanzmärkten).

256 Vgl. die Arbeit von Helga Flam (2002, S. 11ff.) zu den verschiedenen Gebrauchsweisen der Emotion in der Soziologie.

Rolle der Imagination (Fantasie) und der Idealisierung

Das von Deleuze und Guattari thematisierte Affiziert-werden-können spielt beim für das Onlinedating wichtigen Prozess des Imaginierens des potenziellen Partners eine erhebliche Rolle. Imagination kann man allgemein als die Fähigkeit charakterisieren, Möglichkeiten zu phantasieren, die nicht den Sinnen zugänglich sind. Ganz im Sinne des romantischen Liebesideals (Luhmann 1982)[257] findet im besten Fall eine wechselseitige Idealisierung statt, die ganz elementar auf die Imaginationskraft der Liebenden angewiesen ist. Durch die technisch bedingte Trennung und Distanz erleichtert das Internet sogar eine solche – der romantischen Liebesvorstellung entspringende – Idealisierung des anderen (Ben Ze'ev 2004, S. 19).[258] Die im Netz vollzogene Idealisierung des Partners wird dadurch unterstützt, dass man sich in den Portalen via Steckbrief, im direkten E-Mail-Kontakt oder auch im Chat positiv darstellen kann. Den Gesetzen des Wettbewerbs folgend bleibt einem gar nichts anderes übrig als Werbung in eigener Sache zu machen. Die Praktik des „Sich-weit-hinauslehnens" (Utz 2001) verspricht Erfolg. Immer wieder wird in Studien darauf hingewiesen, dass die Onlinedater bei ihren Angaben schummeln (Alter, Interessen, Status, Zivilstand etc.) (Baker 1998). Mit anderen Worten: Unter Umständen hat das Online-Selbst nur wenig mit dem Offline-Selbst eines Users zu tun. Realitätseffekte erzeugen jedoch beide Inszenierungen, soll heißen: Das idealisierte Online-Selbst kommt dem deidealisierten Offline-Selbst in die Quere und umgekehrt.[259]

Obwohl, oder gerade weil diese technikvermittelt sind, werden Emotionen im Netz vergleichbar tief erlebt wie in Offlinebeziehungen, wenn nicht sogar noch intensiver (Ben Ze'ev 2004; Mileham 2007). Woran liegt das? Durch die Idealisierung, die bis zur Verwandlung in eine Offline-Beziehung (wenn solches gewollt wird), beständig zunehmen kann, bleibt den Onlinedatern ein Rest, eine Art Leerstelle, die nur von der Phantasie gefüllt wird und in gewisser Weise aber auch austauschbar ist (Lea und Spears 1995, S. 228).[260] Ein besonders eindrückliches Beispiel findet sich in einem bei Döring (2002) dokumentierten Tagebucheintrag einer Onlinedaterin: „We played with words, invented dream worlds, strange irrealities, we split ourselves up into several people and let four people speak with each other, we were horses, elephants, bears, sailed across the sea in a Viking galleon – it was an unbelievably fantastic playground which we filled together with life, a world, as it never existed before, neither for him, nor for me. And in this fairytale world feelings also arose […]." Ganze Phantasie- und Traumwelten können entstehen, wenn nur die adäquate Partnerin beziehungsweise der adäquate Partner gefunden worden ist.

---

257 „In diesem Sinne ist das Medium Liebe selbst kein Gefühl, sondern ein Kommunikationscode, nach dessen Regeln man Gefühle ausdrücken, bilden, simulieren, andern unterstellen, leugnen und sich mit alldem auf die Konsequenzen einstellen kann, die es hat, wenn entsprechende Kommunikation realisiert wird." (Luhmann 1982, S. 23)

258 „Imagine what you want", sagte eine Teilnehmerin in einem Onlineselbstversuch trefflich.

259 Vgl. zur Segregation des Publikum die klassische Arbeit von Erving Goffman: „durch diese kann der Darsteller einigermaßen sicher sein, dass diejenigen, vor denen er eine seiner Rollen spielt, nicht die gleichen sind, vor denen er in anderer Umgebung eine andere Rolle spielt" (Goffman 2011, S. 46).

260 Der österreichische Schriftsteller Daniel Glattauer hat diesen Prozess des Phantasieren zwischen ‚Leerstelle' und ‚Geschriebenem' literarisch in seinen Büchern *Gut gegen Nordwind* (2006) und *Alle sieben Wellen* (2009) hervorragend veranschaulicht.

Allerdings sind anhaltende respektive dauerhafte Emotionen im sich ständig wandeln-den Cyberspace weniger wahrscheinlich, was schon aufgrund der schnellen Wechselmög-lichkeit plausibel erscheint: „As cyberspace is an unstable environment, enduring emotions are less dominant there." (Ben Ze'Ev 2004, S. 76) Umgekehrt können Affekte (unbewusst) sehr schnell entstehen und auch zu leidenschaftlichen Ausbrüchen führen. Allerdings ist die Nachhaltigkeit eines solchen Affekts im Vergleich zu einer eher dauerhaften Emotion ge-ringer. Diese Momente hoher Intensität gepaart mit Kurzfristigkeit helfen den Onlinedatern sowohl beim Ein- als auch beim Ausstieg aus Online-Beziehungen.

Konkurrenz zwischen Online- und Offlinebeziehungen

Mehrere Studien berichten darüber, dass sich bei vielen Onlinedatern Konflikte dadurch erge-ben, dass die Onlinesuche nach Partnern das Beziehungsgeschehen offline stark beeinflusst. Es kann so regelrecht in einen *Aufmerksamkeitswettbewerb* für die jeweiligen Partner mün-den. Online-Affären, deren Ausgang ungewiss ist, gefährden die Offline-Beziehung, weil ein zusätzlicher Partner um Zeit und Zuwendung mit seinen je eigenen Bedürfnissen die Büh-ne betritt (Ben Ze'ev 2004, S. 210). Für die Onlinedater ist ein solcher Wettbewerb insofern schwierig zu regeln, als sie von dem einen Partner in der Regel das bekommen, was sie von dem anderen nicht haben können und vice versa. Online ist das Ausleben bestimmter (sexu-eller) Phantasien relativ unverbindlich möglich und dieser Umstand wird zu einem ernsthaf-ten Konkurrenten für reale Beziehungen: „Cybersex in particular can be highly competiti-ve to the ‚real thing', because it is more easily accessible and more compatible with modern standards of individual autonomy – particularly in an environment where primary flirting behavior is increasingly inhibited by fears of ‚sexual harassment' and highly moralistic con-cepts of ‚sexist behaviour'." (Geser 2007, S. 6) Hingegen bietet die Offline-Beziehung im Vergleich zur Online-Beziehung eher Verlässlichkeit und Sicherheit, anders gesagt: dem Ge-genüber fällt es schwerer sich zu verstellen, weil eben nicht nur Sprache im Spiel ist. Bei ge-genwärtigen Beziehungen finden wir Werte vor, die sich nicht so sehr widersprechen, als das sie sich vielmehr ergänzen. Abschließend möchte ich in diesem Kapitel nach der Funktions-weise von Emotionen und Affekten auf den Online-Liebesbörsen fragen. Während Emotio-nen im Netz zwar nicht ausgespart, aber doch weitgehend – über das verfremdende Medium der Sprache – kontrolliert werden können, entziehen sich Affekte einer solchen bewussten Steuerung. Um möglichst erfolgreich im Netz Onlinedating betreiben zu können, muss man sich affizieren lassen, schon deshalb, um authentisch auftreten zu können. Allerdings las-sen sich die einmal in Gang gesetzten Affekte nur schwerlich kontrollieren. Die Erregungs-intensitäten können mitunter sehr hoch sein. Nunmehr von einem Beobachter als übersub-jektiv und unkontrollierbar zu verstehen, scheint gerade das Auftauchen von Affekten und deren Bedeutung im Bereich des Onlinedatings und der damit verbundenen Partnerwahl er-klärungsbedürftig zu sein. Besonders interessant sind die Affektstrukturierung der Subjek-tivität und die daraus resultierenden Subjektivierungsprogramme.

3.3 Die Affektstrukturierung der Subjektivität/Subjektivierungsprogramme

Nach einer ersten Beschäftigung mit Affekten/Emotionen problematisiere ich nunmehr Subjektivierungsprogramme in Verbindung mit einer bislang lediglich unterstellten *Affektstrukturierung der Subjektivität.* Subjektivierungsimperative im Sinne von übersubjektiven und normativen/normalisierenden Handlungsanweisungen strukturieren diese Programme, indem sie – in Anlehnung an die Arbeiten Michel Foucaults – ganz bestimmte Praktiken von Individuen fordern und etablieren.[261] Welche zentralen Subjektivierungsprogramme lassen sich für Online-Liebesbörsen beschreiben? Meines Erachtens sind es vor allem drei Programme, die nach einer allgemeinen Darstellung der Affektstrukturierung der Subjektivität detaillierter beschrieben werden: *Erstens* eine – bereits angedeutete – *Entdeckung des Selbstinteresses* (1), *zweitens* eine *Kunst des Sich-Ausdrückens* (das ‚kreative Subjekt‘) (2) und schließlich kann *drittens* ein Subjektivierungsprogramm identifiziert werden, das auf *Wiederholung und Differenz (Serialität)* eingestellt wird (3).

Jenseits der (neo-)klassischen Ökonomie wird schon seit längerem diskutiert, inwiefern Marktakteure keine reinen rationalen Akteure, sondern von Leidenschaften, Gefühlen und Affekten durchzogen sind (Hirschman 1980). Eine hier vertretene These lautet diesbezüglich, dass unbewusste Affekte und Verhaltensweisen die Pläne eines von der Ratgeberliteratur auf Optimierung getrimmten Subjekts durchkreuzen. In diesem Sinne hört sich das pragmatische Fazit eines US-amerikanischen Ratgebers an: „You can't control what you can't control. Worry about what you can control, and let go of the rest." (Katz 2003, S. 163) Eine am Poststrukturalismus orientierte Soziologie interessiert sich aber genau für diesen ‚Rest‘, für diese Leerstelle, die wir nicht so einfach im Sinne des Ratgebers vernachlässigen können. Theoretisch gewendet: Diese Leerstelle erfüllt eine wichtige Funktion, denn sie sorgt dafür, dass der Begehrensstrom nicht abreißt und stets aufs Neue angestoßen werden kann. *Ereignisse,* die ich hier im Sinne von neuen Dating-Sessions verstanden wissen will, sorgen für ein zwischenzeitliches Erfüllen der Wünsche und des Liebesbegehrens online, ohne jedoch für eine abschließende Strukturierung und Erfüllung zu sorgen.[262] Der von Lacan beschriebene Mangel charakterisiert die zwischen Anerkennung und Verkennung changierenden Liebesbeziehungen (Lacan 2003) – und dies gilt auch für die Online-Liebesbeziehung.

Subjektgebunden und kontrollierbar sind dagegen weitgehend die eigenen Emotionen, problematischer wird es schon bei den Emotionen des/der anderen. Diese können wir allenfalls indirekt – über Manipulation und suggestive Beeinflussungen – zu steuern versuchen. Insofern werden wir nicht unbedingt zu „hyperrationalen Idioten", wie Eva Illouz durchaus kulturkritisch am Ende ihrer Adorno-Vorlesungen befürchtet (2006, S. 167), sondern allenfalls zu *affektgesteuerten Darstellern unseres Selbst*, mit beschränkter Einflussnahme auf das jeweilige Ergebnis und auf die Auswirkungen für das Gegenüber. Dies wiederum entbehrt nicht einer gewissen, als ambivalent zu qualifizierenden Doppeldeutigkeit, lautet doch

---

261   Subjektivierungsprogramme oder Subjektivierungsweisen etablieren sich über soziale Praktiken und strukturieren damit ein Dispositiv ganz wesentlich. Zum Begriff der Praktiken bei Foucault (und Butler) vgl. Wetzel (2004).

262   Vgl. dazu Luhmann (1991, S. 363): „Unerlässlich ist nur, dass die Erwartung [...] den Zugang zu Anschlussvorstellungen hinreichend vorstrukturiert. Sie gibt das Folgeergebnis dann als Erwartungserfüllung oder als Erwartungsenttäuschung mit einem dadurch wieder vorstrukturierten Repertoire weiterer Verhaltensmöglichkeiten."

die zentrale Botschaft des Internetmarktes: Optimierung der Partnerwahl ist möglich und durch den entfesselten und organisierten Wettbewerb (siehe Sloterdijk) regelrecht erwünscht. Vom (Liebes-)Markt gefordert wird ein hochsensibles, selbstreflexives, eben hyperrationales Selbst, was ebenso wie die Idee eines reinen Marktes und einer optimierten Wahl mittels einer genauen Bestimmung der Affekte mit der vorgelegten Analyse eine Korrektur erfährt.[263]

Affektstrukturierung der Subjektivität

Der Versuch einer Etablierung eines (hyper-)rationalen Selbst wird durch die Einsicht in eine affektive Strukturierung unserer ökonomischen Subjektivität subversiv unterlaufen. Diese Affektstrukturierung situiert sich an den Grenzen zwischen bewusst, vorbewusst und unbewusst. Betrachten wir Märkte und das darauf zu beobachtende Verhalten der Marktteilnehmer, dann sehen wir unmittelbar, wie Affekte das Verhalten dieser Akteure beeinflussen, etwa bei Panikreaktionen an der Börse[264] oder auch bei Anlageentscheidungen, die im Allgemeinen weitaus weniger rational als durch Triebe und Emotionen wie Gier oder Angst gesteuert sind.[265] Insofern bedarf es auch keines Herantragens der Affekte von außen an die Ökonomie oder an Akteure, die an ökonomischen Abläufen partizipieren – wie beispielsweise Urs Stäheli überzeugend in seiner programmatischen Arbeit zu „Poststrukturalismus und Ökonomie" (2007b) betont. Herkömmlicherweise wird davon ausgegangen, dass Affekte eigentlich fehlen würden, normativ gesagt: fehlen müssen, weil sie allenfalls bei einer rationalen Wahl stören. Gerade die Ökonomie und ihre Modellberechnungen haben jedoch den Affekten und den damit einhergehenden unbewussten Prozessen zu wenig Aufmerksamkeit gewidmet.[266] Dem entgegen steht hier die Behauptung: Affekte und Leidenschaften sind immer schon in die Funktionsweise des homo oeconomicus eingelassen und müssen nicht erst von außen an ihn herangetragen werden – er könnte ohne diese Affekte gar nicht funktionieren. Nur ein gewaltsames Ignorieren dieser Affekte konnte bislang zu einem derartig verzerrten Menschenbild führen, wie es der homo oeconomicus und beispielsweise die *rational-choice-theory* für Marktakteure nahe legen. Und das ist, wie Eva Illouz und andere sagen würden, in Zeiten eines emotionalen Kapitalismus, in dem die romantische Liebe konsumiert wird, nicht nur ökonomisch, sondern eben auch kultursoziologisch interessant. Indem man Affekte als Teil der Ökonomie beziehungsweise des homo oeconomicus begreift, vermeiden wir in einer solchen Analyse eine geläufige dualistische und normativ unterfütterte Gegenüberstellung von *rationalem Interesse* einerseits und *irrationalem Affekt* andererseits. Und genau diese Trennung reproduziert die Ratgeberliteratur: Sie versucht möglichst rational und marktkonform die Ratsuchenden zu informieren; alles was mit Affekten zu tun hat wird entweder gar nicht thematisiert oder im Sinne von Emotionen habhaft zu machen versucht.

---

263   Dabei geht es – wie bereits angedeutet – gerade nicht nur um einen analytischen Zugriff oder eine kritische Haltung gegenüber dem untersuchten Gegenstand, sondern vielmehr darum, die Leerstellen und Verunreinigungen zu problematisieren, die ein komplexeres Verständnis der beteiligten Individuen und der ablaufenden Prozesse beim Onlinedating ermöglichen.

264   Vgl. dazu die Bemerkungen über Suggestion und Spekulation bei Urs Stäheli (2007a, S. 207ff.).

265   Die von George A. Akerlof und Robert J. Shiller beschriebenen „animal spirits" durchkreuzen die Pläne des homo oeconomicus (2009).

266   Die Genealogie der Kritik ist hier traditionsreich, jüngst wurde sie zusammengefasst in: Gourgé (2001).

Im Unterschied dazu können Affekte aber auch als Ausgangspunkt für unterschiedliche *ökonomische Subjektivierungsprogramme* aufgefasst werden. Die Onlinedating-Portalanbieter sind sozusagen die (unwissenden) Agenten eines solchen Subjektivierungsprogrammes.[267] Noch einmal anders gesagt: Für die Herstellung sozio-ökonomischer Identitäten im Sinne eines Marktteilnehmers müssen die Affekte gerade nicht unterdrückt werden, sondern sie werden genutzt und fruchtbar gemacht, etwa im Zusammenhang mit dem Versprechen auf (optimierte) Partnerschaft. Als pädagogisches Programm formuliert lautet die Maxime: Wir müssen lernen, unser eigenes Begehren zu begehren, um wiederum andere begehren zu können. Dafür sind wir in der Konsum- und Wettbewerbsgesellschaft, die für eine Vermarktlichung möglichst vieler Bereiche steht, bestens gerüstet. Bekanntlich lässt sich aber das Begehren nicht auf Dauer befriedigen (Bolz 2002), so dass sich die Frage stellt, wie es bei einer gerade beschriebenen Affektivität ökonomischer Prozesse gelingt, *Aufmerksamkeits- und Erregungsintensitäten* zu verstetigen.

Durch die Beschäftigung mit Affekten aus einer poststrukturalistischen Perspektive heraus, wie es die *Affect Studies* nahe legen, lässt sich genauer beschreiben und verstehen, was von den am Onlinedating Teilnehmenden willentlich beeinflussbar ist und was sich einem solchen rationalen Zugriff eher entzieht. Zum einen wird mit Manipulations- und Suggestionstechniken gearbeitet, was nicht alle Onlinedaterinnen und Onlinedater gleich geschickt beherrschen, zum anderen sind es die affektgesteuerten Erregungszustände, die die Partnerschaftssuchenden an den Liebesmarkt binden. Im Folgenden werden die bereits oben diskutierten Affekte genauer unter die Lupe genommen; dabei greife ich wiederholt auf den Ansatz von Urs Stäheli zurück und formuliere gleichzeitig weitere Thesen. Die hier, an Stäheli anschließende, grundlegende Einsicht lautet: Affekte sind nicht das ausgeschlossene andere, sondern ein wesentlicher Teil der Ökonomie. „Affekte werden nicht als unschuldiges Supplement einer letztlich affektlos funktionierenden Ökonomie gelesen, sondern als *konstitutiv für ökonomische Prozesse und die Konstruktion ökonomischer Identitäten.*" (Stäheli 2007, S. 507) Es wurde schon problematisiert, dass ,ökonomischen Affekten' ein produktiver und konstituierender Aspekt eigen ist; auch dadurch werden sie für das Geschehen rund um das Onlinedating wichtig. Dies zeigt sich hauptsächlich im Zusammenhang mit nun näher zu beschreibenden Subjektivierungsprogrammen.

3.3.1 Subjektivierungsprogramm I: Entdeckung des Selbstinteresses

Das Entdecken (und möglichst eindrückliche Beschreiben) der eigenen Interessen wird in den Ratgebern als Voraussetzung für ein erfolgreiches Dating beschrieben. Schon bevor man sich online auf den Liebesmarkt begibt, sollte möglichst Klarheit darüber herrschen, wer man eigentlich ist und was man will. Neben dieser erforderlichen Introspektion in die rationale Verfasstheit unseres Selbst werden wir auf der anderen Seite eine affektive Strukturierung ökonomischer Subjektivität geltend machen müssen, sobald wir uns von rein ökonomisch-rationalen Konzepten lösen. Historisch betrachtet wird das Ausbilden des Selbstinteresses beispielsweise in der über Affekte strukturierten Selbstliebe begründet, wie man mit Albert O. Hirschmann in Weiterführung von Adam Smith sagen könnte (Hirschman 1980): ,Inter-

---

267   Selbstverständlich sind die Onlineportale nicht die einzigen Agenten.

esse' beziehungsweise ‚Interessen' betreten als „Bezähmer der Leidenschaften" (ebd., S. 39) die Weltbühne. Die Vorteile einer von Interessen regierten Welt liegen in der Voraussagbarkeit und Beständigkeit (ebd., S. 57). Das *Selbstinteresse*, genauer dessen Entdeckung, ist ein *Subjektivierungsprogramm*, das zur Herstellung selbstinteressierter Individuen dient (Stäheli 2007), und zwar mit dem Ziel der Anerkennung derselben. Auf diesen Umstand hatte schon der mehr als Nationalökonom denn als Moralphilosoph rezipierte Adam Smith in seinem Werk *Theorie der ethischen Gefühle*, 1759 [1994] hingewiesen. Aufgrund des angeborenen Gefühls der Eigenliebe können zwei sich gegenüberstehende Tendenzen beobachtet werden: das sowohl individuell als auch gesellschaftlich geförderte Selbstinteresse kann zum einen in Richtung Selbstsucht übersteigert werden. Zum anderen kann aber auch die Eigenliebe zu einem Mangel an ‚gesundem' Eigeninteresse führen. Für Smith soll nun das „Selbstinteresse – verstanden als das ‚gesunde' Streben des Individuums nach Existenzsicherung, Wohlstand und Anerkennung – [...] nicht in eine der beiden Extremformen Egoismus oder Leistungsverweigerung münden. Dafür sorgen die regelnden Kontrollinstanzen: *die Sympathie, die natürlichen Regeln der Ethik, die positiven Gesetze sowie die Marktkonkurrenz*" (Rolle 2005, S. 92).

Die Notwendigkeit eines Erkundens der Selbstinteressen bestätigt sich auch bei einem Blick in die Empirie zum Onlinedating. „Rather, the dominating element of the vast majority of the profiles I surveyed was what I would call an ‚experimental ethic' of self-discovery, an orientation towards touching, revealing or sharing one's true self through open-hearted and intimate communication with others, or through an active or experientially rich life conduct." (Arvidsson, zitiert in: Geser 2007, S. 18) Folgen wir einer solchen Einschätzung, dann braucht es den anderen als Wissensquelle, um herauszufinden, wer man selbst eigentlich ist. Soll heißen: Über den ‚Umweg des anderen' konstituieren wir nicht nur unser Selbst (Mead 1988), sondern an ihm entzünden sich gleichfalls unsere Leidenschaften und unser Begehren. Historisch betrachtet musste nicht nur eine ‚Zähmung der Leidenschaften' bewerkstelligt werden, sondern sich ebenso eine Individualisierung der Interessen herausbilden, um das Subjekt als Aktionszentrum überhaupt etablieren zu können. Der Siegeszug der Psychologie und der Humanwissenschaften haben für eine Etablierung des Individuums als nicht zu hintergehende Referenz gesorgt, so dass es im gegenwärtigen neoliberalen Regime Individuen geradezu vorgeworfen wird, wenn sie sich nicht aktiv und flexibel um ihre Interessen kümmern.[268]

3.3.2 Subjektivierungsprogramm II: Sich-Ausdrücken oder das ‚kreative Subjekt'

Beschäftigt man sich mit den Praktiken und Techniken des Onlinedatings, so kann ein weiteres Subjektivierungsprogramm erschlossen werden: Es geht dabei um das sich ausdrückende ‚kreative' Subjekt. Wir stoßen in diesem Zusammenhang auf eine weitere, nicht zu unterschätzende Konversionsleistung, die die Onlinedater vom Affiziertwerden bis zur schriftlichen Äußerung vollziehen müssen, denn das Zustandekommen und Überdauern von Onlinebeziehungen hängt auch davon ab, welche Wörter gebraucht werden, wie schnell und mit welcher

---

268 Mit dem Blick auf den Neoliberalismus nehmen die Disziplinen Ökonomie und Psychologie für das 20. Jahrhundert die Rolle von Schlüsselpositionen ein.

Häufigkeit jemand antwortet. All dies trägt dazu bei, einen Austausch als qualitativ hochstehend oder umgekehrt als beliebig und damit vernachlässigbar einzuschätzen (Ben Ze'ev 2004, S. 31). Dieser Wertschätzungsdiskussion folgend sind es vor allem die Schreibkenntnisse und -fähigkeiten, die über den (Miss-)Erfolg einer Online-Beziehung zumindest mitentscheiden. In diesem Interaktionsprozess spielen sowohl inhaltliche als auch formal-taktile Kompetenzen eine wichtige Rolle (Döring 2003).[269] Das am Online-Liebesmarkt erfolgreich agierende Individuum bedarf einer stilsicheren und prompten Ausdrucksfähigkeit, im Sinne eines sich globalisierenden Wettbewerbs am besten in mehreren Sprachen, mindestens neben dem Beherrschen der Muttersprache Fähigkeiten im Englischen. „In particular, writing skills may be taken as a valid proxy for personal intelligence, charm and creativeness and for more generalized social and communicative skills. For instance, highly salient features like mistakes in orthography and grammar may become straightforward indicators of personal intelligence and schooling, and be used as potent screening criteria on the competitive partner matching markets." (Geser 2007, S. 19)

Zu Beginn eines jeden Kommunikationsprozesses stellt sich die Frage, wie es den Partnerschaftssuchenden gelingt, ihre Affekte/Emotionen zu verschriftlichen. Dabei sehen sich Onlinedater einem nahezu klassischen Problem ausgesetzt. Das kreativ-bürgerliche Subjekt hat sich über Jahrhunderte herausgebildet und verfügt bei entsprechender Bildung über die Kulturtechniken des Lesens, des Schreibens und des Interpretierens (vgl. dazu Reckwitz 2006, S. 15ff.).[270] Wie verdeutlicht wurde, spielt vor allem die Sprachkompetenz eine äußerst wichtige Rolle beim Onlinedating: „Online Dating also puts a premium on verbal fluency, another forgotten romantic skill." (Burell et al. 2004) Ganz im Sinne der romantischen Liebe können Onlinenachrichten – durchaus vergleichbar mit Briefen – intensive Emotionen evozieren, auch deshalb, weil sie so viel Platz für die Imagination der Beteiligten offen lassen. Diese Leerstelle vermag das onlinedatende Individuum niemals ganz zu (er)füllen – und das wiederum ist essentiell für die Motivation und das Begehren.

3.3.3 Subjektivierungsprogramm III: Wiederholung und Differenz

Onlinedaterinnen und Onlinedater müssen sich mit Misserfolgen arrangieren; die Masse des Angebots an Partnern bietet zumindest potenziell eine Entschädigung. Serielle Monogamie als weitgehend etablierte Beziehungsnorm (Binswanger 2012) kann dem Umstand Rechnung tragen, dass wir vielleicht nicht mehr den einen Partner fürs Leben finden, aber uns ständig und wiederholend auf die Suche nach demselben begeben können. Aus einer affekttheoretischen Perspektive liefert die flexibel gestaltbare Umstellung auf seriell aufgebaute Ereignisketten eine Teillösung. Was ist damit gemeint? Es ist die Affektivität solcher ökonomischer Ereignisketten, die durch die Produktion von Aufmerksamkeit und Spektakularität Anschlussfähigkeit erzeugen. Präziser lautet diesbezüglich die Frage: Wie schreiben sich Affekte in ökonomische Operationen ein? Wie schon dargelegt, begreife ich Onlineda-

---

269 Mit den taktilen Kompetenzen sind beispielsweise Reaktionsschnelligkeit und Konzentrationsfähigkeit involviert.

270 Während Reckwitz eine historische Genealogie der Subjektkulturen im Rahmen einer „dekonstruktiven Kulturtheorie der Moderne" anstrebt, versuche ich hier Wettbewerbskulturen sowohl auf der diachronen als auch der synchronen Ebene zu identifizieren.

ting als ein Marktgeschehen im Sinne eines Paarlaufwettbewerbs. Die Grundlage einer jeden Ökonomie ist der immer wieder neu herzustellende und zu sichernde Anschluss eines ökonomischen Ereignisses ans vorherige (Stäheli 2007, S. 515). Das klingt nach Systemtheorie; ich setze mich hier jedoch bewusst von der Systemtheorie ab, die gerade nicht die affektive Strukturierung ökonomischer Kommunikation theoretisiert. Vielmehr plädiere ich mit Urs Stäheli für eine *Re- oder Neukonzeptualisierung der Ökonomie* im Anschluss an den wiederentdeckten französischen Klassiker der Soziologie Gabriel Tarde (1843-1904). Dieser führte schon in seinem Werk aus dem Jahr 1901 *L'Opinion et la foule* einen publikumsbasierten Ereignisbegriff ein (vgl. dazu Stäheli 2007). Einem solchen Verständnis folgend, muss ein Ereignis, um als solches zu gelten, die Aufmerksamkeit des Publikums erregen können. Und eben genau das sollte ebenfalls geschehen, wenn jemand seine/ihre Visitenkarte bei einem Online-Partnervermittler hinterlässt. Versehen mit einer möglichst vorteilhaften Präsentation (dazu gehört die hohe Bedeutsamkeit von Bildern, Porträts) bedarf es einer attraktiven Selbstbeschreibung, um potenziell interessante Liebespartner/innen zu affizieren und im Aufmerksamkeitswettbewerb für sich zu gewinnen. Aus der Masse der Beziehungssuchenden konstituiert sich ein Online-Publikum, das aus differenten Individuen besteht, die jeweils im Partnerschaftswettbewerb um Aufmerksamkeit für sich heischen. Hierbei gewinnt eine weitere Tardesche Einsicht zentrale Bedeutung, der zufolge ökonomische Operationen nicht nur als Erwartung von Zahlungsereignissen zu verstehen sind, sondern vielmehr auch „Erregungen und Intensitäten" (Stäheli 2007, S. 517) umfassen. Nirgendwo besser als an der Börse kann der Anteil der Affekte bei den Spekulanten und Händlern beobachtet werden. Die ‚Psychologie der Börse' hat sich als Erklärungsmuster für die dabei ablaufenden Prozesse in den letzten Jahren zunehmend etabliert.[271]

Unmittelbar daran anschließend kann eine weitere These formuliert werden: Der mittlerweile gängigen Diagnose einer „seriellen Monogamie"[272] als normalisiertes Partnerschaftsmodell entspricht das serielle, auf Dauer gestellte Dating – das immer häufiger online stattfindet. Man könnte nun davon ausgehen, dass die Partnersuche ihr Ende im erfolgreichen Schließen einer (Online-)Beziehung fände. Allerdings stimmt das auch nicht immer, denn viele Onlinedater bleiben online, auch nach einem verheißungsvollen Matching. Die von Tarde bereits thematisierte Wiederholbarkeit ist im Dienste der Optimierung nicht nur erwünscht, sondern geradezu notwendig, um Erregungen und Intensitäten stets aufs Neue am Markt entstehen zu lassen. Die Frage, die sich daran unmittelbar anschließt, ist die nach den Effekten einer solchen auf Wiederholung eingerichteten Affektökonomie, und zwar im Hinblick auf die Leistungs- und Erfolgskriterien sowie die Anerkennungsmodalitäten.

---

271 Im Anschluss an Tarde verweisen Christian Borch und Jakob Arnoldi in ihrer Arbeit auf das Zusammenspiel von Massen und Affekten (2007), vgl. auch Stäheli (2006).

272 Vgl. zur postmodernen Psychologie der Liebe den Band *Das Abenteuer Liebe. Bestandsaufnahme eines unordentlichen Gefühls*, Hrsg. von Peter Kemper und Ulrich Sonnenschein. Frankfurt am Main 2004, sowie die Arbeiten von Jean-Claude Kaufmann (2002, 2008).

4. Bedingungen und Parameter des Konkurrenzkampfes

4.1 Leistung und Kriterien des Erfolgs

Wie bereits im Lauf dieser Arbeit mehrfach thematisiert wurde, ist die Verbindung (oder auch die Entkopplung) von Leistung und Erfolg in der Marktgesellschaft zu einem interessanten und erklärungswürdigen Phänomen, nicht nur für die Soziologie, geworden (Neckel 2008). Erfolg ohne Leistung, beziehungsweise Erfolg abgekoppelt von einem konkreten Leistungs- beitrag scheint in spätmodernen Gesellschaften in einigen Sphären des Sozialen vermehrt an der Tagesordnung zu sein. Die Frage nach der Anerkennung beziehungsweise Verken- nung des anderen hängt damit unmittelbar zusammen. Auf einer stärker gesellschaftstheo- retischen Ebene und aus einer integrativen Perspektive heraus greifen die zu beschreiben- den Mechanismen der Stabilisierung und der Destabilisierung.

1.   *Auswahl und Begegnung*: Eine erste Leistung der Onlinedatenden besteht darin – nach- dem die Entscheidung für ein (oder auch mehrere) passendes Internetportal erfolgt ist – eine Auswahl aus dem unübersichtlichen Angebot an potenziellen Liebespartnern zu treffen. „The richer the pool of alternatives, the more potent procedures of complexity reduction are necessary for sizing down the number of options to the unchangeable minimum: one. This potent selectivity is achieved by coupling a rather standardized *exclusion* procedure to a subsequent (much more individualized) process of *inclusion.*" (Geser 2007, S. 27) Da sich die Suche nach den potenziellen Partnern höchst interaktiv gestaltet, wählt man nicht nur aus, sondern wird auch von anderen ausgewählt. Anders gesagt: Um das faktisch vorhandene Überangebot erfolgreich eindämmen zu können, bedarf die Partnersuche, wenn sie möglichst effizient und zielführend sein soll, einer auf ‚Komplexitätsreduktion' setzenden strategischen Ausrichtung (Bisky 2006). Mit Unterstützung der Ratgeberliteratur und den eigenen Erfahrungen im Bereich der Part- nerwahl werden möglichst viele Onlinekontakte initiiert, um den Pool an interessanten Partnerinnen beziehungsweise Partnern – zumindest anfänglich – möglichst groß zu gestalten. Die soziale Praktik der Internetliebessuche zeichnet sich dadurch aus, dass sie die Techniken der rationalen Wahl des anderen, die uniformisierende Rede über Gefühle und die standardisierende Darstellung des Selbst voraussetzt – und in gewisser Weise auf die Spitze treibt. Jede Begegnung mit dem Gegenüber ist im Netz über je nach Internet- portal unterschiedliche Auswahlmechanismen zwar nicht eindeutig festgelegt, aber doch vorstrukturiert. Bestimmten Normvorstellungen muss Genüge getan werden, um nicht durch das ‚Fahndungsraster' der Suchenden zu fallen. Mann und Frau sollten sich als attraktiv, selbstbewusst, hinreichend offen und tolerant gegenüber anderen beschreiben. Neben dem Foto sind es vor allem die (Schreib-)Techniken der Selbstdarstellung und Selbstinszenierung, die für möglichst viele Interessentinnen oder Interessenten sorgen

sollen. In der konkreten Interaktion wird dann ein ‚Emotionsmanagement' gefordert, das vor allem eine Konversion von Gefühlen in Sprache und Symbole (Icons) notwendig macht.

2. *Leistungskriterien:* Gibt es so etwas wie Kriterien für die Leistung eines Daters? Und wie hängt die Leistung mit dem tatsächlichen Erfolg zusammen? Und welche Formen der Anerkennung lassen sich identifizieren? Es wurde bereits gezeigt, dass eine wesentliche (Eigen-)Leistung eines guten Daters darin besteht, sich möglichst vielfältig und überzeugend im Netzwettbewerb zu präsentieren. ‚Impression Management' und die Kunst der Selbstdarstellung sind aufstrebende und zusehends nachgefragte soziale Praktiken, die möglichst gut beherrscht werden sollten. Dies gilt unabhängig von der Geschlechterzugehörigkeit, so müssen sich Männer und Frauen als aktive und dynamische Individuen präsentieren, die zwischen dem Bewahrenswerten einerseits und dem Willen zur Veränderung anderseits zu unterscheiden wissen (Geser 2007, S. 17). Möglichst geschmeidig, aufmerksam und ‚wechselwillig' gegenüber den (noch) vielen anderen, müssen sich die Onlinedater im Netz verhalten. Im Netz existiert tatsächlich – und über alle Geschlechterdifferenzen hinweg – ein ‚Kult der Leistungsdarstellung' im Sinne einer guten Performance, wie dies Alain Ehrenberg bereits 1991 in seinem Buch *Le culte de la performance* beschrieben hat. Ehrenberg begreift diesen ‚Performance-Kult' im Zusammenhang mit einer Verallgemeinerung des Konkurrenzgedankens auf allen Feldern des Sozialen in Frankreich (1991, S. 13).[273]

3. *Kriterien des Erfolgs:* Wer wird aber aus welchen Gründen als erfolgreicher Dater anerkannt oder anders gefragt: Welche Strategien führen zum Erfolg und welche nicht? (vgl. dazu Baker 2002; Döring 2003). Ein fundamentales Hindernis scheint im Überschätzen des eigenen ‚Marktwertes' zu liegen. Immerhin liefert der Markt eine Rückmeldung, die möglicherweise eine (schmerzhafte, aber dennoch nützliche) Korrektur für die Onlinedatenden bedeutet. Aus diesen Rückmeldungen kann der Dater, insofern er sich als lernwilliges Individuum verhält, zukünftig zur Optimierung seines eigenen Auftretens beitragen. Den Onlinedatern muss es zudem gelingen, eine intersubjektiv stabile Beziehung mit dem *konkreten anderen* (Mead) auf Dauer zu stellen und Vertrauen zwischen sich und den potenziellen Partnern etablieren. Das wiederum kann in der Praxis des Onlinedatings durchaus zunächst zu solchen Beziehungen mit mehreren konkreten anderen führen, irgendwann müssen sich aber beide spätestens dann festlegen, wenn die Beziehung offline geht. Es sei denn, es bestünde kein Interesse an einer exklusiven Partnerschaft. Der Forschungs- und Ratgeberliteratur kann einiges an erfolgsversprechenden Kriterien entnommen werden, Garantien gibt es allerdings keine. „What did they like about each other right from the start? Sense of humor, response time, interests, qualities described online, and writing style were prominent, along with having something in common." (Baker 1998) Ähnlich wie in Offline-Partnerschaften darf als Faustregel gelten: gleiche und gleiche gesellen sich gern. Soll heißen: Ähnliche Interessen – nicht nur in Sachen Liebesbeziehungsgestaltung – sondern auch Hobbies und Freizeitgestaltung bilden zumeist eine gute Grundlage für spätere Beziehungen. Das Feld der Online-Liebesbeziehungen wird von den Onlinedatern selbst keineswegs als homogener Erfahrungsraum beschrie-

---

273 Diese Intuition von Ehrenberg – der zufolge es zu einer Ausweitung des Konkurrenzgedankens auf verschiedene soziale Felder kommt – liegt auch dem vorliegenden Ansatz zu Grunde. Allerdings geht es dabei nicht nur um die Frage der Verbreitung und Diffundierung in andere Bereiche, sondern des qualitativ zu bestimmenden *Wie* des Wettbewerbs- und Konkurrenzgedankens (vgl. dazu die Bemerkungen in Kap. 3).

ben, vielmehr zeigt sich wie in Offline-Beziehungen das ganze Spektrum an erfolgreich geschlossenen Liebesbeziehungen, jedoch auch Enttäuschungen und nüchternen Einschätzungen, wie dies die drei Folgenden illustrieren: „Love is hard. CyberLove is impossible. I have learned this." (Story 130), „A sad cyberlove story, but a true one. On one hand the skeptics were right, it didn't work out, but it did for 3 months, and those three months, were among the best of my life." (Story 119), „I have found my one true love and for anyone that thinks that it can't happen online, you are wrong! Love can be found online!" (Story 161) (Beispiele aus: Döring 2002). Auch hier scheint sich – vermittelt über das Netz – ähnliches abzuspielen wie in Offline-Beziehungen.

4. *Interaktion und Erfolg:* Trotz einer hohen Anzahl von Matching-Punkten muss es zwischen den potenziellen Liebespartnern in der Online-Begegnung erst einmal ‚knistern', werden also Charme, Charisma und Beziehungsgespür benötigt, um eben die notwendige Spannung und Anziehungskraft zwischen den Interaktionspartnern zu erzeugen. Und die werden bekanntlich vor allem in der konkreten Interaktion erzeugt und vermittelt. Das kann durchaus auch online funktionieren, da hier die ‚Interaktionskunst' besonders zum Tragen kommt. Damit dies geschehen kann, müssen die Gefühle diskursiviert werden. Die *Emoticons* spielen dabei eine herausragende Rolle, da sie weitgehend standardisiert den Austausch von Gefühls- und Erregungszuständen ermöglichen. Am meisten Anerkennung in Form von sozialer Wertschätzung dürfen diejenigen Partnerschaftssuchende erwarten, denen es gelingt, eine möglichst hohe Anzahl von Datings zu erzielen und infolge dieser breiten Streuung werden sie früher oder später erfolgreich sein. Unabdingbar ist ein Geschick im Umgang mit Flirtregeln allgemeiner Art. Hier hält die Ratgeberliteratur einiges an Know-how parat. Diverse Studien sprechen mittlerweile dem Onlinedating größere Erfolgschancen zu als dem Offlinedating (Ben Ze'ev 2004). Nachdem Andrea Baker (2004) 800 „match-com"-Paare mit einer gleich großen Kontrollgruppe verglichen hatte, stellte sie fest, dass Onlinepaare weniger Zeit zum Heiraten benötigten und auch eher geneigt waren, ihre Ehe als glücklich und harmonisch zu beschreiben.

4.2 Anerkennungsmodalitäten

Die *Anerkennung des anderen* spielt sich nicht nur in der Offline-Beziehung, sondern auch im Netz beim Onlinedating zwischen den Stufen des Erkennens, des Anerkennens und des Verkennens ab (vgl. dazu Ricoeur 2006). Um den Prozess des Kennenlernens in Gang zu bringen, muss der Suchende im Netz über Profilangebote potenziell interessante Liebespartner wahrnehmen und erkennen respektive identifizieren. Durch den von beiden Seiten ausgeübten und antizipierten Selbstdarstellungs- und Inszenierungscharakter gehört stets ein Maß an Verkennung des anderen dazu. Dahinter steckt auch die Einsicht, dass ein Gegenüber im Netz nie so auftritt, wie er/sie ‚wirklich' ist. Das wiederum ist in Offline-Beziehungen aber ebenso wenig der Fall, allerdings verfügt der offline Suchende hier über wichtige Zusatzinformationen, auch korrigierende Eindrücke aus der realen Begegnung, die beim Onlinedating im Netz erst einmal wegfallen.[274] Der Körper, die Affekte (‚der Gesamteindruck') sind

---

274 Dieses Verfügen über Zusatzinformationen wird insofern als Vorteil von Offline-Beziehungen im Unterschied zu Online-Beziehungen gesehen. Umgekehrt können aber zuerst online gebildete Beziehungen von größerer

wechselseitig bedingt und stellen insgesamt die Faktoren dar, die einen Mehrwert an Informationen über mich und für mich und vice versa für mein Gegenüber bereitstellen. Affekte und Körper und deren Erscheinen in der Begegnung sind bis zu einem gewissen Grade unkontrollierbar und der Interpretation/Einschätzung des jeweiligen Gegenübers ausgeliefert.

Die im Netz erfolgte Anerkennung (ein wirkmächtiger Selbstdarsteller oder ein erfolgreicher Dater zu sein) kann in der sozialen Wirklichkeit verloren gehen, wenn die ‚ganze Person' mit ihren unterschiedlichen Signalen ein völlig neuartiges Bild von mir beziehungsweise von meinem Gegenüber entstehen lässt. Das Spiel beginnt sozusagen noch einmal von vorne: Enttäuschungen sind vorprogrammiert, aber unvermeidbar.

Dauer sein, gerade weil sie nicht auf äußerlichen Faktoren beruhen (Baker 2002).

5. Effekte des Wettbewerbs

5.1 Subjektivierung und soziale Praxis

> „Increased pressure from work makes it more difficult to find the time to engage in conven-
> tional dating methods, such as meeting eligible partners in athletic clubs and bars. People
> are looking for more efficient ways of meeting."
>
> (Brym/Lenton 2001)

Wie wirkt sich der durch die Online-Portale geschürte Paarwettbewerb auf die Subjekte und
die damit verbundenen sozialen Praktiken aus? Was sind diesbezüglich die Effekte des Wettbewerbs? Die *selbstdarstellerischen Fähigkeiten* und das *Inszenierungsvermögen* sind mehr
denn je im Sinne von zeitgenössischen Kulturtechniken gefordert, denn ein entscheidender
Vorteil des Onlinedatings besteht genau darin, eine größere Kontrolle darüber zu besitzen,
wie ich mich im Netz sehen möchte – und dieses Gestaltungspotenzial muss genutzt werden.[275] Die unendlichen Möglichkeiten respektive die riesige Auswahl an ‚Profilen' suggerieren eine Wahlfreiheit, die es so dann meistens doch nicht gibt (vgl. dazu Schulz, Skopek
und Schmitz 2008).

Was sich – neben anderen Gründen – mit dem Aufkommen der Onlineportale im Hinblick auf die Subjektivierungsweisen ändert, ist die Vorstellung von Liebesbeziehungen und
deren vermeintliche Exklusivität. Romantische Vorstellungen spielen aber weiterhin und
gerade im „emotionalen Kapitalismus" (Illouz) eine wichtige und kaum zu überschätzende
Rolle; diese werden allerdings im Zeitalter des Konsums von einer Affinität für Affären und
Seitensprünge gewissermaßen unterlaufen, was neueren Forschungen zufolge für beide Ge-
schlechter gilt (Schmid 2011). „Mit ihrem transitorischen Charakter und ihrer Betonung von
Vergnügen, Neuheit und Erregung ist die Affäre eine spezifisch postmoderne Erfahrung und
enthält eine »Gefühlsstruktur«, die Affinitäten (im Sinne von Max Weber) zu den Emotionen und kulturellen Werten aufweist, die von der Konsumsphäre propagiert werden." (Illouz
2004, S. 253) Der sprichwörtliche „Konsum der Romantik" (Illouz 2003) führt zu einer kon-
sumorientierten offenen Haltung gegenüber potenziell neuen Partnerinnen und Partnern, die
mit dem Versprechen locken, noch besser zum eigenen ‚Profil' zu passen.[276] Die damit verbundenen An- und Herausforderungen für die Individuen sind besonders beim Onlinedating

---

[275] Im Unterschied zu einer Konzeption eines vornehmlich passiven Internetnutzers käme es darauf an, wie
        beispielsweise Döring (2009) betont, den aktiven Beitrag der Individuen herauszuarbeiten, denn „Internet
        users are not understood as victims of deterministic media effects, but rather as *active media users* who are
        able to consciously and selectively use, interpret, and co-create online content according to their needs, and
        are also capable of rejecting it" (ebd., S. 1091).

[276] Im Internet findet insofern eine erweiterte Fassung der altbekannten sozialen Praktik des ‚Abcheckens' von
        potenziellen Partnerinnen und Partnern eine intensive Anwendung.

gefragt und können dort auch im Sinne einer Spielwiese ausprobiert werden. Eine florierende Ratgeberliteratur leistet Unterstützung und klärt über die angemessenen und vice versa die weniger angemessenen Praktiken auf. Die möglichst souveräne Handhabung der eigenen Emotionen und deren Verschriftlichung gehören zu den erforderlichen sozialen Praktiken, an denen erfolgreiche Daterinnen und Dater nicht vorbei kommen. Kurz zusammengefasst: Das ‚kreative Subjekt' mit seinen Ausdrucksmöglichkeiten und seiner Bereitschaft zu repetitiven Aktivitäten beziehungsweise zur Serialität werden zur normativen Vorgabe für eine erfolgreiche Vermittlung auf dem Partnerschaftsmarkt.

5.2 Erfolgsorientierte Vermittlung mit institutioneller Unterstützung: serielles Dating

Die Onlineportale gehören zu den am meisten florierenden Bereichen in der Internetökonomie der letzten Jahre, was hier auch als ein Ergebnis eines steigenden und gesellschaftlich unterschwellig geförderten Wettbewerbs um Partnerinnen und Partner interpretiert wird.[277] Die den Beteiligten suggerierte Befürchtung lautet: Mann oder Frau könnten mit ihrer Partnerwahl falsch liegen. Mit anderen Worten: Die Optimierung der eigenen Partnerwahl obliegt nicht nur dem Subjekt, sie enthält geradezu zwanghaften Charakter, denn auch hier kommt die neoliberale Doktrin zum Zuge, der zufolge jeder/jede seines/ihres eigenen Glückes Schmied sei. Anders gesagt: Wer den ‚falschen' Partner oder die ‚falsche' Partnerin gewählt hat, muss mit (abwertenden) Kommentaren oder gar Sanktionen aus seinem sozialen und familiären Umfeld rechnen. Die Portale stellen aber nicht nur nachgefragte Dienste zur Verfügung, sondern sorgen (unwillentlich) für eine Neuorganisation des Beziehungsmarktes. Durch die anhaltende Ausdifferenzierung der Online-Portale finden allerdings wiederum Homogenisierungen hinsichtlich der Partnerwahlmöglichkeiten statt, auch die Homogamie scheint durch die Differenzierung der Portale zuzunehmen. Der allgemeine Trend hin zur ‚seriellen Monogamie' (Schmidt et al. 2006) als vorherrschendes Beziehungsmodell wird durch die Onlinebörsen eher verstärkt als gemildert. Durch die prinzipielle und mittels der Technik bereitgestellte Verfügbarkeit, aber auch und mit dem einfachen ‚Zugriff' auf potenziell interessante ‚Profile' etabliert sich zunehmend die soziale Praktik des *seriellen Datings*. Unendliche Testmöglichkeiten und Kombinationen können im virtuellen Raum ausprobiert werden. Unterstützt werden die Onlinedaterinnen und -dater dabei von den über Algorithmen gesteuerten Matching-Prozessen, die für hohe Übereinstimmung in Vorlieben, Abneigungen und Hobbies etc. sorgen und somit eine ‚Objektivität' vermitteln.

5.3 Stabilisierung und Destabilisierung

Zum Abschluss dieses Kapitels, in dem die Effekte des Wettbewerbs behandelt werden, stellt sich die Frage nach den Effekten des Onlinedatings im Sinne einer sozialen Praxis auf die ge-

---

277 Sendungen wie „Nur die Liebe zählt" stehen programmatisch für die medial unterstützte Suche nach der oder dem Richtigen.

sellschaftliche Stabilisierung beziehungsweise Destabilisierung. Allgemein wird in der Literatur davon ausgegangen, dass die Offline-Beziehungswelt im Vergleich zu Online-Beziehungen eher ein Hort der Stabilität und der Verlässlichkeit ist (Ben Ze'ev 2004). Dies wird auch deshalb vermutet, weil Ereignisse und Entwicklungen stärker an physische und biologische Faktoren gebunden seien. Diese unterliegen einer gewissen Trägheit und einer nur bedingten Veränderungsmöglichkeit. Dagegen zeichnet sich die Online-Welt durch einen beständigen Wandel und durch Veränderung begriffene Aktivitäten und Erfahrungen aus. Eben deshalb, weil es gerade keine physischen Einschränkungen für solch ein Tun gibt (Geser 2007). Ben Ze'ev (2004, S. 24) beschreibt diese destabilisierende Internetwelt in den folgenden Worten: „Cyberspace is more unstable and transitory than our actual environment is. Thus we would expect that transitory emotions are more dominant in cyberspace while more enduring affective attitudes are more rare. If in offline relationships we often look for changes in order to make our life more exciting, in cyberspace we look for stability in order to facilitate calmer and more enduring online relationships." Onlinedating kann in der Sozialsphäre für desintegrative Tendenzen sorgen, wenn beispielsweise Onlinedater ganze Nächte im Chatroom verbringen, ihre übrigen sozialen Kontakte mangels Zeit vernachlässigen und in einen Strudel der Abhängigkeit geraten, den man gemeinhin als Onlinesucht („online addiction" (Döring 2002)) bezeichnet. In eigentlich stabilen ehelichen Paarbeziehungen kann es zudem zu destabilisierenden Tendenzen kommen, wenn die Onlinebeziehung heimlich, aber umso mächtiger in die Privatsphäre ‚eindringt'. Auch deshalb, weil eher introvertierte und gesellschaftsferne Individuen in ‚dangerous liaisons' zu geraten drohen – und dies, ohne das Haus zu verlassen. Aber das ist nur die eine Seite der Medaille, denn die Teilnahme an zunehmend den Liebes- und Heiratsmarkt dominierenden Online-Singlebörsen, führt zu relativ neuen Formen der (virtuellen) Integration. Das Internet ermöglicht auch neue Formen der Vergemeinschaftung, deren Ausmaße bislang wenig erforscht worden ist. Ein Blick in die diversen Online-Communities lässt aber ein großes Potenzial erahnen. In empirischen Studien wird immer wieder von den neuen vergemeinschaftenden beziehungsweise Netzwerk bildenden Möglichkeiten in der Onlinewelt berichtet (vgl. dazu Geser 2007, S. 16).

Dennoch erzeugt die Teilnahme an Online-Liebesbörsen desintegrative Tendenzen, da die Onlinedater dazu neigen, ihre Sozialwelt – verursacht durch ein rigides Zeitregime – zu vernachlässigen. Der Wettbewerbsgedanke entfaltet hier eine ambivalente Wirkung. Der tendenzielle Rückzug aus einer (realen) Sozialsphäre führt zum Aufbau einer virtuellen Gemeinschaft (auf Zeit) (Wetzel 2008). Geser (2007, S. 16) stellt zusammenfassend fest: „online interactions tend to be highly segregative because people engage in strictly bilateral dialogues with singular others, while neglecting wider multilateral participation in larger collectivities. This trend has given rise to the hypothesis that the social world of modern individuals no longer consists of ‚communities' (in the sense of tightly-knit groups sharing common beliefs and traditions), but just of ‚networks' of bilateral relationships: highly decentralized entities where each individual occupies his own center".[278] Netzwerke bilden flüchtige Gemeinschaften, die entstehen und wieder vergehen. Extreme Formen der Internetsucht, die als eine Reaktion auf die zumindest potenzielle Optimierung der Partnersuche betrachtet werden

---

278   Zu den neuen Formen der (metonymischen) Gemeinschaft vgl. die programmatische Arbeit von Thomas
       Claviez (2012).

können (Motto: ‚Es könnte immer noch eine/n Bessere/n geben'), schüren den Wettbewerb sowie die Sehnsucht nach dem/der vollkommenen Partner/Partnerin. Dabei sind performative Inszenierungen von größerer Bedeutung als positionale Markierungen.

6. Fazit: Onlinedating, Affekte/Emotionen und die Wettbewerbskultur

Bezüglich des Feldes der Online-Liebesmärkte, die hier einer eingehenden Analyse unterzogen wurden, möchte ich im Sinne eines Resümees nochmals drei wichtige Momente festhalten. Dabei geht es um Punkte, die eine Antwort auf die folgenden Fragen formulieren: Welchen Erklärungsfaktor haben Affekte/Emotionen und wie kann die Unterscheidung für die Analyse von wettbewerbsorientierten Online-Liebesmärkten fruchtbar verwendet werden? Zudem ordne ich das Online-Beziehungsgeschehen in die vorgestellte Wettbewerbsanalyse ein: Handelt es sich um eine der Offline-Beziehung verwandte Form der romantischen Liebesbeziehung oder eher um ein präromantisches Beziehungsgeschehen? Abschließend stellt sich die Frage nach der Form und Struktur der Wettbewerbskultur.

- *Der Anteil der Affekte/Emotionen*: Durch die systematische Berücksichtigung des Anteils der (weitgehend) unbewussten Affekte und individuell zurechenbaren Emotionen konnten die ‚Entdeckung des Selbstinteresses‘ (I), das schreibende ‚kreative Subjekt‘ (II) sowie ‚Wiederholung und Differenz‘ (III) als *Subjektivierungsprogramme* analysiert werden. Diese Subjektivierungsprogramme etablieren im Sinne einer Normalisierung der damit einhergehenden Praktiken, Strategien und Techniken den Paarwettbewerb paradigmatisch beim Onlinedating. Eine in Anlehnung an die Arbeiten von Eva Illouz (2003, 2006) auf Wiederholung abzielende Kosten-Nutzen-Analyse verspricht die Optimierung der Partnerwahl. Argumentiert wurde in diesem Kontext, dass Affekte *erstens* diese bewusste, auf Authentizität getrimmte Darstellung des eigenen Selbst im Netz unterlaufen. Affekte werden *zweitens* im Prozess des Onlinedatings von den Individuen in Emotionen zu kanalisieren versucht, d.h. sie kommen sowohl online in der Form diskursivierter Zeichen und Symbole zum Einsatz als auch in einer nicht unmittelbar diskursivierbaren Weise, will sagen: bei der konkreten Begegnung in der Offline-Welt. Im Unterschied zu den Emotionen, die individuell zurechenbar und in gewisser Hinsicht steuer- und manipulierbar sind, entziehen sich Affekte ebenso wie der Körper einer vollständigen Kontrolle (Hoff 2006). Affekte sind, man könnte sagen, zwingend, am marktförmigen Paarlaufwettbewerb beim Onlinedating beteiligt, da sie im Sinne von ‚Gefühls- und Ereigniszuständen‘ die Wiederholbarkeit in der Form von Anschließbarkeit überhaupt erst garantieren. Vor allem dann, wenn wir verstehen, dass Onlinedating sehr stark – wie im Anschluss an die Arbeiten von Stäheli gezeigt wurde – auf die Wiederholbarkeit von Ereignisintensitäten beim Dating setzt, um schlussendlich zum Ziel zu gelangen. Als Nebeneffekt kann es so beispielsweise gelingen, real erfahrene Enttäuschungen in die Lesart neuer Chancen umzumünzen.

- *Romantische Liebesbeziehung oder präromantisches Beziehungsgeschehen?* Dem gegen Kritik, Aufklärung und Erfahrung erstaunlich resistenten romantischen Liebesideal folgend geht es bei diesem um tiefe, unkontrollierbare Gefühle, die sich einer (emotionalen) Handhabung durch einzelne Individuen entziehen. Das Bedürfnis nach solchen Liebesbeziehungen ist in postmodernen Gesellschaften weitgehend ungebrochen, selbst dann, wenn sie sich aus diversen Gründen (zunehmende Anspruchshaltung, schnellere Trennungen, ansteigende Flexibilitäts- und Mobilitätsanforderungen) nur noch bedingt beziehungsweise zeitlich beschränkt in gelebten Paarbeziehungen realisieren lassen (Kemper/Sonnenschein 2004). Ebenso wichtig ist noch ein anderer Punkt: Romantische Internetliebesbeziehungen dürfen zwar nicht mehr länger als exotische Ausnahmebeziehungen, aber auch (noch) nicht als epidemisches Massenphänomen beschrieben werden (Döring 2002). Der gesellschaftliche Trend geht jedoch mit der Ausdifferenzierung und dem Angebot der Onlineportale für nahezu jeden Anspruch in eine solche Richtung. Fern von aller Idealisierung existieren beim Prozess des Onlinedatings tatsächlich das romantische Liebesideal unterstützende Effekte. „Das beiläufige Kennenlernen beim nicht-angesichtigen Online-Kontakt wird von Beteiligten oft als ein *Kennenlernen von innen nach außen* (anstatt von außen nach innen), als Begegnung auf geistiger Ebene, als Erfahrung von Seelen- oder Herzensverwandtschaft beschrieben." (Döring 2003) Das erstaunt insofern, als bis vor nicht allzu langer Zeit das technische Medium Internet für eher hinderlich gehalten worden ist, wenn es um die Vermittlung intensiver Gefühle und ‚tiefen Begegnungen' gegangen ist. Aber dennoch geht es dabei nicht um das einfache Wiederherstellen eine romantischen Ideals.

Geser (2007, S. 26ff.) weist darauf hin, dass das Onlinedating von romantischen Vorstellungen in zweifacher Weise abweicht: Erstens wird die Regel des ‚passiven Abwartens' auf den/die Richtigen missachtet, denn Onlinedater suchen absichtlich, man könnte auch sagen: zielorientiert. Mit ihrer Teilnahme am Onlinedating signalisieren sie dem Gegenüber eine auf rationalen Prozessen beruhende Suche nach einem Partner. Chancen sollen optimiert, Aufwand und Zeit minimiert werden. Gegen die Romantik spricht zweitens auch das Austauschen von Informationen vorab, was ja dazu führen kann, dass das weitere Onlinedating entweder aufrechterhalten oder abgebrochen wird. Entscheidend ist an dieser Stelle, dass die Onlinedater hier weniger ihrem Gefühl als ihren rationalen Überlegungen vertrauen (Illouz 2004), und insofern treffen wir auf präromantische Strukturen. „In a way, this is a regression in pre-romantic times, where the partners (and even more their families) were eager to collect information first before engaging in extensive primary interactions, so that arranged marriages were the rule." (Geser 2007, S. 27)[279] Beim Onlinedating findet sich also beides: Bei der auf Idealisierung, Projektion und Imagination basierenden Partnersuche sind romantische Liebesvorstellungen nicht nur vorhanden, sondern werden durch das Medium bedingt (über Sprache, Bilder) im Sinne der Betonung von Affekten und Emotionen als besonders intensiv erlebt. Die Leerstellen, die bei einer realen Begegnung in der Offline-Welt sehr schnell – auch unbewusst – gefüllt werden (Aussehen, Körper, soziale Umwelt), bleiben online länger offen und dem romantischen Liebesbegehren gegenüber sensitiv. Dem widerspricht jedoch die möglichst gezielte, rationale Suche nach den Liebespartnern. Mit freundlicher Unterstützung der Internetplattformen und der Ratgeberliteratur wird der Matching-Prozess zwischen zwei Partnern optimiert und auf Dauer gestellt. Der entscheidende Punkt ist dabei der Folgende: Paradoxerweise können sich so romantische

---

279 Das präromantische (Heirats-)Arrangement wird im Zeitalter des Internets durch die technisch aufbereiteten Arrangements der Onlineportale ersetzt.

Liebesideale, die eigentlich mit rationalen Auswahlprozessen unvereinbar erscheinen, mit präromantischen Vorgehensweisen verbünden. Der scheinbare Gegensatz zwischen Online- und Offline-Beziehungen, also zwischen Virtuellem und Realem, verliert über eine solche Verbindung weiter an Eindeutigkeit und Plausibilität. Eine weitere Annäherung der zwei Welten dürfte nur noch eine Frage der Zeit sein.

▪ *Welche Wettbewerbskultur?* In Anlehnung an die Arbeit von Nullmeier (2002) stellt sich auch beim Onlinedating die Frage nach der Wettbewerbskultur. Es gibt gute Gründe dafür, dass hier eine *relationsfixierende/differenzminimierende Wettbewerbskultur* vorliegt, d. h. prinzipiell gibt es ein absolutes Kriterium für den Markterfolg („Ich hab ihn", wie der bekannte Werbeslogan der Online-Plattform Parship suggeriert, vgl. dazu Wetzel (2010)) und es kann auch nur einen (oder besser gesagt zwei) geben, der sein Ziel erreicht. Alle übrigen landen auf den Plätzen 2, 3 usw. Insofern scheint die aus der Offline-Welt bekannte Exklusivität auch Online seine gesellschaftlich akzeptierte Fortsetzung zu erfahren. Aber gibt es tatsächlich nur ein Ziel (Subjekt, besser gesagt: Objekt), wenn sich die Onlinedatenden auf die Suche begeben? Die marktförmige Organisation des Beziehungswettbewerbs evoziert etwas anderes. So kann der Misserfolg im einen Fall durch einen Erfolg im anderen zwar nicht völlig kompensiert, aber doch teilweise behoben werden. Allerdings gelingt dies nur bei einer hinreichenden Flexibilität bei den eigenen Partnervorstellungen – und die nimmt mit steigendem Alter bekanntlich eher ab als zu. Der Wettbewerbs- und Spielcharakter zeigt sich nun aber gerade in diesem multioptionalen Vorgehen, mit dem in einem mehr oder weniger deutlichen Ausleseprozess der oder die Einzige übrig bleiben soll. Agonale Momente können bei dem Kampf um die oder den ‚Richtigen‘ nicht komplett ausgeschlossen werden. Wettbewerb tritt insofern als Rivalität zwischen konkurrierenden Partnern auf, die voneinander wissen können. In den meisten Fällen liegt dem Wettbewerb aber eine ‚unsichtbare‘ Form zu Grunde. Sichtbar ist die Rivalität allerdings für das begehrte Individuum. Phänomene des Cyberstalkings (Döring 2003) und des Cybermobbings dürften in den nächsten Jahren eher zu- als abnehmen. Prinzipiell obliegt es jedoch den Onlinedatern selbst, ihre Suche ethisch vertretbar so zu gestalten, dass es zu einem fairen Auswahlwettbewerb kommt. Das ist jedoch nur die eine, wenn man so will: harmlose Seite der Medaille, denn beim Onlinedating werden – wie Eva Illouz deutlich zu machen versteht – aus Beziehungssuchenden kognitive Objekte, die sich – zumindest im Rahmen der jeweiligen Matching-Programme – miteinander vergleichen lassen und dadurch für eine Kosten-Nutzen-Analyse zugänglich werden (Illouz 2006, S. 59). Nicht zu unterschätzen sind dabei die *performativen Effekte*, die solche Kosten-Nutzen-Analysen auf die beteiligten Subjekte ausüben: Durch das zunehmende Vertrauen auf Berechnungen und Matching-Daten findet eine gezielte Verengung der Kriterien bei der Partnerwahl statt, die dennoch zielführend sein kann. Die Möglichkeit, wirklich Neues zu entdecken, ist dann interessanterweise nicht im Netz gegeben, sondern in der Offline-Welt, die sich als widerspenstiger und vielfältiger erweist. Im (diskursiven) Kampf um Vorteile kann es aber – zumindest vorübergehend – leicht zu einem agonalen Wettbewerbsgeschehen kommen, wenn zwei sich das Liebesobjekt streitig machen, denn die bürgerliche Norm, die sich auf vielen Singlebörsen wiederfindet, will ja gerade die Vermittlung eines exklusiven Partners beziehungsweise einer Partnerin. Wer anderes sucht, muss die Plattform wechseln.

IV.

Fazit:
Kapitalismus, Wettbewerbskulturen und Lebensführung

Seit einiger Zeit erlebt die Kapitalismuskritik wieder eine Konjunktur, die sich mit einer wachsenden (Re-)Politisierung in den letzten Jahren abgezeichnet hat (Boltanski/Chiapello 2003; Dörre/Rosa/Lessenich 2009; Hardt/Negri 2010). Ein grundlegender Ausgangspunkt dieser Arbeit war, Märkte und Wettbewerbe als zentrale Elemente dieses Kapitalismus zu verstehen. Diese durchdringen zunehmend die unterschiedlichen Lebensbereiche postindustrieller Gesellschaften, nicht nur auf der Ebene von Organisationen und Unternehmen, sondern auch auf der Ebene der alltäglichen Lebensführung. Insofern wird am Ende dieser Arbeit die Frage der Wettbewerbskulturen mit Fragen der (gelingenden) Lebensführung produktiv und differenziert ins Verhältnis gesetzt.[280] Vorab bedarf es jedoch einer Ergebnissicherung der aus dem Vergleich stammenden Feldanalysen. Ein Ausgangspunkt der Überlegungen war die Feststellung, dass Konkurrenz beziehungsweise Wettbewerb als das „letzte Kennzeichen" (Boltanski/ Chiapello 2001, S. 462) des Kapitalismus fungieren (1). In einem zweiten Schritt wird ein resümierendes Tableau präsentiert und anhand der gewählten drei Dimensionen erläutert (2). Abschließend unternehme ich den Versuch, die Auswirkungen der festgestellten *Verwettbewerblichung* auf weite Teile der Gesellschaft in puncto gelingender Lebensführung zu erfassen (3.1). Die Frage der Kritik spielt eine ebenso dringliche wie ausgezeichnete Rolle, was im Kapitel Kontextualisierung und Ausblick gezeigt wird (3.2). Ein Ausblick mit Forschungsdesiderata und den dabei in Kauf genommenen blinden Flecken beschließt die Arbeit und versucht Perspektiven für weitere Forschung zu eröffnen.

---

280 Die für Gesellschaften und Individuen eminent bedeutsame Frage nach einer Verbindung des Guten mit dem Gerechten gewinnt gegenwärtig in der Diskussion wieder an Gewicht (vgl. dazu Dworkin 2012; Sandel 2012).

1. Vergleich zwischen den Feldern

Wesentliche Erträge der einzelnen Feldanalysen resultieren aus einem systematischen Vergleich, der sich analytisch in vier Bereiche einteilen lässt: Die Bedeutsamkeit von Erwartungen und der Temporalisierung für die Strukturierung der (Wettbewerbs-)Praktiken (1.1), Doping als Felder übergreifende Strategie: (Neuro-)Enhancement (1.2), Die Macht der Zahlen, der Messwerte und statistischer Semantiken (1.3) sowie Affektregulationen (1.4).

1.1 Die Bedeutsamkeit von Erwartungen und der Temporalisierung für die Strukturierung der (Wettbewerbs-)Praktiken

Als Ergebnis eines Feldvergleichs fällt unter dem Blickwinkel der Wettbewerbspraktiken die strukturelle Bedeutsamkeit von Erwartungen und Temporalisierung auf, die vor allem bei den ihre Analysen und Handlungen an (Erwartungs-)Erwartungen ausrichtenden Akteuren auf Finanzmärkten eine wichtige Rolle spielen. Diese Erwartungen werden über Reziprozität und Erwartungserwartungen gesteuert (Langenohl/Wetzel 2011). Dopende Hochleistungssportler und Finanzjongleure eint beide das Ausgesetzt-Sein gegenüber einem gnadenlosen Wettbewerb oder wie Jens-Christian Rabe vor kurzem schrieb: „[…] wie man sich die extrem risikobereiten Derivat-Jongleure eben weniger als Betrüger, denn als passionierte Profitmaximierer vorstellen muss, genau so muss man sich Sportler nicht als dopende Schurken oder als die vielzitierten Doping-‚Sünder‘ vorstellen, sondern als Menschen, die sich mit Haut und Haaren der Aufgabe verschrieben haben, die besten Radfahrer, Schwimmer oder Leichtathleten zu sein" (Rabe 2009, S. 9). In diesem Wettbewerbsszenario, genauer bei der stets unter Druck ablaufenden zeitlichen Organisation der Aktion auf den Finanzmärkten, sind Erwartungen strukturbildend. Trader orientieren sich, wie die *Social Studies of Finance* gezeigt haben, an der Zukünftigkeit von Marktentscheidungen. Sie verfahren über den *Sinnmodus der Erwartung* (und der performativen Kommunikation). Eine wesentliche Leistung, um im Marktwettbewerb bestehen zu können, besteht nun genau darin, möglichst exakt solche Erwartungen auszubilden und auch zu kommunizieren (vgl. dazu Langenohl/Wetzel 2011). Das ist auch relevant bezüglich der Frage, warum sich Radsportler überhaupt für das Doping entscheiden. Dies ist insofern interessant, als der Begriff des ‚defensiven‘ Dopings nichts anderes meint, als dass Radsportler quasi dazu gezwungen sind, zu dopen, weil sie nie genau wissen können, was der Konkurrent aus dem eigenen Team, aber auch aus anderen Teams macht. Die Erwartung, dass andere dopen könnten, erzeugt insofern einen eigentümlichen Druck und eine Orientierung des eigenen Handelns unter Ungewissheit. Die Konkurrenz scheint sich nicht mehr nur zwischen koexistierenden Individuen abzuspielen, sondern

durch die Temporalisierung in einen zeitlich kontinuierlichen Leistungsvergleich überzu-
gehen, wenn sich beispielsweise Leichtathleten an Jahrzehnte alten Weltrekorden messen.

1.2 Doping als Felder übergreifende Strategie: (Neuro-)Enhancement

Doping hat sich in den Analysen als Felder übergreifendes Phänomen aufzeigen lassen. Neben den innerhalb des Hochleistungssports fast schon unvermeidlichen ‚klassischen Doping-
märkten', sind auch zwei andere Felder kontaminiert. Das Feld der Bildung, insbesondere die
hier analysierten Universitäten, mit ihren einem stärkeren Wettbewerbsdruck ausgesetzten
Individuen, greifen stärker als jemals zuvor auf Praktiken des Hirndopings zurück, wobei
gegenwärtig kontroverse Diskussionen über Nutzen und Nachteil solcher Praktiken in vol-
lem Gange sind (vgl. NZZ Fokus 2010). Wer sich im professionellen Hochleistungssport mittels Doping einen unlauteren Vorteil gegenüber seinen Konkurrenten verschafft, handelt im
Prinzip genauso wie ein Investmentbanker, der Insiderinformationen benutzt, um seine wirtschaftliche Position im Unternehmen oder am Markt zu stärken. Beide betrügen die Mitkonkurrenten um des Erfolges willen. Auf den Finanzmärkten benötigen die Entscheidungen von
Händlern in Sekundenbruchteilen eine enorme Reaktions- und Aufmerksamkeitskompetenz
(beliebt: Kokain) und aufmerksamkeitsfördernde Medikamente wie beispielsweise Ritalin
breiten sich im Feld der Finanzmärkte ebenso aus wie auf dem Feld der Bildung. Einzig auf
den Online-Liebesmärkten spielt das Doping in der Online-Begegnung nicht solch eine große Rolle. (Neuro-)Enhancement scheint sich aber immer mehr zu einer Art Zauberformel in
verschiedenen Bereichen der Gesellschaft zu entwickeln.

1.3 Die Macht der Zahlen, der Messwerte und statistischer Semantiken

Autoren wie Tobias Werron sprechen nicht von ungefähr von den Vorzügen „statistischer Semantiken – des Rechnens mit *großen* Zahlen" (2009, S. 26-27). Zudem belegen neuere Arbeiten zur Finanz- und Wirtschaftssoziologie die gesellschaftliche Macht von Zahlen (Kalthoff 2007). In ihren Analysen gehen diese Ansätze zwar von Finanzmärken aus, jedoch wird
zunehmend auch auf die gesellschaftstheoretische Dimension abgehoben. In aller Knappheit
stellt sich die Macht der Zahlen in den Feldern wie folgt dar: Im Hochleistungssport, besonders im Radsport, treffen wir beim Doping auf die (umstrittene) Praktik des Festlegens von
Grenzwerten. Für das Zustandekommen von Online-Liebesbeziehungen greifen professionelle Anbieter auf die auf Algorithmen beruhende Berechnung von Matching-Points zurück.
An Universitäten dominieren bibliometrische Verfahren beim Ranking von Publikationen,
bei der Evaluation von Forschern und letztlich von gesamten Universitäten. Mit anderen Worten: Immer spielen Zahlen, statistische Berechnungen und der Kampf um Grenzwerte eine
herausragende Rolle. Sie vermitteln interessierten Beobachtern den Eindruck von ‚Objektivität' und Vergleichbarkeit. Erschwerend tritt im Fall Doping dabei hinzu, dass die Grenze
zwischen leistungssteigernden Trainingsmethoden (z. B. Höhentraining), spezifischer Ernährung, mentalem Training fließend zum Doping verläuft (Asmuth 2010, S. 107).

1.4 Affektregulationen

Auf allen analysierten sozialen Feldern finden *Affektregulationen* statt, allerdings je unterschieden nach Relevanz und Vehemenz. Auf den Finanzmärkten werden Anleger, aber auch Börsenhändler über (unbewusste) Affekte (mit-) gesteuert. Bankberater setzen Emotionen, die im Unterschied zu Affekten zumindest teilweise beeinflussbar sind, in Verkaufsgeschäften bewusst ein. Der viel beschworene Herdentrieb, dem die Anleger folgen, verweist auf den Anteil des Nicht-Rationalen (Borch/Arnoldi 2007). Beim Hochfrequenzhandel steht das Managen von emotionalen Zuständen hoch im Kurs. Beim Onlinedating werden starke Affekte und Emotionen – nicht zuletzt bedingt durch das technische Medium – geschürt (Ben Ze'Ev 2004). Die Liebe im Netz ist nicht nur ein über Algorithmen gesteuertes Matching (oder Mismatching) und insofern ein rationales Verfahren, sondern eine hoch emotionale Angelegenheit. Der Hochleistungssport trägt mit seinen mittels Dopingpraktiken hervorgebrachten Spitzenleistungen zur Affektregulation, vor allem auch des Publikums bei. Im Feld der Bildung respektive der Universität taucht das Affektive nicht direkt auf. Eine möglichst rationale Bewertung des Wettbewerbsgeschehens führt an Universitäten in Forschung und Lehre zu einer (notwendigen) Unterdrückung der Affekte. Wissenschaftler sind aber häufig durch ihre Beschäftigung mit für sie interessanten Themen stärker affiziert (und identifiziert) als ein Fließbandarbeiter oder ein Bankangestellter. Es ist allerdings eine offene Frage, ob sich durch die zunehmende Orientierung an der Vernutzung und Marktgängigkeit von Forschungsthemen der ,affektive Haushalt' nicht neu ausrichtet.

2. Resümierendes Tableau: Grammatik der Wettbewerbe

Tabelle 4: Tabellarisches Schema: Soziologie des Wettbewerbs

Dispositive	*Subjektivierungs-imperative*	*Anerkennung/ Erfolg*	*(De-)Stabilisierung*	*Wettbewerbs-kulturen*
Bildung/ Universitäten	Internalisierung des Leistungs-wettbewerbs (‚Exzellenz‘) Selbstvermarktung/ Inszenierung	Publikationen in hochrangigen Zeitschriften Hoher Output Drittmittel	Exzellenz oder Exklusion durch Abweichen vom Standard Aufteilung in Forschungs- und Lehruniversitäten	**Positional-agonale Wettbewerbe**
Ökonomie/ Finanzmärkte	Selbst-unternehmertum Kalkül und Affekt-regulation	Verkaufen von Produkten Belohnungssystem: Boni	Selbstbehauptung am Markt Krisen, Konkurse, feindliche Übernahmen	**Hyperagonale Wettbewerbe**
Sport/ Hochleistungs-sport	Bio-Politisierung des Selbst Optimierung als (körperlich-psychische) Perfektionierung	Vertuschungs-praktiken, Leistungssteigerung	Doping als zwischen De- und Restabilisie-rung zu situierende Praktik	**Komparativ-differenzbetonende Wettbewerbe**
Liebe/ Onlineplattformen	Entdeckung des Selbstinteresses Sich-Ausdrücken als ‚kreatives Subjekt‘ ‚Impression Ma-nagement‘	Sich und andere affizieren, „erotisches Kapital"[281] Selbstdarstellung (in Bild und Schrift)	Paarbildung oder Mehrfach-Bezie-hungen Spannungsfeld: Online/Offline-Beziehungen	**Relations-fixierende/ differenz-minimierende Wettbewerbe**

Wir können davon ausgehen, dass es *gegenwartsdiagnostisch* gesprochen im Vergleich zur Moderne in der Spätmoderne/Postmoderne zu einem (fundamentalen) *Wandel der Recht-fertigungsdiskurse* in puncto Kapitalismus, Lebensführung und Wettbewerbskulturen ge-

---

281 Vgl. dazu den Artikel „Erotic Capital" von Catherine Hakim, in dem sie überzeugend vorschlägt, die von Bourdieu vorgelegten Kapitalanalysen um das erotische Kapital zu ergänzen: „The expanding importance of self-service mating and marriage markets, speed dating, and Internet dating contributes to the increasing value of erotic capital in the 21st century." (2010, S. 499)

kommen ist, was sich im Zuge der gegenwärtigen Finanzkrise (Stichwort: Ende des Neoliberalismus?) nochmals verändern dürfte. Die von mir ins Spiel gebrachten *Dispositive des
Wettbewerbs* lassen sich – und eben das war hier detailliert zu zeigen – historisch, systematisch und feldspezifisch entfalten. Die wichtigsten Ergebnisse aus den Feldanalysen habe ich
in einem resümierenden Tableau aufgelistet.[282]

Bildung/Universitäten[283]

Um Aussagen über die im Feld der Bildung vorherrschenden Subjektformen machen zu können, wurden (diskursive) Ich-Effekte des Wettbewerbs als Ergebnis von *Subjektivierungsimperativen* konzipiert und feldspezifisch möglichst detailliert beschrieben. Für das Feld der
Bildung konnte so eine Internalisierung sowie Ausdehnung des Leistungswettbewerbs auf
verschiedenen Ebenen konstatiert werden (Professoren/Mittelbau/Studierende). Zwischen einigen, genauer den im Diskurs hegemoniale Ansprüche stellenden exzellenten Universitäten
und den (noch) nicht exzellenten Universitäten finden verstärkt auf Dauer gestellte *Positio-
nierungs- und Reputationskämpfe* statt. Die in diesem Feld agierenden Individuen sind zu
konkurrenzorientierten Dauerbeobachtungen des Marktes ebenso gezwungen wie zu einem
strategischen Kooperationsverhalten.[284] Im Unterschied zu früheren Zeiten, also vor dem Implementieren der Lissabon-Strategie (ab März 2000), wird es vergleichsweise immer wichtiger, sich und seine wissenschaftlichen Erzeugnisse geschickt zu vermarkten. Mit anderen
Worten: Es reicht häufig nicht mehr aus, sehr gute wissenschaftliche Arbeit in Forschung und
Lehre zu leisten; die erzeugten Produkte müssen im Kampf um Aufmerksamkeit auch vermarktet, d. h. an sichtbaren und an möglichst prominenten (internationalen) Stellen platziert
werden. Eine möglichst effektive Performance ist bereits zum Leitbild einer neuen Generation von Akademikern geworden. Unter dem wettbewerbsanalytischen Gesichtspunkt von
Leistung, Erfolg und Anerkennung fällt das Streben nach Dominanz ins Gewicht. Die damit
verbundene Machtstrategie lässt sich gezielt vor allem mit Publikationen in hochrangigen
Zeitschriften und dem Einwerben von Drittmitteln verfolgen. Ein hoher Output ist ein entscheidendes Kriterium für Anerkennung und Erfolg in der wissenschaftlichen Community,
was wiederum nicht ohne Folgen für die Herstellenden wissenschaftlicher Produkte bleibt.
Englische Publikationen zählen mehr als beispielsweise deutsche oder französische. Englisch-
sprachige Zeitschriften bringen mehr Punkte als spanische oder japanische. Ganze Wissen-
schafts- und Sprachtraditionen drohen verloren zu gehen beziehungsweise die Besonderheit
ihrer eigenen Kultur zu verlieren. Zusätzlich etablieren sich *Formen des Steigerungswettbewerbs*, die den quantitativen Output über die Qualität setzen. Das Einwerben von Drittmitteln gehört zu den wichtigsten Kriterien für Lehrstühle (respektive wissenschaftliche Mitarbeiter, die häufig die Anträge mitschreiben). Zur ungleichen Verteilung von Macht trägt
auch die durch die Verallgemeinerung des Wettbewerbsprinzips forcierte und dementspre-

---

282 Die nachfolgenden Passagen sind in einer leicht überarbeiteten Form als Zusammenfassung bereits in eine
     andere Veröffentlichung eingegangen (Wetzel 2012c).

283 Durch die hegemoniale Stellung, die der unternehmerischen bzw. der exzellenten Universität zugeschrieben
     worden ist, konzentrieren sich die folgenden Ausführungen auf diesen Typus.

284 Obwohl bekanntlich der ‚wahre Egoist' kooperiert, scheint es jedoch zunehmend besonders wichtig, mit
     wem kooperiert wird. Nur durch ein geschicktes Kooperationsverhalten können Abhängigkeiten geschaffen
     und gegenseitige Verbindlichkeiten erzeugt werden.

chend stärker betriebene Aufteilung in Forschungs- und Lehruniversitäten bei. Im Ergebnis ist es dann kaum überraschend, dass die am differenzierten, moderaten Wettbewerb orientierten Hochschulen der 1970-1990er Jahre durch eine *positional-agonale Wettbewerbskultur* weitgehend ersetzt worden sind. Aus dem Einsatz von Managementtechniken, New Public Management und Kennziffernsteuerung resultieren *erzwungene Wettbewerbe* insofern, als sich gar nicht länger die Frage stellt, ob man an solchen Wettbewerben teilnehmen will oder nicht. Wer nicht dabei ist, hat schon verloren. Universitäten, aber auch Studiengänge, geraten in *Verdrängungswettbewerbe*, die insofern als inszeniert oder „künstlich" (Binswanger 2010) beschrieben werden müssen, als ungleiche Startbedingungen in puncto Ausstattung beziehungsweise Humankapital, aber auch unterschiedliche Traditionen vorherrschen. Von einem Wettbewerb auf Augenhöhe kann daher kaum die Rede sein.

Ökonomie/Finanzmärkte

Gezeigt wurde, inwiefern eine *Gewinner-Verlierer-Logik* aus der Perspektive der Subjektivierungsformen auf den Finanzmärkten Platz greift, und zwar unter verschärften Wettbewerbsbedingungen. Profiteure der jüngsten, 2008 ihren Ausgang nehmenden Finanz- und Wirtschaftskrise sind vor allem die Investmentbanken, aber auch institutionelle Anleger wie beispielsweise Pensionsfonds, Rating-Agenturen und ebenso Großbanken. Diesen mächtigen Akteuren gelang es, Risiken auf andere Akteure abzuwälzen, beispielsweise auf die individuellen Anleger oder eben auch auf den Staat. Eine wichtige ‚Vermittlerrolle' spiel(t)en dabei die Anlageberater, die in einem harten Konkurrenzkampf um Provisionen wetteifern und dabei gegen die Regeln eines ‚fair-bankings' verstoßen haben.[285] Ihr zunehmend riskantes Anlageverhalten haben viele private Anleger mit hohen Verlusten bezahlt, zumal sie eben nicht über Insiderinformationen verfügten und den Marktveränderungen sozusagen immer einen Schritt hinterher hinken. Da aber zudem der Staat sich gezwungen sieht, gewaltige ‚Rettungspakete' zu schnüren, werden die Anleger in ihrer Rolle als Staats- und Steuerbürger noch in einem anderen Zusammenhang zur Kasse gebeten. Sie sind es, die die Schuldenberge schlussendlich bezahlen beziehungsweise über drohende (Hyper-)Inflation für einen Ausgleich sorgen. Im Hinblick auf Leistung und Erfolg wurde problematisiert, inwiefern eine Hauptschwierigkeit in der Finanzbranche durch das Umstellen von Entlohnungs- auf Belohnungssysteme entstanden ist: Wurde der ‚klassische' Banker noch für seine gute Betreuung und seine Tätigkeit entlohnt, so sind die gegenwärtig agierenden Bankberater und Investmentberater auf das Boni-System geeicht. Dadurch konnte aus einer normativen Sicht ein falsches Anreizsystem entstehen, was nicht zur Entschuldigung individueller Praktiken dient, vielmehr aber die systemische Logik in den Vordergrund der soziologischen Erklärung stellt.

Unter dem Gesichtspunkt einer behaupteten Umstellung von einer vormals *positionalen* auf einen *performativen Wettbewerb* (vgl. Rosa 2009a) konnten die Anerkennungsverhältnisse in der Finanzbranche genauer beschrieben werden. Es wäre sicher überspitzt von einer bereits vollkommenen Umstellung auszugehen, jedoch hat sich bereits einiges geändert, nämlich die Reversibilität und Vorläufigkeit verschiedener Zuweisungen von Anerkennung.

---

285 Mittlerweile wurde auf diesen Missstand reagiert und seitdem sind Bankberater verpflichtet, Protokolle zu führen, so dass der Anleger über eine gewisse Möglichkeit verfügt, Fehlberatungen aufzudecken und seinerseits zu sanktionieren.

Dabei muss unterschieden werden zwischen dem Investmentbanker und dem Bankberater. Während der Investmentbanker durch die Bonikultur viel stärker in den Strudel *performativer Anerkennungsverhältnisse* gerät, sieht sich der Bankberater einer Mischform ausgesetzt. Ohne eine minimale positionale Verankerung, verkörpert durch das allmähliche Anhäufen von Prestige und Wertschätzung, würden die Anerkennungszuweisungen beim Bankberater in die Leere laufen.

Auf den Finanzmärkten herrscht eindeutig der Typus des *hyperagonalen Wettbewerbs* vor. Dieser verfährt *aggressiv-positional*, was in der Metapher des häufig gebrauchten ‚ruinösen Wettbewerbs‘ seinen adäquaten Ausdruck findet. Ein differenzierter Blick stößt auf eine Verschärfung der Konkurrenz in mindestens dreierlei Hinsicht: (1) Durch die im Neoliberalismus sukzessive betriebene Aufhebung der Marktzutrittsschranken treten so unterschiedliche Finanzakteure wie Investmentbanken, Pensions- und Investmentfonds, Versicherungen und auch Geschäftsbanken miteinander in Wettbewerb. Dabei wird nicht selten das Erzeugen beziehungsweise das Erhalten der eigenen Wettbewerbsfähigkeit zuungunsten der Eigenkapitalausstattung betont. (2) Die forcierte Globalisierung manövriert Konkurrenten zunehmend in *erzwungene Wettbewerbe*, die der Tatsache geschuldet sind, dass sie als Profitmaximierer die Besten und Erfolgreichsten am Markt sein wollen – und müssen (Stiglitz 2010). (3) Schließlich kann eine Zunahme der internen Konkurrenz konstatiert werden, die strategische Allianzen respektive Kooperationen paradoxerweise einerseits nötig macht, andererseits zunehmend erschwert. Die dabei zu lösende Frage lautet: Wie kann ein ‚funktionierender Wettbewerb‘ instituiert werden, so dass die hyperagonale Wettbewerbskultur, zumindest teilweise, in marktverträglichere und die Systemstabilität nicht gefährdende Formen überführt werden kann?

Sport/Hochleistungssport

Unter dem Blickwinkel der Subjektivierungsimperative sieht sich der Leistungssportler einer vielfältigen *Anspruchskonstellation* ausgesetzt: Diese besteht aus seinem professionellen und sozialem Umfeld, den Medien und dem Publikum. Allesamt tragen diese Akteure zur Selbstoptimierung von Körper und Psyche beim Leistungssportler insofern bei, als dieser zunehmenden Druck empfindet, biopolitische Maßnahmen zu ergreifen, um den durch den globalisierten Wettbewerbsdruck entstandenen Erwartungen gerecht zu werden. Wie ich argumentiert habe, findet sich der Sportler in einer potenziell doppelt aporetischen Situation wieder: Erste (Un-)Möglichkeit (Aporie): Dopt er nicht, dann läuft er Gefahr von der vermeintlich dopenden Konkurrenz abgehängt zu werden und auch keine lukrativen Anstellungen respektive Verträge zu erhalten. Zweite (Un-)Möglichkeit: Dopt er, dann setzt er sich zum einen der ganz realen Gefahr des Entdeckt-Werdens aus, zum anderen muss er mit schwer kalkulierbaren gesundheitlichen Schädigungen rechnen. Auftretende moralische Skrupel können zudem die eigene Gewissensprüfung auf eine nur schwer zu bestehende Probe stellen. In puncto Leistung, Erfolg und Anerkennung erweist sich nicht so sehr die dem Sport sowieso inhärente Erfolgs- beziehungsweise Wettbewerbsorientierung als zentrales Problem, sondern vielmehr deren Verabsolutierung. Leistungssportler können relativ schnell Erfolge erzielen und damit Reputation anhäufen, in diesem Zusammenhang wurde eine stärkere *performative Dimension von Anerkennung* festgestellt, als dies bei anderen

Berufen wie beispielsweise im Handwerk oder am Fließband vorhanden ist. Erfolge sind jedoch kurzlebig und müssen ständig bestätigt werden, ansonsten droht Statusverlust und Ab-
stieg. Ausgenommen von wenigen Superstars müssen Erfolge wiederholt bestätigt werden,
um Reputation akkumulieren zu können.

Gerade im gewählten Fallbeispiel des Radsports herrschen harte Konkurrenzbedingungen vor: Der eine wird dem anderen Radfahrer zum „biographischen Risiko" (Bette/Schimank
2006a, S. 93), nicht zuletzt auch deshalb, weil eine relationale Erfolgsabhängigkeit zwischen
den Konkurrenten besteht: Des einen Erfolg ist des anderen Niederlage und vice versa. Konkurrenz findet im professionellen Radsport auf zwei Ebenen statt. Erstens geht es im konkreten sportlichen Wettkampf um das Besiegen des anderen Konkurrenten, verkörpert wird
diese Logik durch das Unterwerfen unter den Sieg-Niederlage-Code. Im ökonomischen Sinne gibt es jedoch auch Konkurrenz um chronisch knappe Fördermittel, Zutritts- und Startchancen. Die festgestellte *Intransparenz der Konkurrenzbeziehungen* begünstigt das Herausbilden von Praktiken des ‚defensiven Dopings'. Da man sich nie sicher sein kann, ob sich
alle an den Ehrencodex halten, müssen Dopingpraktiken schon aus Gründen des Nichtabge-
hängt-Werdens zumindest ins Kalkül gezogen werden. Aus der Perspektive der Stabilisierung beziehungsweise der Destabilisierung entsteht der paradoxale Befund, demzufolge Doping durch die ungleich verteilte Möglichkeit Dopingpraktiken anzuwenden destabilisierend
wirkt. Umgekehrt vermag aber eine potenzielle Verbreitung und Akzeptanz bei allen Fahrern zur (Re-)Stabilisierung des Systems Radsport beizutragen. Verhilft Doping anfänglich
einigen Fahrern zu Wettbewerbsvorteilen, tritt eine vorübergehende destabilisierende Wett-
bewerbsverzerrung ein. Diese kann sich aber restabilisieren, wenn immer mehr Fahrer Dopingpraktiken ausüben und so zu einer ‚verschworenen' Gemeinschaft werden.

Die im Radsport vorherrschende Wettbewerbskultur wurde als *komparativ-differenz-
betonender Wettbewerb* qualifiziert, dem aber gerade aus der Perspektive des Leistungssportlers agonale Züge schwerlich abzusprechen sind. Da sich der Leistungssportler in einem oben beschriebenen Dilemma befindet, erscheint es umso wichtiger, gerade aus einer
soziologischen Perspektive heraus Doping nicht mit einer vereinfachenden Personalisie-
rungs- und Moralisierungsstrategie erklärbar machen zu wollen. Im Unterschied dazu wurden hier die systemisch erzeugten Zwänge und Abhängigkeiten beschrieben, in denen sich
die Leistungssportler, aber eben nicht nur diese, sondern darüber hinaus auch andere wichtige Akteure wiederfinden.

Liebe/Onlineplattformen

Beim Feld der Liebe respektive dem Onlinedating wurde unter wettbewerbsanalytischen
Gesichtspunkten speziell auf den Anteil der Affekte/Emotionen Wert gelegt, auch deshalb,
weil diesen eine besondere Erklärungskraft zukommt. War man früher von einer technisch
bedingten Schwierigkeit hinsichtlich der Vermittlung von Affekten und Emotionen auf Online-Portalen überzeugt, so haben neuere Studien gezeigt, dass sehr wohl intensive Emotionen und Affekte in Online-Beziehungen auftreten. Gezeigt wurde, dass im Internet sowohl
romantische als auch präromantische Aspekte des Beziehungsgeschehens eine Rolle spielen: Idealisierung, Projektion und Imagination werden durch das Medium eher geschürt als
verunmöglicht. Präromantisch wird die Suche jedoch dadurch, dass eine möglichst geziel-

te, d. h. rationale Vorauswahl von Liebespartnern stattfindet. Erst durch das Berücksichtigen der Unterscheidung zwischen (unbewussten) Affekten und den im Gegensatz dazu individuell zurechenbaren Emotionen konnten die folgenden Subjektivierungsimperative heraus präpariert werden: Problematisiert wurde, inwiefern eine ‚Entdeckung des Selbstinteresses‘ (1) konstitutiv für die erfolgreiche Teilnahme am Onlinedating ist. Onlinedater müssen ihr eigenes Begehren, ihre Wünsche und Fantasien entdecken, um als potenzielle Partnerinnen oder Partner im Netz vermittelbar zu sein. Zu einer wesentlichen Kompetenz zählt das ‚Sich-Ausdrücken‘ als ‚kreatives Subjekt‘ (2). Das bedeutet im Kontext des Onlinedatings vor allem Schreibkompetenz. ‚Wiederholung und Differenz‘ (3) wurde als weiterer Subjektivierungsimperativ beschrieben: Die am marktförmig organisierten Paarlaufwettbewerb zwangsläufig beteiligten Affekte sind insofern bedeutsam, als sie die Wiederholbarkeit in der Form von Anschließbarkeit garantieren helfen. Gefühls- und Erregungszustände sind prinzipiell immer wieder reaktualisierbar, solange sich die Onlinedater auf die Arena der virtuellen Partnersuche begeben. Notwendig werden im Zuge des Paarwettbewerbs ein ‚Impression Management‘, das vor allem dazu beiträgt, sich und andere zu affizieren. Der Einsatz des von Hakim (2010) beschriebenen „erotischen Kapitals“ dürfte in Zukunft gerade im Internet eher noch wichtiger werden. Anerkennung und Erfolg versprechen – das haben sowohl die Studien als auch die Ratgeberliteratur übereinstimmend gezeigt – Kompetenzen in der Selbstdarstellung, vor allem mit dem Bild und der Schreibkompetenz. Verfügen die Liebessuchenden über korrespondierende Kompetenzen und ein hohes Matching, dann steht der Paarbildung, die durchaus online vollzogen werden kann, nichts mehr im Wege. Aus der Perspektive der Destabilisierung bewegen sich Onlinedater nicht selten in einem Spannungsfeld zwischen Online- und Offline-Beziehungen. Gefährdungen hinsichtlich der Paarbildung können in beide Richtungen durch das Eingehen von Mehrfachbeziehungen auftreten.

In puncto Wettbewerbskultur konnte eine *relationsfixierende/differenzminimierende Form des Wettbewerbs* identifiziert werden. Obwohl bei diesem (prinzipiell) antiagonal organisierten Wettbewerb das Wettbewerbsgeschehen kooperativ und fair verläuft, ist auch dieser Wettbewerb platzzuweisend. Nur einer oder eine kommt letztlich zum Zug, allerdings versprechen die Online-Plattformen sofortigen Ersatz, so dass bei hinreichender Flexibilität die Wahrscheinlichkeit einer erfolgreichen Vermittlung steigt.[286]

---

286 Die von Internetplattformen behaupteten Vermittlungserfolge (für Parship Deutschland werden stolze 38 % angegeben) dürften tatsächlich im Bereich des Möglichen liegen, da die Zahl der Partnersuchenden online stetig zunimmt. Wäre diese stattliche Zahl von Vermittlungserfolgen bar jeder Realität, dann dürften die Zahlen nicht ständig zunehmen.

3. Soziologie einer gelingenden Lebensführung

3.1 Grenzen der Verwettbewerblichung und die Perspektive der Lebensführung

Normativ aufgeworfene Fragen des guten Lebens respektive nach einer gelingenden Lebensführung zählten bislang nicht zu den expliziten Hauptinteressensgebieten soziologischer Forschung (vgl. allerdings Rosa 1999, 2009a).[287] Im Folgenden werden jedoch Argumente dafür mobilisiert, dass sich die damit verbundenen Fragen zwingend einer soziologischen Auseinandersetzung aufdrängen, vor allem dann, wenn über *Verwettbewerblichung* und deren Grenzen nachgedacht wird. Ganz in diesem Sinne haben die vorgelegten Rekonstruktionen und Analysen vor allem ergeben, dass es im Sinne einer Diagnose der Gegenwartsgesellschaft nicht so sehr um eine – häufig pauschal und undifferenziert festgestellte – *Ökonomisierung des Sozialen* oder um die *Ausbreitung der Geldgesellschaft* auf verschiedene gesellschaftliche Sphären geht. Vielmehr wurde eine fortschreitende – qualitativ je nach Feld zu unterscheidende – Verwettbewerblichung der Gesellschaft in unterschiedlichen Facetten diagnostiziert, wie dies anhand der analytisch-beschreibenden Durchdringung der ausgewählten vier Felder exemplarisch aufgezeigt werden konnte. Diese Verwettbewerblichung verlässt die herkömmlichen, ökonomisch eingeschliffenen Bahnen, wenn kein marktförmig organisierter (unternehmerischer) Wettbewerb abläuft, sondern Wettbewerbe installiert werden, denen ein definiertes Ziel fehlt und die nicht-ökonomische Bereiche kontaminieren.[288] Hinzu kommt: Immer dann, wenn der Wettbewerb vom Mittel zu einer finalen Zielstrategie wird, erhält er in den vier Feldern eine problematische, kontraproduktive Dynamik. Darüber hinaus fungieren Wettbewerbe (und die Rede davon) häufig im Sinne einer – nicht selten von Seiten der politisch-ökonomischen Eliten propagierten – Legitimationsstrategie. Wo gesellschaftlich etwas nicht optimal und effizient läuft, ist der Ruf nach ‚mehr Wettbewerb‘ nicht fern. Daraus entstehen allerdings Wirkungen und Effekte, die – einmal installiert – nur schwer zu kontrollieren sind. Bestes Beispiel dafür ist das Feld der Bildung/Universitäten, welches sich Wettbewerben, Kennzahlensteuerung, ‚Governance by Numbers‘ (Heintz 2008) etc. unterwirft, ohne die dadurch induzierten (negativen) Effekte absehen zu können. Von verschiedener Seite wird die Verfestigung einer Wettbewerbsideologie bereits als ein Anreizsystem mit perversen Zügen (Binswanger 2010) interpretiert. Dass diese Zuschreibung im Hinblick auf eine Verfestigung im Diskurs überhaupt gelingen konnte, verdeutlicht die *performative Dimension* der Wettbewerbsrhetorik: Je mehr von Wettbewerb auf unter-

---

287 Es ist kaum zufällig, dass sich die Sozialphilosophie/Sozialtheorie in diese traditionell der Philosophie vorbehaltenen Bereiche zunehmend vorwagt. Rosa (2009a, S. 24ff.) kann zeigen, dass solch normative Fragen der Lebensführung auch ein Großteil der theoretischen und empirischen Forschung in der Soziologie motiviert.

288 Im Bereich der Medizin gibt es beispielsweise einen pharmazeutischen Wettbewerb mit einem konkreten und sinnvollen Ziel: eine bessere Gesundheit der Patienten.

schiedlichen Ebenen gesprochen und geschrieben wird, desto mehr setzen sich die damit
verbundenen Überzeugungen (und politischen Ansichten) innerhalb der skizzierten Dispositive des Wettbewerbs durch.[289] Um einer solchen als problematisch eingeschätzten Entwicklung Einhalt gebieten zu können, plädieren Autoren wie Ulrich Thielemann aus einer
dezidiert wirtschaftsethischen Perspektive für eine Begrenzung des Wettbewerbs, um u. a.
eine „wachsende Ökonomisierung der Lebensverhältnisse" (2010, S. 438) zu vermeiden respektive kritisch beleuchten zu können.

Lebensführung und die drei Dimensionen der Analyse

Eine Rekonstruktion der ‚Grammatik der Wettbewerbe' berührt unweigerlich Fragen der
Lebensführung, die sich in den drei gewählten Dimensionen der Analyse widerspiegeln. So
wird durch die diskursive Verbreitung von Wettbewerbsrhetoriken und -praktiken auf der
Subjektebene zunehmend suggeriert, dass alleine der eigene Wille maßgeblich für den Erfolg sei: Jeder/jede kann, wenn er/sie nur will.[290] Wie Sighard Neckel gezeigt hat, wird Individualität als Leistung konzipiert (2000, S. 45). Mit anderen Worten: „Die Suche nach dem
authentischen ist mittlerweile vom Training des funktionalen Ich abgelöst worden." (ebd.,
S. 44) Als Leitbild fungiert der „nutzenkalkulierende, funktionale Voluntarist", der sich in
den soziologischen Figuren beziehungsweise Subjektivierungsformen des „Arbeitskraftun-
ternehmers" (Voß/Pongratz 1998) oder des „Unternehmer seiner selbst" (Bröckling 2007,
Laval 2007) niederschlägt.[291] Damit findet eine Verengung im Hinblick auf die Möglichkeiten einer gelingenden Lebensführung auf Subjektebene statt, die es schwer macht, in Zeiten
des Neoliberalismus überhaupt alternative Subjektivierungsweisen aufscheinen zu lassen.
Anders gesagt: Wer sich der Wettbewerbs- und der Steigerungslogik im Kapitalismus entziehen will, muss sich dies leisten können, also über ausreichend, vor allem ökonomisches,
aber auch kulturelles und soziales Kapital verfügen. Aus der Sicht der Subjektivierungsimperative könnte ein (sozialpolitisches) Ziel gelingender Lebensführung darin bestehen, so-
zio-kulturelle Bedingungen eines ‚guten Lebens' auf der politischen und sozialen Ebene zu
gewährleisten. Nicht zuletzt, um den Individuen „Resonanzerfahrungen" (Rosa 2009a, S.
53) jenseits einer Wettbewerbslogik zu eröffnen sowie den ‚Verlierern' der Wettbewerbe *neue*
Partizipationschancen zu ermöglichen.

Das Durchdringen der Wettbewerbsdispositive wirkt sich deutlich auf die Formen der
Anerkennungsbeziehungen aus, so wie ich sie innerhalb dieser Arbeit feldspezifisch beschrieben habe. Umstritten ist, wie sich eine Anerkennungskultur mit einer Erosion des Leistungs-

---

289   Nicht im Sinne einer self-fulfilling prophecy, sondern analog zu dem, was Michel Callon (2007a) für die
      Ökonomie als wirklichkeitskonstituierende Wissenschaft beschrieben hat. Umso dringlicher war es im
      Kontext dieser Arbeit, diese, durch eine Wettbewerbsfixiertheit erzeugten, normierenden/normalisierenden
      Effekte auf die soziale Wirklichkeit in ihrer Wirkmächtigkeit offen zu legen.

290   Die Konkurrenz verbindet sich, wie Duret (2009, S. 119) festhält, mit einem ethisch aufgeladenen Volun-
      tarismus: „La compétition s'accompagne d'une éthique volontariste: qui veut peut. La performance passe
      pour le fruit d'un vouloir individuel. L'individu devient l'entrepreneur permanent de lui-même, son propre
      coach, son propre entraîneur, porté par l'imaginaire de la réussite accessible à tous."

291   Dabei verweist Bröckling auf den Zusammenhang zwischen Unternehmertum (entrepreneurship) und Le-
      bensführung: „Indem sie [die Lehre vom Unternehmertum, DJW] den wirtschaftlichen Erfolg auf spezifische
      Handlungstypen zurückführt, präsentiert sie zugleich ein normatives Modell der Lebensführung." (2004,
      S. 274)

begriffs (Neckel/Dröge 2002) verträgt. Auf der Ebene von Institutionen und Märkten bedingt der Einsatz neuerer Managementphilosophien jedoch die Gefahr einer Instrumentalisierung der Anerkennung im Hinblick auf die Subjekte (Wetzel 2004; 2006). Anerkennung wird für eine erbrachte Leistung gegeben, die sich sozial als Erfolg darstellen lässt. In vielen Bereichen ist diese Leistung nicht mehr eindeutig zuzuordnen und auch nicht messbar, was im konkreten Fall bedeutet, dass die Fiktion der Bezahlung und Anerkennungsverteilung nach Leistung nicht mehr automatisch nach verbindlichen Standards funktioniert (vgl. dazu bereits Offe 1970) und zudem dem Anerkennung-Gebenden einen souveränen (Macht-)Status gewährt (Markell 2003). Und dennoch bleibt das „Verlangen nach Anerkennung" ein grundlegendes Bedürfnis auch deshalb, „weil es die Forderung beinhaltet, nicht nur die Gleichheit der Individuen zu respektieren, sondern auch die individuelle Besonderheit und Autonomie anzuerkennen" (Dubet 2008, S. 469). Auf der Ebene des *Institutionellen* sehen sich Universitäten, Banken, Online-Plattformen und Sportverbände als Reaktion auf den verschärften, globalisierten Wettbewerb gezwungen, ihre Geschäftssysteme systematisch umzubauen; sie müssen Restrukturierung und Innovation, Kostenoptimierung und Wachstum sinnvoll miteinander verknüpfen. Dabei lautet eines der zentralen Schlüsselworte ‚Transformation'. Ein erstrebenswertes Gut könnte auf dieser Ebene im Sinne einer gelingenden Lebensführung sein, sich so zu organisieren, dass ein Bestehen im sozialen Feld beziehungsweise am Markt wahrscheinlich und Unsicherheit über Steuerungs- und Kompetenzinszenierung (Plumpe 2005, S. 20) bewältigt werden. Hinzu käme das Etablieren von Wertschätzungsmustern im Rahmen der Unternehmenskultur. Als Ziele im Sinne einer gelingenden Lebensführung könnten hier dementsprechend *Unsicherheitsminimierung* und das *Etablieren von (nicht nur ökonomischen) Anerkennungskulturen* fungieren.

Auf der *gesellschaftlichen Ebene* verursacht der dominante (internationale) Wettbewerbsdiskurs eine Dynamisierung der Anerkennung- und Reputationsverhältnisse, was wiederum Phänomene der Destabilisierung und der (Re-)Stabilisierung hervorruft. Das Versprechen des Wettbewerbs hat in meritokratisch organisierten Gesellschaften klassisch immer darin bestanden, für eine möglichst effiziente (und gerechte) Verteilung der Güter und für eine wohlbegründete Positionierung der Individuen in der Gesellschaftshierarchie zu sorgen (Rosa 2006). Dadurch sollte ein jeder/eine jede in der Gesellschaft seinen/ihren Platz zugewiesen bekommen – nicht willkürlich oder über ‚Beziehungen', sondern den Prinzipien der (Verteilungs-)Gerechtigkeit folgend. Die dahinter verborgenen Prinzipien der Chancengleichheit, der Fairness und gleicher Startbedingungen werden aber selbst durch negative Auswüchse der Konkurrenz unterminiert und dabei ein ganzes soziales Feld wie der Leistungssport durch unlautere Dopingpraktiken in Frage gestellt. Verallgemeinert und normativ gesprochen müssten Wettbewerbskulturen und Lebensführung sich so verbinden, dass in den verschiedenen diskutierten Feldern *Stabilität, Zuverlässigkeit* und *Transparenz* für integrativ-stabilisierende Momente in der Spätmoderne/Postmoderne sorgen können.

3.2 Kontextualisierung und Ausblick

(Un-)Gerechtigkeit, das gute Leben und die Frage/n der Kritik[292]

Wie lassen sich die Befunde abschließend kontextualisieren respektive wie stellen sich diese aus einer kritischen Perspektive dar? Im Spannungsfeld zwischen Individuum und Gesellschaft stehend, geht es aus einer gesellschaftskritischen Perspektive um die Verbindung zwischen Gerechtigkeit und dem guten Leben, im Sinne einer aus der Perspektive der Individuen anzustrebenden gelingenden Lebensführung. Die *Verwettbewerblichung der Gesellschaft* hat ursprünglich zu diesem Gelingen entscheidend beigetragen, gefährdet jedoch seit Beginn der 1980er Jahre mit dem Umschwenken auf eine neoliberale Erfolgskultur (Laval 2007) diesen Zusammenhang in vielen westeuropäischen Ländern. Und zwar insofern, als Ungleichheiten, Ungerechtigkeiten und nicht zuletzt ‚erzwungene‘, ‚inszenierte‘ oder gar „sinnlose Wettbewerbe" (Binswanger 2010) produziert werden. Zu Recht erinnert Rosa (2009a, S. 46) daran, dass es historisch betrachtet im Projekt der Moderne gerade der Wettbewerb war und ist, der *„das Mittel und die Basis für selbstbestimmte Lebensführung und zur politischen Gestaltung sozialer Verhältnisse"* bildet(e). Ein damit verbundenes Versprechen auf Autonomie[293] und Steigerung der Optionen sei jedoch nicht länger aufrecht zu erhalten, vielmehr müssten die den Individuen fehlenden „Resonanzerfahrungen" (2009a, S. 53) im Zusammenhang mit „Entfremdungsdiagnosen" aufgezeigt und offengelegt werden.[294] Dubet (2008) weist in seiner Studie auf die Problematik einer auf Dauer gestellten, wechselseitigen Konstitution von Individuum und Gesellschaft hin. „Wie sich die Gesellschaft fortwährend entwickelt und verändert, so befindet sich auch das Individuum in einem Prozess der Konstruktion seiner selbst. Sein ‚Wesen‘ ist die Arbeit an sich selbst, und die Ungerechtigkeit ist das, was diese Arbeit blockiert: Missachtung, Erschöpfung, unsinnige Aufgaben, die Unfähigkeit, Vorschriften auf konkrete Fälle und Lebensläufe abzustimmen, die übertriebene Bedeutung oder Nutzlosigkeit der Qualifikationen und dergleichen mehr." (ebd., S. 489) Eine ‚gerechte‘ und gute Gesellschaft wäre schließlich diejenige, die nicht nur die Kon-

---

292 Die Frage der (sozialen) Kritik ist ihrerseits – wie beispielsweise der neuere Band von Jaeggi/Wesche (2009) belegt – ausdifferenziert und umstritten (Butler 2009; vgl. auch Pfaller 2011, S. 201). Bei einer Betrachtung der reichhaltigen Geschichte der Kritik werden drei Gesichtspunkte eruiert (Jaeggi/Wesche 2009, S. 10ff.): *Kritik als Aufklärung*, die sich als Bewegung vom Mythos zum Logos beschreiben lässt (1), Kritik im Sinne einer *„historischen* Kritik", vermittelt durch das Prüfen von Alternativen (ebd.) (2) und Kritik als *„emanzipatorische* Kritik", die auf „intellektuelle Tugenden" (ebd.) rekurriert (3). Bezogen auf die Frage eines gelingenden Lebens müssten – Rosa zufolge – die Maßstäbe für eine Kritik aus der gelebten Praxis selbst kommen: „In einer ‚ideen-logischen‘ Analyse rekonstruiert die Soziologie die Konzeptionen gelingenden Lebens, welchen die Subjekte explizit oder – viel öfter und in viel höherem Maße – implizit, in ihrem Alltagshandeln, in ihren (biographischen und alltäglichen) Entscheidungen und in ihren routinisierten Praktiken folgen." (2009a, S. 29) Eine weitergehende, dekonstruktive Form der Kritik könnte „das System der Bewertung selbst herausarbeiten" (Butler 2009, S. 225) und mit Foucaults philosophischem „*Ethos*" (1990, S. 48) an den oben genannten dritten Punkt anknüpfen.

293 Vgl. dazu die aktuelle Studie von Alain Ehrenberg (2011), der darin zeigt, wie das Ideal der Autonomie in den normativen Zwang umschlägt, sein eigenes Leben selbstbestimmt führen zu *müssen*. Wer dieser Norm nicht zu entsprechen vermag, ist potenziell von Unglück und Leid bedroht.

294 Es wäre lohnenswert über Korrespondenzen zwischen Rosas gesellschaftskritisch inspirierter Suche nach Resonanzerfahrungen und Waldenfels phänomenologischen Überlegungen zu Responsivität nachzudenken (Waldenfels 1998, S. 99f). Während Rosa, dabei in der Tradition von Charles Taylor stehend (Rosa 1998), von einem Identität suchenden (und setzenden) Subjekt ausgeht, denkt Waldenfels Responsivität stärker alteritätsorientiert von der Position des immer ein Stück weit fremd bleibenden Fremden aus.

stitution der Subjekte ermöglicht, sondern es diesen auch überlässt, „sagen zu können, wo ihre Würde liegt und wie man zu einem guten und akzeptablen Leben gelangt – als Subjekte, die sich gegen die Verkettung der Ungerechtigkeiten zur Wehr setzen können" (ebd., S. 490). Dass dies in Zeiten des Neoliberalismus keineswegs selbstverständlich ist, zeigt auch die Studie von Laval (2007, S. 332), der überzeugend darlegt, inwiefern diese politische Formation des Neoliberalismus keine adäquaten Werte enthält, die dem einzelnen Individuum Sinnstiftung und eine (affektive) Verbindung zu kollektiven Fragen ermöglichen würde.

Formen der Kritik im Hinblick auf eine misslingende Lebensführung

Aus einer auf den Wettbewerb bezogenen Perspektive lassen sich vier Formen der wiederkehrenden Kritik respektive Herausforderungen identifizieren, denen sich der Wettbewerb sowohl als institutionell verankertes Prinzip als auch die Konkurrenz im Sinne einer Handlungsorientierung ausgesetzt sehen:

- *Konkurrenz und Solidarität*: Konkurrenzorientierung motiviert, vereinzelt aber auch die Individuen und bringt diese in kämpferisch-agonale Verhältnisse. Um sozial verträglich gestaltet werden zu können, müssen sich die aus Wettbewerben hervorgehenden Sieger mit den Verlierern solidarisch zeigen und diesen neue Chancen ermöglichen. Dahinter steckt die eminent soziologische Frage nach den Verbindungsmöglichkeiten von Konkurrenz und Solidarität (Duret 2009, Stürner 2007). Soziologische Kritik zeigt die Struktur und Semantik der dabei anzutreffenden ‚Gewinner-Verlierer-Logik' nicht nur auf, sondern liefert beispielsweise Argumente für die Vorteile kooperativer Formen.

- *Bestenauslese und Survival of the fittest*: Der institutionell verankerte Wettbewerb fördert und installiert maskuline, kriegerische und auf Gegnerschaft beruhende Sozialbeziehungen. Ein solches Wettbewerbsprinzip impliziert ein Recht des Stärkeren.

- *Die Eigendynamik des Wettbewerbs*: Die (Eigen-)Dynamik des systemisch induzierten Wettbewerbs um des Wettbewerbs willen musste aufgezeigt und in ihren teilweise fatalen gesellschaftlichen Wirkungen problematisiert und kritisiert werden.

- *Zur notwendigen Unterscheidung zwischen sinnvollen und unsinnigen Wettbewerben*: Sinnvolle und „funktionsfähige Wettbewerbe" (Kantzenbach und Kallfass 1981), wie sie beispielsweise bei Ausschreibungen, Stellenbesetzungen und bei der Allokation knapper Ressourcen eingesetzt werden, müssen möglichst eindeutig von „sinnlosen Wettbewerben" (Binswanger 2010) unterschieden werden.

Aus einer stärker normativ-ethischen Sichtweise erscheint mir die von Thielemann (2010) eingenommene Position plausibel, wenn dieser die Frage der *Begrenzung der Wettbewerbe* beziehungsweise nach deren Abschwächung aufwirft: „Dem Markt bzw. dem instanzlos ablaufenden Wettbewerb ist eine Instanz zu geben. Erst so lässt sich klären, ob die ‚Zerstörung' zu weit getrieben wurde, ob die ‚Kosten' der Selbstbehauptung im globalen Wettbewerb den konsumtiven Nutzen noch aufwiegen und natürlich auch, ob einige Akteure andere übergebührlich, also unfair unter Wettbewerbsdruck gesetzt haben." (ebd., S. 452) Diese Fragen ließen sich nur beantworten, indem feldspezifisch die jeweiligen Wettbewerbsdiskurse und Praktiken analysiert und in deren Logik beschrieben wurden. Unweigerlich spielen dabei Macht- und Herrschaftskonstellationen eine entscheidende Rolle.

Desiderate der Forschung

Der Fokus der vorgelegten Analysen lag auf Deutschland beziehungsweise auf (west-) europäischen Gesellschaften.[295] Gezeigt werden sollte, dass es nicht um die (zu einfach gestellte) Frage des Für- oder Wider-den-Wettbewerb-Sein geht, sondern um das Aufzeigen (diskursiver) Verwendungsweisen des Begriffs, des Konzepts und einer Analyse der damit verbundenen Grammatik. Die Feldanalysen haben verdeutlicht, dass es den einen Wettbewerb nicht gibt, auch nicht alle Wettbewerbe als marktförmige zu begreifen sind. Aus der Perspektive einer Soziologie des Wettbewerbs könnte dreierlei von weitergehendem Interesse sein:

1. Anzustreben wäre ein *systematischer Ländervergleich* (vgl. Duret 2009, S. 117), der vorab die Semantiken und Grammatiken der Wettbewerbe in den jeweiligen Ländern feldspezifisch zu analysieren hätte, um daran anschließend zu einer differenzierten Diagnose der Gegenwart zu gelangen. Gerade ein interkulturell inspirierter Vergleich zwischen den europäischen und den aufstrebenden asiatischen Ländern (allen voran China) könnte hier sinnvoll sein, wobei sich eine die verschiedenen Wettbewerbssphären übergreifende und vereinheitlichende Tendenz entwickeln dürfte (Rankings etc.).

2. *Historische Tiefenschärfe*: Wettbewerbe, gleich ob auf der Ebene von Diskursen oder Praktiken, sind immer historisch situiert und in gesamtgesellschaftliche Prozesse eingebettet. Weitere Arbeiten könnten diese historisch kontextualisierte Erforschung von Wettbewerbsprozessen noch genauer unter die Lupe nehmen.

3. Fruchtbar wäre auch eine *Erweiterung der Analyse auf andere soziale Felder*: Hier wäre in erster Linie an die Felder der Kunst (Musik) beziehungsweise der Medizin (Gesundheitsbranche) zu denken.

Die – hier am Schluss in Konturen skizzierte – systematische Verbindung der Analyse von Wettbewerben/Wettbewerbskulturen mit Fragen des guten Lebens respektive einer gelingenden Lebensführung könnte sozialtheoretisch ausgebaut werden, um Perspektiven und Potenzialitäten einer avancierten *Gesellschaftskritik* auszuloten. Gesellschaftskritik begreife ich als zentrale Aufgabe soziologischer Aufklärung, der nicht nur, aber vor allem Gegenwartsgesellschaften bedürfen (vgl. dazu Wetzel 2012a).

---

295 Gelegentliche Vergleiche mit den USA, gerade bei den Feldern der Bildung und der Finanzmärkte, wurden nicht systematisch durchgeführt.

Literatur

Abolafia, Mitchel Y. (1998) Markets as cultures: an ethnographic approach. In: Callon, Michel (Hrsg) *The Laws of the Markets*. Blackwell, Oxford, S 69-85.

Abolafia, Mitchel Y. (2001) *Making markets: opportunism and restraint on Wall Street*. Harvard University Press, Cambridge (Mass.).

Acker, Helmut (Hrsg) (1972) *Rekorde aus der Retorte. Leistungssteigerung im modernen Hochleistungssport*. Deutsche Verlags Anstalt, Stuttgart.

Adorno, Theodor W. (1970) *Erziehung zur Mündigkeit. Vorträge und Gespräche mit Hellmut Becker 1959 – 1969*. Hrsg von Gerd Kadelbach. Suhrkamp, Frankfurt am Main.

Agamben, Giorgio (2008) *Was ist ein Dispositiv?* diaphanes, Zürich, Berlin.

Akerlof, George A. und Robert J. Shiller (2009) *Animal Spirits. Wie die Wirtschaft wirklich funktioniert*. Campus, Frankfurt am Main/New York.

Albrecht, Reyk (2008) *Doping und Wettbewerb. Eine ethische Reflexion*. Angewandte Ethik, Band 9. Verlag Karl Alber, Freiburg/München.

Alfermann, Dorothee und Bernd Strauß (2001) Soziale Prozesse im Sport. In: Gabler, Hartmut, Jürgen R Nitsch, Roland Singer (Hrsg) *Einführung in die Sportpsychologie. Teil 2: Anwendungsfelder*. 2., erweiterte und überarbeitete Aufl. Verlag Hofmann, Schorndorf, S 73-108.

Anders, Georg und Guido Schilling (Hrsg) (1985) *Hat der Spitzensport (noch) eine Zukunft?* Rohr & Cie. AG, Magglingen.

Anhut, Reimund und Wilhelm Heitmeyer (2005) Desintegration, Anerkennungsbilanzen und die Rolle sozialer Vergleichsprozesse. In: Heitmeyer, Wilhelm und Peter Imbusch (Hrsg) *Integrationspotentiale einer modernen Gesellschaft*. VS-Verlag, Wiesbaden, S 75-100.

Arnoldi, Jakob (2009) *Alles Geld verdampft. Finanzkrise in der Weltrisikogesellschaft*. Suhrkamp, Frankfurt am Main.

Ash, Mitchell G. (2008) From ‚Humboldt‘ to ‚Bologna‘: History as discourse in higher education reform debates in german-speaking Europe. In: Bob Jessop et al. (Hrsg) *Education and the knowledge-based Economy in Europe*. Sense Publishers, Rotterdam/Taipei, S 41-61.

Asmuth, Christoph (2009-2010) Von Epo zu Kant und zurück. Translating Doping – Doping übersetzen und die Philosophie, in: http://www.translating-doping.de/sites/td/files/dokumente/CA_Von_Epo_zu_Kant_und_zur%C3%BCck.pdf [letzter Zugriff: 31.10.2012].

Asmuth, Christoph (Hrsg) (2010) *Was ist Doping? Fakten und Probleme der aktuellen Diskussion*. Brennpunkt Doping, Bd 1. Die Macht des Machbaren und der moderne Mensch. transcript Verlag, Bielefeld.

Auspurg, Katrin, Thomas Hinz und Jürgen Güdler (2008) Herausbildung einer akademischen Elite? Zum Einfluss der Größe und Reputation von Universitäten auf Forschungsförderung: *Kölner Zeitschrift für Soziologie und Sozialpsychologie* 60:4: 653-685.

Auspurg, Katrin, Thomas Hinz und Jürgen Güdler (2009) Gespensterdebatte oder was ist soziologische Aufklärung? Replik auf die Kommentare von Richard Münch sowie Dorothea Jansem, Richard Heidler und Regina von Goertz: *Kölner Zeitschrift für Soziologie und Sozialpsychologie* 61:3: 469-474.

Axelrod, Robert M. (1987 [1984]) *Die Evolution der Kooperation*. 4. Aufl. R. Oldenburg, München.

Baecker, Dirk (2007) *Studien zur nächsten Gesellschaft*. Suhrkamp, Frankfurt am Main.

Baecker, Dirk (2008) *Womit handeln Banken? Eine Untersuchung zur Risikoverarbeitung in der Wirtschaft*. Neuauflage. Suhrkamp, Frankfurt am Main.

Baecker, Dirk (2010) Forschung, Lehre und Verwaltung. In: Horst, Johanna-Charlotte et al. (Hrsg) *Unbedingte Universitäten. Was passiert? Stellungnahmen zur Lage der Universität*. diaphanes, Zürich.

Baker, Andrea (1998a) Cyberspace couples finding romance, in: http://oak.cats.ohiou.edu/~bakera/cyberspace_couples.html. [letzter Zugriff: 10.08.2010].

Baker, Andrea (1998b) Relationships and everyday life online: Finding love in cyberspace, in: http://oak.cats.ohi-ou.edu/~bakera/finding_love.html [letzter Zugriff: 10.08.2010].

Baker, Andrea (2002) What makes an Online relationship successful? Clues from Couples who met in Cyberspace: *CyberPsychology and Behaviour* 5:4: 363-375.

Bank für Internationalen Zahlungsausgleich (BIZ) (2009): *79. Jahresbericht*. Basel.

Barthes, Roland (2010) Die Tour de France als Epos. In: ders., *Mythen des Alltags*. Vollständige Ausgabe. Suhrkamp, Frankfurt am Main, S 143-156.

Bartyzel, Joanna und Michael Jordan (2008) Historie des Doping im Radsport. In: Nuschke, Lars und Christian Becker (Hrsg) *Quo vadis Radsport? Die „Skandalsportart" zwischen Doping und Sponsoren*. Sierke Verlag, Göttingen, S 27-34.

Beckert, Jens (1996) Was ist soziologisch an der Wirtschaftssoziologie? Ungewißheit und die Einbettung wirtschaftlichen Handelns: *Zeitschrift für Soziologie* 25:2: 125-146.

Beckert, Jens (1997) *Grenzen des Marktes. Die sozialen Grundlagen wirtschaftlicher Effizienz*. Campus, Frankfurt am Main/New York.

Beckert, Jens (2001) Die Kritik am Marktliberalismus als einer Konzeption „guter Gesellschaft". In: Mayer, Karl Ulrich (Hrsg) *Die beste aller Welten? Marktliberalismus versus Wohlfahrtsstaat. Eine Kontroverse,* Campus, Frankfurt am Main/New York, S 35-58.

Beckert, Jens (2004) *Unverdientes Vermögen: Soziologie des Erbrechts*. Campus. Frankfurt am Main/New York.

Beckert, Jens, Rainer Diaz-Bone und Heiner Ganßmann (Hrsg) (2007) *Märkte als soziale Strukturen. Mit einem Vorwort von Richard Swedberg*. Campus, Frankfurt/New York.

Beckmann, Martin (2007) *Das Finanzkapital in der Transformation der europäischen Ökonomie*. Westfälisches Dampfboot, Münster.

Benjamin, Walter (1991) Kapitalismus als Religion [Fragment]. In: *Gesammelte Schriften*, hrsg von Rolf Tiedemann und Hermann Schweppenhäuser, 7 Bde, Suhrkamp, Frankfurt am Main, Bd. VI, S 100-102.

Ben-Ze'ev, Aaron (2004) *Love Online. Emotions on the Internet*. Cambridge University Press, Cambridge.

Berendonk, Brigitte (1992) *Doping. Von der Forschung zum Betrug*. Rowohlt-Verlag, Reinbek bei Hamburg. [Orig.: Doping-Dokumente. Springer-Verlag, Berlin/Heidelberg u. a. 1991].

Berger, Albert (2008) Unternehmen Universität – Universität unternehmen. In: Siebenhaar, Klaus (Hrsg) *Unternehmen Universität. Wissenschaft und Wirtschaft im Dialog*. VS-Verlag, Wiesbaden, S 37-46.

Berndt, Christian und Marc Boeckler (2007) Kulturelle Geographien der Ökonomie: Zur Performativität von Märkten. In: Christian Bernt und Robert Pütz (Hsrg) *Kulturelle Geographien. Zur Beschäftigung mit Raum und Ort nach dem Cultural Turn*. transcript Verlag, Bielefeldt, S 213-258.

Bette, Karl-Heinrich (2008) Zur Soziologie des Dopings. Text auf der Grundlage eines Vortrags, gehalten am 30.05.2008 auf dem fachübergreifenden Kongress von „sport transparency" zum Thema „Doping im Sport", Wissenschaftszentrum Bonn: Bonn. http://www.doping-kongress.de/beitraege/Bette_Soziologie_des_Dopings-Bonn_30-05-2008.pdf [letzter Zugriff: 31.10.2012].

Bette, Karl-Heinrich (2010) *Sportsoziologie*. transcript Verlag, Bielefeld, S 87-134.

Bette, Karl-Heinrich (Hrsg) (1994) *Doping im Leistungssport – sozialwissenschaftlich beobachtet. Sozialwissenschaften des Sports, Bd 1*. Verlag Stephanie Naglschmid, Stuttgart.

Bette, Karl-Heinrich (2010) Akteure und Akteurskonstellationen im Spitzensport – eine soziologische Rekonstruktion der Dopingrealität. In: Höfling, Wolfram und Johannes Horst (Hrsg) (2010) *Doping – warum nicht? Ein interdisziplinäres Gespräch*. Mohr Siebeck, Tübingen, S 23-43.

Bette, Karl-Heinrich und Uwe Schimank (1996) Anpassung durch Abweichung. Doping im Hochleistungssport. In: Sarkowicz, Hans (Hrsg) *Schneller Höher Weiter. Eine Geschichte des Sports*. Insel Suhrkamp, Frankfurt am Main, S 420-431.

Bette, Karl-Heinrich und Uwe Schimank (2006a) *Die Dopingfalle. Soziologische Betrachtungen*. transcript Verlag, Bielefeld.

Bette, Karl-Heinrich und Uwe Schimank (2006b) *Doping im Hochleistungssport. Anpassung durch Abweichung*. Zweite Aufl. Suhrkamp, Frankfurt am Main.

Binswanger, Mathias (2010) *Sinnlose Wettbewerbe. Warum wir immer mehr Unsinn produzieren*. Herder, Freiburg/Basel/Wien.

Binswanger, Michèle (2012) Die große Lüge. Nicht Untreue zerstört unser Beziehungsleben, sondern falsch verstandene Treue. Das muss sich ändern. Ein Manifest: *Zeit Online* vom 27.3.2012.

Bisky, Jens (2006) Jetzt sind wir Herr im Hause, auch wenn es brennt: *Süddeutsche Zeitung* vom 28.07.2006.

BITKOM (2008) Rekordjahr für Internet-Singlebörsen in Deutschland. Berlin 19. Februar 2008. http://www.bitkom. org/files/documents/BITKOM_Presseinfo_Online-Dating_19_02_2008.pdf [letzter Zugriff: 31.10.2010].

Bloch, Roland, André Lottmann und Carsten Würmann (2008) Making Excellence. Die Exzellenzinitiative 2004-2008. In: Bloch, Roland, Andreas Keller, André Lottmann und Carsten Würmann (Hrsg), *Making Excellence. Grundlagen, Praxis und Konsequenzen der Exzellenzinitiative*. wbv-Verlag, Bielefeld, S 99-116.

Bohle, Martin (1977) *Leistung, Erfolg und Leistungskonflikte in bürokratischen Organisationen: ein empirischer Vergleich zwischen Beamten und Angestellten der Privatwirtschaft in der BRD*. Hain, Meisenheim am Glan.

Bok, Derek (2003) *Universities in the Marketplace: The Commercialization of Higher Education*. Princeton University Press, Princeton (N.J.).

Boltanski, Luc (2007) Leben als Projekt. Prekarität in der schönen neuen Netzwelt: *Polar. Online- Magazine zur Zeitschrift*. Heft 7. url: http://www.s173721806.online.de/frontend/position.php?id=110#110.

Boltanski, Luc und Ève Chiapello (2001) Die Rolle der Kritik in der Dynamik des Kapitalismus und der normative Wandel: *Berliner Journal für Soziologie* 11:4: 459-477.

Boltanski, Luc und Ève Chiapello (2003) *Der neue Geist des Kapitalismus*. UVK-Verlag, Konstanz.

Bolz, Norbert (2002) *Das konsumistische Manifest*. Fink-Verlag, München.

Bontrup, Heinz-J. (2007) Wettbewerb und Markt sind zu wenig: *Politik und Zeitgeschichte* 13: 25-30.

Booth, Alison L. (2009) *Gender and Competition*. Centre for Economic Policy Research, London, Discussion paper series.

Borch, Christian and Jakob Arnoldi (2007) Market Crowds between Imitation and Control: *Theory, Culture & Society* 24:7-8: 164-180.

Botton, de Alain (2006) *StatusAngst*. Fischer-Verlag, Frankfurt am Main.

Bourdieu, Pierre (1987 [1979]) *Die feinen Unterschiede. Kritik der gesellschaftlichen Urteilskraft*. Suhrkamp, Frankfurt am Main.

Bourdieu, Pierre (1979) *Entwurf einer Theorie der Praxis auf der ethnologischen Grundlage der kabylischen Gesellschaft*. Suhrkamp, Frankfurt am Main.

Bourdieu, Pierre (1992) *Homo academicus*. Suhrkamp, Frankfurt am Main.

Bourdieu, Pierre (2002) *Ein soziologischer Selbstversuch*. Suhrkamp, Frankfurt am Main.

Bourdieu, Pierre (2009) Historische und soziale Voraussetzungen modernen Sports. In: Gebauer, Gunter et al. (Hrsg) *Konkurrenzkulturen in Europa: Sport – Wirtschaft – Bildung und Wissenschaft. Paragrana*. Beiheft 4. Akademie, Berlin, S 19-35.

Bourdieu, Pierre und Loïc Wacquant (1996 [1992]) *Reflexive Anthropologie*. Suhrkamp, Frankfurt am Main.

Bourdieu, Pierre u. a. (2002) *Der Einzige und sein Eigenheim*. Erweiterte Neuausgabe der Schriften zu Politik & Kultur 3. Hrsg von Margareta Steinrücke. VSA, Hamburg.

Bourgeois-Gironde, Sacha (2009) Les émotions économiques. Réflexion sur les mécanismes d'adaptation cérébrale à l'environnement socio-économique: *Revue européenne des sciences sociales* XLVII: 144: 43-66.

Brandt, Andrea et al. (2006) Maschinisten der Liebe: *DER SPIEGEL*, Heft 12: 78-93.

Brandt, Reinhard (2011) *Wozu noch Universitäten? Ein Essay*. Felix Meiner, Hamburg.

Braudel, Fernand (1991) *Die Dynamik des Kapitalismus*. Klett-Cotta, Stuttgart.

Breithaupt, Fritz (2008) *Der Ich-Effekt des Geldes: zur Geschichte einer Legitimationsfigur*. Fischer Taschenbuch Verlag, Frankfurt am Main.

Breivik, Gunnar (1987) The Doping Dilemma – Some Game Theoretical and Philosophical Considerations: *Sportwissenschaft* 17:1: 83-94.

Breivik, Gunnar (1992) Doping Games. A Game Theoretical Exploration of Doping: *International Review for the Sociology of Sport* 27:3: 235-253.

Breuer, Rolf E. (2000) Die fünfte Gewalt: *Die Zeit*, 27. April, S 21-22.

Bröckling, Ulrich (2004) Unternehmer. In: Bröckling, Ulrich; Krasmann, Susanne und Thomas Lemke (Hrsg) *Glossar der Gegenwart*. Suhrkamp, Frankfurt am Main, S 271-276.

Bröckling, Ulrich (2007) *Das unternehmerische Selbst: Soziologie einer Subjektivierungsform*. Suhrkamp, Frankfurt am Main.

Brown, Philipp (2000) The Globalisation of Positional Competition?: *Sociology* 34:4: 633-653.

Brüchert, Oliver und Alexander Wagner (Hrsg) (2007) *Kritische Wissenschaft, Emanzipation und die Entwicklung der Hochschulen. Reproduktionsbedingungen und Perspektiven kritischer Theorie*. BdWi-Verlag, Marburg.

Brugger, E.A. und Barbara Rigassi (2005) Dynamik globalisierter Finanzmärkte. Risiken, Chancen und Herausforderungen für Finanzzentren, in: http://www.dialogue.li/0/Downloads/2005_Inputpapier-de.pdf [letzter Zugriff: 10.08.2010].

Bruno, Isabelle (2009) The ,Indefinite Discipline' of Competitiveness Benchmarking as a Neoliberal Technology of Government: *Minerva* 47: 261-280.

Bruschewski, Michaela (2007) *Partnervermittlung im Internet: soziale und ökonomische Bedeutung von Online-Dating.* VDM-Verlag, Saarbücken.

Brym, Robert J., Rhonda L. Lenton (2001) Love Online: A Report on Digital Dating in Canada, in: http://www.nelson.com/nelson/harcourt/sociology/newsociety3e/Loveonline.pdf [letzter Zugriff: 31.10.2010].

Bublitz, Hannelore (2003) *Diskurs.* transcript, Bielefeld.

Buckingham, Marcus and Curt Coffman (1999) *First, break all the rules. What's the world's greatest Managers do differently.* Simon & Schuster Business Book, New York.

Burris, Val (2004) The academic caste system: prestige hierarchies in PhD exchange networks: *American Sociological Review* 69:2: 239-264.

Bühler-Ilieva, Evelina (2006) *Einen Mausklick von mir entfernt. Auf der Suche nach Liebesbeziehungen im Internet.* Tectum-Verlag, Marburg.

Bührmann, Andrea D. und Werner Schneider (2007) Mehr als nur diskursive Praxis? – Konzeptionelle Grundlagen und methodische Aspekte der Dispositivanalyse: *Forum Qualitative Sozialforschung/Forum: Qualitative Social Research* 8:2 (www.qualitative-research.net/fqs-texte/2-07/07-2-28-d.htm).

Bührmann, Andrea D. und Werner Schneider (2008) *Vom Diskurs zum Dispositiv: Eine Einführung in die Dispositivanalyse.* transcript, Bielefeld.

Burrell, Charles et al. (2004) Online Dating. Info 311 Term Project. University of Washington School of Information, in: http://www.jaamati.info/portfolio/human/info311/Online_Dating.pdf [letzter Zugriff: 10.08.2010].

Burt, Ronald S. (1992) *Structural Holes. The Social Structure of Competition.* Harvard University Press, Cambridge/London.

Butler, Judith (2001) *Psyche der Macht. Das Subjekt der Unterwerfung.* Suhrkamp, Frankfurt am Main.

Butler, Judith (2007) *Kritik der ethischen Gewalt.* Erweiterte Ausgabe. Suhrkamp, Frankfurt am Main.

Butler, Judith (2009) Was ist Kritik? Ein Essay über Foucaults Tugend, in: Rahel Jaeggi und Tilo Wesche (Hrsg) *Was ist Kritik?* Suhrkamp, Frankfurt am Main, S 221-246.

Butterwegge, Christoph, Bettina Lösch und Ralf Ptak (Hrsg) (2007) *Kritik des Neoliberalismus.* VS-Verlag, Wiesbaden.

Caduff, Corina (2010) *Kränken und Anerkennen. Essays.* Lenos, Basel.

Caillé, Alain (2007) *La quête de reconnaissance. Nouveau phénomène social total.* éditions la découverte, Paris.

Callon, Michel (1998) *The Laws of the Markets.* Blackwell Publishers, Oxford.

Callon, Michel (2006) Akteur-Netzwerk-Theorie: Der Markttest. In: Belliger, Andréa und David J. Krieger (Hrsg) *ANThology. Ein einführendes Handbuch zur Akteur-Netzwerk-Theorie.* transcript, Bielefeld, S 545-559.

Callon, Michel (2007a) What Does It Mean to Say That Economics Is Performative? In: MacKenzie, Donald; Fabian Muniesa und Luca Siu (Hrsg) *Do Economists make Markets? On the Performativity of Economics.* Princeton University Press, Princeton (N.J.), S 311-357.

Callon, Michel (2007b) An Essay on the Growing Contribution of Economic Markets to the Proliferation of the Social: *Theory, Culture & Society* 24:7-8: 139-163.

Callon, Michel and Koray Caliskan (2009) Economization, part 1: shifting attention from the economy towards processes of economization: *Economy and Society* 38:3: 369-398.

Chesnais, François (2004) Das finanzdominierte Akkumulationsregime: theoretische Begründung und Reichweite. In: Zeller, Christian (Hrsg) *Die globale Enteignungsökonomie.* Westfälisches Dampfboot, Münster, S 217-254.

Claviez, Thomas (201) Die Rückkehr des Mythos – das Ende der Aufklärung? Überlegungen zu einer metonymischen Gesellschaft. In: Wetzel, Dietmar J. (Hrsg) *Perspektiven der Aufklärung: zwischen Mythos und Realität.* Fink, München, S 43-56.

Competitiveness Advisory Group (1995) Enhancing European Competitiveness. In: http://aei.pitt.edu/2866/01/052.pdf [letzter Zugriff: 17.06.2010].

Conrad, Christian A. (2005) *Die Notwendigkeit, die Möglichkeiten und die Grenzen einer internationalen Wettbewerbsordnung.* Duncker & Humblot, Berlin.

Court, Jürgen; Hollmann, Wildor (1998) Doping. In: Grupe, Ommo und Dietmar Mieth (Hrsg) *Lexikon der Ethik im Sport.* Verlag Hofmann, Schorndorf, S 97-105.

Cox, Helmut, Uwe Jens und Kurt Markert (Hrsg) (1981) *Handbuch des Wettbewerbs: Wettbewerbstheorie, Wettbewerbspolitik, Wettbewerbsrecht.* Franz Vahlen, München.

Cox, Helmut und Harald Hübener (1981) Wettbewerb. Eine Einführung in die Wettbewerbstheorie und Wettbewerbspolitik. In: ders., Uwe Jens und Kurt Markert (Hrsg) *Handbuch des Wettbewerbs,* a.a.O., S 1-48.

Crozier, Michel und Erhard Friedberg (1979) *Macht und Organisation: die Zwänge kollektiven Handelns.* Athenäum Verlag, Königstein/Ts.

Dahrendorf, Ralf (2009) Nach der Krise: Zurück zur protestantischen Ethik? Sechs Anmerkungen: *Merkur* 63:5: 373-381.

Dittli, Mark (2009) Homo Ovinus: *Finanz und Wirtschaft* 82:60: 1.

Daumann, Frank (2009) Doping im Hochleistungssport aus ökonomischer Sicht. In: Emerich, Eike und Werner Pitsch (Hrsg) *Sport und Doping. Zur Analyse einer antagonistischen Symbiose.* Peter Lang, Frankfurt am Main, S 61-78.

Deleuze, Gilles (1991) Was ist ein Dispositiv? In: Ewald, François und Bernhard Waldenfels, *Spiele der Wahrheit. Michel Foucaults Denken.* Suhrkamp, Frankfurt am Main, S 153-162.

Deleuze, Gilles (1992) Das elektronische Halsband. Innenansicht der kontrollierten Gesellschaft: *Kriminologisches Journal* 24:3: 181-186.

Deleuze, Gilles (1993) Postskriptum über die Kontrollgesellschaften. In: ders., *Unterhandlungen. 1972-1990.* Suhrkamp, Frankfurt am Main, S 254-262.

Deleuze, Gilles und Félix Guattari (1996) *Was ist Philosophie?* Suhrkamp, Frankfurt am Main.

De Mondenard, Jean-Pierre (1998) Le martyr du dopage: *Sport et Vie* 47:6 : 16-17.

Demirović, Alex (2004) Wissenschaft oder Dummheit. Die Zerstörung der wissenschaftlichen Rationalität durch Hochschulreform: *PROKLA. Zeitschrift für kritische Sozialwissenschaft* 34:4: 497-514.

De Séchelles, Hérault (1997 [1788]) *Theorie des Ehrgeizes.* Übersetzt und mit einem Nachwort von Henning Ritter. C.H. Beck, München.

Derrida, Jacques (1993) Die différance. In: Engelmann, Peter (Hrsg) *Postmoderne und Dekonstruktion. Texte französischer Philosophen der Gegenwart.* reclam, Stuttgart, S 76-113.

Derrida, Jacques (2001) *Die unbedingte Universität.* Suhrkamp, Frankfurt am Main.

Derrida, Jacques (2004) Die Pupillen der Universität. Der Satz vom Grund und die Idee der Universität. In: ders.: *Mochlos, oder, Das Auge der Universität. Vom Recht auf Philosophie II.* Passagen, Wien, S 59-100.

Deutschmann, Christoph (1989) Reflexive Verwissenschaftlichung und kultureller Imperialismus' des Managements: *Soziale Welt* 40:3: 374-396.

Deutschmann, Christoph (2000) Geld als ,absolutes Mittel'. Zur Aktualität von Simmels Geldtheorie: *Berliner Journal für Soziologie* 10:3: 301-313.

Deutschmann, Christoph (2005) Finanzmarkt-Kapitalismus und Wachstumskrise. In: Windolf, Paul (Hrsg) *Finanzmarkt-Kapitalismus,* a.a.O., S 58-84.

Deutschmann, Christoph (2008a) Die Finanzmärkte und die Mittelschichten: Der kollektive ,Buddenbrooks-Effekt': *Leviathan* 36:4: 501-517.

Deutschmann, Christoph (2008b) *Kapitalistische Dynamik. Eine gesellschaftstheoretische Perspektive.* VS-Verlag, Wiesbaden.

Diaz-Bone, Rainer und Gertraude Krell (Hrsg) (2009) *Diskurs und Ökonomie. Diskursanalytische Perspektiven auf Märkte und Organisationen.* VS-Verlag, Wiesbaden.

Diederichsen, Diedrich (2008) Full of oneself. In: Schulze, Rolf-Günther und Martin Krauss (Hrsg) *Wer macht den Sport kaputt?* Verbrecher Verlag, Berlin, S 99-120.

Dombrowski, Julia (2011) *Die Suche nach der Liebe im Netz. Eine Ethnographie des Online-Datings.* transcript, Bielefeld.

Donnelly, Peter und Kevin Young (1988) The Construction and Confirmation of Identity in Sport Subcultures: *Sociology of Sport Journal* 5:3: 223-240.

Donoghue, Frank (2008) *The Last Professors. The Twilight of the Humanities in the Corporate University.* Fordham University Press, New York.

Döring, Nicola (2002) Studying Online Love and Cyber Romance. In: Batinic, Bernard, Ulf-Dietrich Reips und Michael Bosnjak: *Online Social Sciences.* Hogrefe & Huber Publishers, Seattle/Toronto/Bern/Göttingen, S 333-356.

Döring, Nicola (2003) Internet-Liebe: Zur technischen Mediatisierung intimer Kommunikation. In: http://www.nicola-doering.de/publications/internet-liebe-doering-2003.pdf.

Döring, Nicola (2009) The Internet's impact on sexuality: A critical review of 15 years of research: *Computers in Human Behavior* 25:5: 1089-1101.

Dörre, Klaus (2009) Die neue Landnahme. Dynamiken und Grenzen des Finanzmarktkapitalismus. In: ders. et al. (Hrsg) *Soziologie – Kapitalismus – Kritik,* a.a.O., S 21-86.

Dörre, Klaus, Hartmut Rosa und Stephan Lessenich (2009) *Soziologie – Kapitalismus – Kritik. Eine Debatte.* Unter Mitarbeit von Thomas Barth. Suhrkamp, Frankfurt am Main.

Dörre, Klaus und Matthias Neis (2010) *Das Dilemma der unternehmerischen Universität. Hochschulen zwischen Wissensproduktion und Marktzwang.* edition sigma, Berlin.

Dörpinghaus, Andreas (2009) Bildung. Plädoyer wider die Verdummung: *Forschung & Lehre* (Supplement) 16:9: 3-14.

Dresen, Antje (2010) *Doping im Spitzensport als soziales Problem. Ursachen und Folgen eines gesellschaftlichen Diskurses.* VS-Verlag, Wiesbaden.

Dubet, François (2008) *Ungerechtigkeiten. Zum subjektiven Ungerechtigkeitsempfinden am Arbeitsplatz.* Hamburger Edition, Hamburg.

Dueck, Gunter (2006) *Supramanie. Vom Pflichtmenschen zum Score-Man.* Zweite, um ein Nachwort ergänzte Aufl. Springer, Berlin/Heidelberg/New York.

Duret, Pascal (2009) *Sociologie de la compétition: sociologies contemporaines.* Armand Colin, Paris.

Dworkin, Ronald (2012) *Gerechtigkeit für Igel.* Suhrkamp, Berlin.

Eder, Michael (2009) Männeken, piss!. In: http://www.faz.net/s/Rub9CD731D06F17450CB39BE001000DD173/Doc~E7616884345364A62802E0C6EDBD9224E~ATpl~Ecommon~Sspezial.html.

Ehrenberg, Alain (1991) *Le culte de la performance.* Hachette Littératures, Paris.

Ehrenberg, Alain (2004) *Das erschöpfte Selbst.* Campus, Frankfurt am Main.

Ehrenberg, Alain (2011) *Das Unbehagen in der Gesellschaft.* Suhrkamp, Berlin.

Eichenberger, Reiner (2010) Gegen den Unsinn der Riesen-Boni: *NZZ* vom 24. Januar 2010.

Eigner, Christian (2002) Wissen und Markt. Plädoyer für ein Rekulturalisierung der Ökonomie: *Lettre International* 57: 2: 54-57.

Eitzen, D. Stanley (1988) Conflict Theory and Deviance in Sport: *International Review for the Sociology of Sport* 23:3: 193-204.

Elster, Jon (1990) *Solomonic Judgements: studies in the limitations of rationality.* Cambridge University Press, Cambridge.

Emrich, Eike (1992) Abseits der Regeln: erfolgreiche Außenseiter. Überlegungen zum Doping und anderen Formen abweichenden Verhaltens im Sport aus soziologischer Sicht: *Leistungssport* 22:6: 55-58.

Emrich, Eike und Werner Pitsch (Hrsg) (2009) *Sport und Doping. Zur Analyse einer antagonistischen Symbiose.* Peter Lang – Internationaler Verlag der Wissenschaften, Frankfurt am Main u. a.

Engelmann, Peter (Hrsg) (1993) *Postmoderne und Dekonstruktion. Texte französischer Philosophen der Gegenwart.* reclam, Stuttgart.

Engels, Anita (2009) Die soziale Konstitution von Märkten. In: Beckert, Jens und Christoph Deutschmann (Hrsg) *Wirtschaftssoziologie. Kölner Zeitschrift für Soziologie und Sozialpsychologie.* Sonderheft 49: 67-86.

Erhart, Walter (2004) Die Managerin und der Mönch – Über die Zukunft unserer Bildungsanstalten. In: Kimmich, Dorothee und Alexander Thumfart (Hrsg) *Universität ohne Zukunft?* Suhrkamp, Frankfurt am Main, S 124-141.

Ernst, Richard (2010) Radiogespräch mit DRS 2, 27.03.2010.

Eßbach, Wolfgang (2009) Jenseits der Fassade. Die deutsche Bachelor-/Master-Reform. In: Kaube, Jürgen (Hrsg) *Die Illusion der Exzellenz. Lebenslügen der Wissenschaftspolitik,* a.a.O., S 14-25.

Eucken Walter (1952) *Grundsätze der Wirtschaftspolitik.* Francke, Bern.

Eurich, Johannes und Julia Kropf (2005) Anerkennung und Würde in Unternehmen. In: Brink, Alexander und Victor A. Tiberius (Hrsg) *Ethisches Management: Grundlagen eines wert(e)orientierten Führungskräfte-Kodex,* Haupt-Verlag, Bern, S 245-274.

Europäische Kommission (1993) *Wachstum, Wettbewerbsfähigkeit, Beschäftigung. Herausforderungen der Gegenwart und Wege ins 21. Jahrhundert.* Weißbuch, Luxemburg: Amt für amtliche Veröffentlichungen der EU (=Bulletin der Europäischen Gemeinschaften, Beilage 6/93).

Europäische Kommission (2004) Glossar der Wettbewerbspolitik der EU. Kartellrecht und Kontrolle von Unternehmenszusammenschlüssen. In: http://ec.europa.eu/competition/publications/glossary_de.pdf.

Europäische Kommission (2005) *Das intellektuelle Potential Europas wecken: So können die Universitäten ihren vollen Beitrag zur Lissabonner Strategie leisten.* KOM 152, Brüssel.

Exzellenz-Initiative (2010) in: http://www.bmbf.de/de/1321.php [letzter Zugriff: 11.06.2010].

Faber, Alexander (1974) *Doping als unlauterer Wettbewerb und Spielbetrug*. Schulthess Polygraphischer Verlag, Zürich.

Fach, Wolfgang (2008) Unbedingte Universitäten. In: Bloch, Roland et al. (Hrsg) *Making Excellence. Grundlagen, Praxis und Konsequenzen der Exzellenzinitiative*. W. Bertelsmann-Verlag, Bielefeld, S 37-44.

Fauconnier, Patrick (2005) *La Fabrique des 'Meilleurs'. Enquête sur une culture d'exclusion*. Edition de Seuil, Paris.

Feiden, Karl und Helga Blasisus (2008) Doping im Spitzensport. In: dies., *Doping im Sport. Wer – womit – Warum*. Wissenschaftliche Verlagsgesellschaft, Stuttgart, S 53-62.

Felber, Christian (2008) *Neue Werte für die Wirtschaft. Eine Alternative zu Kommunismus und Kapitalismus*. Deuticke, Wien.

Finke, Peter (2010) Universitas Bolognese: Die Mitschuld der Wissenschaft, längere Fassung des Aufsatzes „Vom Machtraum zum Wahrheitsraum": *Forschung & Lehre* 17:2: 100-102.

Fiorentino, Elisabetta und Heinz Herrmann (2009) Effizienz und Wettbewerb im deutschen Bankensektor: *Vierteljahreshefte zur Wirtschaftsforschung* 78:1: 114-126.

Fischer, Harald (1986) *Sport und Geschäft – Professionalisierung im Sport*. Bartels & Wernitz, Berlin u. a.

Flam, Helga (2002) *Soziologie der Emotionen*. UVK, Konstanz.

Fligstein, Neil (2011 [2001]) *Die Architektur der Märkte*. VS-Verlag, Wiesbaden.

Foucault, Michel (1978) *Dispositive der Macht. Über Sexualität, Wissen und Wahrheit*. Merve, Berlin.

Foucault, Michel (1982) *Was ist Kritik?* Merve, Berlin.

Foucault, Michel (1990) Was ist Aufklärung? In: Erdmann, Eva; Forst, Rainer und Axel Honneth (Hrsg) *Ethos der Moderne. Foucaults Kritik der Aufklärung*. Campus, Frankfurt am Main/New York, S 35-54.

Foucault, Michel (1991, [1970]) *Die Ordnung des Diskurses*. S. Fischer, Frankfurt am Main.

Foucault, Michel (1992, [1973]) *Archäologie des Wissens*. 5. Aufl. Suhrkamp, Frankfurt am Main.

Foucault, Michel (2004) Die Gouvernementalität. In: Bröckling, Ulrich, Krasmann, Susanne und Thomas Lemke (Hrsg) *Gouvernementalität der Gegenwart. Studien zur Ökonomisierung des Sozialen*. Suhrkamp, Frankfurt am Main, S 41-67.

Foucault, Michel (2006) *Die Geburt der Biopolitik. Geschichte der Gouvernementalität II. Vorlesung am Collège de France 1978-1979*. Hrsg von Michel Sennelart. Suhrkamp, Frankfurt am Main.

Foucault, Michel (2010) *Kritik des Regierens. Schriften zur Politik*. Ausgewählt und mit einem Nachwort von Ulrich Bröckling. Suhrkamp, Frankfurt am Main.

Fox, Justin (2009) *The Myth of the Rational Market. A history of risk, reward, and delusion on Wall Street*. Harper Collins, New York.

Franck, Georg (1998) *Ökonomie der Aufmerksamkeit. Ein Entwurf*. Hanser, München.

Franck, Georg (2005) *Mentaler Kapitalismus. Eine politische Ökonomie des Geistes*. Hanser, München.

François, Pierre (2008) *Sociologie des marchés*. Armand Colin, Paris.

Frank, Robert H. and Philipp J. Cook (1995) *The Winner-Take-All Society*. The Free Press, New York/London/Toronto/Sydney/Tokyo and Singapore.

Franke, Elk (1994) Dopingdiskurse. Eine Herausforderung für die Sportwissenschaft. In: Bette, Karl-Heinrich (Hrsg) *Doping im Leistungssport – sozialwissenschaftlich beobachtet. Sozialwissenschaften des Sports*, Bd 1. Verlag Stephanie Naglschmid, Stuttgart, S 67-99.

Frey, Bruno S. (2003) Publishing as Prostitution? – Choosing between one's own Ideas and Academic Success: *Public Choice* 116: 205-223.

Friedman, Milton (2002 [1962]) *Kapitalismus und Freiheit*. Eichborn, Frankfurt am Main.

Fuchs, Christian (2008) *Internet and Society. Social Theory in the Information Age*. Routledge, New York/London.

Gabler Wirtschaftslexikon (2000) Wettbewerbstheorie. Gabler, Wiesbaden, S 3488-3490.

Gamper, Michael (2000) Reden ist wichtiger als Handeln. Eine machtanalytische Betrachtung des Dopingdiskurses. In: Gamper, Michael, Mühlethaler, Jan und Felix Reidhaar (Hrsg) *Doping. Spitzensport als gesellschaftliches Problem*. Verlag Neue Zürcher Zeitung, Zürich, S 45-68.

Gamper, Michael, Mühlethaler, Jan und Felix Reidhaar (Hrsg) (2000) *Doping. Spitzensport als gesellschaftliches Problem*. Verlag Neue Zürcher Zeitung, Zürich.

Gamper, Michael (2006) Der unaufhaltsame Aufstieg des Floyd L: *NZZ* vom 30.07.2006.

Gebauer, Gunter (1972) „Leistung" als Aktion und Präsentation: *Sportwissenschaft* 2: 182-197.

Gebauer, Gunter (2000) Der Angriff des Dopings gegen die europäische Sportauffassung. Überlegungen zu ihrer Verteidigung. In Japan niedergeschrieben. In: Gamper et al., *Doping. Spitzensport als gesellschaftliches Problem*. Verlag Neue Zürcher Zeitung, Zürich S 113-129.

Gebauer, Gunter (2010) Im Sport kann man ohne Folgen krumme Dinge tun: *Tagesanzeiger* vom 27.10.2010.

Gebauer, Gunter, Faure, Jean-Michel und Charles Suaud (Hrsg) (2009) Konkurrenzkulturen in Europa: Sport – Wirtschaft – Bildung und Wissenschaft: *Paragrana. Internationale Zeitschrift für Historische Anthropologie.* Beiheft 4. Akademie-Verlag, Berlin.

Geipel, Ines (2008) *No Limit. Wie viel Doping verträgt die Gesellschaft.* Klett-Cotta Verlag, Stuttgart.

Gertenbach, Lars (2007) *Die Kultivierung des Marktes. Foucault und die Gouvernementalität des Neoliberalismus.* Parodos, Berlin.

Geser, Hans (2007) Online search for Offline Partners. Matching platforms as tools of individual empowerment and social retraditionalization, in: http://socio.ch/intcom/t_hgeser19.pdf [letzter Zugriff: 25.08.2009].

Gneezy, Uri; Kenneth, Leonard und John List (2008) *Gender differences in competition: evidence from a matrilineal and a patriarchal society.* National Bureau of Economic Research, Cambridge, Working paper series.

Goffman, Erving (2011 [1959]) *Wir alle spielen Theater: die Selbstdarstellung im Alltag.* 8. Aufl. Piper, München.

Gourgé, Klaus (2001) *Ökonomie und Psychoanalyse. Perspektiven einer psychoanalytischen Ökonomie.* Campus, Frankfurt am Main/New York.

Granovetter, Mark (2000, [1985]) Ökonomisches Handeln und soziale Struktur: Das Problem der Einbettung. In: Müller, Hans-Peter und Steffen Sigmund (Hrsg) *Zeitgenössische amerikanische Soziologie.* Westdeutscher Verlag, Opladen, S 175-207.

Gray, John (2009) We simply do not know! *London Review of Books*, 19. November 2009.

Grupe, Ommo (1998) Stichwort: Leistung / Leistungssport / Ethos des Leistens im Sport. In: Gruppe, Ommo und Dieter Mieth (Herg.) *Lexikon der Ethik im Sport*, a.a.O., S 331-336.

Grupe, Ommo und Dietmar Mieth (Hrsg) (1998) *Lexikon der Ethik im Sport.* Verlag Hofmann, Schorndorf.

Gugerli, David (2005) Management an der Hochschule. ETHistory 1855-2005. In: www.ethistory.ethz.ch/besichtigungen/touren/vitrinen/dienstwege/vitrine73 [Zugriff am 14.06.2011].

Gugerli, David (2008) Kybernetisierung der Hochschule. Zur Genese des universitären Managements. In: Hagner, Michael und Erich Hörl (Hrsg) *Die Transformation des Humanen. Beiträge zur Kulturgeschichte.* Suhrkamp, Frankfurt am Main, S 414-439.

Gumbrecht, Hans Ulrich (2005) *Lob des Sports.* Suhrkamp, Frankfurt am Main.

Gupta, Nabanita, Poulsen, Anders und Marie-Claire Villeval (2005) *Male and Female Competitive Behavior: Experimental Evidence.* Discussion Paper.

Habermann, Gerd (2003) Wettbewerb als Entmachtungsinstrument. Der Markt stützt die ausgleichende Gerechtigkeit: *Schweizer Monatshefte* 83:4: 41-43.

Hakim, Catherine (2010) Erotic Capital: *European Sociological Review* 26:5: 499-518.

Hall, Peter A. & David Soskice (2001) *Varieties of Capitalism. The Institutional Foundations of comparative advantage.* Oxford University Press, Oxford.

Hank, Rainer (2009) Der große Transformator: *Frankfurter Allgemeine Zeitung* vom 4. Juli 2009, Z1-Z2.

Hansen, Hendrik (2008) *Politik und wirtschaftlicher Wettbewerb in der Globalisierung. Kritik der Paradigmendiskussion in der Internationalen Politischen Ökonomie.* VS-Verlag, Wiesbaden.

Hansen, Matthias und René Rammenstein (2008) Die Dopingaffären des Jahres 2007. In: Nuschke, Lars und Christian Becker (Hrsg) *Quo vadis Radsport? Die „Skandalsportart" zwischen Doping und Sponsoren.* Sierke Verlag, Göttingen, S 63-82.

Hardt, Michael und Antonio Negri (2010) *Common Wealth. Das Ende des Eigentums.* Campus Verlag, Frankfurt/New York.

Hartmann, Michael (2006) Die Exzellenzinitiative. Ein Paradigmenwechsel in der deutschen Hochschulpolitik: *Leviathan* 34:4: 447-465.

Haubl, Rolf (2001) *Neidisch sind immer nur die anderen: über die Unfähigkeit, zufrieden zu sein.* C. H. Beck, München.

Heck, Alexander (2003) *Auf der Suche nach Anerkennung. Deutung, Bedeutung, Ziele und Kontexte von Anerkennung im gesellschaftstheoretischen Diskurs.* LIT-Verlag, Münster/Hamburg/London.

Hedtke, Reinhold (2008) *Ökonomische Denkweisen: eine Einführung: Multiperspektivität, Alternativen, Grundlagen.* Wochenschau-Verlag, Schwalbach/Ts.

Hein, Stephan (2009) *Konturen des Rationalen: zu einem Grundmotiv im Theoriewerk von Talcott Parsons.* UVK, Konstanz.

Heintz, Bettina (2008) Governance by Numbers. Zum Zusammenhang von Quantifizierung und Globalisierung am Beispiel der Hochschulpolitik. In: Schuppert, Gunnar Folke und Andreas Voskuhle (Hrsg) *Governance von und durch Wissen*, Nomos, Baden-Baden, S 110-128.

Heitmeyer, Wilhelm und Peter Imbusch (2005) *Integrationspotenziale einer modernen Gesellschaft. Analysen zu gesellschaftlicher Integration und Desintegration.* VS-Verlag, Wiesbaden.

Hesse, Jan-Otmar (2007) ‚Der Staat unter der Aufsicht des Marktes' – Michel Foucaults Lektüren des Ordoliberalismus. In: Krasmann, Susanne und Michael Volkmer (Hrsg) *Michel Foucaults ‚Geschichte der Gouvernementalität' in den Sozialwissenschaften. Internationale Beiträge.* transcript, Bielefeld, S 213-237.

Hesse, Martin (2009) Der Banker, das unbekannte Wesen: *Süddeutsche Zeitung* vom 13.07.2009.

Hicks, Diana (2004) The Four Literatures of Social Science. In: Moed, Henk F., Glänzel, Wolfgang und Ulrich Schmoch (Hrsg.) *Handbook of Quantitative Science and Technology Research*, Kluwer Academic Publishers, Berlin u. a., S 473-496.

Hilferding, Rudolf (1968 [1910]) *Das Finanzkapital: eine Studie über die jüngste Entwicklung des Kapitalismus.* Europäische Verlagsanstalt, Frankfurt am Main.

Hilger, Susanne (2005) Zur Genese des ‚German Model'. Die Bedeutung des Ordoliberalismus für die Ausgestaltung der bundesdeutschen Wettbewerbsordnung nach dem Zweiten Weltkrieg. In: Windolf, Paul (Hrsg) *Finanzmarkt-Kapitalismus*, VS-Verlag, Wiesbaden, S 222-241.

Hirsch, Joachim (1996) *Der nationale Wettbewerbsstaat. Staat, Demokratie und Politik im globalen Kapitalismus.* 2. Aufl. Edition ID-Archiv, Berlin.

Hirsch, Joachim, Jessop, Bob Jessop und Nicos Poulantzas (2001) *Die Zukunft des Staates: Denationalisierung, Internationalisierung, Renationalisierung.* VSA-Verlag, Hamburg.

Hirschauer, Stefan (2004) Peer Review Verfahren auf dem Prüfstand. Zum Soziologiedefizit der Wissenschaftsevaluation: *Zeitschrift für Soziologie* 33:1: 62-83.

Hirschauer, Stefan (2005) Publizierte Fachurteile. Lektüre und Bewertungspraxis im Peer Review: *Soziale Systeme* 11:1: 52-82.

Hirschman, Albert O. (1977) *Leidenschaften und Interessen. Politische Begründungen des Kapitalismus vor seinem Sieg.* Suhrkamp, Frankfurt am Main.

Hitsch, Günter J., Hortaçsu, Ali and Dan Ariely (2008) Matching and Sorting in Online Dating, Arbeitspapier. In: http://home.uchicago.edu/~ghitsch/Hitsch-Research/Guenter_Hitsch_files/Online-Matching-Sorting. pdf [letzter Zugriff: 20.08.2009].

Hoberman, John and Verner Møller (Hrsg) (2004) *Doping and Public Policy.* University Press of Southern Denmark, Odense.

Hochschild, Arlie Russel (1990) *Das gekaufte Herz. Zur Kommerzialisierung der Gefühle.* Campus, Frankfurt am Main.

Hoetzel, Andreas (1987) L'Homme Machine. Das heimliche Verlangen nach dem eigenen Schöpfungsakt. In: Becker, Peter (Hrsg) *Sport und Höchstleistung.* Rowohlt-Verlag, Reinbek bei Hamburg, S 65-81.

Höfling, Wolfram und Johannes Horst (Hrsg) (2010) *Doping – warum nicht? Ein interdisziplinäres Gespräch.* Mohr Siebeck, Tübingen.

Hörisch, Jochen (2006) *Die ungeliebte Universität. Rettet die Alma mater!* Hanser, München.

Hofert, Svenja (2006) *Jeder gegen Jeden. Der neue Klassenkampf in den Unternehmen.* Redline Wirtschaft, Heidelberg.

Hoff, Michael (2006) Die Kultur der Affekte. Ein historischer Abriss. In: Krause-Wahl, Antje, Oehlschläger, Heike und Serjoscha Wiemer (Hrsg), *Affekte. Analysen ästhetisch-medialer Prozesse.* transcript, Bielefeld, S 20-32.

Hoffmann, Catherine und Alexander Mühlauer (2009) Die zwei Gesichter des Finanzberaters: *Süddeutsche Zeitung* vom 29.05.2009.

Hofbauer, Johanna (2006) Konkurrentinnen außer Konkurrenz? Zugangsbarrieren für Frauen im Management aus der Perspektive des Bourdieu'schen Distinktions- und Habituskonzepts: *Österreichische Zeitschrift für Soziologie* 31:4: 23-44.

Holtgrewe, Ursula, Voswinkel, Stephan und Gabriele Wagner (Hrsg) (2000) *Anerkennung und Arbeit.* UVK, Konstanz.

Homann, Karl und Michael Ungethüm (2007) Ethik des Wettbewerbs: *Frankfurter Allgemeine Zeitung* vom 23.06.2007, S 11.

Hondrich, Karl Otto (2002) *Enthüllung und Entrüstung. Eine Phänomenologie des politischen Skandals.* Suhrkamp, Frankfurt am Main.

Hondrich, Karl Otto (2004) *Liebe in den Zeiten der Weltgesellschaft.* Suhrkamp, Frankfurt am Main.

Hondrich, Karl Otto et al. (1988) *Krise der Leistungsgesellschaft? Empirische Analysen zum Engagement in Arbeit, Familie und Politik.* Westdeutscher Verlag, Opladen.

Honegger, Claudia, Jost, Hans-Ulrich, Burren, Susanne und Pascal Jurt (2007) *Konkurrierende Deutungen des Sozialen. Geschichts-, Sozial- und Wirtschaftswissenschaften im Spannungsfeld von Politik und Wissenschaft.* Chronos Verlag, Zürich.

Honegger, Claudia et al. (2010) *Strukturierte Verantwortungslosigkeit. Berichte aus der Bankenwelt.* Suhrkamp, Berlin.

Honneth, Axel (1994) *Kampf um Anerkennung. Zur moralischen Grammatik sozialer Konflikte.* Suhrkamp, Frankfurt am Main.

Honneth, Axel (2004) Anerkennung als Ideologie: *Westend. Neue Zeitschrift für Sozialforschung* 1:1: 51-70.

Hornbostel, Stefan (2008a) Evaluation der Exzellenzinitiative. Gibt es objektive Kriterien für Exzellenz? In: Bloch, Roland, Keller, Andreas, Lottmann, André und Carsten Würmann (Hrsg) *Making Excellence. Grundlagen, Praxis und Konsequenzen der Exzellenzinitiative.* wbv-Verlag, Bielefeld, S 49-63.

Hornbostel, Stefan (2008b) Exzellenz und Differenzierung. In: Kehm, Barbara M. (Hrsg) *Hochschule im Wandel.* Campus, Frankfurt am Main, S 253-266.

Houlihan, Barrie (2004) Harmonising Anti-Doping Policy. The role of the World Anti-Doping Agency. In: Hoberman, John and Verner Møller (Hrsg) *Doping and Public Policy.* University Press of Southern Denmark, Odense, S 19-30.

Hradil, Stefan (1995) *Die „Single-Gesellschaft".* C.H. Beck, München.

Huber, Michael (2008) Die Zukunft der Universität: *Soziologie* 37:3: 275-291.

Huffschmid, Jörg (2002), *Politische Ökonomie der Finanzmärkte.* Aktualisierte und erweiterte Neuauflage. VSA-Verlag, Hamburg.

Huizinga, Johann (1997, [1938]) *Homo Ludens. Vom Ursprung der Kultur im Spiel.* Rowohlt Taschenbuch Verlag, Reinbek bei Hamburg.

Humboldt, Wilhelm von (1964 [1809/10]) *Schriften zur Politik und zum Bildungswesen.* Wissenschaftliche Buchgesellschaft, Darmstadt.

Hutterer, Harald (2008) Wettbewerb oder Kooperation?. In: http://www.heartsopen.com/docs/Wettbewerb%20oder%20Kooperation.pdf [letzter Zugriff: 09.02.2011].

Illouz, Eva (2003) *Der Konsum der Romantik. Liebe und die kulturellen Widersprüche des Kapitalismus.* Campus, Frankfurt am Main.

Illouz, Eva (2006) *Gefühle in Zeiten des Kapitalismus. Adorno-Vorlesungen 2004.* Suhrkamp, Frankfurt am Main.

Imbusch, Peter und Dieter Rucht (2005) Integration und Desintegration in modernen Gesellschaften. In: Heitmeyer, Wilhelm und Peter Imbusch, *Integrationspotenziale einer modernen Gesellschaft. Analysen zu gesellschaftlicher Integration und Desintegration.* VS-Verlag, Wiesbaden, S 13-71.

Jaeggi, Rahel (2005) *Entfremdung: zur Aktualität eines sozialphilosophischen Problems.* Campus, Frankfurt am Main.

Jaeggi, Rahel und Tilo Wesche (Hrsg) (2009) *Was ist Kritik?* Suhrkamp, Frankfurt am Main.

Jahnke, Thomas und Wolfram Meyerhöfer (Hrsg) (2006) *PISA & Co. Kritik eines Programms.* Verlag Franzbecker, Hildesheim.

Jansen, Stephan A. (2000) Konkurrenz der Konkurrenz. In: ders. und Stephan Schleissing (Hrsg) *Konkurrenz und Kooperation,* a.a.O., S 13-63.

Jansen, Stephan A. und Stephan Schleissing (Hrsg) (2000) *Konkurrenz und Kooperation. Interdisziplinäre Zugänge zur Theorie der Co-opetition.* Metropolis Verlag, Marburg.

Jessop, Bob (2008) A cultural political economy of competitiveness and its implications for higher education. In: Jessop, Bob, Fairclough, Norman and Ruth Wodak (Hrsg) *Education and the knowledge-based Economy in Europe.* Sense Publishers, Rotterdam/Taipei, S 13-39.

Kädtler, Jürgen (2009) *Finanzialisierung und Finanzmarktrationalität Zur Bedeutung konventioneller Handlungsorientierungen im gegenwärtigen Kapitalismus.* SOFI Arbeitspapier I SOFI Working Paper 2009–5.

Kalthoff, Herbert (2007) Rechnende Organisation: zur Anthropologie des Risikomanagements. In: Beckert, Jens et al. (Hrsg) *Märkte als soziale Strukturen.* Campus, Frankfurt am Main/New York, S 151-165.

Kantzenbach, Erhard und Hermann H. Kallfass (1981) Das Konzept des funktionsfähigen Wettbewerbs – workable competition. In: Cox, Helmut; Uwe Jens und Kurt Markert (Hrsg) *Handbuch des Wettbewerbs,* a.a.O., S 103-127.

Kapoor, Sony (2009) Neue Steuern als Strafen für die Banker: *Süddeutsche Zeitung* vom 15. Juni 2009, S 2.

Katz, Evan Marc (2003) *‚I can't believe I'm buying this book'. A commonsense guide to successful internet dating.* Ten Speed Press, Berkeley/Toronto.

Katzensteiner, Thomas et al. (2009) Investmentbanker: Auf der Jagd nach dem nächsten Bonus. In: Portal der Wirtschaftswoche: http://www.wiwo.de/unternehmen-maerkte/auf-der-jagd-nach-dem-naechsten-bonus-397810 [letzter Zugriff: 31.10.2012].

Kaube, Jürgen (Hrsg) (2009a) *Die Illusion der Exzellenz. Lebenslügen der Wissenschaftspolitik.* Verlag Klaus Wagenbach, Berlin.

Kaube, Jürgen (2009b) Exzellenz per Beschluss. In: ders. (Hrsg) *Die Illusion der Exzellenz.* Wagenbach, Berlin, S 82-89.

Kaube, Jürgen (2010) Die Universität als Unternehmen. Zur Ökonomisierung der Hochschulen. In: Heidbrink, Ludger et al. (Hrsg) *Unternehmertum: vom Nutzen und Nachteil einer riskanten Lebensform.* Campus, Frankfurt am Main/New York, S 226-231.

Kaufmann, Jean-Claude (2002) *Singlefrau und Märchenprinz: über die Einsamkeit moderner Frauen.* UVK-Verlag, Konstanz.

Kaufmann, Jean-Claude (2008) *Was sich liebt, das nervt sich.* UVK-Verlag, Konstanz.

Kayser, Dietrich (1998) Talent. In: Grupe, Ommo und Dietmar Mieth (Hrsg) *Lexikon der Ethik im Sport.* Verlag Hofmann, Schorndorf, S 549-553.

Keller, Reiner (2004) *Diskursforschung. Eine Einführung für SozialwissenschaftlerInnen.* 2. Aufl. VS-Verlag, Wiesbaden.

Keller, Reiner (2008) *Wissenssoziologische Diskursanalyse. Grundlegung eines Forschungsprogramms.* 2. Aufl. VS-Verlag, Wiesbaden.

Kehm, Barbara M. (Hrsg) (2008) *Hochschule im Wandel. Die Universität im Wandel.* Festschrift für Ulrich Teichler. Campus, Frankfurt am Main.

Kemper, Peter und Ulrich Sonnenschein (Hrsg) (2004) *Das Abenteuer Liebe. Bestandsaufnahme eines unordentlichen Gefühls.* Suhrkamp, Frankfurt am Main.

Kersting, Wolfgang (2009) *Verteidigung des Liberalismus.* Murmann-Verlag, Hamburg.

Keynes, John Maynard 2000 [1936, 10. verbesserte Aufl.], *Allgemeine Theorie der Beschäftigung, des Zinses und des Geldes.* Duncker und Humblot, Berlin.

Kimmich, Dorothee und Alexander Thumfart (2004) (Hrsg) *Universität ohne Zukunft?* Suhrkamp, Frankfurt am Main.

Kindleberger, Charles P. (2001) *Manien, Paniken, Crashs. Die Geschichte der Finanzkrisen dieser Welt.* Börsenmedien, Kulmbach.

Kistner, Thomas (2000) Doping – eine Verschwörung auf breiter Ebene. Welche sportpolitischen Interessen sind in Verbänden und Regierungen wirksam? In: Gamper, Michael, Mühlethaler, Jan und Felix Reidhaar (Hrsg) *Doping. Spitzensport als gesellschaftliches Problem.* Verlag Neue Zürcher Zeitung, Zürich, S 237-259.

Kistner, Thomas (2007) Spitzensport Fussball. In: http://sz-magazin.sueddeutsche.de/texte/anzeigen/3406 [letzter Zugriff: 31.10.2012].

Klagge, Britta (2009) Finanzmärkte, Unternehmensfinanzierung und die aktuelle Finanzkrise: *Zeitschrift für Wirtschaftsgeographie* 53:1-2: 1-13.

Kliemt, Hartmut (2010) Nicht die Doper, die Regeln sind schuld! In: Höfling, Wolfram und Johannes Horst (Hrsg) *Doping – warum nicht? Ein interdisziplinäres Gespräch.* Mohr Siebeck, Tübingen, S 45-54.

Klinger, Nadja und Jens König (2006) *Einfach abgehängt. Ein wahrer Bericht über die neue Armut in Deutschland.* Rowohlt, Berlin.

Knee, Jonathan A. (2007) *Million Dollar Boys. Die Insider-Story eines Investment-Bankers.* Redline Wirtschaft, Heidelberg.

Knorr Cetina, Karin und Urs Brügger (2005) Globale Mikrostrukturen der Weltgesellschaft. Die virtuellen Gesellschaften von Finanzmärkten. In: Windolf, Paul (Hrsg) *Finanzmarkt-Kapitalismus. Analysen zum Wandel von Produktionsregimen.* VS Verlag, Wiesbaden, S 145-171.

Komm, Mathias (2008) Exkurs – Die Historie der Tour de France. In: Nuschke, Lars und Christian Becker (Hrsg) *Quo vadis Radsport? Die „Skandalsportart" zwischen Doping und Sponsoren.* Sierke Verlag, Göttingen, S 111-114.

Kooperation international (2005) Eckpunkte eines zukünftigen deutschen Wissenschaftssystems. In: http://www.kooperation-international.de/index.php?eID=tx_nawsecuredl&u=0&file=fileadmin/redaktion/doc/EckpunkteWissenschaft_778.pdf&t=1269954149&hash=20b300200e8bb1fa1210e2d5b7fe71f8 [letzter Zugriff: 10.08.2010].

Kornwachs, Klaus (2009) *Von Boni und falschen Belohnungssystemen.* Suhrkamp, Frankfurt am Main.

Koschorke, Albrecht (2004) Wissenschaftsbetrieb als Wissenschaftsvernichtung. Einführung in die Paradoxologie des deutschen Hochschulwesens. In: Kimmich, Dorothee und Alexander Thumfart (Hrsg) *Universität ohne Zukunft?* Suhrkamp, Frankfurt am Main. S 142-157.

Kraemer, Klaus (1997) *Der Markt der Gesellschaft. Zu einer soziologischen Theorie der Marktvergesellschaftung.* Westdeutscher Verlag, Opladen.

Kraemer, Klaus und Frederic Speidel (2005) Prekarisierung von Erwerbsarbeit. Zur Transformation des arbeitsweltlichen Integrationsmodus. In: Heitmeyer, Wilhelm und Peter Imbusch (Hrsg) *Integrationspotenziale einer modernen Gesellschaft,* VS-Verlag, Wiesbaden, S 367-390.

Krätke, Michael R. (2007) Die Universität als Unternehmen auf dem Bildungsmarkt. In: Brüchert, Oliver und Alexander Wagner (Hrsg) *Kritische Wissenschaft, Emanzipation und die Entwicklung der Hochschulen.* BdWi-Verlag, Marburg, S 83-94.

Kreckel, Reinhard (1999) Vielfalt als Stärke. Forschung an einer klassischen Volluniversität. Das Beispiel der Martin-Luther-Universität, http://www.soziologie.uni-halle.de/kreckel/docs/volluni.pdf.

Kreckel, Reinhard (2004) *Politische Soziologie der sozialen Ungleichheit.* 3., erweiterte Aufl. Campus, Frankfurt am Main.

Kronauer, Martin (2002) *Exklusion. Die Gefährdung des Sozialen im hoch entwickelten Kapitalismus.* Campus, Frankfurt am Main.

Kropf, Julia (2005) Auch der „flexible Mensch" braucht Anerkennung – anerkennungstheoretische Überlegungen zu Symbolen des Misstrauens in Unternehmen. In: Hahn, Henning (Hrsg), *Selbstachtung oder Anerkennung? Beiträge zur Begründung von Menschenwürde und Gerechtigkeit.* Universitätsverlag, Weimar, S 231-252.

Krüger, Arnd (2000) Die Paradoxien des Dopings – ein Überblick. In: Gamper et al. (2000) a.a.O., S 11-33.

Krüger, Michael (1998) Wettkampf. In: Grupe, Ommo und Dietmar Mieth (Hrsg) *Lexikon der Ethik im Sport,* a.a.O., S 616-622.

Krugman, Paul (1994) Competitiveness: A dangerous obsession: *Foreign Affairs* 73:2: 28-44.

Krull, Wilhelm (2009) Bildung und Wettbewerb. In: Schlüter, Andreas und Peter Strohschneider (Hrsg) *Bildung? Bildung! 26 Thesen zur Herausforderung im 21. Jahrhundert.* Berlin Verlag, Berlin, S 194-207.

Krysmanski, Hans-Jürgen (2008) Unter dem Diktat der Nützlichkeit: Was heisst und zu welchem Ende studiert man Soziologie? In: Sambale, Jens, Volker Eick und Heike Walk (Hrsg) *Das Elend der Universitäten. Neoliberalisierung deutscher Hochschulpolitik.* Westfälisches Dampfboot, Münster, S 191-204.

Kühne, Anja (2004) Wie man Professor wird: *Der Tagesspiegel* vom 01.04.2004.

Kurnitzky, Horst (1994) *Der heilige Markt. Kulturhistorische Anmerkungen.* Suhrkamp, Frankfurt am Main.

Lacan, Jacques (2003) *Die Objektbeziehung, 1956-1957.* Text eingerichtet durch Jacques-Alain Miller; aus dem Französischen von Hans-Dieter Gondek. Turia + Kant, Wien.

Laclau, Ernesto und Chantal Mouffe (1991) *Hegemonie und radikale Demokratie. Zur Dekonstruktion des Marxismus.* Passagen, Wien.

Lahrtz, Stephanie (2010) Was genau ist Gendoping?: *NZZ Online* vom 09.02.2010.

Lamla, Jörn (2000) Rezension zu „Politische Theorie des Sozialstaats" (Frank Nullmeier): *Soziologische Revue* 24:1: 97-100.

Landwehr, Achim (2008) *Historische Diskursanalyse.* Campus, Frankfurt am Main/New York.

Landwehr, Reinhard (o.J.) Sozionik und Internet-Dating. In: http://www.socioniko.net/de/articles/internetdating.html [letzter Zugriff: 31.10.2012].

Langenohl, Andreas (2007) *Finanzmarkt und Temporalität. Imaginäre Zeit und die kulturelle Repräsentation der Gesellschaft.* Lucius & Lucius, Stuttgart.

Langenohl, Andreas (2012) Ein Lob der Finanzwirtschaft. In: Wetzel, Dietmar J. (Hrsg) *Perspektiven der Aufklärung. Zwischen Mythos und Realität.* Fink, München, S 115-131.

Langenohl, Andreas und Dietmar J. Wetzel (2011) Finanzmärkte und ihre Sinnformen: Handlungskoordination und Signalkommunikation: *Berliner Journal für Soziologie* 21:4: 539-559.

Laval, Christian (2007) *L'Homme économique. Essai sur les racines du néolibéralisme.* Gallimard, Paris.

Lavy, Victor (2008) *Gender differences in market competitiveness in a real workplace: evidence from performance-based pay tournaments among teachers.* Cambridge, Working Paper Series.

Lea, Martin and Russell Spears (1995) Love at first byte? Building personal relationships over computer networks. In: Wood, Julia T. and Steve Duck (Hrsg) *Understudied relationships: Off the beaten track.* Sage, Newbury Park, CA, S 197-233.

Lenk, Hans (2010) *Erfolg oder Fairness? Leistungssport zwischen Ethik und Technik.* LIT-Verlag, Münster.

Lewis, Harry R. (2007) *Excellence without a soul. Does Liberal Education have a future?* PublicAffairs, New York.

Liessmann, Konrad Paul (2006) *Theorie der Unbildung. Die Irrtümer der Wissensgesellschaft.* Paul Zsolnay, Wien.

Link, Jürgen (1999) *Versuch über den Normalismus. Wie Normalität produziert wird.* 2., aktualisierte und erweiterte Aufl. Westdeutscher Verlag, Opladen/Wiesbaden. .

Lohmann, Ingrid (2002) After Neoliberalism. Können nationalstaatliche Bildungssysteme den ‚freien Markt‘ überleben? In: dies. und Rainer Rilling (Hrsg) (2002) *Die verkaufte Bildung. Kritik und Kontroversen zur Kommerzialisierung von Schule, Weiterbildung, Erziehung und Wissenschaft.* Leske + Budrich, Opladen, S 89-107.

Lohmann, Ingrid (2003) Universitäten im globalen Bildungsmarkt: *Widerspruch* 45:03: 107-113.

Lütz, Susanne (2009) Geld regiert die Welt, oder: Wer steuert die Globalisierung der Finanzmärkte? In: Rittberger, Volker (Hrsg), *Wer regiert die Welt und mit welchem Recht?* Nomos-Verlag, Baden-Baden, S 73-95.

Lütz, Susanne (2008) Finanzmärkte. In: Maurer, Andrea (Hrsg) *Handbuch der Wirtschaftssoziologie.* VS-Verlag, Wiesbaden, S 341-360.

Luhmann, Niklas (1982) *Liebe als Passion: zur Codierung von Intimität.* Suhrkamp, Frankfurt am Main.

Luhmann Niklas (1991) *Soziale Systeme. Grundriss einer allgemeinen Theorie.* 4. Aufl. Suhrkamp, Frankfurt am Main.

Maasen, Silke und Peter Weingart (2008) Unternehmerische Universität und neue Wissenschaftskultur. In: Matthies, Hildegard et al. (Hrsg) *Wissenschaft unter Beobachtung.* VS-Verlag, Wiesbaden, S 141-160.

Maats, Peter; Emrich, Eike und Werner Pitsch (2009) Zur Häufigkeit des Dopings im deutschen Spitzensport – eine Replikationsstudie. In: Emerich, Eike und Werner Pitsch (Hrsg) *Sport und Doping. Zur Analyse einer antagonistischen Symbiose.* Peter Lang, Frankfurt am Main, S 19-36.

Maffesoli, Michel (1986) *Der Schatten des Dionysos. Zu einer Soziologie des Orgiasmus.* Syndikat, Frankfurt am Main.

Makropolous, Michael (2002) Der optimierte Mensch: *Süddeutsche Zeitung*, Uni & Job, Nr. 248, S 6-7.

Mannheim, Karl (1964) Die Bedeutung der Konkurrenz im Gebiete des Geistigen. In: ders., *Wissenssoziologie.* Auswahl aus dem Werk eingeleitet und herausgegeben von Kurt H. Wolff, Luchterhand, Berlin und Neuwied, S 567-613.

Markell, Patchen (2003) *Bound by recognition.* Princeton University Press, Princeton/Oxford.

Marx, Karl (1953 [1857-1858] *Grundrisse der Kritik der politischen Ökonomie* (Rohentwurf) 1857-1858 : Anhang 1850-1859. Europäische Verlagsanstalt, Frankfurt am Main.

Marx, Karl (1966 [1867]) *Das Kapital. Kritik der politischen Ökonomie. 1 Bd . Der Produktionsprozess des Kapitals.* In: MEW, Bd 23. Dietz Verlag, Berlin.

Masschelein, Jan und Maarten Simons (2005) *Globale Immunität oder Eine kleine Kartographie des europäischen Bildungsraums.* diaphanes, Zürich/Berlin.

Masschelein, Jan und Maarten Simons (2010) *Jenseits der Exzellenz. Eine kleine Morphologie der Welt-Universität.* diaphanes, Zürich/Berlin.

Massumi, Brian (1996) The Autonomy of Affect. In: Patton, Paul (Hrsg) *Deleuze: A Critical Reader.* Blackwell, Oxford, S 217-239.

Matthies, Hildegard; Simon, Dagmar und Andreas Knie (2004) „Gefühlte“ Exzellenz – Implizite Kriterien der Bewertung von Wissenschaft als Dilemma der Wissenschaftspolitik. In: Matthies, Hildegard und Dagmar Simon (Hrsg) *Wissenschaft unter Beobachtung – Effekte und Defekte von Evaluationen.* VS-Verlag, Wiesbaden, S 331-344.

Maurer, Andrea (Hrsg) (2008) *Handbuch der Wirtschaftssoziologie.* VS-Verlag, Wiesbaden.

Mead, George H. (1988, [1934]) *Geist, Identität und Gesellschaft.* Suhrkamp, Frankfurt am Main.

Meschnig, Alexander und Mathias Stuhr (Hrsg) (2003) *Arbeit als Lebensstil.* Suhrkamp, Frankfurt am Main.

Mileham, Beatriz Lia Avila (2007) Online infidelity in Internet chat rooms: an ethnographic exploration. In: *Computers in Human Behavior 23*, 11-31 [letzter Zugriff: 31.10.2012].

Minsky, Hyman P. (1986) *Stabilizing an Unstable Economy. A Twentieth Century Report.* Yale University Press, New Haven/London.

Mitscherlich, Alexander (1983) Umstrittener Leistungsbegriff. In: ders., *Gesammelte Schriften VI.* Suhrkamp, Frankfurt am Main, S 566-569.

Molinié, Antoinette and Geoffrey Bodenhausen (2010) Bibliometrics as Weapons of Mass Citation: *CHIMIA* 64:1-2: 78-89.

Moll, Sebastian (2007) Epo statt Epos: *Tagesspiegel* vom 6.07.2007.

Mooslechner, Peter und Martin Schürz (2010) Bonus! Glanz und Elend der Bankmanager. In: Honegger, Claudia et al. (Hrsg) *Strukturierte Verantwortungslosigkeit*, a.a.O., S 79-92.

Mühlauer, Alexander (2010) Anlageberatung nicht teurer als ein Friseurbesuch: *Süddeutsche Zeitung* vom 11.02.2010, S 29.

Müller-Schöll, Nikolaus (2009) Die Zukunft der Universität. In: ders. und Ulrike Hass (Hrsg) *Was ist eine Universität?* transcript, Bielefeld, S 125-149.

Münch, Richard (2006) Drittmittel und Publikationen. Forschung zwischen Normalwissenschaft und Innovation: *Soziologie* 35:4: 440-461.

Münch, Richard (2007) *Die akademische Elite*. Suhrkamp, Frankfurt am Main.

Münch, Richard (2009a) *Globale Eliten, lokale Autoritäten. Bildung und Wissenschaft unter dem Regime von PISA, McKinsey & Co*. Suhrkamp Verlag, Frankfurt am Main.

Münch, Richard (2009b) Kein Kartell, kein Monopol, keine Oligarchie? Wie die Soziologie zur Affirmationswissenschaft wird: *Kölner Zeitschrift für Soziologie und Sozialpsychologie* 61:3: 453-461.

Münch, Richard (2009c) Qualitätssicherung, Benchmarking, Ranking. Wissenschaft im Kampf um die besten Zahlen: *Forum Qualitätsmessung*, H-Soz-Kult, 27.05.2009, http://hsozkult.geschichte.hu-berlin.de/forum/id=1104&type=diskussionen [letzter Zugriff: 31.10.2012].

Münch, Richard (2009d) *Das Regime des liberalen Kapitalismus. Inklusion und Exklusion im neuen Wohlfahrtsstaat*. Campus, Frankfurt am Main/New York.

Mühlethaler, Jan (2000) Die ganze Sache wird immer noch cleverer. Von Hoffnungen und Problemen der Wissenschaft im Umgang mit Doping (Interview mit Martial Saugy). In: Gamper, Michael et al. (Hrsg) *Doping: Spitzensport als gesellschaftliches Problem*, a.a.O., S 219-233.

Münchau, Wolfgang (2006) *Das Ende der sozialen Marktwirtschaft*. Hanser, München.

Nationale Anti Doping Agentur (2004) *Welt Anti Doping Code*. In: http://www.dis-arb.de/sport/Material/WADA/WorldAnti_Doping_Code2003-deutsch.pdf [letzter Zugriff: 31.10.2012].

Nauck, Bernhard (2007) Integration und Familie: *Aus Politik und Zeitgeschichte* 22-23: 19-25.

Neckel, Sighard (1991) *Status und Scham. Zur symbolischen Reproduktion sozialer Ungleichheit*. Campus, Frankfurt am Main.

Neckel, Sighard (1993) Achtungsverlust und Scham. Die soziale Gestalt eines existentiellen Gefühls. In: Fink-Eitel, Hinrich und Georg Lohmann (Hrsg) *Zur Philosophie der Gefühle*, Suhrkamp, Frankfurt am Main, S 244–265.

Neckel, Sighard (1999) Blanker Neid, blinde Wut? Sozialstruktur und kollektive Gefühle: *Leviathan* 27:2: 145-165.

Neckel, Sighard (2000) *Die Macht der Unterscheidung. Essays zur Kultursoziologie der modernen Gesellschaft*. Campus, Frankfurt am Main.

Neckel, Sighard (2001) ‚Leistung' und ‚Erfolg'. Die symbolische Ordnung der Marktgesellschaft. In: Barlösius, Eva et al. (Hrsg) *Gesellschaftsbilder im Umbruch*. Westdeutscher Verlag, Opladen, S 245-265.

Neckel, Sighard (2008a) Die gefühlte Unterschicht. Vom Wandel der sozialen Selbsteinschätzung. In: Lindner, Rolf (Hrsg) *Unterschicht*. Rombach, Freiburg im Breisgau, S 19-40.

Neckel, Sighard (2008b) *Flucht nach vorn. Die Erfolgskultur der Marktgesellschaft*. Campus, Frankfurt am Main.

Neckel, Sighard (2010) Das Debakel der Finanzeliten: Krise der Erfolgskultur. In: Honegger, Claudia et al. (Hrsg) *Strukturierte Verantwortungslosigkeit*, a.a.O., S 72-78.

Neckel, Sighard und Kai Dröge (2002) Die Verdienste und ihr Preis. Leistung in der Marktgesellschaft. In: Honneth, Axel (Hrsg) *Befreiung aus der Mündigkeit. Paradoxien des gegenwärtigen Kapitalismus*. Campus, Frankfurt am Main, S 93-116.

Neundorf, Anja; Zado, Julian und Joela Zeller (Hrsg) (2009) *Hochschulen im Wettbewerb. Innenansichten über die Herausforderungen des deutschen Hochschulsystems*. Dietz, Bonn.

Niederle, Muriel and Lise Vesterlund (2008) Gender Differences in Competition: *Negotiation Journal* 24:4: 447-463.

Nietzsche, Friedrich (1871/1872) Über die Zukunft unserer Bildungsanstalten. In: ders., *Kritische Studienausgabe. Bd 1. Die Geburt der Tragödie, Unzeitgemäße Betrachtungen I-IV, Nachgelassene Schriften 1870-1873*. Hrsg von Giorgio Colli und Mazzino Montinari. dtv/de Gruyter, München/Berlin/New York , S 641-752.

Nollmann, Gerd (2004) Leben wir in einer Leistungsgesellschaft? Neue Forschungsergebnisse zu einem scheinbar vertrauten Thema: *Österreichische Zeitschrift für Soziologie* 29:3: 24-48.

Northcott, Carol Ann (2004) Competition in Banking. A Review of the Literature. In: http://www.bankofcanada.ca/en/res/wp/2004/wp04-24.pdf [letzter Zugriff: 8.02.2010].

Nullmeier, Frank (2000a) *Politische Theorie des Wohlfahrtsstaats*. Campus, Frankfurt am Main/New York.

Nullmeier, Frank (2000b) ‚Mehr Wettbewerb!' Zur Marktkonstitution in der Hochschulpolitik. In: Czada, Roland und Susanne Lütz (Hrsg) *Die politische Konstitution von Märkten*. Westdeutscher Verlag, Opladen , S 209-227.

Nullmeier, Frank (2001a) Was folgt auf den ‚Sieg des Marktes'? In: Barlösius, Eva (Hrsg) *Gesellschaftsbilder im Umbruch. Soziologische Perspektiven in Deutschland.* Westdeutscher Verlag, Opladen, S 227-244.

Nullmeier, Frank (2001b) Wettbewerb und Konkurrenz. In: Blanke, Bernhard et al. (Hrsg) *Handbuch zur Verwaltungsreform.* 2. Aufl. Opladen, S 92-104.

Nullmeier, Frank (2002) Wettbewerbskulturen. In: Müller, Michael; Raufer, Thilo und Darius Zifonun (Hrsg) *Der Sinn der Politik. Kulturwissenschaftliche Politikanalysen.* UVK, Konstanz, S 157-175.

Nullmeier, Frank (2006) Wissensmärkte und Bildungsstatus. Elitenformation in der Wissensgesellschaft". In: Münkler, Herfried; Straßenberger, Grit und Matthias Bohlender (Hrsg) *Deutschlands Eliten im Wandel.* Campus, Frankfurt am Main/New York, S 319-341.

Nuschke, Lars und Christian Becker (Hrsg) *Quo vadis Radsport? Die „Skandalsportart" zwischen Doping und Sponsoren.* Sierke Verlag, Göttingen.

NZZ FOKUS (2010) *Doping. Verstoss gegen die Ethik und unabdingbares Handeln im Spitzensport.* April 2010. Zürich.

NZZ FOLIO (2010) *Das Superhirn. Wie man sich schlaumacht.* November 2010. Zürich.

NZZ online (2005) http://www.nzz.ch/2005/08/25/wd/articled13v3_1.165811.html [letzter Zugriff: 31.10.2012].

Offe, Claus (1970) *Leistungsprinzip und industrielle Arbeit. Mechanismen der Statusverteilung in Arbeitsorganisationen der industriellen „Leistungsgesellschaft".* Suhrkamp, Frankfurt am Main.

Offe, Claus (2000) Civil society and social order: demarcating and combining Market, State and Community: *Archives Européennes de Sociologie* 41:1: 71-94.

Osterloh, Margit und Bruno S. Frey (2009) Das *Peer-Review*-System auf dem ökonomischen Prüfstand. In: Kaube, Jürgen (Hrsg) *Die Illusion der Exzellenz. Lebenslügen der Wissenschaftspolitik.* Wagenbach, Berlin, S 65-73.

Paris, Rainer (1998) *Stachel und Speer. Machtstudien.* Suhrkamp, Frankfurt am Main.

Park, Robert E. and Ernest W. Burgess (1969 [1921]) Competition. In: Park, Robert and Ernest W. Burgess, *Introduction to the science of sociology including the original index to basic sociological concepts.* 3., überarbeitete Aufl. The University of Chicago Press, Chicago/London, S 504-273.

Pelizzari, Alessandro (2001) *Die Ökonomisierung des Politischen.* UVK, Konstanz.

Pfaller, Robert (2011) *Wofür es sich zu leben lohnt: Elemente materialistischer Philosophie.* S. Fischer, Frankfurt am Main.

Plehwe, Dieter und Bernhard Walpen (1999) Wissenschaftliche und wissenschaftspolitische Produktionsweisen im Neoliberalismus. Beiträge der Mont Pèlerin Society und marktradikaler Think Tanks zur Hegemoniegewinnung und –erhaltung: *Prokla. Zeitschrift für kritische Sozialwissenschaft* 29:115: 203-235.

Plumpe, Werner (2005) Das Ende des deutschen Kapitalismus: *Westend. Neue Zeitschrift für Sozialforschung* 2:2: 3-26.

Pörksen, Uwe (2004) *Plastikwörter. Die Sprache einer internationalen Diktatur.* 6. Aufl. Klett-Cotta, Stuttgart.

Polanyi, Karl (1978 [1944]) *The Great Transformation. Politische und ökonomische Ursprünge von Gesellschaften und Wirtschaftssystemen.* Suhrkamp, Frankfurt am Main.

Popitz, Heinrich (1992) *Phänomene der Macht.* 2., stark erweiterte Aufl. Mohr, Tübingen.

Power, Michael (1997) From Risk Society to Audit Society: *Soziale Systeme* 3:1: 3-21.

Prokop, Ludwig (1972) Zur Geschichte des Dopings. In: Acker, Helmut (Hrsg) *Rekorde aus der Retorte. Leistungssteigerung im modernen Hochleistungssport.* Deutsche Verlags Anstalt, Stuttgart, S 22-33.

Rabe, Jens-Christian (2009) Unsere Besten. Was Dopingsünder und Finanzjongleure eint: *Süddeutsche Zeitung* vom 17.08.2009, S 9.

Rappaport, Alfred (1999) *Shareholder Value: ein Handbuch für Manager und Investoren.* 2., vollständig überarb. und aktual. Aufl. Schäffer-Poeschel Verlag, Stuttgart.

Readings, Bill (1996) *The University in Ruins.* Harvard University Press, Cambridge/Massachusetts/London.

Readings, Bill (2010) Die posthistorische Universität. In: *Unbedingte Universitäten* (Hrsg) *Was ist Universität?* diaphanes, Zürich, S 105-120.

Reckwitz, Andreas (2003) Grundelemente einer Theorie sozialer Praktiken. Eine sozialtheoretische Perspektive: *Zeitschrift für Soziologie* 32:4: 282-301.

Reckwitz, Andreas (2006) *Das hybride Subjekt. Eine Theorie der Subjektkulturen von der bürgerlichen Moderne zur Postmoderne.* Velbrück, Weilerswist.

Reckwitz, Andreas (2008) *Subjekt.* 2., unveränderte Aufl. transcript, Bielefeld.

Reichert, Ramon (2009) *Das Wissen der Börse.* transcript, Bielefeld.

Reinhart, Carmen M. and Kenneth S. Rogoff (2009) *This time is different. Eight Centuries of Financial Folly.* Princeton University Press, Princeton/Oxford.

Reisch, Lucia (1995) *Status und Position: kritische Analyse eines sozioökonomischen Leitbildes.* Deutscher Universitäts-Verlag, Wiesbaden.

Reisch, Lucia (2003) Statusspiel – Soziale Vergleichsprozesse und wirtschaftliches Verhalten. In: Held, Martin et al. (Hrsg) *Jahrbuch Normative und institutionelle Grundfragen der Ökonomik 2: Experimente in der Ökonomik.* Metropolis-Verlag, Marburg, S 217-239.

Reuser, Bodo; Ritsch, Roman und Andreas Hundsalz (Hrsg) (2006) *Die Macht der Gefühle: Affekte und Emotionen im Prozess von Erziehungsberatung und Therapie.* Juventa Verlag, Weinheim.

Ricoeur, Paul (2006 [2004]) *Wege der Anerkennung. Erkennen, Wiedererkennen, Anerkanntsein.* Suhrkamp, Frankfurt am Main.

Robert, Rüdiger (2003) Wettbewerb/Wettbewerbspolitik: *Handwörterbuch des politisches Systems der Bundesrepublik,* online: http://www.bpb.de/themen/YJ9CH4,0,Wettbewerb_und_Wettbewerbspolitik.html [letzter Zugriff: 07.02.2011].

Rolle, Robert (2005) *Homo oeconomicus: Wirtschaftsanthropologie in philosophischer Perspektive.* Königshausen & Neumann, Würzburg.

Rosa, Hartmut (1998) *Identität und kulturelle Praxis. Politische Philosophie nach Charles Taylor.* Campus, Frankfurt am Main/New York.

Rosa, Hartmut (1999) Kapitalismus und Lebensführung. Perspektiven einer ethischen Kritik der liberalen Marktwirtschaft: *Deutsche Zeitschrift für Philosophie* 47:5: 735-758.

Rosa, Hartmut (2005) *Beschleunigung. Die Veränderung der Zeitstrukturen in der Moderne.* Suhrkamp, Frankfurt am Main.

Rosa, Hartmut (2006) Wettbewerb als Interaktionsmodus. Kulturelle und sozialstrukturelle Konsequenzen der Konkurrenzgesellschaft: *Leviathan* 34:1: 82-104.

Rosa, Hartmut (2009a) Kritik der Zeitverhältnisse. Beschleunigung und Entfremdung als Schlüsselbegriffe einer erneuerten Sozialkritik. In: Jaeggi, Rahel und Tilo Wesche (Hrsg) *Was ist Kritik?* Suhrkamp, Frankfurt am Main, S 23-54.

Rosa, Hartmut (2009b) Kapitalismus als Dynamisierungsspirale – Soziologie als Gesellschaftskritik. In: Dörre, Klaus, Lessenich, Stephan und Hartmut Rosa (Hrsg), a.a.O., S 87-125.

Rose, Nikolas (1991) Governing by Numbers: Figuring out democracy: *Accounting, Organization and Society* 16:7: 673-692.

Rösner, Hans-Uwe (2002) *Jenseits normalisierender Anerkennung. Reflexionen zum Verhältnis von Macht und Behindertsein.* Campus, Frankfurt am Main/New York.

Rousseau, Jean-Jacques (1997) *Diskurs über die Ungleichheit. Kritische Ausgabe des integralen Textes, mit sämtlichen Fragmenten und ergänzenden Materialien nach den Originalausgaben und den Handschriften neu ediert, übers. und kommentiert von Heinrich Meier.* Ferdinand Schöningh, Paderborn.

Rühle, Alex (2009) Wie misst man Exzellenz? Bibliometrie ist das Zauberwort der universitären Evaluation: *Süddeutsche Zeitung* vom 29.01.2009.

Ruoff, Michael (2007) *Foucault-Lexikon. Entwicklung – Kernbegriffe – Zusammenhänge.* Wilhelm-Fink-Verlag, Paderborn.

Ruschig, Ulrich (2009) Von der „Idee der Universität" hin zur reellen Subsumtion wissenschaftlicher Arbeit unter ein System der Zuteilungsgeld-Steuerung. In: Schulz, Reinhard (Hrsg) *„Wahrheit ist, was uns verbindet". Karl Jaspers' Kunst zu philosophieren.* Wallstein, Göttingen, S 474-492.

Russett, Cynthia Eagle (1981) Die Zähmung des Tigers: Der Darwinismus in der amerikanischen Gesellschaft und Gesellschaftslehre. In: Lepenies, Wolf (Hrsg) *Geschichte der Soziologie. Studien zur kognitiven, sozialen und historischen Identität einer Disziplin.* Bd 3. Suhrkamp, Frankfurt am Main, S 329-380.

Sambale, Jens; Eick, Volker und Heike Walk (Hrsg) (2008) *Das Elend der Universitäten. Neoliberalisierung deutscher Hochschulpolitik.* Westfälisches Dampfboot, Münster.

Sandel, Michael J. (2008) *Plädoyer gegen die Perfektion. Ethik im Zeitalter der genetischen Technik.* Berlin University Press, Berlin.

Sandel, Michael J. (2012) *Was man für Geld nicht kaufen kann. Die moralischen Grenzen des Marktes.* Ullstein, Berlin.

Saner, Philippe (2011) *Verwaltete Wissenschaft. Universitätsmanagement am Fallbeispiel Bern.* Schriftenreihe Kultursoziologie. Hrsg von Prof. Dr. Claudia Honegger. Stämpfli AG, Bern.

Sarasin, Philipp (2005) *Michel Foucault zur Einführung.* Junius, Hamburg.

Sarkowicz, Hans (Hrsg) (1999) *Schneller, höher, weiter. Eine Geschichte des Sports.* Suhrkamp, Frankfurt am Main.

Schäfgen, Maria (2003) *Liebe aus dem Netz.* Orlanda, Berlin.

Schallberger, Pirmin (1980) *Herbert Spencers Theorie der sozialen Evolution und ihre Bedeutung innerhalb der theoretischen Soziologie.* ADAG Administration u. Druck, Zürich.

Schimank, Uwe (2007) Die Anlagefonds und der Mittelstand: Paul Windolfs und Christoph Deutschmanns Studien über den 'Finanzmarktkapitalismus': *Leviathan* 35:1: 47-61.

Schluchter, Daniel (2007) Soziologie der Märkte. Ein Literaturessay: *Berliner Debatte Initial* 18:6: 85-97.

Schmid, Simone (2011) Das Sex-Märchen: *NZZ am Wochenende* vom 3. April 2011.

Schmidt, Gunter et al. (Hrsg) (2006) *Spätmoderne Beziehungswelten.* VS-Verlag, Wiesbaden.

Schmidt, Ingo (2000) Wettbewerbspolitik. In: *Gabler Wirtschaftslexikon.* 15., vollständig überarbeitete und aktualisierte Aufl. Gabler, Wiesbaden, S 3479-3483.

Schmidt, Vivien A. (2002) *The Futures of European Capitalism.* Oxford University Press, New York.

Schmitt, Tassilo (2010) Review of Münch, Richard, *Globale Eliten, lokale Autoritäten: Bildung und Wissenschaft unter dem Regime von PISA,* McKinsey & Co. In: H-Soz-u-Kult, H-Net Reviews. January, 2010. URL: http://www.h-net.org/reviews/showrev.php?id=29345 [letzter Zugriff: 31.10.2012].

Schultheis, Franz; Cousin, Paul-Frantz und Marta Roca i Escoda (Hrsg) (2008) *Humboldts Albtraum. Der Bologna-Prozess und seine Folgen.* UVK, Konstanz.

Schultheis, Franz (2008) Ein Resümee: Welche Universität für welches Europa? In: ders. et al. (Hrsg) *Humboldts Albtraum,* a.a.O., S 187-195.

Schultz, Tanjev (2009) Punktejäger im akademischen Dschungel: *Süddeutsche Zeitung* vom 21. Juli 2009, S 18.

Schulz-Forberg, Hagen and Bo Stråth (2010) *The political history of European integration: the hypocrisy of democracy-through-market.* Routledge, London [u. a.].

Schulze, Gerhard (2003) *Die beste aller Welten. Wohin bewegt sich die Gesellschaft im 21. Jahrhundert?* Hanser, München.

Schuppert, Gunnar Folke und Andreas Vosskuhle (Hrsg) (2008) *Governance von und durch Wissen.* Nomos, Baden-Baden.

Schwarz, Christine (2006) *Evaluation als modernes Ritual: zur Ambivalenz gesellschaftlicher Rationalisierung am Beispiel virtueller Universitätsprojekte.* LIT-Verlag, Hamburg.

Schmollack, Jürgen und Erich Thieler (1971) Wirkung und Entfaltung moralischer Triebkräfte im sozialistischen Wettbewerb: *Deutsche Zeitschrift für Philosophie* 19:4: 531-543.

Schott, Markus (2010) *Staat und Wettbewerb. Der Schutz des institutionellen und des wirtschaftlichen Wettbewerbs vor staatlichen Beeinträchtigungen in der Schweiz und der Europäischen Union.* Dike Verlag, Baden-Baden/Zürich/St. Gallen.

Schrader, Ralph (2005) Verdienst – Erfolg – Gerechtigkeit. Zum Problem der ökonomischen Gerechtigkeit. In: Corsten, Michael; Rosa, Hartmut und Ralph Schrader (Hrsg) *Die Gerechtigkeit der Gesellschaft.* VS-Verlag, Wiesbaden, S 101-123.

Schrage, Dominik (2006) Subjektivierung durch Normalisierung. Zur Aktualisierung eines poststrukturalistischen Konzepts. In: Rehberg, Karl-Siegbert (Hrsg) *Die Natur der Gesellschaft, Verhandlungen des 33. Kongresses der Deutschen Gesellschaft für Soziologie in Kassel 2006.* Campus (CD-ROM), Frankfurt am Main/New York, S 4120-4129.

Schroer, Markus (2001) Die im Dunkeln sieht man doch: Inklusion, Exklusion und die Entdeckung der Überflüssigen: *Mittelweg 36* 10:5: 33-45.

Schuberth, Helene (2008) Paradigmenwechsel in der Beurteilung von Finanzmärkten: *WISO* 31:4: 15-27.

Schulz, Florian; Skopek, Jan; Klein, Doreen und Andreas Schmitz (2008) Wer nutzt Internetkontaktbörsen in Deutschland?: *Zeitschrift für Familienforschung* 20:3: 271-292.

Schulze, Rolf-Günther und Martin Krauss (2008) (Hrsg) *Wer macht den Sport kaputt? Doping, Kontrolle und Menschenwürde.* Verbrecher Verlag, Berlin.

Schui, Herbert und Stephanie Blankenburg (2002) *Neoliberalismus: Theorie, Gegner, Praxis.* VSA-Verlag, Hamburg.

Schumpeter, Joseph A. (2005 [1947]) *Kapitalismus, Sozialismus und Demokratie.* 8. Aufl. A. Francke, UTB-Verlag, Tübingen/Basel.

Schwingel, Markus (1993) *Analytik der Kämpfe. Macht und Herrschaft in der Soziologie Bourdieus.* Argument, Hamburg.

Sehling, Michael; Pollert, Reinhold und Dieter Hackforth (Hrsg) (1989) *Doping im Sport: medizinische, sozialwissenschaftliche und juristische Aspekte.* BLV Verlag, München/Wien/Zürich.

Senkel, Katja; Emerich, Eike und Carsten Momsen (2009) Massnahmen zur Erhöhung der Regelbefolgung durch internationale Sportverbände im Kampf gegen Doping – Überlegungen zur Wirksamkeit der Einführung des Subsidiaritätsprinzips in den WADC. In: Emerich, Eike und Werner Pitsch (Hrsg) *Sport und Doping. Zur Analyse einer antagonistischen Symbiose.* Peter Lang, Frankfurt am Main , S 131-164.

Sennelart, Michel (2006) Situierung der Vorlesungen. In: Foucault, Michel, *Die Geburt der Biopolitik.* Suhrkamp, Frankfurt am Main, S445-489.

Sennett, Richard (2005) *Die Kultur des Neuen Kapitalismus.* Berlin Verlag, Berlin.

Sennett, Richard (2007) *Respekt im Zeitalter der Ungleichheit.* 2. Aufl. Berlin Verlag, Berlin.

Seyfert, Robert (2011) Atmosphären – Transmissionen – Interaktionen: Zu einer Theorie sozialer Affekte: *Soziale Systeme* 17:1: 73-96.

Sievers, Burkard (2008) The Psychotic University: *ephemera. Theory & politics in organization* 8:3: 238-257.

Simmel, Georg (1995 [1903]) Soziologie der Konkurrenz. In: ders, *Aufsätze und Abhandlungen 1901-1908.* Suhrkamp, Frankfurt am Main, S 221-246.

Simmel, Georg (2001 [1900]) *Philosophie des Geldes.* Suhrkamp, Frankfurt am Main.

Singler, Andreas und Gerhard Treutlein (Hrsg) (2007 [2000]) *Doping im Spitzensport.* Sportwissenschaftliche Analysen zur nationalen und internationalen Leistungsentwicklung. *Sportentwicklungen in Deutschland, Bd 12.* 4. Aufl. Meyer & Meyer Verlag, Aachen.

Sinn, Hans-Werner (2009) *Kasino-Kapitalismus. Wie es zur Finanzkrise kam, und was jetzt zu tun ist.* Econ, Berlin.

Skopek, Jan; Schulz, Florian und Hans-Peter Blossfeld (2009) Partnersuche im Internet. Bildungsspezifische Mechanismen bei der Wahl von Kontaktpartnern: *KZfSS* 61:2: 183-210.

Sloterdijk, Peter (2000) Entgöttlichte Passion: *FOCUS Magazin* 52: 1-3.

Sloterdijk, Peter (2006) *Zorn und Zeit. Politisch-psychologischer Versuch.* Suhrkamp, Frankfurt am Main.

Smith, Adam (1993 [1789]) *Der Wohlstand der Nationen. Eine Untersuchung seiner Natur und seiner Ursachen.* Dtv, München.

Smith, Adam (1994 [1759]) *Theorie der ethischen Gefühle.* Felix Meiner, Hamburg.

Sondermann, Michael; Simon, Dagmar; Scholz, Anne-Marie und Stefan Hornbostel (Hrsg) (2008) *Die Exzellenzinitiative: Beobachtungen aus der Implementierungsphase* (iFQ-Working Paper No. 5, Dezember 2008), Bonn.

Spencer, Herbert (1967, [1876], [1882], [1896]) *The Evolution of Society. Selections from Herbert Spencer's 'Principles of Sociology'.* Edited and with an introduction by Robert L. Carneiro. The University of Chicago Press, Chicago/London.

Städeli, Markus (2010) Millionen auf dem Silbertablett: *NZZ* vom 24.01.2010, S 18.

Stäheli, Urs (2000) *Poststrukturalistische Soziologien.* transcript, Bielefeld.

Stäheli, Urs (2004) Das Populäre in der Ökonomie. In: Burkart, Günter und Gunter Runkel (Hrsg) *Luhmann und die Kulturtheorie.* Suhrkamp, Frankfurt am Main, S 169-188.

Stäheli, Urs (2006) Market Crowds. In: Schnapp, Jeffrey T. and Matthew Tiews (Hrsg) *Crowds.* Stanford University Press, Stanford, S 271-287.

Stäheli, Urs (2007a) *Spektakuläre Spekulation. Das Populäre der Ökonomie.* Suhrkamp, Frankfurt am Main.

Stäheli, Urs (2007b) Poststrukturalismus und Ökonomie: Eine programmatische Skizze der Affektivität ökonomischer Prozesse. In: Arni, Caroline et al. (Hrsg) *Der Eigensinn des Materials.* Stroemfeld, Frankfurt am Main, S 503-520.

Stäheli, Urs (2007c) Von der Herde zur Horde? Zum Verhältnis von Hegemonie- und Affektpolitik. In: Nonhoff, Martin (Hrsg) *Diskurs – radikale Demokratie – Hegemonie. Zum politischen Denken von Ernesto Laclau und Chantal Mouffe.* transcript, Bielefeld, S 123-138.

Stehr, Nico (2007) *Die Moralisierung der Märkte. Eine Gesellschaftstheorie.* Suhrkamp, Frankfurt am Main.

Steinert, Heinz (2008) Die nächste Universitäts-Reform kommt bestimmt: *Soziologie* 37:2: 155-168.

Steinfeld, Thomas (2010) Nutzlosigkeit: *Süddeutsche Zeitung* vom 3.04.2010.

Stichweh, Rudolf (1994) *Wissenschaft, Universität, Professionen. Soziologische Analysen.* Suhrkamp, Frankfurt am Main.

Stichweh, Rudolf (2010) Universität nach Bologna. Zur sozialen Form der Massenuniversität: Luzerner Universitätsreden Nr. 19, S. 7-12.

Stiegler, Bernard (2009) *Von der Biopolitik zur Psychomacht.* Suhrkamp, Frankfurt am Main.

Stiglitz, Joseph (2010) *Freefall. Free Markets and the sinking of the global economy.* Allen Lane (Penguin Books), London.

Storbeck, Olaf (2009) *Die Jahrhundertkrise. Über Finanzalchemisten, das Versagen der Notenbanken und John Maynard Keynes.* Schäffer-Poeschel Verlag, Stuttgart.

Storm, Andreas (2008) Gemeinsam für mehr Autonomie und Wettbewerb an den Hochschulen: Wissenschaft, Wirtschaft und Politik im Dialog. In: Siebenhaar, Klaus (Hrsg) *Unternehmen Universität. Wissenschaft und Wirtschaft im Dialog*. VS-Verlag, Wiesbaden, S 13-26.

Strange, Susan (1998) *Mad Money*. Manchester University Press, Manchester.

Striegel, Heiko (2008) *Doping im Fitness-Sport: Eine Analyse zwischen Dunkelfeld und sozialer Kontrolle. Schriften zum Sportrecht, 13*. Württembergischer Fußballverband. Nomos-Verlags-Gesellschaft, Baden-Baden.

Stürner, Rolf (2007) *Markt und Wettbewerb über alles? Gesellschaft und Recht im Fokus neoliberaler Marktideologie*. Hanser, München.

Swedberg, Richard (2004) On the Present State of Economic Sociology (1990s): *Economic Sociology* 5:2: 2-17, online verfügbar unter: http://econsoc.mpifg.de/archive/esjan04.pdf [letzter Zugriff: November 2009].

Szostak, Walter (2009) Zwischen Leistungskulturen und Erfolgstechnokratismus – Ein Versuch zur Anthropologie des Dopings im „grossen" Sport. In: Emrich, Eike und Werner Pitsch (Hrsg) *Sport und Doping. Zur Analyse einer antagonistischen Symbiose*. Peter Lang – Internationaler Verlag der Wissenschaften, Frankfurt am Main u. a., S 205-222.

T., Anne (2009) *Die Gier war grenzenlos. Eine deutsche Börsenhändlerin packt aus*. Econ, Berlin.

Tarde, Gabriel (1989 [1901]) *L'opinion et la foule*. Presses Universitaires de France, Paris.

Taylor, Paul and Richard Braddock (2007) International University Ranking Systems and the Idea of University Excellence: *Journal of Higher Education Policy and Management* 29:3: 245-260.

Teichler, Ulrich (2005a) *Hochschulstrukturen im Umbruch. Eine Bilanz der Reformdynamik seit vier Jahrzehnten*. Campus, Frankfurt am Main.

Teichler, Ulrich (2005b) *Hochschulsysteme und Hochschulpolitik. Quantitative und strukturelle Dynamiken, Differenzierungen und der Bologna-Prozess*. Waxmann, Münster.

Terhart, Ewald (2007) Wozu führt Modularisierung? Überlegungen zu einigen Konsequenzen für die Praxis der akademischen Lehre (Manuskript).

Tett, Gillian (2009) *Fool's Gold. How unrestrained greed corrupted a dream. Shattered global markets and unleashed a catastrophe*. Little, Brown, London.

Thielemann, Ulrich (2010) *Wettbewerb als Gerechtigkeitskonzept. Kritik des Neoliberalismus*. Metropolis, Marburg.

Thom, Norbert und Joanna Harasymowicz-Birnbach (Hrsg) (2003) *Wissensmanagement im privaten und öffentlichen Sektor. Was können beide Sektoren voneinander lernen?* Forum für Universität und Gesellschaft, Universität Bern.

Thompson, Christopher S. (2006) *The Tour de France. A cultural history*. University of California Press, Berkeley/Los Angeles/London.

Thureau-Dangin, Philippe (1998) *Die Ellenbogen-Gesellschaft. Vom zerstörerischen Wesen der Konkurrenz*. S. Fischer, Frankfurt am Main.

Tomasello, Michael (2010) *Warum wir kooperieren*. Suhrkamp, Berlin.

Ulrich, Bernd (1999) Der moralisierende Egoismus. Oder die Schwachen, das sind die Stummen. In: *Kursbuch 136: Schluss mit der Moral*, Rowohlt, Berlin, S 143-153.

Unbedingte Universitäten (2010) *Was ist Universität? Texte und Positionen zu einer Idee*. Hrsg von Johanna-Charlotte Holst et al. diaphanes, Zürich.

Utz, Richard (2001) Sich weit hinauslehnen. Versuch über ein Karrieremuster in der Erfolgsgesellschaft: *Sozialer Sinn* 2:3: 547-554.

Valkenburg, Patti M. and Jochen Peter (2007) Who visits online dating sites? Exploring some characteristics of online daters: *CyberPsychology & Behaviour* 10:6: 849-852.

Van Raan, Anthony F. J. (2005) Fatal attraction: Conceptual and Methodological Problems in the Ranking of Universities by Bibliometric Methods: *Scientometrics* 62:1: 133-143.

Vassort, Patrick (2007) De Sade und seine Vision von der Unersättlichkeit der Begierden: *Le monde diplomatique*, August 2007, S 15.

Veyne, Paul (2009) *Foucault. Der Philosoph als Samurai*. Philipp Reclam jun, Stuttgart.

Vobruba, Georg (2008) Studierende als transitorische Intellektuelle: *Soziologie* 37:1: 27-40.

Vöpel, Henning (2006) Doping im Radsport als kollektives Gleichgewicht: *HWWI Research*, Juli 2006. Hamburg.

Vogl, Joseph (2009) Die voranlaufende Verpfändung der Zeit: *Süddeutsche Zeitung* vom 17./18.10.2009, S 17.

Vogl, Joseph (2010) *Das Gespenst des Kapitals*. diaphanes, Zürich.

Volkmann, Ute und Uwe Schimank (2006) Kapitalistische Gesellschaft: Denkfiguren bei Pierre Bourdieu. In: Florian, Michael und Frank Hillebrandt (Hrsg) *Pierre Bourdieu: Neue Perspektiven für die Soziologie der Wirtschaft.* VS-Verlag, Wiesbaden, S 221-242.

Von Hayek, Friedrich August (1996 [1974]) *Die Anmassung des Wissens.* Mohr Siebeck, Tübingen.

Von Hayek, Friedrich August (2004 [1944]) *Der Weg zur Knechtschaft.* Mohr Siebeck, Tübingen.

Von Mises, Ludwig (1981 [1922]) *Die Gemeinwirtschaft. Untersuchungen über den Sozialismus.* Philosophia Verlag, München.

Von Suntum, Ulrich (2005) *Die unsichtbare Hand. Ökonomisches Denken gestern und heute.* 3., verbesserte Aufl. Springer, Berlin.

Voswinkel, Stephan (2003) Leistung und Anerkennung – Sind Zielvereinbarungen eine Lösung?. In: Hangebrauck, Uta-Maria et al. (Hrsg), *Handbuch Betriebsklima.* Rainer Hampp Verlag, München/Mering, S 179-196.

Voß, Günter G. und Pongratz, Hans J. (1998) Der Arbeitskraftunternehmer. Eine neue Grundform der Ware Arbeitskraft?: *Kölner Zeitschrift für Soziologie und Sozialpsychologie* 50:1: 131-158.

Wadsack, Ronald und Uwe Wallerath (1991) Wettbewerb im Sport – Sport im Wettbewerb. In: Trosien, Gerhard (Hrsg) *Die Sportbranche und ihre Geldströme. Reihe Sport-Ökonomie, Bd 4.* Verlag am Steinberg Gerd May, Witten, S 32-45.

Wagner, Elmar (2000) Aus der Perspektive des Sportlers – eine Innensicht. In: Gamper, Michael; Mühlethaler, Jan und Felix Reidhaar (Hrsg) *Doping. Spitzensport als gesellschaftliches Problem.* Verlag Neue Zürcher Zeitung, Zürich, S 34-42.

Wagner, Gerhard (2007) Does excellence matter? Eine wissenschaftssoziologische Perspektive: *Soziologie* 36:1: 7-20.

Waldenfels, Bernhard (1998) *Grenzen der Normalisierung. Studien zur Phänomenologie des Fremden 2.* Suhrkamp, Frankfurt am Main.

Waldenfels, Bernhard (2009) Universität als Grenzort. In: Müller-Schöll, Nikolaus und Ulrike Hass (Hrsg) *Was ist eine Universität?* transcript, Bielefeld, S 11-25.

Weber, Max (1980 [1921]) *Wirtschaft und Gesellschaft. Grundriss der verstehenden Soziologie.* 5., rev. Aufl., Studienausgabe. Mohr, Tübingen.

Weber, Max (1993 [1904/05, 1920]) *Die protestantische Ethik und der »Geist« des Kapitalismus.* 3. Aufl. Hrsg von Klaus Lichtblau und Johannes Weiß. Beltz Athenäum, Weinheim.

Weber, Samuel (2009) *Geld ist Zeit. Gedanken zu Kredit und Krise.* diaphanes, Zürich.

Weinert, Rainer (2002) Geld und Politik: Autonomisierung und Funktionswandel von Zentralbanken: *Leviathan* 30, Sonderheft 4: 327-350.

Weingart, Peter (2001) *Die Stunde der Wahrheit? Zum Verhältnis der Wissenschaft zu Politik, Wirtschaft und Medien in der Wissensgesellschaft.* Velbrück, Weilerswist.

Weingart, Peter (2004) Universitätsreform als Inszenierung von Mythen. In: Hünermann, Peter; Volker Ladenthin und Gesine Schwan (Hrsg) *Nachhaltige Bildung: Hochschule und Wissenschaft im Zeitalter der Ökonomisierung.* Bertelsmann, Bielefeld, S 61-79.

Welt-Anti-Doping-Agentur (2009) Welt-Anti-Doping-Code. In: http://www.wada-ama.org/static/PDF/Other Languages/code_v2009_De.pdf [letzter Zugriff: 31.10.2012].

Welter, Julia und Felix Timpe (2008) Die Tour de France des 21. Jahrhunderts. In: Nuschke, Lars und Christian Becker (Hrsg) *Quo vadis Radsport? Die „Skandalsportart" zwischen Doping und Sponsoren.* Sierke Verlag, Göttingen, S 115-127.

Werron, Tobias (2009) Zur sozialen Konstruktion moderner Konkurrenzen. Das Publikum in der „Soziologie der Konkurrenz". Working Paper 05/09. Kultur- und Sozialwissenschaftliche Fakultät, Soziologisches Seminar, Universität Luzern: Luzern. In: http://www.unilu.ch/files/tobias-werron_Zur-sozialen-Konstruktion-moderner-Konkurrenzen.pdf [letzter Zugriff: 31.10.2012].

Werron, Tobias (2010) *Der Weltsport und sein Publikum. Zur Autonomie und Entstehung des modernen Sports.* Velbrück, Weilerswist.

Wetzel, Dietmar J. (2003a) Im Mikrokosmos des korrupten Empires. Zum Arbeitshandeln von Führungskräften: *PROKLA 131* 33:2: 313-329.

Wetzel, Dietmar J. (2003b) Neoliberalismus, Unternehmensführung und Arbeit. Vom Politischen im flexiblen Kapitalismus. In: Vogl, Joseph (Hrsg) *Gesetz und Urteil. Beiträge zu einer Theorie des Politischen.* VDG-Verlag, Weimar, S 121-142.

Wetzel, Dietmar J. (2004a) Macht und Subjektivierung im flexibilisierten Kapitalismus: nach Foucault und Butler. In: Paul, Axel et al. (Hrsg) *Vernunft – Leben – Entwicklung. Festschrift für Wolfgang Eßbach*. Fink, München, S 245-259.

Wetzel, Dietmar J. (2004b) Hat Anerkennung (k)einen Preis? Macht und Subjektivierung in modernen Beschäftigungsverhältnissen Angestellter. In: Gander, Hans-Helmuth (Hrsg) *Anerkennung. Zu einer Kategorie gesellschaftlicher Praxis*. Ergon-Verlag, Würzburg, S 209-230.

Wetzel, Dietmar J. (2004c) Intersubjektivität, Alterität, Anerkennung. Eine Kritik des Intersubjektivitätsparadigmas. In: Brede, Karola (Hrsg) *Nein, Verneinung, Konstruktion. Französische Verknüpfungen in der Psychoanalyse*. edition diskord, Tübingen, S 77-93.

Wetzel, Dietmar J. (2004d) Soziologie der Exklusion: Dominique Schnapper. In: Moebius, Stephan und Lothar Peter (Hrsg) *Französische Soziologie der Gegenwart*. UVK, Konstanz, S 397-416.

Wetzel, Dietmar J. (2008a) Gemeinschaft – oder: vom Unteilbaren des geteilten Miteinanders. In: Moebius, Stephan und Andreas Reckwitz (Hrsg) *Poststrukturalistische Sozialwissenschaften*, Suhrkamp, Frankfurt am Main, S 43-57.

Wetzel, Dietmar J. (2008b) Tabus in der Welt der Manager. Vom Erfolg und der Kunst der „gerechten und angemessenen Vergütung" in deutschen Unternehmen. In: Streble, Ingrid et al. (Hrsg) *Verboten, verschwiegen, ungehörig? Ein Blick auf Tabus und Tabubrüche*. Logos, Berlin, S 143-151.

Wetzel, Dietmar J. (2010a) „Ich hab ihn…?" Poststrukturalistische Zugänge zu Emotionen/Affekten bei der Online-Partnerwahl. In: Hans-Georg Soeffner (Hrsg) *Unsichere Zeiten – Herausforderungen gesellschaftlicher Transformationen*; Verhandlungen des 34. Kongresses der DGS in Jena 2008, Bd 2, Friedrich-Schiller-Universität Jena, VS-Verlag (CD-Rom Beitrag), Wiesbaden.

Wetzel, Dietmar J. (2010b) Elegant verrechnet – zur prekären Lage der ökonomischen Wissenschaften. In: Honegger, Claudia et al., *Strukturierte Verantwortungslosigkeit. Berichte aus der Bankenwelt*. Suhrkamp, Berlin, S 293-301.

Wetzel, Dietmar J. (2010c) Alterität, Intersubjektivität und Anerkennung – zwischen Theorie und Praxis. In: Czycholl, Claudia; Marszolek, Inge und Peter Pohl (Hrsg) *Zwischen Normativität und Normalität. Theorie und Praxis der Anerkennung in interdisziplinärer Perspektive*. Klartext-Verlag, Essen, S 61-78.

Wetzel, Dietmar J. (2011) Dispositive des Wettbewerbs. Das Beispiel der Dopingmärkte. In: Hans Georg Soeffner (Hrsg) *Transnationale Vergesellschaftungen*. Verhandlungen des 35. DGS-Kongresses in Frankfurt am Main 2010, Johann-Wolfgang Goethe-Universität, Band. VS-Verlag (CD-ROM-Beitrag), Wiesbaden.

Wetzel, Dietmar J. (2012a) (Hrsg) *Perspektiven der Aufklärung – zwischen Mythos und Realität*. Fink-Verlag, München.

Wetzel, Dietmar J. (2012b) Macht und (Groß-)Banken – soziologische Analysen zum Finantmarktdispositiv. In: Knoblach, Bianca et al. (Hrsg) *Macht in Unternehmen. Der vergessene Faktor*. Gabler, Wiesbaden, S 185-200.

Wetzel, Dietmar J. (2012c) Soziologie des Wettbewerbs – Ergebnisse einer wirtschafts- und kultursoziologischen Analyse der Marktgesellschaft. In: Markus Tauschek (Hrsg) *Kulturen des Wettbewerbs. Zur lebensweltlichen Relevanz kompetitiver Logiken*. Waxmann Verlag, Münster u. a., S 57-76.

Wetzel, Dietmar J. und Aleksander M. Zieliński (2010a) Denker des Ästhetisch-Politischen – J. Rancière. In: Hans-Georg Soeffner (Hrsg) *Unsichere Zeiten – Herausforderungen gesellschaftlicher Transformationen*; Verhandlungen des 34. Kongresses der DGS in Jena 2008, Friedrich-Schiller-Universität Jena, Bd 2. VS-Verlag (CD-Rom Beitrag), Wiesbaden.

Wetzel, Dietmar J. und Aleksander M. Zieliński (2010b) Analysis of Power Relations of Banks on Contemporary Society: *Economic sociology: the European electronic newsletter* 12:1 (November 2010): 49-56.

Wetzel, Dietmar J.; Hofstätter, Lukas und Markus Flück (2010) Konturen einer Branche im Umbruch – Bankenfelder in Deutschland, Österreich und in der Schweiz. In: Honegger, Claudia et al. (Hrsg) *Strukturierte Verantwortungslosigkeit*. Suhrkamp, Berlin, S 335-370.

Wilson, Timothy D. (2002) *Strangers to ourselves: discovering the adaptive unconscious*. The Belknap Press of Harvard University Press, Cambridge (Mass.).

Windolf, Paul (2005) (Hrsg) *Finanzmarkt-Kapitalismus. Analysen zum Wandel von Produktionsregimen*. Sonderheft 45 der KZfSS. VS-Verlag, Wiesbaden.

Winnacker, Ernst-Ludwig (2006) Im Wettbewerb um neues Wissen: Exzellenz zählt: *Forschung. Das Magazin der Deutschen Forschungsgemeinschaft* 2: V-XI.

Wodak, Ruth (2009) ‚Von Wissensbilanzen und Benchmarking': Die fortschreitende Ökonomisierung der Universitäten. Eine Diskursanalyse. In: Diaz-Bone, Rainer und Gertraude Krell (Hrsg) *Diskurs und Ökonomie*. VS-Verlag, Wiesbaden, S 317-335.

Young, Michael (1961) *Es lebe die Ungleichheit: auf dem Weg zur Meritokratie*. Econ-Verlag, Düsseldorf.

Zechlin, Lothar (2006) Im Zeitalter des Wettbewerbs angekommen. Der Differenzierungsprozess innerhalb der Universitäten läuft: *Forschung & Lehre* 13: 446-448.

Zielcke, Andreas (2009) Halbwissen ist Macht. Eine Börsenmaklerin rechnet ab: Wie sich die Finanzwelt durch die Broker mit raffiniert strukturierten Risikopapieren verdummen ließ: *Süddeutsche Zeitung* vom 18.03.2010, S 14.

Zola, Emile (2009 [1891]) *Das Geld*. Insel-Verlag, Frankfurt am Main.

The manufacturer's authorised representative in the EU is Springer
Nature Customer Service Centre GmbH, Europaplatz 3, 69115 Heidelberg,
Germany. If you have any concerns regarding our products, please
contact ProductSafety@springernature.com

Printed and bound by CPI Group (UK) Ltd, Croydon, CR0 4YY
27/04/2026
02097628-0010